元華文創
頂尖文庫 EA006

研究綜述與論文選題

以春秋、左傳、史記、宋詩、詩話為例

張高評 著

自 序

　　「借用和連結，為創新的兩個關鍵字。」「大前提是，你必須知道別人做了什麼。」蘋果電腦創辦人賈伯斯（Steve Jobs）的金玉良言，很可以借鏡到學術研究上來。有此啟示，容易生發問題意識，有助於研究成果創新，可以找到新的學術生長點。

　　本書分上下卷：上卷為研究綜述，歷數學界研究成果。知其異同、詳略、重輕、有無，考其精粗、得失、優劣、偏全，明其疑似、闕漏、謬誤、空白，然後可以形成問題意識，進而造就研究成果之新創與發明。凡所論述，與筆者所著《論文選題與研究創新》一書所論列，可以彼此發明，相得益彰。

　　研究綜述之價值與意義有三：掌握敵情觀念，可以制敵機先，一也。瞭解成果實況，方便站在巨人的肩膀上，二也。觸發借鏡，容易激盪滋生新創的論文選題來，三也。研讀若干論文選題後，避其同、其詳、其重、其有，而取其所異、所略、所輕、所無而闡發之。抉擇其精、其得、其優、其全效法之，而振救其粗、其失、其劣、其偏者。尤其盡心致力於廓清疑似、彌補闕漏、匡謬正誤、填實空白。研究選題不馮虛起，必以研究綜述為階梯、為步驟、為津梁，切合實際，所得方不蹈空，所得方稱具體可行。

　　清趙翼《甌北詩話》卷五稱：「意，未經人說過則新。書，未經人用過則新。」是否說過？用過？涉及有無、新故問題！經由「研究綜述」歷程，新故、有無、可否，自然昭然若揭。

　　本書下卷，臚列《春秋》經傳、《左氏傳》、《史記》、宋代文學、詩話學五大領域，就筆者三十年來研讀思考所及，列舉論文選題各數百目。七、八成以上，要皆學界研究成果所無、所輕、所略、所異者。誠顧炎武所謂「古

人之所未及就，後世之所不可無」。不憚其煩，一一載錄，以饗同好。野人獻
曝，聊記我生學思之鱗爪而已！

張高評　2017 年 11 月

序於府城鹽水溪畔

目次

宋代文學專題研究選題舉例　299

明清詩話專題研究選題舉例　349

日韓詩話專題研究選題舉例　363

卷上

研究綜述

臺灣近五十年來《春秋》經傳研究綜述

前言

　　國民政府遷臺後，致力光大孔孟學說，闡發經義，復興中華文化，於一九六〇年成立孔孟學會，並發行《孔孟月刊》、《孔孟學報》、《中華文化復興月刊》諸雜誌期刊，作為鼓吹。於是老師宿儒，言經治傳者多，薪火相傳，歷五十餘年，蔚為臺灣經學研究之團隊，傳統文化的守護者。就《春秋》經傳之傳授而言，先秦以來多與師承有關，不同的師承即衍生不同的流派和學風，臺灣五十年來的《春秋》經傳之研究成果，也不例外。本文第一段，回顧臺灣學界《春秋》經傳之研究成果，將以學校為核心，師資為綱領，門生為經緯，以凸顯其中的薪傳關係和開拓氣象。

　　考察臺灣的高等教育，筆者以為有三項指標：其一，設立研究所；其二，頒授國家博士學位；其三，由上述指標產生碩士博士學位論文；尤其是碩士博士論文，最具指標性。筆者曾言：「學位論文和開授課程，十分密切相關，往往左右了個別教師的研究領域和方向。期刊論文和專著的發表，也以個人專業為範疇。如果指導碩士博士論文，選題趨向，也大多距離指導教授的專長不太遠」[1]，因此探索五十年來《春秋》經傳研究之概況，執簡御繁之道，

---

[1] 張高評：〈五十年來唐宋文學研究的回顧與前瞻〉，《漢學研究通訊》20 卷 1 期（總 77 期），2001年 2 月，頁 6。

就是鎖定碩士博士論文，進行討論。語云：「萬山磅礡，必有主峰；龍袞九章，但挈一領」，掌握主峰和袖領，形勢和經緯也就呼之欲出了。

綜觀臺灣五十年來《春秋》經傳之研究，林慶彰主編《經學研究論著目錄》[2]，為不可取代之檢索工具書。其次則查詢國家圖書館《全國圖書聯合目錄》、《全國博士碩士論文提要》網頁，《漢學研究通訊》、《中華民國期刊論文索引系統》。參考阮芝生、王熙元、劉正浩所撰〈六十年來之公羊學〉、〈六十年來之穀梁學〉、〈六十年來之左傳學〉[3]。原文查閱，則必須走訪政治大學社會科學資料中心，或國家圖書館「全國碩士博士論文陳列室」。筆者以為：客觀檢驗臺灣五十年來《春秋》經傳之研究成果，可經由四種途徑：（一）升等論文；（二）學位論文；（三）期刊論文；（四）其他專著。依常理推斷，副教授及教授之升等論文，其位階當遠在碩士博士學位論文之上，其典藏與參考之學術價值無與倫比。可惜，教育部慮不及此，國家圖書館及各大學圖書館也就典藏無著[4]。不得已，如今只能針對其餘三大途徑加以考察和論述。

考察五十年來，臺灣學界《春秋》經傳之研究成果，筆者擬從三方面進行探討：一、臺灣《春秋》經傳研究之師承與流派；二、從學位論文選題看《春秋》經傳研究之取向；三、學報、期刊論文與《春秋》經傳研究。茲分別論述如下：

[2] 《經學研究論著目錄》三種，皆由漢學研究中心編印，1902～1987年《目錄》，出版於1989年12月；1988～1992年《目錄》，出版於1999年5月；1993～1997年《目錄》，出版於2000年4月。其他尚可參閱簡宗梧、周何編輯《左傳、春秋公羊、春秋穀梁、春秋總義論著目錄》，臺北：洪葉文化事業公司，2000年6月。

[3] 程發軔主編，《六十年來之國學》第一冊，臺北：中正書局，1972年5月，頁399-524。

[4] 筆者於此，兩年前曾撰文呼籲，並未獲得迴響。參考同注1，頁15。

一、臺灣《春秋》經傳研究之師承與流派

　　就中國文學門而言，臺灣師範大學於 1956 年、1957 年獲准成立國文研究所碩士班、博士班，這是臺灣發揚中華文化、研究古典文學的千載盛事，從此薪火相傳，生生不息。其後，臺灣大學、政治大學、文化大學，亦相繼成立中國文學碩博士班，栽成漢學人才無數。至如今，由四所大學有博士班，發展成全臺灣的大學有二十餘所國（中）文研究所碩士博士班，椎輪大輅，值得大書特書。宋儒孫復曾言：「盡孔子之心者《大易》，盡孔子之用者《春秋》。」，所以歐陽脩將《易》與《春秋》看作「孔子之文章」。這兩部經典因與孔子有關，又都是專門之學，其中自有許多隱約玄妙，微言大義，非經老師宿儒開示，將入門無從。試觀 1983 年以前，獲頒國家文學博士學位之論文分佈，大多集中在臺灣師大、臺灣大學、政治大學，即可得到證實。《春秋》經傳之研究，尤其如此。

　　《春秋》經傳之研究，既學有師承；經師講學所在，自然蔚為宗派，以此流衍傳播，漸漸而拓展開來，形成今日臺灣各大學院校《春秋》經傳師資之陣營。今日各大學在職之《春秋》經傳師資，肩負指導研究生論文者，大多為 1983 年以前獲頒國家文學博士或碩士學位者，其指導教授至今多為老師宿儒，於是薪火相傳，生生不息。若以學術專業論，《春秋》經傳之經師，大抵可分四大類型：一、《春秋》學研究者；二、經學史研究者；三、史學研究者；四、文學研究者。茲據《春秋》經傳師資分佈概況，依大學單位為序，綜述相關學者之論著；指導論文之情形，將一併類及。

　　自 1961 年劉正浩先生以《太史公左氏春秋義述》論文，榮獲文學碩士，至 2002 年為止，臺灣各大學以研究《春秋》經傳而獲得博士碩士學位者，共 160 人次。其中博士學位 41 人，碩士學位 119 人，臺灣師範大學最多，共 48 人；其次為政治大學 28 人，臺灣大學 15 人，文化大學 11 人；高雄師範大學、

輔仁大學、東吳大學各 10 人，又居其次；其餘大學，多則四、五人，少則一、二人。人數之消長多寡，跟學術師承，及研究所成立時間之久暫，皆有關係，據此可見經學研究之大致分佈。就學者指導碩士博士論文之數量，及學者個人研究成果之發表而言，臺灣五十年來《春秋》經傳之學區分佈，較傑出可觀者，大概有五：（一）、臺灣師範大學；（二）、政治大學；（三）、臺灣大學；（四）、中央研究院；（五）、成功大學。分述如下：

(一) 臺灣師範大學國文研究所

綜觀五十年來《春秋》經傳及經學研究之成果，臺灣師範大學國文研究所由於名師輩出，栽成無數，堪稱斯學之泰山北斗。其中以《春秋》學研究名家，著述宏富，指導論文篇述較多者，先後有程發軔、傅隸樸、王熙元、周何、劉正浩諸先生。諸先生有關《春秋》經傳著述及指導論文情形，簡述如下：

程發軔先生長於《左傳》及中國古曆推算、地理沿革。著有《春秋要領》，通論《春秋》及《三傳》，而述《左傳》最為詳備。論《春秋》以闡明經文之褒貶大義及春秋之時勢為主。於《三傳》，以較論成書先後及短長為主。有關《左傳》之源流、經傳之條例、敘事之詳盡、善於禮、長於詩、好為預言、天災人禍、經傳比事等，皆有考徵。又著《春秋人譜》，表列各國王公氏族、名臣烈女 2785 人之姓名系統，補正《春秋名號歸一圖》、分析春秋人名，頗便考徵。又著《春秋左氏傳地名圖考》，對於春秋地名作考要與今釋，製作地名檢索、列國地圖。所著《春秋曆說》，則述星象、推步古曆，探討春秋曆譜，作三曆對照表[5]。既為《春秋》學教授，曾指導下列論文：劉正浩《太史公左氏春秋義述》、陳新雄《春秋異文考》、林耀曾《春秋古經洪詁補正》、宋鼎宗《春秋左氏傳賓禮嘉禮考》等四部碩士論文，及周何《春秋吉禮考辨》博士

---

[5] 《春秋要領》，臺北：蘭臺書局，1976 年 10 月；臺北：三民書局，1984 年 4 月；《春秋人譜》，臺北：臺灣商務印書館，1990 年 12 月；《春秋左氏傳地名圖考》，臺北：廣文書局，1967 年 11 月；《春秋曆說》，為油印講義，未出版。

論文（與高明、林尹聯合指導）。其後劉正浩、宋鼎宗、周何三先生篤守《春秋》學而又有所發皇，程發軔先生之指導，功不可沒。

傅隸樸先生著有《春秋三傳比義》，其書「截補三傳之長短以確認經義，參伍經文之先後以釐正傳誤」[6]，深入淺出，有功大義微言之理解，與清末廖平《春秋三傳折衷》可以相互發明。傅先生於《春秋》學用功甚勤，可惜未見指導碩博士生研究論文。王熙元先生撰有《穀梁范注發微》、《穀梁著述考徵》、〈六十年來之穀梁學〉諸論著[7]，為臺灣學界最有功於《穀梁》學術之發明者。《穀梁范注發微》對於《穀梁》范注之據依與詁訓，多所考證；尤其范注對《穀梁》義例之闡明，傳義之駁議，經傳之疏失，皆歸納條例，多方探論，堪稱《穀梁傳》及范注之功臣。曾指導簡松興《公羊傳的政治思想》，及吳連堂《春秋穀梁經傳補注研究》兩部碩士論文。

周何先生博士論文為《春秋吉禮考辨》[8]，考察《春秋》經傳有關吉禮文獻，決今古文家之懸疑，匡鄭玄義理之疏失。其後著述不輟，撰有《春秋穀梁傳傳授源流考——兼論張西堂穀梁真偽考》[9]、《新譯春秋穀梁傳》，編輯《左傳、春秋公羊傳、春秋穀梁傳、春秋總義論著目錄》諸書[10]，並撰有〈春秋研究〉、〈左傳的人物形象〉、〈公羊摘例〉、〈穀梁的仁義觀〉等單篇論文近 20 篇，考察春秋諸禮、朝聘、會盟，於《三禮》研究外，《春秋》三傳之研究，允稱大家。豐厚淵深之學養，得其教示成才者多。指導門生遍及臺灣師大、政治大學、東吳大學、高雄師大。指導博士論文七部，沈秋雄《三國兩晉南

---

[6] 《春秋三傳比義》，臺北：臺灣商務印書館，1983 年 5 月。

[7] 《穀梁范注發微》，為博士論文，高明、林尹指導，1970 年獲國家文學博士學位，後由嘉新水泥公司文化基金會出版，為研究論文第二七〇種。《穀梁著述考徵》，臺北：廣東出版社，1974 年 2 月；〈六十年來之穀梁學〉，《六十年來之國學》，臺北：正中書局，1972 年 5 月。

[8] 《春秋吉禮考辨》，臺北：嘉新水泥公司文基金會叢書，第 101 種，1961 年 10 月。

[9] 國立編譯館主編，臺北：鼎文書局總經銷，2002 年 7 月。其中〈論張西堂《穀梁真偽考》〉一文，於張氏書中：「蠻橫無理，咄咄逼人，且言詞尖銳刻薄，強詞奪理處」，「逐條剖析其謬誤妄為之言論，冀求澄清事實」。張西堂《穀梁真偽考》已在臺灣發行，臺北：明文書局，1994 年 4 月。

[10] 國立編譯館主編，《十三經論著目錄》（五），臺北：洪葉事業有限公司，2000 年 6 月。

北朝春秋左傳學佚書考》、李新霖《春秋公羊傳要義》、陳韻《春秋魯三桓氏族譜系研究》、張廣慶《劉逢祿及其春秋公羊學研究》、楊濟襄《董仲舒春秋學義法思想研究》（以上臺灣師大）；方炫琛《左傳人物名號研究》、張添丁《司馬遷春秋學》（以上政治大學）。碩士論文十部，如小林茂《春秋左氏議禮考述》、成玲《春秋公羊傳稱謂例釋》、林紹陽《春秋穀梁傳時月日例研究》、林倫安《春秋公羊傳會盟析例》、張惠淑《公羊傳稱謂七等研究》（以上臺灣師大）；方炫琛《春秋左傳劉歆偽作竄亂辨疑》、倪天蕙《宋儒春秋尊王思想研究》（以上政治大學），陳正治《春秋戰爭屬辭比事》（東吳大學）、李啟原《左傳載語之禮義精神研究》、簡福興《春秋無義戰論》（以上高雄師大），皆蒙周先生之指導，而完成學位論文者。

劉正浩先生開授《左傳》課程，沾溉後學。著有《太史公左氏春秋義述》、《周秦諸子述左傳考》、《兩漢諸子述左傳考》三書[11]，推考《左傳》故誼，旁及《史記》與諸子，以證明《左傳》成書於先秦，頗能發明劉師培《左傳》學之精義。又輯論文若干，成《左海鉤沉》一書[12]，疏證《左氏》前傳，揭櫫《春秋》特質，闡釋董生《春秋》，導讀《春秋左氏傳》。指導博士論文兩部：劉瑞箏《左傳禮意研究》、奚敏芳《俞曲園左傳學研究》（東吳大學）；碩士論文八部：奚敏芳《左傳賦詩引詩之研究》、張永伯《春秋書卒研究》、劉瑞箏《春秋軍制研究》、黃翠芬《高本漢《左傳注釋》註解》、陳家琦《春秋戰爭研究》、葉文信《左傳君子曰考述》、賈承恩《春秋師說考徵》、林玉婷《孫復《春秋尊王發微》研究》。

沈秋雄博士論文為《三國兩晉南北朝春秋左傳學佚書考》，由高明、周何指導。目前為斯學後勁，曾指導四部碩士論文：崔炳圭《左傳人物描寫藝術》、張廣慶《何休春秋公羊解詁研究》、林尚節《春秋喪禮研究》、陳傳芳《春秋

---

[11] 《太史公左氏春秋義述》，《師大國文研究所集刊》第六號，1962 年 6 月；《周秦諸子述左傳考》，臺北：臺灣商務印書館，1966 年 11 月；《兩漢諸子述左傳考》，臺北：臺灣商務印書館，1969 年 9 月。

[12] 《左海鉤沉》，臺北：東大圖書公司，1997 年 11 月。

有關戰伐書例研究》。

除《春秋》學研究名家外，尚有指導教授為經學史、學術史研究者，亦能觸類旁通，啟迪後生。如林尹先生著有《中國學術思想大綱》[13]，指導博士論文五部：周何《春秋吉禮考辨》、王熙元《穀梁范注發微》、黃永武《許慎之經學》、葉政欣《賈逵春秋左傳遺說研究》（以上與高明先生聯合指導）、張高評《左傳之文學研究》（與黃永武先生聯合指導）；碩士論文一部：葉政欣《春秋左氏傳杜注釋例》。李曰剛先生著有〈春秋導讀〉、〈穀梁傳之著於竹帛及傳授源流考〉、〈春秋之大義微言〉等，未指導學位論文。杜松柏先生著有《國學治學方法》、《宋朔閏考》諸書，曾指導斯學之博士論文兩部：江乾益《前後五經齊魯學之形成及其影響研究》、陳廖安《春秋曆學研究》。

其他師資與指導論文，詳下節「學位論文選題」部分。

(二) 政治大學中國文學研究所、歷史研究所

政治大學研究《春秋》經傳獲得博士學位者九人，獲得碩士學位者十八人。高明、簡宗梧、李威熊三先生實為導師，或傳授經學孔學，或會心於《左傳》之敘事藝術，或致力於經學史之研發，皆殊途同歸，可以教示後學。

高明先生，師承黃季剛、章太炎，1956 年創辦師大國文研究所，1966年為政治大學中國文學研究所主任。學術多方，尤以經學與孔學稱著。手編學術論文，彙為《高明文輯》[14]，治學旨向可由文化學術總論、經學與孔學論著窺見一斑。師大、政大、文大三校獲頒國家文學博士者，經其授讀教益者多。臺灣師大周何、王熙元、黃永武、葉政欣、沈秋雄之博士論文，皆由高先生與林尹先生聯合指導完成。政治大學程南洲《賈逵之春秋左傳學及其對杜預注之影響》、陳慶煌《劉申叔先生之經學》兩部博士論文，及程南洲《東漢時代之春秋左氏學》碩士論文，皆高先生指導。

---

[13] 《中國學術思想大綱》，臺北：臺灣商務印書館，1981，修訂三版。

[14] 《高明文輯》，臺北：黎明文化事業公司，1978 年 3 月。

簡宗梧先生本專精辭賦，開拓臺灣辭賦研究園地，其功足多。又講授《左傳》課程，富別識心裁，著有《熔裁文史的經典——左傳》一書[15]，選擇《左傳》之閱讀策略、藝術律則、文外重旨、人物形象、藝術成就諸領域，作綱領之提示，與現身之說法。曾指導三部博士論文：李小平《左傳晉國建霸君臣言行探討》、蔡妙真《左繡研究》、許秀霞《左傳職官考述》（臺灣師大）；八部碩士論文：官翰玫《左傳婦女形象研究》、李小平《左傳五霸形象之研究》、盧心懋《左傳君子曰研究》、李景遠《張參五經文字之研究》、蔡妙真《左傳中有關神異記事之研究》、許秀霞《左傳楚國人物類型分析——以楚康、靈、平、昭時期為範圍》、黃肇基《漢代春秋公羊學災異理論研究》、忻婉菁《左傳鄭宋名臣形象研究》。

李威熊先生博士論文為《馬融之經學》，由高明先生指導。於上庠講授經學史，留心歷代經學變遷之大要，著有《中國經學發展史論》上冊，論述經學經書、經學形成、戰國經學、兩漢經術、南北朝經學、隋唐義疏之學、兩宋新經學[16]。探精取要，綱舉目張。曾指導有關《春秋》經傳之博士論文四部：陳熾彬《左傳中巫術之研究》、陳金木《劉焯劉炫之經學》、丁亞傑《清末民初公羊學研究——皮錫瑞、廖平、康有為》、金榮奇《韓國春秋學研究》，以及金榮奇《莊存與春秋公羊學研究》碩士論文一部。

臺灣五十年來《春秋》經傳研究，有從史學觀點探討者，多為歷史系所師生。《孟子·離婁上》稱《春秋》之性質有「其事、其文、其義」三者，史事居其一，是亦不可或缺。政治大學歷史系顧立三先生於此，撰述最豐，著有《司馬遷撰寫史記採用左傳的研究》、《左傳國語之比較研究》二書[17]，暨有關《左傳》研究之論文若干篇。對於《左傳》之史學、禮學、政治學、及相關之編纂學，多所探討。

---

[15] 《熔裁文史的經典——左傳》，臺北：黎明文化事業公司，1999 年 4 月。

[16] 《中國經學發展史論》上冊，臺北：文史哲出版社，1988 年 12 月。

[17] 《司馬遷撰寫史記採用左傳的研究》，臺北：正中書局，1981 年 1 月。《左傳與國語之比較研究》，臺北：文史哲出版社，1983 年 12 月。

(三) 臺灣大學中國文學研究所、歷史研究所、哲學研究所

　　研究《春秋》經傳，而獲得博碩士學位者，臺灣大學共 16 人次，其中博士 3 人，碩士 14 人，絕大部分為中國文學研究所畢業，歷史及哲學研究所約佔四分之一。指導教授或兼治《春秋》學，或精通經學史，如戴君仁、張以仁、程元敏諸先生；至於許倬雲、張永儁諸先生，則以史學哲學稱尊。諸家論著及指導研究生情形如下：

　　戴君仁先生講授經學史，著有《春秋辨例》一書[18]，討論《春秋》之經學地位、《春秋》之義例、《公羊傳》與《穀梁傳》時月日例，以及三傳名氏稱謂例。先生此書，專攻三傳時月日例，以及名氏稱謂例，以為無關褒貶；《公》、《穀》言之最詳，故攻之亦最甚。駁斥漢代經師好言義例，不知「史既有闕文，則例自無從起」。要之，《春秋》大義在道名分、明是非；善善惡惡、尊王攘夷、禮義之大宗數端而已。曾指導夏鐵生《左傳國語引詩說詩之研究》碩士論文。

　　張以仁先生專攻《國語》，旁通《左傳》，著有《國語左傳論集》、《春秋史論集》二書[19]，〈關於左傳君子曰的一些問題〉等論文。其中，較論《左傳》《國語》之異同，以為《左》、《國》二書文法語彙歧異，斷非一人所作，亦非一書之化分。張先生以為運用二種語文撰作兩本題材類似而文法語彙絕異之鉅著易，然以同一作者，同一語文，而編纂兩本題材類似，但文法語彙懸殊之偉構、則十分困難[20]。張先生治學以博洽謹嚴聞名，臺灣大學治《春秋》

---

[18] 《春秋辨例》，臺北：中華叢書編纂委員會，1964 年 10 月。

[19] 《國語左傳論集》，臺北：東昇出版公司，1980 年 9 月；《春秋史論集》，臺北：聯經出版公司，1990 年 1 月。

[20] 筆者於此，有一反思：《左傳》《國語》之成書，依據歷史文獻檔案編纂而成，其中自有各國史書之文法語彙，而為《左》《國》熔裁未盡者。此與屈原宋玉之文學作品，老子莊子之哲學著作，出自作者之別裁心識，呈現作者文法語彙之特質，不可相提並論。此一觀點，筆者於 1994 年香港大學「《左傳》國際研討會」中，講評大陸學者何樂士〈再論《左傳》前八公與後四公的語法差

經傳之學位論文，泰半得其指導點化，計博士論文兩部：張寶三《五經正義研究》，張素卿《敘事與解釋——左傳解經研究》；碩士論文五部：李隆獻《晉文公復國定霸考》、劉文強《春秋時代封建制度的解體》、龔慧治《左傳君子曰問題研究》、張素卿《左傳稱詩研究》、陳銘煌《春秋三傳性質之研究及其義例方法之商榷》。

程元敏先生博士論文為《王柏之生平與學術》，由屈萬里先生指導。程先生專攻《尚書》學，講授經學史，著有《中國經學史講義》、《春秋左氏經傳集解序疏證》等書[21]。推崇杜預〈集解序〉，為通曉杜注《左傳》《春秋》之管鑰，而近三十年注釋論著多未加發微闡幽，故出此疏證之作。序文據唐石經本，搜羅廣富，讀者稱便。陳舜政先生學貫中西，譯有《高本漢左傳注釋》一書[22]，〈譯序〉稱高本漢釋禮，不主一家，《左傳注釋》最大成就在訓詁方面，尤其在古代語音估定及假借學說方面。陳先生譯註，對於學界了解歐洲漢學，尤其是《左傳》學，極有助益。哲學研究所張永儁先生，兼治《公羊》學，撰有〈春秋大一統述義〉，〈從《春秋》微言大義略論「正始」與「尊王」之道〉、〈談春秋公羊家之「天人之際」與「古今之辨」〉等論文，曾指導《春秋》學之博士論文一部：李妍承《董仲舒春秋學之研究》。

(四) 中央研究院歷史語言研究所、中國文哲研究所

中央研究院學者論著，有關《春秋》經傳者不少。如歷史語言研究所陳槃、周法高、王叔岷、黃彰健諸先生，及中國文哲研究所林慶彰先生，皆為斯學之功臣。

陳槃先生著《春秋大事表列國爵姓及存滅表譔異》，本顧棟高《春秋大事表・列國爵姓及存滅表》而光大之，廣採甲骨金文、古今載籍，詳加考證商

異〉時提出，何教授深表贊同。何教授論文，詳見《古漢語語法研究論文集》，北京：商務印書館，2000年5月，頁84-109。

[21] 程元敏，《春秋左氏經傳集解序疏證》，臺北：學生書局，1991年8月。

[22] 《高本漢左傳注釋》，臺北：中華叢書編審委員會，1972年2月。

訂，凡二〇九國。又著有《左氏春秋義例辨》上下冊[23]，深信《左傳》乃劉
歆破散《國語》而成之說，於是以為《左傳》之義例，十八九為歆黨所牽附；
至於若干義例有在歆前，亦有在歆後者，不能據此謂《左氏》傳《春秋》之
證。又遍考五十凡，舉二十四例論證《左傳》義例為後人所附益。其說蓋承
劉逢祿以下《公羊》學家之餘緒而稍加恢拓之，日本津田左右吉《左傳的思
想史的研究》，大陸學者徐仁甫《左傳疏證》與之呼應，多主劉歆增飾甚至編
纂《左傳》之說[24]。考察此一學術公案，錢賓四先生撰《劉向歆父子年譜》，
備列史事，證明劉歆並無遍竄群籍之必要，亦無遍竄群籍之時間，幾成定讞。
且日本新城新藏以曆算治《左傳》，亦力駁飯島忠夫等所謂「《左傳》作於劉
歆」之說，證劉歆之三統曆，頗與《左傳》之曆法不合[25]。三十年來，「劉歆
偽作《左傳》」或竄作《左傳》義例之說，學界已多所駁斥與辨正[26]。時移勢
遷，自今以往，固不必自陷於今古文紛爭之意氣中，大可平情看待問題。除
外，陳先生尚發表有關《春秋》經、《公羊傳》、《穀梁傳》論文多篇，詳下文
「期刊論文」部分，此不贅述。

　　周法高先生著有《周秦名字解詁彙釋補編》[27]，初名《春秋名字解詁》，

[23] 《左氏春秋義例辨》，原為中央研究院歷史語言研究所專刊之十七，1947 年 8 月初版；1993 年 5
　　月重訂再版。

[24] 津田左右吉，《左傳の思想史的研究》，日本東京：《東洋文庫論叢》第 22 輯，昭和十年（1935
　　年）9 月。《津田左右吉全集》第 15 卷，東京：岩波書店，1964 年 11 月。《左傳疏證》，成都：
　　四川人民出版社，1981 年 1 月。

[25] 新城新藏力駁「劉歆作《左傳》說」，詳見〈歲星の記事によりて左傳國語の製作年代と干支紀
　　年法の發達とを論ず（1、2）《藝文》第 9 年 11 號、12 號 1918 年（大正 7 年）11、12 月 頁 22-61、
　　頁 328-297〉又參《東洋天文學史研究》，《春秋經傳引得・序》引，頁 64-70；飯島忠夫〈漢代
　　曆法より見たる左傳の偽作（1、2）〉，《東洋學報》第 2 卷 1 號、第 2 卷 2 號，1912 年（明治
　　45 年），頁 28-57，頁 181-210；飯島忠夫〈再び左傳著作の時代を論ず〉，《東洋學報》第 9 卷
　　2 號，1919 年（大正 8 年）6 月，頁 155-194。又《支那曆法起源考》，東京岡書院，昭和五年出
　　版。

[26] 參考胡念貽，〈《左傳》的真偽和寫作時代問題考辨〉，《文史》第 11 輯，頁 1-33；李學勤，〈章
　　太炎論《左傳》的授受源流〉，《李學勤卷》，合肥：安徽教育出版社，1999 年 5 月，頁 658-667。

[27] 《周秦名字解詁彙釋補編》，臺北：中華叢書編審委員會，1964 年。

專就《春秋》經傳所見名字相應處，作鉤深索隱之訓釋。王叔岷著有《左傳考校》一書[28]，「考校底本，據清嘉慶二十年江西南昌府學開雕之重刊宋本左傳注疏」，並參考阮元、王引之、俞樾、竹添光鴻及景刊唐石經之說，或補充、或訂正，而以創見為主。王先生發現：《說文》引經傳異文，大多許慎改從《說文》；其後徐鍇《繫傳》及其他經傳注疏亦多改從成風。黃彰健先生研治經學史，著有《經學理論文存》，又著成《經今古文學問題新論》一書[29]，陳槃先生評價此書，以為「于兩漢經今古文學中之重要而且錯綜糾結、不易理解之諸問題，逐一提出，詳予檢討。旁徵博涉，本本元元，折衷至當。」其中如光武議立賈逵、《白虎通》、班固、許慎、馬融、漢石經、鄭玄諸章，論述古文經學，多涉及三傳，尤其是《左傳》。

林慶彰先生為中國文哲研究所經學研究室主持人，著有《豐坊與姚士粦》、《明代考據學研究》、《明代經學研究論集》、《清初的群經辨偽學》、《清代經學研究論集》等專著[30]。其中有關《春秋》經傳研究者如〈楊慎之經學〉、〈萬斯大的春秋學〉、〈姚際恒的《春秋》學〉、〈劉逢祿《左氏春秋考證》的辨偽方法〉、〈劉文淇《左傳舊疏考正》研究〉等，多卓犖可觀。另外，又撰寫有關經學之論文百餘篇。主編《經學研究論著目錄》、《日本研究經學論著目錄》、《日據時期臺灣儒學參考文獻》、《中國經學史論文選集》、《啖助新春秋學派研究論集》、《經學研究論叢》等工具書[31]，及學術期刊。主辦清代、明代、元代、宋代經學國際研討會，主持清代乾嘉經學研究計畫，籌印經學

---

[28] 《左傳考校》，臺北：中央研究院中國文哲研究所籌備處，1998年4月。

[29] 《經學理論文存》，臺北：臺灣商務印書館，1976年。《經今古文學問題新論》，《中央研究院歷史語言研究所專刊之七十九》，（5-10），臺北：中央研究院歷史語言研究所，1982年11月。

[30] 《明代經學研究論集》，臺北：文史哲出版社，1994年5月；《清代經學研究論集》，臺北：中央研究院中國文哲研究所，2002年8月。

[31] 《日本研究經學論著目錄》（1900～1992），臺北：中央研究院中國文哲研究所，1993年10月；《日據時期臺灣儒學參考文獻》，臺北：學生書局，2000年10月；《中國經學史論文選集》，臺北：文史哲出版社，1992年10月；《經學研究論叢》（1-4），臺北：聖環圖書公司，1994年-1997年；《經學研究論叢》（5-10），臺北：學生書局，1998年-2002年。

研究叢書，盡心致力提倡經學研究，其苦心孤詣，放眼當今學界，可謂絕無僅有。林先生為國家文學博士，長期以來於東吳大學中國文學研究所講授「中國經學史」課程，指導學位論文不少，計博士論文一部：馮曉庭《宋人劉敞的經學述論》，碩士論文五部：馮曉庭《宋初經學發展述論》、汪嘉玲《胡安國春秋傳研究》、張穩蘋《啖、趙、陸三家之《春秋》學研究》、張博成《姚際恆《春秋通論》研究》、涂茂奇《趙汸及其《春秋》學研究》。除外，尚有政治大學蔡長林《崔適的經學思想》，及中央大學王淑蕙《董仲舒春秋解經方法探究》兩部碩士論文，亦經林先生指導。

王靖宇先生，美國康乃爾大學博士，曾任中國文哲研究所諮詢顧問、兼任研究員，專研《左傳》、文學批評。王先生有關《春秋》經傳之論者，如《左傳與傳統小說論集》[32]，其中〈從《左傳》看中國古代敘事作品〉、〈論左傳的修辭手法〉二文，探討歷史與小說間之交集與異同。又著有《中國早期敘事文論集》[33]，主要以西方敘事學角度探討中國敘事文，涉及《左傳》者，共有七篇，關注三個主題：其一從敘事學角度分析和閱讀《左傳》，如〈從《左傳》看中國古代敘事作品〉、〈怎樣閱讀中國敘事學——從《左傳》文藝欣賞談起〉、〈《左傳》晉楚鄢陵之戰析讀〉。其二，探討左傳敘事之歷史與虛構之關係，如〈歷史小說敘述——以晉公子重耳出亡為例〉。其三，以敘事文學角度新探歷史考證問題，如〈從敘事文學角度看《左傳》與《國語》的關係〉、〈再論《左傳》與《國語》的關係〉。附錄一篇，〈談美國的《左傳》研究〉。王先生之《左傳》研究，提供學界新視野，可以啟發若干新思維。

(五) 成功大學中國文學研究所

成功大學於 1991 年成立中國文學研究所，至今不過十一年歷史，有關《春秋》經傳之學位論文不算多，不過師資專長卻極有特色，假以時日，成果或

---

[32] 《三傳與傳統小說論集》，北京：北京大學出版社，1989 年 5 月。

[33] 《中國早期敘事文論集》，臺北：中央研究院中國文哲研究所籌備處，1999 年 4 月。

有可觀。葉政欣先生專攻《春秋》考據學，宋鼎宗先生致力《春秋》義理學，張高評則以探討《左傳》之辭章及研究歷代《春秋》學為主。三者若能結合為一，寧非美事？一系之內，三人皆治《春秋》經傳之學，實屬巧合。蓋先後皆出身臺灣師大，分別師承程發軔、高明、林尹、黃永武諸先生，居然百慮一致，殊途而同歸。

葉政欣先生博士論文為《賈逵春秋左傳遺說研究》，後經增訂，成《漢儒賈逵之春秋左氏學》一書[34]。是書辨證《春秋》義例、《左傳》義例、《左傳》文旨，名物訓詁、古史禮制等等，或輯賈注之佚文，或申賈注之義蘊，或辨賈注之得失，或論諸家之是非，或析賈注之條例，賈逵之《春秋左氏》學，得此書而益明。又著《杜預及其春秋左氏學》、《春秋左氏傳杜注釋例》二書[35]，發明杜元凱《春秋》經傳之學。賈逵杜預二家，既執漢晉《春秋》《左氏》學之牛耳，則葉先生申明賈、杜二家之學，闡發《春秋》經傳之義，可謂能見其大，有功於斯學。又撰〈左傳古史考證〉、〈服虔左傳遺說探究〉、〈讀左瑣記〉、〈釋春秋義例二則〉諸文，多有可觀。

宋鼎宗先生講授中國經學史，著有《春秋左氏傳賓禮嘉禮考》，考察朝、聘、會、盟諸賓禮，及冠、婚、世子生、饗燕諸嘉禮，以證「《左氏》善於禮」。又著《春秋宋學發微》，概述兩宋春秋名家三十三人，考察宋儒之尊王說、攘夷說、寓作於述，並述其貢獻，說其影響，而以較論漢宋《春秋》學之異同作結。又著有《春秋胡氏學》，提示胡安國治《春秋》之態度與方法，闡發胡《傳》經世說及寓宋說之精義，裁判時儒後賢支離穿鑿、附會拘泥之批評[36]。論者序此書「既匡胡《傳》，兼出新意，同揚聖經」，值得參閱。宋先生曾指導兩部有關《春秋》經傳碩士論文：蕭淑惠《清儒規正杜預《春秋經傳集解》

---

[34] 《漢儒賈逵之春秋左氏學》，臺南：興業圖書公司，1983 年 1 月。

[35] 《杜預及其春秋左氏學》，臺北：文津出版社，1989 年 10 月。《春秋左氏傳杜注釋例》，《嘉新水泥公司文化基金會研究論文》第六十一種，1966 年 5 月。

[36] 《春秋左氏傳賓禮嘉禮考》，為作者碩士論文，完成於 1971 年 6 月。《春秋宋學發微》，臺北：文史哲出版社，1983 年 2 月；《春秋胡氏學》，臺北：萬卷樓圖書公司，2000 年 4 月。

研究》，黃智群《張洽《春秋集註》研究》。

張高評博士論文為《左傳之文學研究》[37]，其後以篇帙繁重，分成《左傳導讀》、《左傳之文學價值》、《左傳文章義法撢微》三書出版流傳[38]。《左傳導讀》主要考論《左傳》之作者、時代、解經續經、及其經學、史學、子學等學術價值。《左傳之文學價值》，討論《左傳》一書之文體、語文、古文、駢文、歌詩、神話小說、通俗文學、史傳文學、敘事文、說話術、議論文、描寫文諸辭章學課題。《左傳文章義法撢微》，則剖析《左傳》之命意、謀篇、安章、鍛句、練字，以及神味。從而可見左丘明所以為古文之宗祖，《左傳》所以為文章之冠冕，為桐城義法典範之所以然。以上三書，論者譽為「二十世紀下半葉《左傳》研究最重要的成果」，與錢鍾書《管錐編》說《左傳》，郭預衡《中國散文史》、譚家健《先秦散文綱要》、《先秦散文藝術新探》並列，同為二十世紀後半期先秦散文研究的代表性成果[39]。博士論文外，又著有《左傳之文韜》，分論《左傳》之文藝觀念，「《左氏》浮誇」、史論之風格與作用、史筆與詩筆、微婉顯晦等主題。《左傳之武略》，論述《左傳》之兵學思想、敘戰謀略、《左傳》兵法評證，闡述《左傳》兵謀與領導統御，論為將之道與禁忌[40]。《春秋》之學有事、有文、有義，以上五書，著力於事文合一之研究，較重《左傳》辭章學之探討，稍稍論及義理思想。近又著有《春秋書法與左傳學史》一書[41]，選錄十篇論文，彙為五大主題：或為《春秋》書法之考察，或為《春秋》學研究法之示例；或回歸原典，探討《左傳》之據事直書、以

---

[37] 指導教授黃永武先生，博士論文為《許慎之經學》。許慎既稱「五經無雙」，尤以《左氏》為專門名家之學，故黃先生論文特闢〈許氏《春秋》學第五〉專章討論之，臺北：中華書局，1972年9月，頁496-701。

[38] 《左傳導讀》、《左傳之文學價值》、《左傳文章義法撢微》三書，臺北：文史哲出版社，1982年8月、10月

[39] 常森，《二十世紀先秦散文研究反思》，第二章第二節，二，「傳統方法與成果的集大成：《張高評之《左傳》研究》」，北京：北京大學出版社，2002年8月，頁163-169；頁255。

[40] 《左傳之文韜》、《左傳之武略》，高雄：麗文出版公司，1994年10月。

[41] 《春秋書法與左傳學史》，臺北：五南圖書公司，2002年1月。

史傳經、預言之基形與作用，或研治《春秋師說》、《春秋孔義》、《左傳義法舉要》，見經學對理學之接受、文論受經學之影響，理學對經學之滲透；或探《春秋左傳補疏》，見後儒對經典詮釋之誤讀，及虛辭說經之偏失。又撰〈左傳學研究之現況與趨向〉，提供諮詢，對斯學作回顧與前瞻。近又以敘戰之義法，較論《左傳》《史記》；以兵法謀略為例，凸顯《左傳》敘戰之資鑑使命；強調以史傳經，而初探蘇轍《春秋集傳》。曾指導碩士論文兩部：陽平南《《左傳》敘戰的資鑑精神研究》，陳致宏《語用學與《左傳》外交辭令》。

施之勉先生專攻史傳，於《史記》《漢書》著述豐富，五十年前已撰有〈春每月書王解〉、〈春秋列女表考釋〉、〈春秋伯子男同位說〉。三十年前又發表、〈春秋之中弒君三十六亡國五十二〉、〈三代中敬文三統相捄為公羊家說辨〉諸論文。謝秀文先生習業成大大學部，任教陸軍官校，著有《春秋三傳考異》一書[42]，試與吳汝綸〈春秋左傳異文考〉，陳鐵凡〈法經藏敦煌本《左傳》兩卷綴合校字記〉二文相較，範圍寬闊，論說詳盡，值得參閱。

(六) 其他

研究《春秋》經傳，卓然成家者，除上述五個學術單位之學者外，尚有以史學名家之徐復觀先生，以文學研究為核心之高葆光、洪順隆先生，略述於後。

徐復觀先生著《兩漢思想史》卷三，其中〈原史——由宗教通向人文的史學的成立〉一文[43]，闡述孔子修《春秋》、及《春秋左氏傳》的若干糾葛，《左氏》以史傳經的意義與成就，從史學觀點評估《左氏傳》，左氏晚年作《國語》諸論題。高葆光著有《左傳文藝新論》[44]，側重申說《左傳》為文之法度，研討其文章技術及價值，發揚高步瀛及桐城派論文之餘緒。全書分為總論及

---

[42] 《春秋三傳考異》，臺北：文史哲出版社，1984 年 7 月。

[43] 《兩漢思想史》卷三，臺北：學生書局，1979 年 9 月，頁 217-304。

[44] 《左傳文藝新論》，臺中：東海大學，1974 年 7 月。

文藝評論：總論分解經、作者、時代背景、文藝特點、文藝評論；除選錄經
傳原文，稍加注釋外，特闢文藝評論一欄，以賞析《左傳》文章之優美。徐
復觀、高葆光先生，皆曾任教東海大學中國文學系，未見指導《春秋》經傳
有關論著。張端穗先生亦任教東海大學，著有《左傳思想探微》一書[45]，收
錄論文五篇，從思想角度，分別討論《左傳》對超自然、人性、人殉、禮與
刑、君臣關係、春秋時期戰爭之看法，並評價其意義。又譯伊根〈左傳中的
敘事文〉、〈王靖宇「以左傳為例看古代中國的敘事文」〉[46]，提供世界漢學資
訊，頗可寶貴。

　　研究《春秋》經傳，頗有論著，卻少見傳人者，除上述三家外，又有下
列二家：左松超先生《左傳虛字集釋》[47]，勾勒《助字辨略》、《經傳釋詞》、
《詞詮古書》、《虛字集釋》諸書有關虛字之訓釋與例句，排比參校，纂為一
編，頗便研讀《左傳》之查考。洪順隆先生任教文化大學，著有《左傳論評
選析新編》[48]，以文學觀點為主，歷史思想為副，分序論、本論、分論三章，
論析《左傳》之文學。緒論涉及《左傳》之解經、成書時代、作者，本論述
傳授源流，及以歷史、思想、文學觀點看《左傳》，分論為名篇選析，區分八
個時代，就《左傳》名篇作選析論評。洪先生曾指導碩士論文一部：黃耀崇
《左傳霸者的研究》。

二、從學位論文選題看《春秋》經傳研究之取向

　　博士碩士學位是曠日廢時的心力投資，更是專業嚴謹的學術研究養成訓

---

[45] 《左傳思想探微》，臺北：學海出版社，1987 年 1 月。

[46] 〈左傳中的敘事文〉，《東海中文學報》第三期，1982 年 6 月，頁 19-39；〈以左傳為例看古代
中國的敘事文〉，《東海文藝季刊》第十期，1983 年 2 月，頁 2-17。

[47] 《左傳虛字集釋》，臺北：臺灣商務印書館，1969 年 1 月。

[48] 《左傳論評選析新編》上下冊，臺北：中國文化大學出版部，1982 年 10 月。

練。因此學成業就後之博士碩士，其研究方向、論文指導，或開課類型，甚至期刊論文和專著之心得發表，大多與該學者之學位論文選題和領域，息息相關，鮮少例外。尤其是《春秋》經傳之研究，由於文字古奧，言微義大，牽涉專門，因此無師自通，別子為宗者絕少；縱有，成果亦浮光掠影，乏善可陳。

考察臺灣五十年來《春秋》經傳研究之概況，除上文論述「師承和流派」以外，本節擬以博士碩士論文之選題類屬為主，探討學位論文對《春秋》經傳研究之取向。為方便論述，試分為四大端：（一）、《春秋》學，凡《春秋》文本研究、三傳會通研究、《春秋》學史研究皆屬之。（二）、《左傳》學，凡《左傳》文本探討，及歷代《左傳》論著研究皆屬之。（三）、《公羊》學，凡《公羊傳》文本討論，及歷代《公羊》學研究皆屬之。四、《穀梁》學，凡研討《穀梁傳》文本，及《穀梁》學史者皆屬之。依序論述如下：

(一)《春秋》學研究與學位論文

五十年來，臺灣各研究所博士、碩士論文，以研究《春秋》學獲得學位者，博士 20 人次，碩士 39 人次。其中又分兩大類：或專論《春秋》學，或綜論經學而類及《春秋》。就清代朱彝尊《經義考》所載，自兩漢以下，《春秋》學研究代不乏人，人不乏書。即以《春秋》名書者而言，約在 800 部以上。臺灣學界研究《春秋》學成果觸及不到一成，可見有待發揮之空間尚多。以博士論文而言，專論《春秋》學者有下列 9 部，以《春秋》學專著之成書時代為序，羅列論述如下：

1. 博士論文

李匡郎《春秋大義研究——道德史觀之探討》與吳蓮慶《春秋大義價值標準之研究》先後有志一同，探討《春秋》大義。李匡郎討論《春秋》大義的發展和影響，雖分正名思想、道德史觀、天命史觀三者，而歸本於「道德史觀」，以為乃《春秋》大義的全部內容。吳蓮慶討論《春秋》大義的要則，分為大一統、攘夷狄、崇孝悌、本嘉忠義、嚴守禮則五方面。至於《春秋》大

義之價值標準，亦以一統之義、大公之心、孝悌之道、忠義之理、守禮之正五者權衡之。李、吳二篇，皆哲學研究所博士論文。若以《春秋》學名家分，張添丁《司馬遷春秋學》考論西漢太史公《史記》論《春秋》時事，以見司馬遷之《春秋公羊》學，及《春秋左氏》學。李妍承《董仲舒《春秋》學之研究》與楊濟襄《董仲舒春秋學義法思想研究》亦先後研究董仲舒《春秋》學：李妍承研究在先，楊濟襄完成在後。前書強調，董仲舒《春秋》學傳承大一統、尊王說、經權說、文質說、正名說、貴志說等《公羊春秋》之義例和思想外，最具創新特色者，為將「天人之際」與「古今之變」兩大先秦思想家討論之主題，圓融納入儒家經學範疇內，創造地詮釋了《春秋》學的研究觀點。楊濟襄《董仲舒春秋學義法思想研究》轉換研究角度，改以義法思想研究董仲舒《春秋》學：其論文提要稱：「本論文以董氏《春秋》學之《春秋》義旨與儒學內容為研究對象。試圖由《春秋》學史和儒學史的觀點，重新尋求董氏《春秋》學的合理評價。」因此，對於天人思想、氣化感應、陰陽災異等概念，與上列研究焦點無涉者，皆不在討論之列。其輕重取捨，有如此者。黃志祥《啖、趙、陸之春秋學》探究唐代啖、趙、陸之《春秋》學，以為三家《春秋》學之價值有五：創新說、發初疑、定取舍、糾差謬、纂條例，並羅列其影響。簡福興《元代春秋學研究》通論元代《春秋》經傳之學，歸納吳澄、黃澤、程端學、趙汸等十家之《春秋》學說，就經世思想、尊王要義、攘夷微旨、解經諸法價值與影響證成之。林世榮《熊十力春秋外王學研究》熊十力緊扣《易》以論《春秋》，故常言：「《大易》《春秋》相表裡。」論文肯定熊十力既賦《春秋》以新意，並為《春秋》學開啟新方向。熊氏所抉發之革命民主意，異於《公羊》而近於孔子。熊氏之《春秋》外王學超越董、何、皮、康，實傳承清初三大家，而上接孔孟。金榮奇《韓國春秋學研究》為域外《春秋》學之研究，先探討韓國高句麗、百濟、新羅三國之儒學，再探討朝鮮時代《春秋口訣》、《春秋正音》之普及《春秋》學，再側重探討朝鮮學者《春秋》學之專著：於《春秋》大義之發揮，《春秋》四傳之評價，尤其留心。

　　五十年來臺灣之博士論文，有綜論經學而類及《春秋》學者，凡八部；亦有考論春秋時代禮儀、世族、曆法，觸類而及《春秋》經傳者，凡三部。綜論經學而類及《春秋》學者，經學名家之學術得以知其大凡，經學史及《春秋》學史，亦可從中得其要刪，如：黃永武《許慎之經學》通論「五經無雙」之許慎之經學，其中第五篇考論許氏之《春秋》學。許慎既以《左氏》為專門名家之學，故《五經異義》所主《左氏》說，所商榷者多為禮；且《說文解字》所引《春秋》傳文，其說解亦多與《周禮》家說相應。條分縷析，備列考證，臚舉 66 條以說之[49]。簡博賢《今存三國兩晉經學遺籍考》考察三國兩晉之經學，述及《春秋左氏》學派，談論三傳之會通及杜預范注集成。江乾益《前漢五經齊魯學之形成及其影響研究》研究前漢五經齊魯學，陸賈、賈誼之魯學，陰陽災異之齊學，其中自然涉及《春秋》學。陳金木《劉焯劉炫之經學》論隋朝二劉經學，其中第六章論劉炫之《春秋左傳》學。陳慶煌《劉申叔先生之經學》論清末民初劉師培之經學，《春秋》學與《左氏》學，自是其中討論之焦點。張寶三《五經正義研究》討論《五經正義》之體例，其中有《左傳正義》。馮曉庭《宋人劉敞的經學述論》綜論宋代劉敞之經學，其中論及《春秋》學；陳恆嵩《五經大全纂修研究》探討明代《五經大全》之纂修，《春秋集傳大全》自在研究之列。

　　博士論文，有偏重禮學、世族、或曆術研究，關涉《春秋》及三傳，或以《春秋》經傳為文獻史料者，如：周何《春秋吉禮考辨》考辨《春秋》經傳之吉禮，分郊、望、雩、禘、時享諸禮分述之，列舉 300 餘條文獻為佐證，擇其大者百條論說之。其結論有三：立《春秋》吉禮之確論，決今古文家之懸疑，匡鄭玄義理之疏失。陳韻《春秋魯三桓世族譜系研究》釐清《春秋》魯三桓之譜系，考辨三桓源起及其世族人物。研究文本，以《春秋》經及《春秋》三傳為主，故類及於此。陳廖安《春秋曆學研究》主要在考察《春秋》經傳之曆象，檢討諸家曆譜之得失，以其推名《春秋》曆數，進而羽翼經論，

---

[49] 黃永武，《許慎之經學》，臺北：中華書局，1972 年 9 月，頁 496-701。

發明經傳之微旨。其研究要領，在以《春秋》日蝕為天文定點，較論黃帝曆、顓頊曆、夏曆、商曆、周曆、魯曆古六曆，再與現在天文實朔之疏密作比較，以考見《春秋》曆學之大要。

2. 碩士論文

五十年來，以撰寫《春秋》學及其相關學術研究，獲得碩士學位者約 38 人次。其中專論《春秋》經文本者 4 部，考察斷代《春秋》學者凡 26 部。通論《春秋》三傳者 2 部，綜論經學而類及《春秋》者 7 部，以經傳為史料之研究者凡 2 部，分述如下。先談專論《春秋》經之文本者，如：

陳新雄所作《春秋異文考》，於聲韻之通轉，字形之譌誤、傳寫之衍奪、地理之沿革、曆算之是非，莫不逐字考訂。又列「《春秋》異文表」，指明三傳文字異同之故[50]。張永伯《春秋書卒研究》探討《春秋》書卒，覆案《左傳》所載行事，分內大夫卒、內女夫人卒、外諸侯卒、未成君卒、周大夫卒、未成王卒諸義類，以推見《春秋》褒貶之義。林秀富《論春秋的屬辭比事》以為：屬辭比事，為解釋《春秋》之方法。經傳互考與捨傳解經為其中兩大途徑；其中捨傳解經又發展為經例說經和依禮說經二途。由屬辭比事之發展，可見《春秋》詮釋學之困境與突破。陳傳芳《春秋有關戰伐書例研究》分析《春秋》及三傳所書戰、敗、克、侵、伐、襲、滅、取、入諸戰伐義例，歸納出書法之結構與特色。

碩士學位論文對於斷代之《春秋》學，探究最多。其中討論董仲舒《春秋》學之論文，最為熱門；二十年來共達九部，外加上述博士論文兩部，竟高達十一部。這九篇碩士論文，或泛論董仲舒《春秋》學，如洪碧穗《董仲舒春秋學述》、廖培璋《董仲舒春秋學研究》：或專論天人思想，如李秀美《董仲舒思想闡微——春秋學與天人合一說初探》、陳禮彰《董仲舒天人思想研究》。其他，則林明昌《〈春秋繁露〉的天道觀與治道思想》專論天道治道，黃啟書《董仲舒春秋學中的災異理論》專論災異理論，王淑蕙《董仲舒春秋

---

[50] 陳新雄，《春秋異文考》，臺北：嘉新水泥公司文化基金會研究論文第廿六種，1964 年 11 月。

解經方法探究》專談解經方法與效果，吳清輝《董仲舒春秋大一統思想研究》探討大一統思想，黃國禎《論董仲舒《春秋繁露》與緯書《春秋緯》之關係》發明《春秋繁露》與緯書之關係。

其他斷代《春秋》學研究，則上起戰國孟軻（B.C372～B.C289），下迄清代洪亮吉（1746～1809），共有 13 部碩士論文，依時代為序，分別就戰國孟軻、唐代啖、趙、陸三家，宋代孫復、胡安國、呂祖謙、張洽，元代趙汸，清代姚際恆、毛奇齡、洪亮吉諸家之《春秋》學，作發微闡幽之研究。吳吉助《孟子春秋說研究》就《孟子》書中所載文獻，佐以前賢之注疏及近人論著，裁成義類，分孔子作《春秋》、《春秋》無義戰、孟子思想源於《春秋》三者作論證。學位論文中研究《春秋尊王發微》一書者有三部，討論胡安國《春秋傳》者有兩部。歷代《春秋》學流傳後世，見諸《通志堂經解》、《皇清經解》、《續皇清經解》、及《續修四庫全書》者，數量十分可觀，未經學界探討者極多。學術研究重複探索相近選題，是否有其必要？值得大家省思。張穩蘋《啖、趙、陸三家之《春秋》學研究》研究啖趙陸三家之《春秋》學，從《春秋》經的經典領域，跨足到《春秋》學的系統範疇。鑑於啖助學派在經學史上總結漢學師說，開闡宋學蹊徑之特殊性，本文致力學術史觀的系統性研究，將學術脈絡區分為以啖助學派為主體，及以《春秋》三傳為主體兩大分野，以期客觀評價其歷史地位。倪天蕙《宋儒春秋尊王思想研究》、曹在松《孫復春秋尊王發微與北宋經史二學之演變》、林玉婷《孫復春秋尊王發微》探討孫復以及王晳、孫覺、蕭楚、胡安國、高閌、陳傅良、趙鵬飛之《春秋》尊王思想。汪嘉玲《胡安國春秋傳研究》、鄭丞良《胡安國春秋傳與公羊傳之比較研究》，皆研究胡安國《春秋傳》：汪嘉玲《胡安國春秋傳研究》專論胡安國《春秋》傳，考察胡《傳》之以意說經、因例求義、以史鑑今諸詮釋系統，及針對胡《傳》對南宋及元明《春秋》學之影響，詳作申說。鄭丞良《胡安國春秋傳與公羊傳之比較研究》胡安國《春秋傳》與三傳並列，號稱四傳。本文就胡《傳》與《公羊傳》相近或相關處，進行比較研究，分經史觀、夫婦觀、父子觀、君臣觀四者較論之，以彰顯胡《傳》對《公羊》學之傳承因

緣。林建勳《呂東萊的春秋學》以南宋浙東文獻名家呂祖謙為研討對象，探討其《春秋》學如何結合義理學與歷史學。討論天理、世界觀、人物品評、福德取禍諸問題，及呂氏歷史方法及其應用概況，以作為了解宋代《春秋》學之進階。黃智群《張洽《春秋》集註研究》探討南宋張洽《春秋集註》之經學特色，謂以義理解《春秋》，重義例，明一字之褒貶，肯定《春秋》書法，突破師法，自成一家。賈承恩《春秋師說》考徵、涂茂奇《趙汸及其春秋學研究》兩部論文，皆研究趙汸《春秋》學。賈承恩《春秋師說》考徵只探討《春秋師說》一書，主要考證趙汸業師黃澤在《春秋》學方面之得失，及其貢獻。涂茂奇《趙汸及其春秋學研究》亦討論趙汸之《春秋》學，觸及面較前書廣大，其要旨為強調經傳互證、注重經史之別，取捨諸儒經說，不以一字見褒貶，立八體以統攝全經，而以評價趙汸《春秋》學之得失與影響作結。張博成《姚際恆《春秋通論》研究》討論姚際恆《春秋通論》，就寫作動機、版本體例、批判前代《春秋》學、重建《春秋》詮釋體系，評價其書各方面之得失。陳逢源《毛西何及其春秋學之研究》旨在探討毛奇齡及其《春秋》學理論。毛氏《春秋》學論著凡五部，強調屬辭比事以求史實，歸納經文為22個門部，主張以經文體現義理，又提出簡策分書、立四例以解經諸概念。打破《春秋》學以傳明經之慣性，提高《春秋》經文地位，對清代經學復興，卓有倡導之功。林耀曾《春秋古經洪詁補正》為清代洪亮吉《春秋左傳詁》作補正，以為清儒纂集《左氏》古義者，推洪氏為最全，尤以訓詁、曆算、義例最可觀。因就洪書所及者，察竅考究、詳研得失，采擷眾說，著以己意[51]。

其他，尚有通論三傳者，類及《春秋》者，以經傳為史料者，如：李崇遠《春秋三傳傳禮異同考要》考察傳禮之異同，陳銘煌《春秋三傳性質之研究及其義例方法之商榷》商榷義例方法，皆以《春秋》經傳為研究主體。自陳忠源《從《春秋》的傳衍論先秦時期的經學發展》、范姜星釧《兩漢春秋經

---

[51] 林耀曾，《春秋詁經洪詁補正》，臺北：嘉新水泥公司文化基金會研究論文第六十種，1966 年 8 月。

學的傳授源流》、李景遠《張參五經文字之研究》、馮曉庭《宋初經學發展述論》、李新霖《清代經今文學述》、金炯均《近代經學之復興》、蔡長林《崔適的經學思想》、陳文豪《廖平經學思想研究》，分別探討兩漢《春秋》學源流、唐代五經文字、宋初經學發展、清代今文經學、近代經學，以及崔適與廖平之經學思想，雖或側重今文學或《公羊》學之研究，為尊題計，仍歸類在《春秋》學門中。林尚節《春秋喪禮研究》與黃源盛《漢代春秋折獄研究》，分別討論春秋喪禮與《春秋》折獄，則以運用的文獻旁及《春秋》經傳，姑置於此。

(二)《左傳》學研究與學位論文

五十年來，《春秋》經傳之研究成果，以《左傳》學之探索和討論，最為亮麗可觀。《春秋》學一經三傳之研究人口與業績，六朝以來迄今，大抵以《左傳》學遙遙領先，《春秋》學其次，《公羊》學又其次，《穀梁》學向來寂寥冷清。其中緣故，可得而言：

就經學之價值言，《左傳》有羽翼《春秋》經之功。桓譚《新論》不云乎：「《左氏》經之與傳，猶衣之表裡，相待而成」；啖助亦稱美《左傳》：「敘事尤備，能令百代之下，頗見本末，因以求意，經文可知。」《四庫全書總目》更言：「漢晉以來，藉《左氏》以知經義；宋元以後，更藉《左氏》以杜臆說」，由此可見其傳經之功。就史學價值言，由於《左氏》為史官，敘事見本末，屬辭比事存史意，古今御天下之變備於《左傳》，故歷代學者推崇有加，以為是「史之極也」、「史之大宗」，是史學、是通史，也是編年史的正式完成。不僅為探索上古史之信史，更是研讀廿五史之基準[52]。就文學之價值言，范甯云：「《左氏》艷而富，其失也巫」；唐劉知幾推崇《左傳》：「工侔造化，思涉鬼神，著述罕聞，古今卓絕」；清方苞則盛稱：「義法最精者，莫如《左傳》

---

[52] 有關《左傳》經學及史學之價值，可參閱拙作《左傳導讀》，第二章論〈三傳之得失與會通〉，第六章〈左傳之學術價值〉，頁 17-23，141-158。

《史記》」；林紓更謂：「《左氏》如冶女良娼。盲左文章，固有媚人伎倆。」[53]
左氏學問極博，才情極高，故所為文章，自成一家，號稱萬世古文之祖，後
世得其一偏，皆足以名世，可見其文學成就。由此觀之，《左傳》學術價值多
方，以上只是概略言之，研究信息量既如此豐沛，自然容易引發許多研究者
投入，欣欣向榮的景象也就如實表現出來了。

1. 博士論文

　　臺灣各大學研究所之選題，專攻《左傳》學而取得博士碩士學位者，五
十年來共約 71 人次，其中博士論文 15 人，碩士論文 56 人。就博士論文而言，
15 部著作中大抵可分兩大類：其一，《左傳》文本之研究，共九部；其二，
歷代《左傳》學史之研究，共六部。分論如下：

　　《左傳》一書，由於博採諸家，敘事尤備，文采若雲月，高深若山海，
而又囊括古今，表裡人事，故學者探究《左傳》，各得一察，管窺蠡測之，猶
弱水三千，吾只取一瓢飲。博士論文專探《左傳》文本者，亦然。如：張高
評《左傳之文學研究》完成於 80 年代，大抵採用傳統研究方法，對《左傳》
一書 180000 萬餘字，作地毯式地考察、文學性地全面研討。《春秋》學「其
文則史」部分，既作如此深廣之探究，自然聯類觸及「其事則齊桓晉文」之
敘事載言。苟思進窺「丘所竊取」之「義」，沿波討源，即器求道，將不難順
指以得月。方炫琛《左傳人物名號研究》考論《左傳》所載人物之名號，就
姓氏、名字、行次、謚號、班爵諸目探究之。且就《左傳》4500 餘人物，歸
納出 222 條名號條例。研究《左傳》之稱謂，最便參考。陳熾彬《左傳中巫
術之研究》探討《左傳》所載巫術之內容，從宗教社會學的角度，闡釋其儀
文和觀念，進而析論巫術對政治、禮俗、社會之影響。得知巫術對命職、立
嗣、戰事、政爭、安民、國際局勢，富於誘導作用；對於社會亦有生存、適
應、整合的功能，其影響將不止於鬼神信仰之禮俗而已。劉瑞箏《左傳禮意

---

[53] 關於《左傳》之文學價值，可參閱拙著《左傳之文學價值》、《左傳文章義法撢微》、《左傳之
　　文韜》各書。

研究》論《左傳》之禮意、強調禮攝諸德，禮儀有別。文中論述《左傳》所載君臣、父子、夫婦、兄弟、朋友諸人倫禮意；並標示以禮治軍、務德致勝、鎮暴止亂、興廢繼絕諸軍事禮意，以及樂含歌舞、樂貴諧和、樂重節度、樂以象德、樂以觀政、禮樂一體諸舞樂之禮意。許秀霞《左傳職官考述》考察《左傳》職官，分王朝職官，及列國職官考述，然後交相比較，且與《周禮》對勘。發現《左傳》職官有與《周禮》相同或相似者，凡 91 種，可見春秋之前必有足供列國參考施行之官制法則。另外，《左傳》所載職官，有名同職近者，有名同實異或異名同實者。《春秋》號稱霸史，有兩篇博士論文留意霸業之建立，如：李小平《左傳晉國建霸君臣言行探討》，探討春秋前期晉國之建霸，以《左傳》原典為文本，經由晉國君臣言行之考察，探討晉國能夠奠定霸業之所以然。論文將晉國君臣之道德性格分為：進盡忠言、化險為夷；以德服人、信綏諸侯；貞亮死節、義無反顧；志慮忠純、戒懼小心；謙沖自牧、能容乃大五大道德性格。並進而凸顯直、恕、柔、智、憂懼、生死六方面之道德情操。同時，又企圖藉人物體現經學意識、史家筆法，和文學之美。藍麗春《春秋齊桓霸業考述》考察齊桓公霸業之興衰，文中論述齊桓創霸之環境條件、霸業初期之外交盟會、霸業中期之攘夷事功、霸業顛峰之王室關係，霸業中衰與齊桓之卒，頗具歷史資鑑意義。黃碧珍《春秋鄭國之政治外交及文化研究》選定春秋後期之鄭國政治外交作研究，以探求小國生存之道，與弱國外交之策略，有經世現代之意義。白恩姬《左傳否定句句法研究》為否定句法之研究，以《左傳》為語料，觀察先秦否定句一般或特殊之句法現象、語序、範圍及代詞賓語位置。對於《左傳》之成書時代與作者諸問題，或有參考價值。

　　學者對歷代《左傳》學著述進行研究者，頗不乏人。五十年來之博士論文，有六部著作，於此頗多發揮，如：葉政欣《賈逵春秋左傳遺說研究》、程南州《賈逵之春秋左傳學及其對杜預注之影響》兩部博士論文，先後探究賈逵之《春秋左傳》學，各有側重。葉政欣《賈逵春秋左傳遺說研究》除緒論外，分七個部分發揚賈逵之《春秋左氏》學：或闡釋《春秋》義例，或闡釋

《左傳》義例與文旨，或解說《左傳》名物及古史，或解說《左傳》之禮制，或解說《春秋》經傳之國名地名，或訓解《左傳》之人名，或詮釋經傳字義之訓詁[54]。程南州《賈逵之春秋左傳學及其對杜預注之影響》探討賈逵之《春秋左傳》學，除提出其論見與解釋外，亦強調賈逵訓示經傳之方法凡二十。同時，又探討賈逵學說之影響，以為除與服虔同調外，杜預《春秋經傳集解》採賈說者竟多達 119 條，足見其影響與價值[55]。沈秋雄《三國兩晉南北朝春秋左傳學佚書考》考察三國兩晉南北朝之《春秋》《左傳》學之佚書，計有魏國董遇、王肅、嵇康、曹髦，晉朝孫毓、京相璠、干寶、徐邈，劉宋賀道養、陳沈文阿、王元規，後魏賈思同等十二家。至於「三國兩晉南北朝之《春秋左傳》學存目」，則列為附錄。蔡妙真《左繡研究》為清朝馮李驊《左繡》評點學之研究，作者企圖借重接受美學「讀者的期待視野、文本的召喚結構、讀者與文本的互動」三大概念，作為詮釋的策略。文中剖析《左繡》之結構，確定其解讀《左傳》之角度，體現其專論文法之特質，強調《左繡》對《左傳》主題思想之揭示，兼顧《左繡》對《左傳》解經功力之闡發，進而凸顯《左繡》在《左傳》學研究及文學批評上之意義。奚敏芳《俞曲園左傳學研究》俞樾研治《左傳》，著述多方，範圍廣達訓詁、考證、訂補、義理、文學、文法，而以訓詁之成就最高。論俞樾研治《左傳》之方法，則或兼用《公》《穀》，或博采群書，或徵引先儒學說。至於戡定版本、辨正句讀、考釋字詞、闡發傳義、歸納文法、申論博議、文學屬對、名字詮解八者，則為治《左》之範疇與進路。張素卿《敘事與解釋──左傳經解研究》「《左傳》如何解釋《春秋》？」是這部論文研究的中心課題。其核心論題，在鎖定《左傳》「敘事尤備」的特長，援引歷代《左傳》學論著，闡述《左傳》以「敘事解經」的價值。正論分為解釋、敘事、經解、正名四大主題，分別論證敘事在經學詮釋

---

[54] 葉政欣先生之博士論文，後經增訂，書名改為《漢儒賈逵之春秋左氏學》，臺南：興業圖書公司，1983 年 1 月。

[55] 程南州，《賈逵之春秋左傳學及其對杜預注之影響》，臺北：文津出版社，1981 年 6 月。

方面的意義[56]。《左傳》以敘事解經，切合《春秋》「見之於行事」之特點，《春秋》「屬辭比事之教」，《左傳》自多所傳承與發揮。

2. 碩士論文

　　碩士學位中，臺灣各大學研究所探索《左傳》，五十年來共 56 人次。五十六部碩士論文中，大抵分為兩大類：其一，《左傳》原典之研究；約三十九部；其二，為《左傳》學史之研究，約十七部。茲先介紹《左傳》原典之研究，大抵關注《左傳》某一課題，作深入而詳盡之探討，如：夏鐵生《左傳國語引詩說詩之研究》、奚敏芳《左傳賦詩引詩之研究》、張素卿《左傳稱詩研究》，先後研究《左傳》之引詩賦詩，而互有詳略。夏鐵生《左傳國語引詩說詩之研究》只臚舉引詩說詩之文句、篇章、及逸詩，再與《國語》比較。奚敏芳《左傳賦詩引詩之研究》旨在探求《左傳》用詩之概況，以進窺春秋一代之詩風。文中分賦詩與引詩論述，排比《左傳》賦詩 76 條，引詩 180 條資料，以闡明用詩之微旨。張素卿《左傳稱詩研究》取材《左傳》，探析春秋時代之詩學活動及其相關論題。其中證明《左傳》稱詩資料，乃其書所固有，非出於後人附益。分稱詩為賦詩、歌詩、引詩三類，其特徵在斷章取義，運用頻率與政治、世局息息相關。對於《詩》的編集公案，詩是否入樂等問題，亦有觸及。唐玉珍《左傳、國語引《易》考釋》考釋《左傳》與《國語》所引 22 條義例，就其中之筮法、易象、易義，與互體說，詳加討論辨析。盧心懋《左傳「君子曰」研究》、龔慧治《左傳「君子曰」問題研究》、葉文信《左傳君子曰考述》三部碩士論文，先後探討《左傳》「君子曰」。盧心懋《左傳「君子曰」研究》考辨「君子曰」之真偽，論述「君子曰」之形成、內容，立場與精神。由此而推《左傳》事義兼傳、寓經於史，且成書不在戰國後期。龔慧治《左傳「君子曰」問題研究》整理前人見解，辨明正誤，補充不足。發現《左傳》「君子曰」與全書相融合，非劉歆等後人所可增益。且指稱君子或為《左傳》作者，或為時人君子，不可能為孔子。葉文信《左傳君子曰考

---

[56] 張素卿，《敘事與解釋——《左傳》經解研究》，臺北：書林出版公司，1998 年 4 月。

述》考辨「君子曰」為《左傳》所本有,探討「君子曰」之作用與思想。呼應《史通·論贊》辯疑惑釋凝滯之效用,而其思想則以禮為主,以義為本質。

　　《左傳》長於敘事,劉勰《文心雕龍·史傳》曾稱美為「聖文之羽翮,記載之冠冕」;碩士論文中有欲窺其奧秘,發心研究其藝術技巧者,如下列五部論文:劉莉君《左傳戰爭文學寫作技巧之研究》選擇《左傳》韓、城濮、殽、邲、鞌、鄢陵、柏舉七大戰役作文本研究,論述其謀略,較論其情節、人物、觀點,進而凸顯戰爭文學之特色與影響。崔炳圭《左傳人物描寫藝術》運用小說人物刻畫之理論,探討中國小說的起源——《左傳》之描寫藝術。文章以《左傳》為研究文本,論述《左傳》人物描寫之技巧、美學、成就,以及影響。劉淑爾《左傳寫作技巧研究——以「晉文圖霸」為主》純粹就藝術技巧透視《左傳》之價值,文章以晉文圖霸為例,論述《左傳》在結構安排、語言運用、人物塑造、事件描述各方面的藝術成就。陳正治《春秋戰事屬辭研究》強調屬辭比事為研治《春秋》之根本方法,而《春秋》記載戰伐佔全書百分之四十,乃以《春秋》書戰或旁及戰事之屬辭為例,論述其中之史法與經義。陳致宏《語用學與《左傳》外交辭令》嘗試以語用學之新視野、新觀點,對《左傳》之外交辭令作另類之詮釋與探討。作者以為:《左傳》外交辭令是一種強調說服效果之言語交際行為,以對話、書面、賦詩為主要方式,而歸本於文化、利益、形勢、邏輯、情感五大觀點為說服內容。文中對於《左傳》言語交際之本質,外交賦詩與語境、間接言語行為之關係,主客觀語境對外交辭令之影響,春秋文化對外交辭令之制約等觀點,多作重點論述[57]。借鏡新興學術,運用新視野,以解讀傳統文化精華,值得鼓勵。

　　《左傳》為中華史傳文學之祖,所塑造之歷史人物,聲情笑貌,千載如生。晉杜預《春秋釋例》有〈世族譜〉兩卷,程發軔先生亦著有《春秋人譜》[58],大陸學者方朝暉編著《春秋左傳人物譜》[59],於此領域已提共若干便利。

---

[57] 陳致宏論文由於篇幅較大,交付出版時,分為兩本:《語用學與左傳外交賦詩》、《語用學與左傳外交辭令》,臺北:萬卷樓圖書公司,2000年12月。

[58] 杜預,《春秋釋例》,卷八、卷九,臺北:中華書局,1980年11月。《春秋人譜》,詳注4。

五十年來臺灣學位論文研究《左傳》者，除博士論文外，碩士論文探討《左傳》人物刻畫之作，亦高達九部。

五十年來研究《左傳》霸王、霸業者、共有博士論文一部，碩士論文四部，何其盛耶？博士論文與藝術技巧已述於前，其餘如：李隆獻《晉文公復國定霸考》研究春秋五霸之一的晉文公重耳復國定霸的緣由。文中辨析晉文公出奔、流亡、復國、圖霸、定霸之原委本末，從而論定文公在春秋霸史上的地位和意義。研究文本，主要為《左傳》、《國語》、《史記》、《公》、《穀》及其他文獻。李小平《左傳五霸形象之研究》主要依據《左傳》史料，探究齊桓公、宋襄公、秦穆公、晉文公、楚莊王形象，及所以能成為春秋五霸之所以然。除外，又較論五霸形象之異同，略言對文學思想及歷史文化之影響。黃耀崇《左傳霸者的研究》亦以探討春秋霸者為主題。論文以尊王、攘夷、安定諸夏，探討霸者功業，以實力、國際關係、內政檢視霸者要件，且強調霸者不必五人。霸者對春秋政局影響有四：盟會制度、戰爭思想、外交、內政等等。官翰玫《左傳婦女形象研象》圈定《左傳》婦女十四位，分為五種類型，企圖探索《左傳》所載婦女之生活，道德情操表現，及政治角色扮演，從《左傳》體現之主題意識，進而探究作者之用心與觀點。陳鳳珠《左傳人物性格刻畫舉隅》選擇魯、齊、晉、楚、鄭、衛、秦、宋等列國人物四十三人，一一作性格特質之分析與列舉。許秀霞《左傳楚國人物類型分析──以楚康、靈、平、昭時期為範圍》分析《左傳》所載楚國人物類型，選擇康、靈、平、昭四王，各有類型；臣下則分忠良賢德、足智多謀、讒佞誤國三大類型。《左傳》或以環境為觸媒，或出眾星拱月式，或以同類相襯、異類對比式，以塑造典型人物。忻婉菁《左傳鄭、宋名臣形象研究》研究《左傳》鄭宋名臣形象，鄭國選擇祭仲、子展、子產，宋國挑選子魚、華元、向戌、子牟共七人，探討《左傳》塑造人物形象之技巧，並從人格特質、外交政策、內政措施、軍事戰略，以論兩國之名臣形象，並凸顯鄭宋文化之差異。劉淑貞《左

---

[59] 方朝暉，《春秋左傳人物譜》（上下），中國孔子基金會文庫，濟南：齊魯學社，2001 年 8 月。

傳諸侯兄弟形象之研究》探討諸侯國君家族中，君兄臣弟如何相處與互動？為本論文探討焦點。藉《左傳》書中兄弟一倫之探討，考察春秋時代諸侯兄弟之家族倫理原則。文中將諸侯兄弟形象分為五大類型，從而得出衍生之諸多現象。葉文琦《左傳中士與國人的身份地位及其演變》研究士與國人的名義身分，及其地位。且以諸侯的興滅、世族的升降，經濟的發展，所形成的政治或社會轉變，來考察士的轉型，及新士人與游士的興起。上述九部論著，將人物類型化的進程中，多流於遷就模型而大失個別特色。所用方法，重歸納分析《左傳》文本；若能借鏡小說研究法式，講究人物形象的藝術技巧，將更具學術性與說服力。

　　《左傳》自兩漢以下，研究者代不乏人。著書立說以《左傳》名書者，就《經義考》所載，不下 214 部[60]。綜覽五十年來之《春秋》經傳研究，歷代《左傳》學史之探討，除上述博士論文九部外，只贏得十六位碩士研究生之青睞，發願投入研究，可見尚有許多值得發揮之餘地。歷代《左傳》學之研究，上起太史公司馬遷，下至瑞典漢學家高本漢，略述如下：昔者劉師培欲撰《史記述左傳考》、《司馬遷左傳義》，可惜未成而歿。劉正浩先生「仰其規模之恢弘，綱目之張舉」，乃撰成《太史公左氏春秋義述》。據《史記・十二諸侯年表》，上起隱公，下迄哀公十八年，按魯之十二公，釐為十二卷。每卷首參史傳，製成年表；又比麗二書文辭，析為若干條，經史互證，經義於是乎在。方炫琛《春秋左傳劉歆偽作竄亂辨疑》、李平《論春秋左氏傳的形成──從左丘明到劉歆》就《左傳》學授受源流中之關鍵人物劉歆作研究，而側重各有不同：方炫琛《春秋左傳劉歆偽作竄亂辨疑》旨在辨析劉歆偽作《左傳》之疑案：就〈師春〉、《管子》、《史記》證《左傳》比附《春秋》；據劉歆以前文獻，證《左傳》為解經而作；由西漢文獻、授受源流、《左傳》預言，證劉歆不能偽竄左傳。李平《論春秋左氏傳的形成──從左丘明到劉歆》旨在

---

[60] 朱彝尊原著、林慶彰等編審，《點校補正經義考》，第五冊、第六冊，臺北：中央研究院中國文哲研究所籌備處，1998 年 4 月。

討論《春秋左氏》學之形成，及其相關問題：從孔子前之《不修春秋》，經孔子《孔修春秋》、左丘明《左氏春秋》，到劉歆創通大義之《春秋左氏傳》；及始於劉歆，終於杜預之《春秋左氏》學。程南州《東漢時代之春秋左氏學》考察東漢時代《春秋左氏》學名家，如鄭眾、賈逵、馬融、許慎、鄭玄、服虔、穎容七家之《左氏》學。同時論及：杜預經傳相附，受東漢學風影響；東漢《左氏》學之興由於注釋經傳，論辯禮制；《左氏》以學術興，非關利祿；東漢《左氏》學者，多會通優長，不墨守一家。葉政欣《春秋左氏傳杜注釋例》、謝明憲《《經傳集解》的形成——杜預春秋左氏學析論》先後探論杜預《春秋左氏》學，可以相互發明。葉政欣《春秋左氏傳杜注釋例》為申說杜預《左氏》學而闡明經傳之義，乃作杜注釋經例、杜注釋傳例、杜注異漢儒說例、杜注引據群書釋《春秋》經傳例、杜注訓詁例五種凡例，以發皇斯學，為例百七十云。謝明憲《《經傳集解》的形成——杜預春秋左氏學析論》作者強調：經傳集解的形式，解釋了《春秋》與《左傳》之經傳關係，釐清了兩漢以來《左氏》學之盲點。本書研究，不限於《集解》一書體例上之分合，尤其著重杜預「備成一家之學」之解讀，以及杜預於《春秋左氏》學之意義。周謙《昭明文選李善注引左傳考》引用傳文，下分繫年、校字、音義，及案語，又援先秦諸子引述《左傳》者相發明，以發明《文選》李善注之《左傳》學。陳仕侗《魏了翁及其《春秋左傳要義》研究》針對南宋魏了翁《春秋左傳要義》作分析，探究其對經傳之訓詁方法與內容，以及對經傳之詮釋，義例之闡說。凸顯出魏氏以儒家經典為依據，以宋儒義理為根本，漢宋兼採，義理考據並重，對宋學反思和檢驗之經學思想與特色。林威宇《日本正宗寺藏舊鈔《左傳正義》校記》標榜校勘之學，以為治經之始基，乃據日本正宗寺藏舊鈔《左傳正義》單疏本，與阮元《校勘記》比較異同，述其所長，以與八行本、十行本相參驗，而辨正其是非，固治《左傳》版本之一助也。蕭淑惠《清儒規正杜預《春秋經傳集解》研究》本論文針對清儒規正批駁杜預《集解》之論點作歸納分析之研究，藉以呈現清儒規杜之面貌。其中，將清儒規杜之特色分為訓詁、義例、禮制、地理、掠美五大類別。蔡孝懌《惠棟

春秋左傳補註之研究》，論惠棟治《春秋》，不為家法古訓所囿，糾補杜《注》，校勘通經，搜集古注佚文，考證古史，實事求是，無徵不信。所著《春秋左傳補注》，有功乾嘉學術。張惠貞《劉文淇春秋左傳舊注疏證體例之研究》研究劉文淇《春秋左傳舊注疏證》之體例，謂取《左氏》原文依次排比，先取賈逵、服虔、鄭玄之注，疏通證明。凡杜預《注》排擊者糾正之，因襲者表明之，清儒規杜輔杜者亦斟酌損益，定其從違。闡幽《左氏》學，退杜《注》，糾孔《疏》，以成一家之學。稍後，陳志修亦撰《儀徵劉氏《春秋左氏傳舊注疏證》研究》碩士論文，宋惠如《劉師培春秋左傳學之研究》討論劉師培之《春秋左傳》學，如《春秋》與《左傳》之關係，《左傳》的傳經性質，《左傳》之解經方式，《左傳》是否如今文學家所謂之史學？古文家之觀點又如何？作者針對上述問題展開對話。小林茂《春秋左氏議禮考述》就《左傳》所載冠、昏、饗、宴、朝、聘、喪、祭八種禮，分章考述而評議之。黃翠芬《高本漢《左傳注釋》研究》主要研究高本漢《左傳注釋》的條例及理據，評述《注釋》之經義及疏失。高度肯定注釋深入古訓，訂正舛誤之功，推崇其憑據實證，不鑿空立說，堪稱古籍訓釋之典範。高氏《左傳》真偽考的價值，論著亦同時述及。

趙汸《春秋左氏傳補注·自序》稱：「魯史舊章，猶賴《左氏》存其梗概」；早在東漢，鄭玄即言：「《左氏》善於禮」；春秋時代之禮義風俗、典章制度，《左傳》載記，實為大宗。五十來之碩士學位論文，有 10 部著作致力於斯學，如：黃耀能《左氏春秋婚俗考》與蔡炯芳《左傳中有關婦女婚姻的研究》皆研究左傳之婚姻禮俗，而各有論述之焦點。黃耀能《左氏春秋婚俗考》討論《左傳》載記之婚俗，分議婚、婚儀、再婚、絕婚、淫亂、不合理法之婚娶六項論述之。蔡炯芳《左傳中有關婦女婚姻的研究》則側重婦女婚姻深層結構之剖析，就婚姻儀式、婚配型態，政治與家庭同構之婚配系統、婦女扮演之角色、以及婦女與娘家之傾斜關係，論述《左傳》所載春秋時代婦女婚姻之狀況。宋鼎宗《春秋左氏傳賓禮嘉禮考》《左傳》之賓禮，分朝、聘、會、盟、昏命、遇、平、如至、錫命、來求諸禮。嘉禮則有冠、婚、世子生、饗

燕、歸脤、肆眚諸禮。李啟原《左傳載語之禮義精神研究》剖析《左傳》之禮義精神，於人倫，講究持敬、昭禮、敦親；於社會，講究袪驕、隆喪、昭信；於朝廷，講究修德、貴義、舉賢、威儀、嚴分；於鄰國之朝聘，則睦鄰修好，貴賤有序；於征伐，則以維綱紀；於攘夷，則以重親親。要之，《左傳》載語多申證經義，體現之道德理想頗近儒家。廖秀珍《春秋左氏傳會盟研究》歸納春秋盟會 200 餘例，大抵以平成為主，駁斥前人論證之疏失。認為《春秋》與禮經合一，觀會盟之辭，可悟聖人別嫌疑、明是非之微旨。陳中芷亦撰有《春秋時代的盟誓》碩士論文乙部。楊美玲《左傳倫理精神研究》本文所謂倫理精神，指由倫理思想之集結而表現於行為上之經驗與心得。文中側重《左傳》各種倫理行為內在之人性本質，究其行為表出之形式加以詮釋。劉文強《春秋時代封建制度的解體》旨在探討春秋時代封建制度破壞與解體之原因與過程。據《左傳》及先秦史料，選擇周王室魯國晉國為研究對象，討論重心尤在晉國。論封建制度，指齊桓公為維護之盟主，而晉文公則為破壞之急先鋒云云。劉瑞箏《春秋軍制研究》推求春秋時代軍制，就《左傳》所載，分蒐禮、治兵、振旅、飲至、兵賦、兵制諸項考論，察其原委，辨其儀節，折衷前賢之論，考察於文物之間。劉玉娟《左傳用玉研究》玉文化為中國特有之精神文明，《左傳》所載，用於祭祀，則為鎮災避邪；用於政治，則為階級符號；喪葬用玉、饋贈用玉，形成以玉比德之審美觀念。同時發現《左傳》所載春秋時人用玉，與古籍所載之理想用玉不盡相合，蓋《左傳》記實故也。

除上述之外，研究《左傳》之碩士論文，有凸顯《左傳》之敘戰精神者，有探討人文思想、易學演進者；更有考神異，論陵夷、探出奔、以及研究指稱詞者，如：簡福興《春秋無義戰論》《左傳》所載春秋戰爭凡 508 事，或交相攻伐，或興師救鄰，多別具用心，一言以蔽之曰：春秋無義戰。於是建構春秋政治理論，考察春秋戰亂頻仍之緣由，然後詳論泓之戰、城濮之戰、崤之戰、邲之戰、鞌之戰、麻隧之戰、鄢陵之戰等春秋七大會戰，以印證後儒「無義戰」之論。陳嘉琦《春秋戰爭研究》旨在探究春秋時期之兵謀思想與

戰爭觀念。舉凡擇將條件、治軍策略、士氣激勵、料敵工夫，以及設謀制人、虛實、奇正、伐交之運用，皆為論文論述課題。陽平南《左傳敘戰的資鑑精神研究》強調《左傳》富於史書資鑑之精神，以敘戰課題切入，先論春秋之戰爭觀，次序德禮、致用、天人思維方式之影響敘戰，再提出史家評論、書法示義、以諡為鑑三大資鑑類型，主於資鑑精神，則體現在思患預防、料敵機先、人和為貴、上兵伐謀，及回顧反思五大層面上。王聰明《左傳之人文思想研究》本文探討《左傳》之宗教、道德、政治思想，及人文史觀，旨在研究春秋時代之人文思想，進而考察與先秦儒家在思想方面之遞嬗關係。彭俊傑《春秋時期易學演進過程之研究——以《左傳》、《國語》之易說為依據》以《左傳》等先秦文獻為探討文本，以研究春秋時期《易》學演進之過程：春秋前期釋卦方式，以本卦、之卦、互卦諸卦項之變化為主，以爻辭內容為輔。後期《周易》爻辭重要性漸增，蔚為義理《易》興起之因。且占筮中「一爻變」筮例機率偏高，有助於解讀《左傳》「八」之法的釋卦方式。蔡妙真《左傳中有關神異記事之研究》探究《左傳》有關神異記事之意義。發現《左傳》記載神異，是為了體現警世的微言大義，諸如災變、神話、夢幻、鬼神、巫厭、及奇人異事，要皆歸於重禮修德之價值觀，為後世陰陽五行、讖緯符命之肇端。且其說服術變化多方，頗具小說及宣傳成效。李幸長《春秋鄭國地位陵夷考》鄭國地位陵夷變異，於春秋二百四十二年間最為明顯劇烈。本文以《左傳》所敘鄭國事蹟為主，企圖詮釋宋代李淇評述鄭國「始於上陵、中於下抗、終於背華即夷」之轉變原因。論文就鄭國地位之陵夷與王室之隆盛得失作綰合研究，以尋求合理之解讀。簡文山《左傳出奔研究》討論卿、大夫、君王、夫人、公子、等出奔者之身份，及出奔之原因、過程、反應與影響，並據此探討春秋之外交現象。鄭韻蘭《春秋左氏傳指稱詞研究》為《左傳》指稱詞之研究，可見春秋時代之語法詞彙特性。

　　五十年來研討《左傳》，獲得博碩士學位者 71 人，佔全部《春秋》經傳研究 44% 之比例，為《春秋》學研究之大宗，研究成果已如上述。其中之優劣得失，或有餘未盡處，已撰成〈《春秋》經傳研究之未來展望〉一

文[61]，可以互參。

(三)《公羊》學研究與學位論文

　　《公羊》學之研究，自西漢以來，經南宋胡安國《春秋傳》，至晚清常州學派，較之《左傳》學之熱絡研究與成果豐碩，實難望其項背。唯術業有專攻，五十年來臺灣研究《公羊》學，獲得博士學位者有五人，獲得碩士學位者亦達 19 人次。由《經義考》著錄觀之，歷代《公羊》學專著不足三十種；若合《二傳》、《三傳》、《四傳》、《五傳》計之，亦不過六十種左右。至晚清常州學派興，莊存與、劉逢祿、龔自珍、魏源登高振呼；清末民初皮錫瑞、廖平、康有為、梁啟超、踵華繼響，於是《公羊》學成復興之勢。臺灣五十年研究《公羊》學，志趣所向，探討《公羊傳》原典稍少，而討論《公羊》學研究史，尤其晚清以來《公羊》學稍多些，兩者大約為四比六之比例。

1. 博士論文

　　以博士論文為例，五部著作中只有一部探討《公羊》傳原典，其餘四部皆為清代《公羊》學之研究，如：李新霖《春秋公羊傳要義》旨在研究《公羊傳》要義，廓清迷誤，以呈現《公羊傳》之原貌。簡言之，《公羊》以平衡王臣、上下關係，實施內外一統策略為要義。析言之，其思想體現為居正統、嚴華夷、別內外、復國仇、明經權五義之中。《公羊》要義固是面對強權霸道時，衍生之禮義道德自覺，故以重建天下秩序，實現天下一統之王道思想為依歸。鄭卜五《凌曙公羊禮學研究》常州學派釋經，往往《公羊》化。凌曙承襲孔廣森、劉逢祿治經法，首援《公羊》義法入禮學中。除釐正徐彥《疏》釋、何休《解詁》之疏失外，更以鄭玄注禮與《公羊》禮說相互參證。尤可稱道者，凌曙據《公羊》論禮之準則，權衡歷朝論禮之偏失，並力斥張洽、汪克寬、陳祥道、顧棟高諸家說禮之舛誤，有匡謬正俗之功。張廣慶《劉逢

[61] 張高評，〈《春秋》經傳研究之未來展望〉，《文與哲》第三期，2003 年 12 月，高雄：國立中山大學中國文學系，頁 65-88。

祿及其春秋公羊學研究》論文重點,在推究劉逢祿《春秋公羊》學在常州學
派及清代經今文學之不桃地位。劉逢祿建構兩漢董、何《公羊》學之統緒,
申何、難鄭、闢劉,重啟兩漢經今古文論戰及疑經辨偽之風。以董、何三科
九旨微言,網羅諸經編次之義,尤具經世意義。王玉華《清代春秋公羊學之
研究》研究範域限定:以《春秋公羊》學撥正世道之經世學者,如莊存與、
劉逢祿、龔自珍、康有為、梁啟超等人為主。清朝中衰,學者深化《公羊》
義旨以經世,推演異內外、大一統、存三統、張三世理念,倡導變法、革命、
大同理想。作者提出六項研究心得,四點總結為結論。丁亞傑《清末民初公
羊學研究——皮錫瑞、廖平、康有為》較之前文之宏觀探討,此則為微觀研究。
本論文旨在探查清末民初《公羊》學家之思想、理論、及其影響。擇定皮錫
瑞、廖平、康有為三家,綜論其生平志業、治學途徑、經典詮釋、經典觀、
聖人觀、三世理想、變法維新,以及經學爭論,並較論其異同。皮、廖、康
三家詮釋經典,《公羊》學理論獲得開創;然以己義解經,也造成了侷限,這
也是無可諱言的[62]。

2. 碩士論文

研究《公羊》學的碩士論文十九部,探討《公羊傳》原典者有九部,考
察歷代《公羊》學史者佔十部。探討《公羊傳》原典之論著,或據此論述《春
秋》的性質、王道思想、政治思想、正名思想;或以之析釋稱謂、會盟;或
以之研究稱謂七等、解經方法,如:

阮芝生《從公羊學論春秋的性質》就《春秋》之志、義、例、法,以論
《春秋》之性質。主張《春秋》有義,從變從義;有例,因義起例;有褒貶,
因褒貶示勸懲,假以示法,其中自有微言大義。為求深切著明,故有因文取
義之例,與借事明義之旨。稍後,林義正撰有《從公羊學論春秋的王道思想》
碩士論文。簡松興《公羊傳的政治思想》,謂《公羊傳》與戰國儒、法、墨諸

---

[62] 丁亞傑,《清末民初公羊學研究——皮錫瑞、廖平、康有為》,臺北:萬卷樓圖書公司,2002 年 3
月。

家皆主張一統，然又有差異。《公羊傳》主張封建政治，國君一體，居上位者遵循禮意，克己復禮，則國治天下平。胡元輝《孔子政思想論原──以公羊學為基點的研究》據《公羊學》為基礎，以現代政治學理的角度，重新整理與疏證《公羊》家有關素王改制、垂教後世、撥亂反正、倡行大道諸學說，證以《易》、《春秋》、《論語》，以抉發孔子之人文批判論。成玲《春秋公羊傳稱謂例釋》與張惠淑《公羊傳稱謂七等研究》先後探討《公羊傳》之稱謂問題，各有發明：成玲《春秋公羊傳稱謂例釋》廣蒐《公羊傳》有關稱謂之書例，以為闡釋《春秋》微言大義之參考。分諸侯、女子、君室、公族、及大夫諸稱謂例，期以例明義，因義釋經。張惠淑《公羊傳稱謂七等研究》藉《春秋》中各國諸侯的稱謂例釋，檢證《公羊傳·莊公十年》所提：「州不若國、國不若氏、氏不若人、人不若名、名不若字、字不若子」的稱謂七等原則。發現稱謂七等，乃解讀《春秋》之重要原則，論斷諸侯褒貶之判準，夷狄進程之完整呈現，且是證成貴賤不嫌同號的依據。林倫安《春秋公羊傳會盟析例》輯錄《公羊傳》有關會盟之辭，以見其要義。文中分《公羊》會例六，盟例十二類，要義為尊王、攘夷、信桓、行權、內魯、諱恥。可見會盟有安諸夏、攘夷狄、繫安危之作用。陳登祥《公羊傳的正名思想》撥亂反正為《公羊傳》揭櫫之《春秋》治道，其要法在正名，唯返於《春秋》大義者為正名。《公羊傳》之正名思想涵有三大原則：曰尊尊、返經、合禮。《公羊傳》藉正名弘揚《春秋》大義，重建政治社會秩序，可謂善述孔子之志。歐修梅《春秋公羊傳解經研究》《公羊傳》詮釋《春秋》經，必須賦《春秋》以經學性質、確定詮釋脈絡，預設褒貶判準，再以問答體作為解經形式，以抉發內容，開展思路。《公羊傳》如此詮釋《春秋》，既可因附經而神聖，又得保有其思想之獨立性，突破一般注疏之依附，易於圓活其說。經學之儒家化、經典化，未嘗不由於此。

　　《公羊》學著述，有兩波風潮：一為兩漢，一為清末。五十年來《公羊》學史之研究選題，大抵亦反映此種態勢，如下列十部碩士學位論著，或通論漢代《公羊》學，或專論董仲舒、何休；於清末《公羊》學，除通論外，則

專論劉逢祿、莊存與、康有為之《公羊》學。如：黃肇基《漢代春秋公羊學災異理論研究》剖析《公羊傳》災異觀、董仲舒與何休《公羊》學之災異理論，較論其異同演變，進而評述其價值[63]。何照清《兩漢公羊學及其對當時政治之影響》探討《公羊傳》之形成及其要義，說明兩漢《公羊》學之顯晦及其學說之重要特色，進而據《史記》兩《漢書》論漢人運用《公羊》之實例，說《公羊》學對兩漢政治之影響。張廣慶《何休春秋公羊解詁研究》論述何休《公羊解詁》著作之動機、注經之依據、天人相與之災義說，及時月日例。以今古文字異同、經說、經學、流派三端為研究重點，而後知何休《公羊解詁》之貢獻有二：傳兩漢《公羊》學於既衰之時，集兩漢《公羊》學之大成。陳素華《公羊學的一統論》《公羊傳》最重微言大義之發揮：三科九旨是微言，一統為大義。《公羊》學者對三科九旨之闡發，實藉《春秋》以寓政治理想；所倡一統觀，為維繫政權之合法存在或更替而發，其精神在建立和諧與秩序。傅鏡暉《中國歷代正統論研究——依據春秋公羊傳精神的正統論著分析》旨在探討《公羊傳》精神之正統論如何產生？北宋歐陽脩如何創新突破？如何演變？十九世紀之正統論內容特色為何？正統思想與大一統意識、政治現實、道德理想間有何關係等等。徐敏玲《劉逢祿公羊學思想之研究》與吳龍川《劉逢祿公羊學研究》兩部論文，先後皆研究劉逢祿《公羊》學，要皆能詳人所略，異人所同，相得益彰。徐敏玲《劉逢祿公羊學思想之研究》就經權思想討論劉逢祿《公羊》學之處世論；並論述劉氏對《公羊》學災異說之傳承與演繹，對通經致用政治理論之繼承情形，評判劉氏經學思想之影響及其注疏之得失。吳龍川《劉逢祿公羊學研究》集中探討劉逢祿的《公羊》學義理，不討論劉氏之學術影響。論著從三科九旨、春秋制（封建制）、董劉異同、何劉異同、重刑傾向五個層面，闡發劉逢祿《公羊》學之義理。金榮奇《莊存與春秋公羊學研究》旨在考察莊存與《春秋證辭》中所發明之《公羊》義，分體用論、災異論、微言大義論作探討；微言大義為其學說核心，

---

[63] 黃肇基，《清代公羊學災異理論研究》，臺北：文津出版社，1998 年 5 月。

因又分通三統、張三世、異內外析論之。同時較論莊氏對《左傳》、《穀梁傳》之取捨，並述說莊氏學說之傳承。王妙如《康有為公羊思想研究》主要探討康有為《公羊》思想之內涵，包括《春秋》理念、託古改制說、三世說為主之歷史進化觀，並評價康有為《公羊》思想之突破與困窘。孫春在《清末的公羊思想》探討清末之《公羊》思想，分為準備期、興盛期、完備及蛻變期。結論指出：清末《公羊》學，是一個完整的經學思想體系。《公羊》學家錯會西方政治科技，造成理想與現實之斷層。然包容西學西政，對中國現代化有正面意義[64]。

《公羊》學之發展與演化，與歷代政治關係密切；因此，《公羊》學之研究者，除中（國）文研究所外，亦往往能招徠政治、哲學、歷史研究生之愛顧。研究主體不同，心得往往可以相互觸發。見仁見智，其中自有相得益彰處，讀者審慎考察，自然可知。

(四)《穀梁》學研究與學位論文

《春秋》三傳中，論流傳之盛況，以《左傳》居冠，《公羊傳》其次，《穀梁》殿焉。《穀梁》學自荀卿、毛亨、浮丘伯、申公相傳授，以迄漢世，雖曾盛行一時，然於西漢不足與《公羊》抗衡，東漢時尤難與《左傳》並稱，只暫顯於漢宣帝、元帝之間二三十年而已。魏晉之間，唯范甯《穀梁集解》傳世。至隋唐，已無師說，幸楊士勛取范注為之《義疏》。宋明之際，不絕若線。至清中葉，治《穀梁》學者輩出，漸成復興之象。清末民初，有柯劭忞、王闓運、廖平、劉師培等致力《穀梁》之著述[65]。噫！《穀梁》學之流傳，可謂冷清沉寂矣。

以《經義考》著錄言，歷代《穀梁》學專著僅有 24 種。若合《二傳》、《三傳》、《四傳》、《五傳》言之，亦不過 50 餘種，冷寂情況可以想見。今統計五

---

[64] 孫春在，《清末的公羊思想》，臺北：商務印書館，1985 年 10 月。

[65] 王熙元，〈六十年來之穀梁學〉，程發軔主編：《六十年來之國學》，臺北：正中書局，1972 年 5 月，頁 431-457。

十年來《穀梁》學之研究，以學位論文方式呈現者共六部，其中博士論文一部，其餘為碩士論文，皆各有所發明，如：

1. 博士論文

　　王熙元《穀梁范注發微》為博士論文，鄭玄有「《穀梁》善於經」之語，以為《穀梁》乃上溯《春秋》經義之津梁，於是王先生選擇范甯《穀梁集解》作研究，以發微闡幽斯學。其書理析范氏訓詁條例，分為字義訓詁、詞句解釋、事理說明三類；發明范著義例，亦有書法、特義、事類三項；《春秋》書法，經《穀梁》與范著發明者，有春王正月例、公即位例、時月日例、名字稱謂例四大端。范注之駁《穀梁》，及其疏失，亦皆條舉以明。高明先生序其書，稱此書「但求是非之公，不以墨守為能，實范氏之諍臣，亦范氏之益友也」[66]，豈不信哉！

2. 碩士論文

　　研究《穀梁》學之碩士論文，共有五部。其中探討《穀梁傳》原典者三部，其餘分別為唐代及清代之《穀梁》學史研究。如：梁煌儀《春秋穀梁傳校證》前人校理《春秋穀梁傳》者，阮元〈校勘記〉號稱最備。然阮氏以經校經，未能遍考群書，又未及見敦煌所藏唐寫本；《四部叢刊》所收余仁仲本，亦僅見殘本。作者於是遂取唐宋類書、注疏所引資料，及敦煌舊鈔本、單疏本，並兩宋以下諸版本，校其同異，定其是非而成是書。李紹陽《春秋穀梁傳時月日例研究》就《穀梁》傳例為據點，企圖追索《春秋》時月日例之原貌。研究發現：《春秋》時月日書法有其規律性，不同事件各有固定之書寫標準。無論正例或變例，主要凸顯兩大主題：其一，強調「內其國而外諸夏，內諸夏而外夷狄」；其二，維持封建秩序，時月日例中，天王諸侯、大國詳於大夫、小國。可見周代之文化特性，及春秋時代意義。吳智雄《穀梁傳思想

---

[66] 王熙元，《穀梁范注發微》，臺北：嘉新水泥公司文化基金會研究論文，第二七〇種，1972 年 9 月。

研究》作者認為《穀梁傳》以建立社會秩序（禮）為其思想之目的。體現於
倫理思想，則是親親之道、夫婦之道、道義觀念、仇讎觀念；政治思想如居
正觀、尊尊觀、夷夏觀和治國觀等，堪稱《穀梁傳》之大義所在，大抵傳承
孔子《春秋》筆削之精神而來[67]。陳秀玲《楊士勛《春秋穀梁傳注疏》之研
究》首考版本流傳，探究撰述方法，列舉楊氏對范《注》之疏正，及對經傳
之發明，較論同異，評駁疑讞，糾正楊《疏》體制、經傳義理、義例、訓詁、
考據方面之缺失，並詳議其經學之貢獻。吳連堂《春秋穀梁經傳補注研究》
因為清代鍾文烝著有《春秋穀梁經傳補注》，所以補正范注之舛略。本論文運
用分析歸納之法，摘其旨要，以表彰其學：舉凡鍾注之體例、對范注之證補、
對經傳之發明、論二傳及三傳之異文，均明確臚舉。至於《補注》之缺失，
亦不諱言提出。其後，作者撰著《清代穀梁學》一書，闡明清代《穀梁》學
著作之成就[68]，則為碩士論文之旁推交通，發揚光大者，其中頗有參考觸發
之價值。

　　《穀梁》學之研究，至清代呈現興復之跡象，相關論著五十餘種，加上
民國以還《穀梁》學家所發表，總數當在六十部以上。研究文獻豐富如此，
有志之士，盍興乎來？

三、學報、期刊論文與《春秋》經傳研究

　　《春秋》經、《左氏傳》、《公羊傳》、《穀梁傳》之研究，以及歷代《春秋》
經傳學史之探討，大抵多有師承薪傳，臺灣學界所撰專書論著，已見上述。

---

[67] 吳智雄，《穀梁傳思想析論》，臺北：文津出版社，2000 年 6 月。

[68] 吳連堂，《清代穀梁學》，高雄：復文圖書出版社，1998 年 2 月。其中論述清代《穀梁》學專著，
自張尚瑗《穀梁折衷》，至江慎中《春秋穀梁傳條指》，凡五十二種。依著作性質分為注疏、考
證、校勘、輯佚、評選六大類，每類各若干種，多評述其得失。其中許多寶貴之學術訊息，值得
學界參考。

除專書論著外，研究心得發表於學報、期刊、報紙者，保守估計，五十年來大約在 540 篇以上。其中《左傳》學研究之成果最為豐碩，總數在 400 篇左右；《春秋》學 160 餘篇，《公羊》學 45 篇居次，《穀梁》學研究不過 32 篇，最少。《左傳》研究成果佔 74%，《左傳》與《公羊》《穀梁》研究數量相較，大約為十與一之比。學術研究市場之熱與冷，研究選題之趨避去就，由此可見一斑。學者專家發表學術心得，單篇零章大抵先刊布於學報、期刊，而後結集成冊，再印行流傳；亦有一書先成，然後逐章發表者。於是形成單篇論文與專書論著之內容大同小異，甚至完全雷同的現象。其中，以博士、碩士學位之分章發表較為普遍。五十年來研究心得以單篇論文呈現者，或登載於期刊、報紙，或發表於學報，或刊布於學術研討會論文集，或為專題研究計劃之成果報告，雖曰吉光片羽，亦頗可寶貴。焦點之關注、選題之取向、數量之多寡，品質之精粗，乃至於問題意識之點發，學術視野之開拓，研究方法之展示，研究思潮之導引，多可從單篇論文中獲得若干信息。為方便介紹與檢索，仍分《春秋》學、《左傳》學、《公羊》學、《穀梁》學四大領域，分門別類，略加論述。

(一)《春秋》學研究與期刊論文

　　五十年來，臺灣學界研究《春秋》學、《春秋》經傳，及歷代《春秋》學史，撰成單篇論文，發表於學報期刊者，總數約 150 餘篇。探討範圍大抵不出 1.通論；2.訓解；3.義例；4.地理交通；5.諸國別紀；6.《春秋》研究史諸方面，分別簡述如下。至於論文目錄檢索，可翻閱林慶彰《經學論著目錄》，此不再贅。

1. 通論

　　探討《春秋》學，首先涉及《春秋》經之作者為誰之問題，於是「孔子與《春秋》」之課題最為學者所樂道，如錢穆、陳槃、高明、張以仁、劉正浩等所發表論文，共 12 篇。考察春秋一詞，本列國史書之通稱，故魯史亦得稱《春秋》。至孔子依據魯史舊文（即《不修春秋》），「約其辭文，去其煩重，

以制義法」，筆則筆，削則削，著成《春秋》，蓋欲以遏止邪說暴行，挽救陷溺之人心。此自《孟子》〈滕文公〉〈離婁上〉，司馬遷《史記》〈十二諸侯年表序〉、〈孔子世家〉以下，兩千年以來，爭議不大。至於孔子《春秋》著書之旨趣，《春秋》之教所指涉，學者論文大抵依據《史記》〈太史公自序〉、〈滑稽列傳〉；《禮記・經解》、《莊子・天下篇》，舉《春秋》經文作例證，引申而發揮之，結論多大同而小異。

　　《春秋》經堪稱五經之管鑰，諸經之總龜，影響中國文化及後代極為深遠。故五十年來之單篇論文有談及《春秋》之精神、價值、功用、地位，以及時代意義、域外影響者，如熊公哲、戴君仁、錢穆、韋政通、李曰剛、周何等 17 篇。

　　五十年來之單篇論文，或對《春秋》三傳作通論、概述、簡介者，多為導讀、入門之說。雖有管窺蠡測之失，然頗便初學之觸發，進階之參考，如盧元駿、錢穆、陶希聖、洪安全、王熙元等人所撰，凡 7 篇。

　　單篇論文較可觀者，為揀選某一事件，闡釋某一義例，援引《春秋》三傳文本，作異同是非之較論，則自有發明《春秋》之功。此猶北宋蘇軾〈書鄢陵王主簿所畫折枝〉題畫詩所強調，擇取「一點紅」，以體現「無邊春」；又如南宋葉紹翁〈遊園不值〉詩所示，透過探出牆外之「一株」紅杏，以體現「滿園」之春色。選材示例，自有可取處，如許世瑛、戴君仁、陶希聖、胡楚生、董金裕、奚敏芳等 13 篇。

2. 訓解

　　《春秋》《三傳》文字古奧，意蘊幽微，足令學者困惑。單篇論文有針對《春秋》之單字片語解惑發微之作，可以祛除疑難，令研讀經傳怡然理順，如周何、陳槃、葉政欣、朱廷獻等 13 篇。

3. 義例

　　《春秋》「推見至隱」，為太史公司馬遷所關切；《春秋》之微言大義為何？《三傳》雖有發明，然中唐啖助學派卻聲言：「《春秋》三傳束高閣，獨抱遺

經究終始」，於是捨傳求經，回歸原典，祇就《春秋》經求索之，亦治經之一道。臺灣五十年來研究《春秋》義例，所發表之單篇論文，返求《春秋》，以探求微言大義者，或論時月日例，或論名氏稱謂例，或說尊王攘夷，或說正始、大一統，或考辨書「弒」、稱「孫」，如戴君仁、李曰剛、王熙元、李威熊、葉政欣等 13 篇。

4. 地理禮俗

除探求義例，發明微言大義外，又有考證春秋時代之地理交通、探討《春秋》之赴告制度，考辨嘉禮、燕禮、歸寧禮、親迎禮、昏禮、媵禮、郊禮、逆祀，以及外諸侯卒葬之禮俗，以作古今演變，因革損益之參驗者，如趙鐵寒、程發軔、陳槃、周何等 19 篇。

5. 諸國別紀

陳槃先生研究春秋諸國歷史興衰，或據顧棟高《春秋大事表》所載，對列國爵姓之存滅，作譔異補序之工程。或對春秋大小諸國作別紀，大國如秦晉、晉楚、宋、齊魯、楚吳、齊秦鄭，小國如虢、郭、盧戎、驪戎、陸渾之戎、姜戎、有莘、有窮、古黎、肅慎、薛、許、小邾等，多作別紀，或合紀，或專紀，勾勒梳理，而成一部落、一種族、一方國之春秋史，以之重建上古史，功不可滅。其他學者所撰，關於春秋列國之存亡、氏族之興衰，亦附麗於此。計陳槃、張以仁、施之勉、陳韻等 45 篇。

6.《春秋》研究史

就《春秋》研究史而言，自兩漢、六朝，至宋、元、明、清諸朝之《春秋》學，多有學者撰述論文。質量之高下多寡，幾與前述之專書論著、學位論文相垺。就上下兩千年之長遠經學史而言，五十年來此方面發表論文不過二十餘篇，平均百年才一篇研究成果，比例未免懸殊。學者論文，分別就司馬遷《史記》、杜預《春秋經傳集解》、蘇轍《春秋集傳》、張洽《春秋集註》、胡安國《春秋傳》、以及《春秋》漢學宋學作論述或敘錄。如洪安全、宋鼎宗、葉政欣、吳哲夫、張高評等 13 篇。

元、明、清三代，《春秋》學著述夥頤，與之作對應研究，而提出論文發表者實不多。以下所列，分別就元俞皋《春秋集傳釋義大成》、趙汸《春秋師說》與《春秋屬辭》、明代高攀龍《春秋孔義》，清代王夫之、錢大昕、章學誠、方苞之《春秋》學，乃至於《四庫全書》經部《春秋》類，以及民國顧頡剛之《春秋》學，域外韓國李寒洲之《春秋集傳》，作發揮與考述，方面不夠廣闊，學派分野較少體現，如吳哲夫、張高評、曾昭旭、李威熊、丁亞傑、蔡茂松等 17 篇。

7. 其他

有從歷史學角度，探討《春秋》學者；亦有就《春秋》折獄、政治情狀、列女考釋諸方面凸出論文者。如黃源盛、林咏榮、高恒、施之勉等 5 篇。

(二)《左傳》學研究與期刊論文

春秋》經傳之研究，就專書論著之數量言，當以《左傳》學領先居冠。有關《左傳》研究專著及學位論文之豐富多元，已見上述。學報期刊等單篇論文發表之情形，與專書論著旗鼓相當，大約在 400 篇以上，亦是琳瑯滿目，美不勝收。為方便稱說，以下細分十五類論述之：

1. 通論概說

關於《左傳》一書之作者、成書時代、經傳關係，兩宋以降至清末民初，已討論眾多。前二者既無二重證據發現、與佐證，已成膠著之懸案，甚難突破。《左傳》與《春秋》經之關係，自司馬遷、桓譚、劉知幾、啖助諸家，已先後推崇其「相互表裡」；蘇轍《春秋集傳》[69]、趙汸《春秋師說》、《四庫全書總目》更標榜說：「治《春秋》者當據《左氏》事實」[70]；否則，刪除事跡，

---

[69] 《春秋集傳》卷一：「凡《春秋》之事，當從史。《左氏》，史也。」《經苑本》，書名作《集解》，非是。蘇籀《欒城遺言》、《直齋書錄解題》、《郡齋讀書志》、《宋史・藝文志》，皆作《集傳》。

[70] 文見趙汸，《春秋師說》卷上，頁 17；卷下，頁 4 亦稱：「學《春秋》，以考據《左傳》國史事實為主，然後可求書法」。《通志堂精解》本。

何由知其是非？無案而斷，是《春秋》為射覆矣！」[71]其中是非曲直，自有公論。其他，則《左傳》之史學價值、文學特色，實有極大之發掘空間，可惜單篇論文於此著墨不多。其他尚有解題、導讀、美國《左傳》研究，提供資訊，頗便入門。上列課題，五十年來發表之論文有劉兆祐、洪順隆、高葆光、屈萬里、劉正浩、王靖宇、沈秋雄、李隆獻等 23 篇。

2. 注釋讀解

　　《左傳》文字典雅奧博，訓釋讀解不易。此一文字障，最不便初學。於是有專家學者出，著手點讀注釋，既可作入門之階，又可兼作普及學術之用。先後有李宗侗《春秋今注今譯》、洪順隆《左傳論評選析新編》、李振興、簡宗梧《新譯東萊左氏博議》諸《左傳》文本及《左傳》學著述出版。至於《左傳》之零篇散章，疑難字句，或事件、時尚、文物、傳文，凡諸指涉值得考辨追索者，多可作為選題，加以深究。其門類多方，大抵因事命篇，不可概論。唯《左傳》文章艷富，高中或大學教材多選名篇教學，往往因應教學，而成熱門撰述之選題。如〈秦晉崤之戰〉、〈鄭伯克段于鄢〉、〈燭之武退秦師〉、〈季札觀周樂〉諸什，多討論熱烈。而〈宮之奇諫假道〉、〈子產壞晉館垣〉、〈子產告范宣子輕幣〉、〈宋人及楚人平〉諸篇，亦偶有論及。如張壽平、黃沛榮、黃友棣、林文月、簡宗梧等 20 篇。

　　至於研讀《左傳》有得，或假箋釋，或成札記，或作考辨，或撰集證，無論全篇或片語，皆所以陳述所見，示其自得。如劉正浩、朱廷獻、葉政欣、林政華、葉國良、周何等 21 篇。

3.《左》《國》合論

　　《國語》一書，號稱《春秋外傳》。司馬遷《史記‧十二諸侯年表序》稱：左丘明成《左氏春秋》一書；《史記‧太史公自序》、〈報任安書〉皆言：「左

---

[71] 欽定《四庫全書總目》卷二十六，〈經部二十六‧春秋類一〉，臺北：藝文印書館，1974 年 10 月，頁 536。

丘失明，厥有《國語》」，於是形成千古疑讞：左丘明既已纂成《左傳》矣，何以再作《國語》？左丘明是否同時擁有《左傳》與《國語》二書之著作權？何以敘事傳人書地記時，尤其本質內容，存在許多差異？關於這方面之研究，張以仁先生之成果最具代表性，已詳前章論述。此外，尚有學者專家從人物造型、天道概念、時代思想、刑法觀點、文史異同、敘事文學角度，以較論兩者差異，亦頗有啟迪作用。如張以仁、傅佩榮、趙雅博、王靖宇等 17 篇。

4. 思想義例

杜預《春秋經傳集解》，歸結《左傳》解釋《春秋》經之書法，有所謂五十凡例與變例，更為之作《春秋釋例》十五卷。至晚清《公羊》學派起，廖平撰《左傳杜氏五十凡駁例箋》，近人陳槃氏著《左氏春秋義例辨》，至非議《左傳》之義例。平情而言，論《春秋》之義例，「《公羊》廣，而《穀梁》精」[72]，《左傳》言義例，亦有可取。五十年來，學者於此，頗多發揮，除專著及學位論文外，單篇文章亦可見消息，如方炫琛、陶希聖、孫劍秋、魏子雲等 7 篇。

從思想層面考察《左傳》文本，是值得提倡的切入點。《左傳》長於敘事，義理思想即寓涵在敘事史料之中，所謂事外無理，理在事中者是。臺灣學界研究《左傳》與《國語》之關係，天道概念、時代思想、刑法思想觀點，已作若干考察。又有專論《左傳》之人本思想、心理記述、尊周思想、正名思想者，如張端穗、顧立三、李新霖等 5 篇。

5. 引詩引《易》

引用，是訴諸權威之修辭方式。《左氏》於敘事狀人之際，每多援引成書或成文，以助文章之表現。最常見者為賦《詩》引《詩》，其次為引《易》詮釋，前者涉及外交辭令，後者關係卜筮解《易》。五十年來，學界專書及學位論文，上述課題已作相當開發，單篇論文之發表情形，則如楊向時、林玫儀、

---

[72] 柳詒徵，《國史要義》，〈史例第八〉，臺北：中華書局，1973 年 11 月，頁 162-166。

張素卿、歐天發等 9 篇。

6. 政治軍事

　　《左傳》長於敘事，敘事中敘戰尤其精彩。敬翔謂是「記戰伐之事」，隗禧指為「相斫之書」。《春秋》、《左傳》所載戰役，大大小小約 500 多場，明清學者從中梳理出若干兵法與謀略，一致推崇《左傳》所敘當年攻戰事，以為「誠用兵者所當隨方而取則，為將者所宜究心以淹通」[73]者。除明陳禹謨《左氏兵略》外，探討《左傳》敘戰之兵法與謀略，明清以來，專著傳世者尚有八部以上[74]，多值得學界探討。五十年來於此發揮不夠，有待加強。張高評、張端穗、顧立三、陽平南等 12 篇已發其凡。

7. 史學史論

　　《左傳》之為書，為編年體成熟之作。且左氏著傳，本為經發，以歷史敘事方式解釋《春秋》經，其史學意義更遠在傳經之上[75]。朱熹曾稱《左傳》是史學，魏禧《左傳經世‧序》亦推崇《左傳》，以為史之大宗。無論編年、紀傳、記事本末、詔令奏議、傳記、地理、職官、政書、史評，大多諸體具備。學界據其史料，以研討《左傳》一書之神話、傳說、古史、天文曆算、地理、職官、史論，雖不賅不遍，然亦有足資參考者。除前已論述者外，尚有葉政欣、顧立三、張高評、陽平南等 10 篇論文。

　　《左傳》於敘事傳人之餘，每有發論，往往假君子以稱說之。《史通‧論贊》「稱所以辨疑惑，釋凝滯。」夷考其實，誠不盡如是。且所謂「君子曰」云云，《左傳》共徵存 92 則，南宋林黃中、朱熹、清劉逢祿等，或懷疑是劉

---

[73] 明‧陳禹謨，〈進《左氏兵略》表〉，《左氏兵略》卷首，臺北：武學書局，1956 年 8 月，頁 17。

[74] 見許保林，《中國兵書通覽》，下編〈現存兵書簡目〉，有關《左傳》兵謀著錄可考者，尚有明華亭《左氏兵法測要》、龔爽《左兵》、曾益《左略》；清代則有魏禧《兵謀》、《兵法》、《左氏韜鈐》、郭鴻熙《左氏兵法正宗》，以及李元春《左氏兵法》諸書，北京：解放軍出版社，1990 年 10 月。

[75] 此徐復觀先生之見，參考《兩漢思想史》，〈原史──由宗教通向人文的史學的成立〉，十、「《左氏》以史傳經的重大意義與成就」，臺北：學生書局，1979 年 9 月，頁 275。

歆之辭，或指為後人附益，是非疑似之間，不能不辨。臺灣學界單篇論文，皆駁斥「附益說」，進而申說《左傳》史論之形式與作用，於斯學之開拓，可謂有所廣益，如莊雅州、鄭良樹、張以仁、張高評等 8 篇。

8. 禮儀教育

左氏身為魯史官，得見策書，復得百二十國寶書作為參考，信春秋一代文獻之總歸也。趙汸《春秋左氏傳補注・自序》所謂「魯史舊章，猶賴左氏存其梗概」，是矣！臺灣學界於《左傳》之禮俗禮意，頗有論述。至於層面之廣闊，探索之深入，則有待繼續努力。此中已發表之論文有高明、李新霖、顧立三、陳槃、熊道麟等 17 篇。

9. 天道人道

究天人之際，為司馬遷纂述《史記》三大志向之一。蓋天人茫昧恍惚之際，畢竟天道遠，人道邇，子產已明言在先。故《左傳》之敘夢寐、卜筮、機祥、巫鬼，皆未嘗離人事而言天道。《左傳》不過藉鬼神、災異、卜筮、機祥，以驗戰爭之成敗、兆家國之災祥、徵氏族之興亡、警朝綱之治亂，測人我之禍福，見爵祿之予奪，明行為之進退，辨才性之優劣[76]。汪中《述學》所謂「《左氏》之言天道鬼神、災祥、卜筮、夢，皆未嘗廢人事也」，豈不信哉！臺灣學界探索這方面的論文，有鄭志明、王初慶、張高評等 7 篇。

《左傳》一書，徵存古代天文史料極豐，如慧孛氛祲、薄食晦明、朔閏日食等是。自杜預《春秋釋例》用六卷之宏篇發明經傳長曆，近代以還，域外則有日本新城新藏、飯島忠夫、法國馬伯樂等，論歲星、述曆法。法國天文學家俾俄（Jean Baptiete）斷定莊公七年之星隕如雨，為天琴座流星雨；文公十四年之有星孛入於北斗，為世界哈雷彗星出現之最早記錄；至於《春秋》記載日蝕三十六次，中外天文學家據蝕經推算，證實其中三十三次正確無誤

---

[76] 張高評，〈左傳預言之基型與作用〉，《經學研究論叢》第三輯，桃園：聖環圖書公司，1995 年 4 月，頁 150-162。彭林主編，《經學研究論文選》，上海：上海書店出版社，2002 年 6 月，頁 288-304，亦有轉載。

[77]。由此可證《春秋》、《左傳》所載事實之為信史。天文曆法，學有專攻，故論文較少，只有董作賓、謝秀文、莊雅州等 5 篇。

10. 人物析論

晉杜預《春秋釋例》有〈世族譜〉；宋程公說《春秋分記》，亦有《世譜》，近人程發軔先生著《春秋人譜》；方朝暉編著《春秋左傳人物譜》[78]，對於《春秋》《左傳》人物之研究，皆極具參考價值。《左傳》對於春秋公卿大夫之形象刻劃，能令千載之下，如見其人，如聞其聲。故碩士博士選擇《左傳》人物形象作研究者不少，已見上述。單篇論文於此，亦有偏好。或通論《左傳》之人物形象，較論《左》、《國》之人物造型，比較五霸形象，研究婦女形象，后妃性格；探討《左傳》之人才觀，談論政治人物之宿命，雖未能盡括《左傳》人物類型之大凡，然勾勒示例，亦能啟迪後學。如周何、李小平、陽平南等 8 篇。

《左傳》敘事傳人，如聞如見，諸侯列國君臣之才性與形象，已呼之欲出。五十年來臺灣學界熱中討論之《左傳》人物，於晉最多，有晉文公、晉惠公、郤芮、呂甥、士會、陽處父；於魯，有魯隱公、惠公仲子、南宮敬叔、南公括、魯季敬姜；於鄭，有鄭莊公、公孫僑；齊之管仲，宋之向戌，吳之伍子胥，亦蒙青睞，計有張以仁、簡宗梧、劉文強、杜正勝等 20 篇。

11. 外交辭令

春秋之世，名卿才士，咸尚考文；大夫行人，尤重詞命。《史通・言語》謂《左傳》：「語微婉而多切，言流靡而不淫」。南宋真德秀《文章正宗》選文注重經世致用，特列詞命一體，以與敘事、議論諸體相互輝映。後世推崇文詞之功者，則將《左傳》與《戰國策》、《世說新語》並列，號為中國三大說

---

[77] 楊伯峻，《春秋左傳注・前言》，（三）《春秋》評價，北京：中華書局，1990 年 5 月，頁 16-17。

[78] 方朝暉編著，《春秋左傳人物譜》（上）（下），列國國君 33 人，卿大夫 124 人，以《左傳》所載人物一生主要言行、事跡、思想、品格、個性、才能、作為，進行分析、概括和評點。濟南：齊魯書社，2001 年 8 月。

話寶鑑。《左傳》之談說術奇變多方，最可稱道。最切實用者，莫過於折衝樽俎、化干戈為玉帛之外交辭令。單篇論文於《左傳》外交辭令，頗獲關注；其中，陳致宏從語用學視角觀照外交辭令，頗可參考，這方面論文有李新霖、張高評、陳致宏等 13 篇。

12. 小說敘事

《左傳》長於敘事藝術，為中國史傳文學之濫觴，傳統敘事文學亦不能不以《左傳》為典範。古典小說為敘事文學之一環，若辨章學術，考鏡淵流，當溯源自史傳，以史傳為敘事文學、古典小說之源頭活水。討論中國敘事學者，當推本自史傳文學；而論述史傳文學，又必須考求《左傳》之敘事藝術。如此，方稱有本有源，知所先後。尤其在西方小說敘事學東傳之後，為免研究古典小說彌離其本，有識者皆知追本溯源，考察《左傳》之敘事，如王靖宇、張高評、李隆獻、劉正浩等 10 篇論文。

13. 文學特色

《左傳》一書，義經，體史，而用文。劉勰《文心雕龍・史傳》推崇《左傳》之價值：「實聖文之羽翮，記載之冠冕」；劉知幾《史通・雜說上》亦贊嘆其「著述罕聞，古今卓絕」，可見其文學價值之不凡。筆者所著《左傳之文學價值》、《左傳之文韜》二書，已將《左傳》之古文、駢文、詩歌、神話、小說、通俗文學、傳記文學、敘事文、說話術、議論文、描寫文、文體學、文藝觀念、美學理念、史論文諸方面，稍作探討，不賅不遍，尚不足以見斯學之大觀。《左傳》文學研究各層面，可供研究之深度廣度均佳，值得學界投入探討與考察。目前單篇論文之發表，數量不多，與《左傳》所蘊含之文學能量不成比例，有待學界繼續努力。見於著錄者只有劉百閔、李威熊、張高評、洪順隆等 10 篇。

14. 寫作技巧

《文心雕龍・情采》論文章，必須有情有采，有質有文，富有內容思想，又講究形式技巧。所謂：「鉛黛所以飾容，而盼倩生於淑姿；文采所以飾言，

而辯麗本於情性。故情者，文之經；辭者，理之緯；經正而後緯成，理定而後辭暢，此立文之本源也」[79]。《左傳》性質，半為史書；史傳文學之特質，與一般純粹文學創作不同，多少受到客觀、忠實、存真之制約，蓋整合史學之真、哲學之善、文學之美而一之，故較他書為難。筆者曾著《左傳文章義法撢微》專書，純粹考察《左傳》文本之文章義法，寫作技巧。其他學者於此，亦有發明；交相對照，研究成果可以相得益彰。雖然如此，斯學開發，普遍不足，值得學界再接再厲，共同努力。發表這方面論文者，有簡宗梧、方介、顧立三、陳致宏等 10 篇。

15. 《左傳》研究史

據朱彝尊《經義考》，兩漢以來，治《左傳》者，無慮二百家，見於著錄之《左傳》學專著在 214 部以上。五十年來，臺灣學界投入《左傳》學史研究者，只有 16 部碩士論文，說已見前。專著研究層面之普及不夠，當然影響單篇論文之發表。就林慶彰主編《經學研究論著目錄》考之，歷代《左傳》學之研究，數量不足 25 篇。清代以前，凡 14 篇，計有王更生、葉政欣、王初慶、廖吉郎、張素卿等 14 篇論文。

上列論文，通說概論者二：或論歷代《左傳》學，或論南北朝之《春秋左傳》學。其他，或考察敦煌殘卷，或探討《左傳》學研究史，如賈誼、司馬遷、賈逵、服虔、杜預、孔穎達、呂祖謙、章沖諸家之《左傳》學，多略有發明。清代以來之《左傳》論著，學界研究成果，單篇論文發表八篇，其中通論兩篇，分別論述 1911 年～1971 年、1966 年～1996 年間之《左傳》研究概況。其他，則分別針對顧炎武、焦循、俞樾、章太炎、劉師培諸家之《左傳》學作論述。規模雖不大，然行遠自邇，具體而微，亦足見清初以來《左傳》學成果之梗概，如古偉瀛、張高評、奚敏芳、陳慶煌、張廣慶、劉正浩等 8 篇。

---

[79] 王更生，《文心雕龍讀本》下篇，〈情采第三十一〉，臺北：文史哲出版社，1985 年 3 月，頁 78。

16. 其他

其他，尚有考證《左傳》地名，醫學解析，以及製作全文檢索系統者，可謂不一而足，如程發軔、劉正浩、吳車等 5 篇。

(三)《公羊》學研究與期刊論文

《公羊》學之論著，兩漢與清末最稱顯學，其餘歷代則寥若晨星。臺灣學界研究《公羊》學，專著與學位論文之數量，與歷代《公羊》學研究之榮枯消長成正比，已見上述。至於單篇論文，包含學報期刊之發表，與專書學位論著相較，亦多相應。五十年來，有關《公羊》學之期刊論文，只有 45 篇，每年平均不足一篇。其中論述《公羊》哲學思想，及《公羊》研究史之論文較多，共 30 篇，已高居 67%。《公羊》學之特質與研究重點，藉此亦得以顯現。

1. 通論與考釋

《公羊》學研究之期刊論文，或通論要義，或概述影響，或商榷詁訓，或考釋石經，皆為入門初階不可或缺之作，如劉德漢、黃肇基、葉程義等 10 篇論文。

2. 哲學與觀念

哲學與思想，為《公羊》學體現《春秋》經之最重要特質與焦點，所謂歷史哲學、道德哲學、經權思想、正名主義，乃至於天人之際、古今之變、華夷之別、新周故宋，借事明義等大關鍵、大節目，皆為《公羊》學研究之綱領，顯然與《左傳》學之所側重不同。治《公羊》學者，得此綱領觸發，必能事半而功倍。五十年來，有關上述範疇之單篇論文，有張永儁、林義正、王金凌、張端穗、胡楚生等 13 篇。

《春秋》一經自有義例，三傳中，《公羊傳》、《穀梁傳》注重「以義解經」，屬於歷史哲學，與《左傳》「以史傳經」不同。故《公羊》學頗講究義例之申說，如周何、奚敏芳、丁亞傑等 5 篇論文所示。

3.《公羊》學研究史

歷代《公羊》學之論著，董仲舒《春秋繁露》，何休《公羊解詁》，唐徐彥《公羊義疏》皆具代表性。至晚清《公羊》學大盛，劉逢祿、孔廣森、宋翔鳳、龔自珍諸人先後崛起其間，自成一家，《公羊》學至此乃一大新變，對晚清之政治改革運動有推波助瀾之功。五十年來之《公羊》學論文，於此多所體現。如劉正浩、龔鵬程、鍾彩鈞、張壽安、王家儉等 12 篇論文。

(四)《穀梁》學研究與期刊論文

《春秋》經傳之研究，《穀梁》學向來較冷清。無論歷代論著、博士碩士學位論文，或當代學者專書，要皆如此。學報、期刊等單篇論文，亦反映此種現象。五十年來，臺灣學界發表《穀梁》學單篇論文，只有 32 篇，除通論概說外，大多集中在義例思想與《穀梁》學研究史方面。分別論述如下：

1. 通論概說

《穀梁》傳之作者、成書、經傳關係，重要注疏著述，以及語意學、文章學之價值，全書之性質與內容，對於初學入門，多具指引觸發作用。故老學碩儒、學者專家樂以深入淺出之文字，紹介精深專業之學術，如陳槃、王熙元、吳連堂、劉瑞箏等 8 篇論文。

2. 義例與觀念

《穀梁》傳之優長，鄭玄《六藝論》稱其「善於經」，胡安國《春秋傳·序》稱：「義莫精於《穀梁》」，《晉書·荀崧傳》亦謂《穀梁傳》文清義約。啖助稱：「《公》《穀》守經」，朱熹謂：「《公》《穀》是經學」，由諸家之說觀之，《穀梁傳》解經之功，往往可與《公羊傳》相得益彰。三傳釋經，既互有得失短長，故當會通而比觀之。《公》《穀》多主以義解經，頗可擷長補短。試觀學者發表之論文，發揮《穀梁傳》之義例者尤多，可知其傾向，如賴炎元、管東貴、周何、黃志誠、吳智雄等 11 篇。

上列論文，論及《穀梁傳》時月日例、會盟例、朝聘例、諱例、戰例，

以及仁義觀、正道觀。就《穀梁傳》之義例觀念、哲學思想而言，學界所闡釋，只是《穀梁》學之管窺錐指而已，缺而待論者仍多。其中之學術研究空間極大，值得關注與投入。

3. 《穀梁》學研究史

《穀梁傳》研究史，主要焦點集中在范甯《穀梁集解》，計有論文六篇。其他論文，或述傳授源流，或敘錄善本，或探討《穀梁》是否為古文學。如王熙元、高明、吳哲夫等 5 篇論文。

清代傳世之《穀梁》學專著，為數在 50 種以上；民國以還，亦有 10 餘種，皆值得作專題研究，精細探討。然學界疏忽久之，確實可惜！

四、結語

就朱彝尊《經義考》所載，兩漢魏晉以下，傳世之《春秋》學論著，約在 800 部以上；傳世之《左傳》學論著，不下 214 部；傳世之《公羊》學論著，不過 60 種左右；傳世之《穀梁》學論著，僅有 24 種，加上民國以來學者所著，總數當在 60 部以上。臺灣近五十年來（1949-2002），以研究成果之開發言，《春秋》學與《左傳》學較可觀，然觸及領域，皆不足一成；《公羊》學、《穀梁》學更少。林慶彰教授主編《經學研究論著目錄》（1912-1997）等工具書；簡宗梧、周何先生所編《左傳‧春秋公羊‧春秋穀梁‧春秋總義論著目錄》，所錄書籍依例皆標示存佚偏全，檢索可知。

由《春秋》經傳論著目錄可見，《春秋》經傳學之研究，尚有絕佳開發空間，值得學界投入與揮灑。筆者秉持追求創意，學術分工之研究原則，期勉研究選題能「詳人之所略，異人之所同，重人之所輕，而忽人之所謹」；具體落實文獻評鑑作業，積極閱讀思索論文課題，深入而廣泛了解前人對此一研究選題之所略、所同、所輕與所謹，以便形成問題意識。從而對研究課題之各個層面進行忽謹、增詳、求異、加重之學術工程規畫。斯學之研究，方有拓展。

《春秋》經傳研究與創新研發

　　臺灣五十年來的學術發展趨勢，由於時移勢遷，傳統文化與經學研究從有心提倡，志在興復，到浮沉隨意，不絕若線。其間之消長化變，真是如人飲水，冷暖自知。傳統文化的精華，雜然賦流形，體現於傳世不朽之經典中，不僅為華夏子孫之文化遺產，更是世界人類的文化資產。所以，要善盡保護之責，避免沉淪不復；而且，更要發揚推廣，以求經世致用。在文化的傳承和發揚方面，長久以來，臺灣各大學之國文系、中文系、語教系，一直肩負著責任和使命，從教學內容到研究指向，可見一斑。這種「斯文在茲」的現象，從各大學開授之漢學課程，及碩博士論文之選題研究，多以中華文化為依歸，可以得知。其中尤以經學課程之開授，經學研究之投入，最具代表典型。綜覽臺灣五十年來經學研究成果，從中自可窺見消息[1]。

一、從學位論文看《春秋》經傳研究之取向

　　五十年來，臺灣各研究所博士、碩士論文，以研究《春秋》學獲得學位者，博士 20 人次，碩士 39 人次。其中又分兩大類：或專論《春秋》學，或綜論經學而類及《春秋》。就清代朱彝尊《經義考》所載，自兩漢以下，《春秋》學研究代不乏人，人不乏書。即以《春秋》名書者而言，約在 800 部以

---

[1] 筆者參與國科會人文學研究中心「臺灣近五十年經學研究成果報告」，撰寫《臺灣五十年來《春秋》經傳研究綜述》，時間從 1949 年至 2000 年，凡 56000 字，已成另篇發表。以下有關學位論文與學報期刊論文之掃描與數據之陳述，多準此文而言。

上。臺灣學界研究《春秋》學成果觸及不到一成，可見有待發揮之空間尚多。
以博士論文而言，專論《春秋》學者有 9 部。五十年來，以撰寫《春秋》學
及其相關學術研究，獲得碩士學位者約 38 人次。其中專論《春秋》經文本者
4 部，考察斷代《春秋》學者凡 26 部。通論《春秋》三傳者 2 部，綜論經學
而類及《春秋》者 7 部，以經傳為史料之研究凡 2 部。

　　臺灣各大學研究所之選題，專攻《左傳》學而取得博士碩士學位者，五
十年來共約 71 人次，其中博士論文 15 人，碩士論文 56 人。就博士論文而言，
15 部著作中大抵可分兩大類：其一，《左傳》文本之研究，共九部；其二，
歷代《左傳》學史之研究，共六部。碩士學位中，臺灣各大學研究所探索《左
傳》，五十年來共 56 人次。五十六部碩士論文中，大抵分為兩大類：其一，《左
傳》原典之研究；約三十九部；其二，為《左傳》學史之研究，約十七部。

　　《公羊學》之研究，以博士論文為例，共五部著作，其中只有一部探討
《公羊》傳原典，其餘四部皆為清代《公羊》學之研究。研究《公羊》學的
碩士論文十九部，探討《公羊傳》原典者有九部，考察歷代《公羊》學史者
佔十部。探討《公羊傳》原典之論著，或據此論述《春秋》的性質、王道思
想、政治思想、正名思想；或以之析釋稱謂、會盟；或以之研究稱謂七等、
解經方法。

　　《春秋》三傳中，論流傳之盛況，以《左傳》居冠，《公羊傳》其次，《穀
梁》殿焉。《穀梁》學自荀卿、毛亨、浮丘伯、申公相傳授，以迄漢世，雖曾
盛行一時，然於西漢不足與《公羊》抗衡，東漢時尤難與《左傳》並稱，只
暫顯於漢宣帝、元帝之間二三十年而已。魏晉之間，唯范甯《穀梁集解》傳
世。至隋唐，已無師說，幸楊士勛取范注為之《義疏》。宋明之際，不絕若線。
至清中葉，治《穀梁》學者輩出，漸成復興之象。清末民初，有柯劭忞、王
闓運、廖平、劉師培等致力《穀梁》之著述[2]。噫！《穀梁》學之流傳，可謂
冷清沉寂矣。

---

[2] 王熙元，〈六十年來之穀梁學〉，程發軔主編《六十年來之國學》，（臺北：正中書局，1972 年 5
月），頁 431 – 457。

以《經義考》著錄言,歷代《穀梁》學專著僅有 24 種。若合《二傳》、《三傳》、《四傳》、《五傳》言之,亦不過 50 餘種,冷寂情況可以想見。今統計五十年來《穀梁》學之研究,以學位論文方式呈現者共六部,其中博士論文一部,其餘為碩士論文,皆各有所發明。

二、學報、期刊論文與《春秋》經傳研究

　　《春秋》經、《左氏傳》、《公羊傳》、《穀梁傳》之研究,以及歷代《春秋》經傳學史之探討,大抵多有師承薪傳,臺灣學界所撰專書論著,已見上述。除專書論著外,研究心得發表於學報、期刊、報紙者,保守估計,五十年來大約在 540 篇以上。其中《左傳》學研究之成果最為豐碩,總數在 400 篇左右;《春秋》學 160 餘篇,《公羊》學 45 篇居次,《穀梁》學研究不過 32 篇,最少。《左傳》研究成果佔 74%,《左傳》與《公羊》《穀梁》研究數量相較,大約為十與一之比。學術研究市場之熱與冷,研究選題之趨避去就,由此可見一斑。學者專家發表學術心得,單篇零章大抵先刊布於學報、期刊,而後結集成冊,再印行流傳;亦有一書先成,然後逐章發表者。於是形成單篇論文與專書論著之內容大同小異,甚至完全雷同的現象。其中,以博士、碩士學位之分章發表較為普遍。五十年來研究心得以單篇論文呈現者,或登載於期刊、報紙,或發表於學報,或刊布於學術研討會論文集,或為專題研究計劃之成果報告,雖曰吉光片羽,亦頗可寶貴。焦點之關注、選題之取向、數量之多寡,品質之精粗,乃至於問題意識之點發,學術視野之開拓,研究方法之展示,研究思潮之導引,多可從單篇論文中獲得若干信息。

　　五十年來,臺灣學界研究《春秋》學、《春秋》經傳,及歷代《春秋》學史,撰成單篇論文,發表於學報期刊者,總數約 150 餘篇。探討範圍大抵不出通論、訓解、義例、地理交通、諸國別紀、《春秋》研究史諸方面。

　　《春秋》經傳之研究,就專書論著之數量言,當以《左傳》學領先居冠。

有關《左傳》研究專著及學位論文之豐富多元，已見上述。學報期刊等單篇論文發表之情形，與專書論著旗鼓相當，大約在 400 篇以上，亦是琳瑯滿目，美不勝收。為方便稱說，細分十五類論述之：通論概說、注釋讀解、《左》《國》合論、思想義例、引詩引《易》、政治軍事、史學史論、禮儀教育、天道人道、人物析論、外交辭令、小說敘事、文學特色、寫作技巧、《左傳》研究史。

《公羊》學之論著，兩漢與清末最稱顯學，其餘歷代則寥若晨星。臺灣學界研究《公羊》學，專著與學位論文之數量，與歷代《公羊》學研究之榮枯消長成正比，已見上述。至於單篇論文，包含學報期刊之發表，與專書學位論著相較，亦多相應。五十年來，有關《公羊》學之期刊論文，只有 45 篇，每年平均不足一篇。其中論述《公羊》哲學思想，及《公羊》研究史之論文較多，共 30 篇，已高居 67%。《公羊》學之特質與研究重點，藉此亦得以顯現。

《春秋》經傳之研究，《穀梁》學向來較冷清。無論歷代論著、博士碩士學位論文，或當代學者專書，要皆如此。學報、期刊等單篇論文，亦反映此種現象。五十年來，臺灣學界發表《穀梁》學單篇論文，只有 32 篇，除通論概說外，大多集中在義例思想與《穀梁》學研究史方面。

筆者先後撰寫兩種學術研究領域之成果報告，觸發許多感想，整理出一些建言，首先針對教育部、國科會，其次是碩士博士研究生。最後，再針對五十年來《春秋》經傳研究，作一展望與前瞻。

三、升等論文之典藏與參考

學術資料之彙集和整合，為人文學研究之礎石。研究成果的展示和流傳，最便於參考借鏡和觸發開拓，此固人盡皆知之常識，本毋庸贅言。然筆者綜述五十年來臺灣研究《春秋》經傳之成果，卻苦於蒐羅無門，資料不全；尤其是副教授、教授之升等論文，以及行政院國家科學委員會的成果獎助論文，

專題研究計劃論文，往往有目無書，甚至未見著錄。。三年前，筆者發表〈五十年來唐宋文學研究的回顧與前瞻〉時，曾撰文呼籲，未獲任何迴響。願再重申前意，提供思考：

> 檢討過去，對於策勵將來確實很有意義。對於碩士學位論文、博士學位論文、學術期刊論文，甚至圖書專著，1982 年以來，皆有專刊報導，也有專業機構登載，檢索即得，堪稱便捷。
>
> 不過，尚有一漏網之大魚，即是大專院校、研究機構歷年各教師之升等論著，雖有《高教簡訊》報導，然零星片段，未能統整分類，集中備檢，所以搜尋無門。這些升等論著，絕大部分未在書肆中流傳，因此成果無法與學界分享，實在可惜。尤其是通過副教授、教授層級審查之論著，其學術價值依理當然在碩士博士論文之上。如今，通過碩士博士之論文，必須上繳十餘部，以便公開陳列於國家圖書館、政治大學社會科學資料中心等地方，提供借閱流通，學界稱便。副教授與教授論文之檔次，既高於碩士博士論文許多，何以上網查詢無著？書面檢索不可得？更未見有任何學術機構統一而集中成立專室，放置副教授、教授升等通過之論著，寧非怪事？萬望有關學術機構，特別是教育部學審會、顧問室，能玉成此事。以便後生小子能因博觀泛覽教授們之大作偉構，而有所觸發啟益，相信功效比參考碩士博士論文更加昭著。
>
> 另外，行政院國家科學委員會往年有許多成果獎助、專題計劃申請；能夠獲獎的，都是個中學術領域的佼佼者。如果國科會也能規定：獲獎者有義務繳交若干份得獎成果，或計劃報告，然後比照學位論文陳列模式、成立專區，以便學界參閱交流，觀摩借鏡，豈非功德一件？筆者回顧五十年來之學術研究，對於教育部管轄之升等論文，及國科會獎助之成果專題，無法精確掌握，有感而發，因建議

如上[3]。

　　在學術信息量激增，知識爆炸、知識經濟當道之今日，投入學術研究的首要工作，是掌控一切有關資料，其次是嫻熟資料管理。畢竟，人文學術之研究，有所創新發明，必須「詳人之所略，異人之所同」，成果要靠擷長補短，不斷積累而來。因此，學術研究資料之彙集，實為人文學研究之礎石。除非教育部否定副教授論文、教授論文的學術價值，行政院國科會懷疑往年成果獎助、專題計劃的研究水準，否則沒有理由不公開展示這些學術成果。另外，文建會、中華發展基金會、蔣經國國際學術交流基金會等獎助案，研究成果涉及漢學者，最好也能一體規範，那將是人文學界的福音。否則，若干年後，有志之士想要探討「臺灣漢學研究發展史」，連橫於一百年前纂修《臺灣通史》的困境，將會歷史重演：「斷簡殘編，蒐羅匪易；郭公夏五，疑信相參，則徵文難。老成凋謝，莫可諮詢；街談巷議，事多不實，則考獻難。」有關單位若能體認時移境遷，則「徵文難」；老成凋謝，則「考獻難」，何妨劍及履及，立即回應處理？

四、學術論文之選題與貢獻

　　筆者以為，學位論文是學者投入研究的實驗場，是深造有得的試金石。因此，碩士論文好比是學術工程的樣品屋，是進修博士的敲門磚。至於博士論文，更是高階研究的里程碑，今生學術定向的指南針。學位論文關係個人非淺，影響學術深遠，由此可見。

　　論文題目的敲定，研究範圍的選擇，關係學術研究的成敗得失，影響學術貢獻的大小高下，其重要性不亞於論文撰寫本身。《孟子‧告子上》稱：「先

---

[3] 同註 1，頁 15。

立乎其大者，則其小者不可奪也」；嚴羽《滄浪詩話・詩辨》云：「入門須正，立志須高」，研究範圍和論文題目的抉擇，理當三復斯言。敲定題目，選擇範圍的先遣作業，牽涉到文獻評鑑和問題意識；後續操作，則碰觸到研究目標和研究方法[4]。考察五十年來，臺灣學界探討《春秋》經傳之研究成果，對於問題意識，疏於講究者多；對於論文選題，草率抉擇者大有人在。對於研究方法，不知所云者不在少數；成果追求原創，試問幾家能夠？請就上述所云，略言如下：

(一) 文獻評鑑與論文選題

就《春秋》經傳研究之學位論文選題而言，重要的研究課題，代表性的經典著述，重複提出論文者不少，尤其是碩士論文，形成人力資源過度浪費，學術研究績效停滯不前，堪稱學位論文的一大隱憂。

以《春秋》學研究而言，博士論文有兩部先後探論「《春秋》大義」，研究董仲舒《春秋》學者亦有兩部。碩士論文，則有九部專著同探董仲舒《春秋》學，探討春秋尊王思想者三部，研究胡安國《春秋傳》者兩部，研究趙汸《春秋》學者兩部。就《左傳》學研究而言，專題探討晉國霸業者，計博士論文一部，碩士論文三部。研究賈逵《春秋左傳》學者，博士論文兩部。討論賦詩引詩者，碩士論文三部。論《左傳》「君子曰」者，碩士論文三部。論劉歆《春秋左傳》學，有兩部；論杜預《春秋左氏》學，亦有兩部。劉逢祿《公羊》學研究，同一年有碩士論文二部，博士論文一部，何其熱絡乃爾？清末《公羊》學自是顯學，投入研究者計博士論文兩部，碩士論文三部。至於《穀梁》學研究，六部學位論文，各有旂向，各有發揮，未嘗有重複選題之情形。每一專業領域的學術天地，何其遼闊豐富，論文選題當不至於重複才是。如今，論文相近似的研究選題，竟然一窩蜂完成十一部，至少也有兩

---

[4] 有關這方面的概念和理想，筆者撰有〈論文選題與學術研究〉一文，長達一萬六千言，《國文天地》第 18 卷第 12 期（總 216 期），頁 81－95，2003 年 5 月。

部。筆者以為,是研究者未做好「文獻評鑑」工作使之然!

研究伊始,當然先規劃範圍,擬定選題。同時,必須知曉研究現況,了解目前相關論著之質與量。如果相關、相似、甚至相同的選題數量太多,品質也不錯,就應該考慮放棄。假如相關相近的論文數量雖多,但成果不理想,還有發揮的空間,那當然可以續作,以求後來居上。譬如現有發表之成果論點膚淺、疏漏,見解偏差、錯誤,大可以精益求精,繩愆糾謬一番,發而為文,自然可觀。大抵論文選題,以冷門而有價值者為上,半冷門亦佳,熟爛題目為下。題目之冷熱,行家了然於胸;研究生可以查閱林慶彰主編《經學研究論著目錄》[5]、《日本研究經學論著目錄》[6],及簡宗梧、周何主編《左傳・春秋公羊・春秋穀梁・春秋總義論著目錄》[7],然後按圖索驥,披文研讀,以決定研究選題的去取從違。

就學報與期刊所發表之論文而言,選題雷同,內容大同小異者亦多,如探討《左傳》〈燭之武退秦師〉者十一篇,討論〈季札觀周樂者〉四篇,討論〈鄭伯克段於鄢〉者三篇,皆由於教學論辯,亦各自表述而已。若能稍稍翻檢現有研究成果,將較有可能發現「前修未密」,而展現「後出轉精」。

(二) 問題意識與論文選題

《後漢書》稱述陳元的志向,在「解釋先聖之積結,洮汰學者之累惑」;韓愈〈答尉遲生書〉則云:「所謂文者,必有諸其中,是故君子慎其實」;蘇東坡〈題柳子厚〉詩亦稱:「詩須有為而作」;世間諸事,有所為而為,言行舉止方有目標;選題研究有所為而為,論文方有定向,問題方有焦點。並不

---

[5] 《經學研究論著目錄》三種,皆由漢學研究中心編印,1902〜1987年《目錄》,出版於1989年12月;1988〜1992年《目錄》,出版於1999年5月;1993〜1997年《目錄》,出版於2000年4月。其他尚可參閱簡宗梧、周何編輯《左傳・春秋公羊・春秋穀梁・春秋總義論著目錄》,臺北:洪葉文化事業公司,2000年6月。

[6] 《日本研究經學論著目錄》(1900〜1992),臺北:中央研究院中國文哲研究所,1993年10月。

[7] 簡宗梧、周何編輯《左傳・春秋公羊・春秋穀梁・春秋總義論著目錄》,臺北:洪葉文化事業公司,2000年6月。

是任何問題都值得研究，也不是隨便一本書都值得花費心力去探討。完成一個論文選題，不只是通過一個升等，獲得一個學位而已，最可貴的在於圓滿解決了一個學術課題，積累了更多的個人心得，提供了學界研討相關問題的無限觸媒。論文選題要達到這些成效，研究者必先具有「問題意識」的概念。

　　筆者以為，問題意識是學術研究的內驅力，是學者盡心致力投入研究的定位系統。所謂問題意識，是指擇選論題最好是久懸未決的學術公案，或是富於爭議性的焦點話題，或指有待解決的關鍵課題，或指可供循序漸進的基礎研究。四類中任擇其一，都將是最佳或較佳之研究選題。如果研究課題或論文題目，經過審慎的文獻評估，預估有下列三大效用，就是理想的選題：其一，能拾遺辨惑，繩愆糾謬，有匡正補闕之功。其二，能詳人所略，異人所同，有張皇幽渺之功。其三，能推陳出新，獨闢蹊徑，有新創發明之功[8]。試以此覆按五十年來之《春秋》經傳研究，選題之初，研究之時，完成之後，往往忽略上述問題意識，於是閉門造車者有之，拾人牙慧者有之，陳陳相因，後出未必轉精，所謂「博而寡要，勞而少功」，實在可惜。由於忽略問題意識的建立和誘導，影響研究論文之學術貢獻，導致乏善可陳，因小失大，實在划不來。因此，問題意識的形成與建構，在研究過程中，雖是「小問題」，卻居「大關鍵」。

　　學術研究，應該像大隊接力賽，不是個人表演秀。選題之初，文獻評鑑的工作不能省略；經過檢索研讀，才能略知研究現況；知曉學界探討該選題之有無、精粗、詳略、偏全、多寡、正誤，才便於形成問題意識，決定去取從違。如果確定前人之研究成果存在許多粗淺處、簡略處、偏差處、不足處、謬誤處，甚至空白處，你就大可以撰寫一篇論文，或完成一部著作，去補足闕漏、修正偏差、匡訂謬誤，追求精深，發揮詳盡。清章學誠《文史通義》內篇四，〈答客問上〉論史學，所謂「詳人之所略，異人之所同，重人之所輕，而忽人之所謹」，研究者必須具備這樣的企圖和意識，學術成果才可能有獨到

---

[8] 同註3，頁90。

的創發。

(三)《春秋》經傳研究選題之反思

　　以研究董仲舒《春秋》學之選題而言，博士論文兩部，分屬哲學研究所和國文研究所視角，觀點轉換，研究成果可以相得益彰。至於九篇碩士論文，或通說，或專論，多得一察焉以自為說，若能注意文獻評鑑，「詳人之所略，異人之所同」，自然能踵事增華，後出轉精。以《左傳》學研究而言，「君子曰」之研究，有三部碩士論文，八篇期刊論文，數量實在不少。然其中不乏成果卓越之作，大抵運用生新材料，講究研究方法，轉換探討觀點，即能脫穎眾作，管領風騷。至於《公羊》學研究，清代嘉道以下，世變日亟，自是重點。博士論文三部，或作宏觀通說，或作微觀深論，各有側重，亦各有發明。期刊論文，或別就龔自珍、孔廣森、宋翔鳳諸家立說闡述，選題不拾人牙慧，成果自然值得參閱。章學誠《文史通義》所謂「繩墨之所不可得而拘，類例之所不可得而泥，而後微茫杪忽之際，有以獨斷於一心」，論文選題有若是之心裁與別識，然後研究成果才有可能達到原創與卓越。

　　就朱彝尊《經義考》所載，兩漢魏晉以下，傳世之《春秋》學論著，約在 800 部以上；傳世之《左傳》學論著，不下 214 部；傳世之《公羊》學論著，不過 60 種左右；傳世之《穀梁》學論著，僅有 24 種，加上民國以來學者所著，總數當在 60 部以上。以研究成果之開發言，《春秋》學與《左傳》學較可觀，然觸及領域，皆不足一成；《公羊》學、《穀梁》學更少。簡宗梧、周何先生所編《左傳・春秋公羊・春秋穀梁・春秋總義論著目錄》，所錄書籍依例皆標示存佚偏全，其中著錄民國前《春秋》學「專題論著」，凡 770 種。《左傳》學「通論」部分，凡 317 種；「注釋評點」部分，凡 173 種；「輯佚」部分，55 種；「序跋提要」部分，209 種；凡 754 種。若包含民國以來論著，數量將近千種，此中之研究資源，豐富無限；研究天地，何等遼闊？就《公羊》學論著而言，輯存及傳世之「傳解」約 45 種；「專論」近 40 部，單篇論述 61；「校勘」論著 19，「提要」論著 128，「輯佚」論著 17，「相關論著」19，

文獻資料多采多姿，提供研究者諸多利便。《穀梁》學之研究，於《春秋》經傳研發成果中，數量最少，有待加強；然就著錄所見，民國以前，輯佚或現存之「傳解」論著 46，「義例」之論著 9，「專論」70，「校勘」20，「序跋」32，「提要」100 餘篇，「輯佚」23，文本材料不虞匱乏，盡心致力，端賴有心人。

由《春秋》經傳論著目錄可見，《春秋》經傳學之研究，其中有絕佳之開發空間，值得學界之投入與揮灑。筆者秉持追求創意，學術分工之研究原則，期勉研究選題能「詳人之所略，異人之所同，重人之所輕，而忽人之所謹」；具體落實文獻評鑑作業，積極閱讀思索論文課題，深入而廣泛了解前人對此一研究選題之所略、所同、所輕，與所謹，以便形成問題意識，對研究課題之各個層面進行忽略、增詳、求異、加重之學術工程規畫。

五、《春秋》經傳研究選題舉例

中央研究院中國文哲研究所林慶彰教授主編《經學研究論著目錄》（1912-1997）、《日本研究經學論著目錄》（1900-1992）等工具書，功德無量，為經學研究者廣種福田：檢索翻閱，按圖索驥，猶即器求道，可以順指得月。前文所謂文獻評鑑，研究現況、問題意識，林慶彰所編論著目錄，皆可作為入門進階之資。綜考九十年來世界漢學之《春秋》經傳研究，反思五十年來臺灣《春秋》經傳研究之成果，發現下列研究選題值得開發，而學界多未觸及。野人獻曝，尚祈學者專家斟酌損益，齊心投入研究：

(一)《春秋》學研究選題舉例

1. 《春秋》書法與修辭學
2. 倫理規範與《春秋》修辭學
3. 《春秋》書法與詩學話語

4. 《春秋》書法與比興之旨

5. 《三傳》解經與經典闡釋學

6. 《春秋》書法與語言詮釋學

7. 屬辭比事與《春秋》之教

8. 微言大義與《春秋》筆削

9. 《春秋》之直書與曲筆

10. 司馬遷《史記》與《春秋》書法

11. 《春秋》學與中國傳統史學

12. 《春秋》書法與文學評論

13. 宋代《春秋》學之主軸與成就

14. 《春秋》學與宋代文學

15. 朱熹《春秋》學發微

16. 章學誠《文史通義》「《春秋》教」補述

17. 宋明理學與《春秋》學

18. 清初《春秋》學及其轉折

19. 漢宋之爭與《春秋》學研究

20. 「趙盾弒其君」書法研究

21. 《春秋》書法與敘事學

22. 史家筆法與《春秋》書法

23. 《春秋》書法與語法學

24. 事文義之會通與《春秋》學研究

25. 《新五代史記》與《春秋》義例

26. 《春秋》經傳與傳統思維方式

27. 《春秋》三傳屬辭考異
   a.異同　b.遠近　c.內外　d.進退　e.詳略　f.輕重　g.諱飾

28. 《春秋》三傳比事考異

29. 二重證據法與《春秋》經傳研究

30. 歷代《春秋》學疑難問題考辨

（二）《左傳》學研究選題舉例

1. 歷史敘事與《左傳》解經
2. 《左傳》敘事與經典詮釋學
3. 《左傳》敘事引《易》與經典詮釋學
4. 《左傳》賦詩引詩與經典詮釋學
5. 《左傳》敘事藝術與中國敘事學
6. 《左傳》敘事與詩性文化
7. 《左傳》敘事學與古典小說
8. 《左傳》「以史傳經」研究
9. 《左傳》與史傳文學
10. 《左傳》敘戰與兵法謀略
11. 《左傳》兵謀與企業管理
12. 歷代《左傳》學疑難問題考辨
13. 明代《左傳》評點學研究
14. 清代《左傳》評點學研究
15. 《左傳》「君子曰」之流變研究
16. 《左傳》「寓論斷於敘事」研究
17. 言事相兼與《左傳》敘事
18. 《左傳》敘事與人物形象塑造
19. 《左傳》人物與宋代史論文
20. 《左傳》之史筆與詩筆
21. 《左傳》敘事與《春秋》五例
22. 《左傳》敘事與《春秋》書法
23. 《左傳》「藉言紀事」研究
24. 《左傳》說話藝術之研究

25. 《左傳》說服術研究

26. 《左傳》言辯與倫理學

27. 《左傳》之縱橫學研究

28. 《史記》、《左傳》義法之比較

29. 《史通》之《左傳》學研究

30. 《資治通鑑》宗法《左傳》研究

31. 《左傳》義法與唐宋八大家古文

32. 呂祖謙之《左傳》學

33. 凌稚隆《春秋左傳注評測義》研究

34. 王震《春秋左翼》研究

35. 唐順之《左氏始末》研究

36. 魏禧《左傳經世鈔》研究

37. 魏禧《左傳》兵法研究

   a.《兵迹》12 卷　b.《兵謀》1 卷　c.《兵法》1 卷　d.《左氏韜鈐》2 卷

38. 《左傳》義法與《西廂記》筆法

39. 《左傳》書法與桐城義法

40. 《左傳》編年與義法

41. 《左傳》屬辭比事研究

42. 《左傳》紀事本末體研究

43. 《左傳》政論文研究

44. 春秋霸主之策謀研究

45. 《左傳》名臣列傳之經世價值

46. 《左傳》列女傳之資鑑意義

47. 《左傳》奸賊列傳之勸懲作用

48. 《左傳》之形法學研究

49. 《左傳》敘事要法闡說

50. 杜《注》孔《疏》之接受研究

51. 《左傳》敘事與三傳會通

52. 《左傳》尚德思想之研究

53. 張其淦《左傳禮說》研究

54. 《左傳》之禮學思想

55. 《左傳》之史學思想

56. 《左傳》與天人之際

57. 《左傳》與古今之變

58. 《左傳》之華夷觀念

59. 三不朽之取捨消長與時代風尚

60. 二重證據法與《左傳》研究

(三)《公羊》學研究選題舉例

1. 天人之際與《公羊》學

2. 微言大義與《公羊》學

3. 守經達權與《公羊》哲學

4. 大一統思想與《公羊》哲學

5. 尊王攘夷與《公羊》哲學

6. 懲惡勸善與《公羊》哲學

7. 諱言諱書與《公羊》義例

8. 《公羊》義例與《春秋》書法

9. 《公羊春秋》比事研究

10. 《公羊傳》之屬辭研究

11. 《春秋繁露》屬辭研究

12. 《公羊解詁》之屬辭研究

13. 司馬遷《史記》與《公羊》學

14. 異同與《公羊傳》屬辭研究

15. 遠近與《公羊傳》屬辭研究

16. 進退與《公羊傳》屬辭研究

17. 詳略與《公羊傳》屬辭研究

18. 《公羊》家法示例

19. 《公羊》解經與經典詮釋學

20. 經義史例之會通研究

21. 經世致用與《公羊》哲學

22. 《公羊傳》「以義解經」研究

23. 《公羊傳》「設問體」與文體分類學

24. 《公羊傳》屬辭與《春秋》書法

25. 《公羊傳》之屬辭與修辭學

26. 《公羊傳》之屬辭與語言學

27. 《公羊傳》之義例與訓詁學

28. 《公羊傳》之歷史哲學

29. 《公羊傳》之倫理思想

30. 《公羊》學與正名思想

31. 《公羊傳》之敘事研究

32. 《公羊傳》史論研究

33. 《公羊》《穀梁》異同論

(四)《穀梁》學研究選題舉例

1. 《穀梁傳》之敘事研究

2. 《穀梁傳》「以義傳經」研究

3. 《穀梁傳》之義例研究

4. 微言大義與《穀梁》學

5. 《春秋》書法與《穀梁》學

6. 《公羊》《穀梁》比義

7. 《穀梁傳》「善經宗聖」發微

8. 《穀梁傳》之特識研究

9. 《穀梁傳》之文學價值

10. 《穀梁傳》與訓詁學

11. 《穀梁傳》之語法學

12. 《穀梁傳》之語意學

13. 《春秋》三傳敘事考異

14. 《穀梁傳》與女性書寫

15. 《穀梁傳》之屬辭研究

16. 《穀梁傳》之禮制研究

17. 《穀梁傳》與秦漢名學

18. 《穀梁傳》之諱書研究

19. 《穀梁傳》與黃老思想

20. 《穀梁》學與漢代思潮

21. 《穀梁傳》之歷史哲學

上列 144 則研究選題，為筆者一得之愚，敝帚自珍，姑且獻曝於學界同好，作為《春秋》經傳研究之觸發或參考。限於篇幅，未暇闡釋申說，讀者慧心參悟，必然冷暖自知。毅然投入研究，欣然深造有得，當然能「詳人之所略，異人之所同，重人之所輕，而忽人之所謹」。[9]

六、《春秋》經傳研究之未來展望

學術研究，主要是為了解決某個疑難迷霧，或提示一個前瞻的發現，或

---

[9] 本文原刊國立中山大學中文系《文與哲》第 3 期，2003.12；轉載《南京師範大學文學院學報》2004
年第二期，篇名改為：〈《春秋》經傳研究選題舉例〉。

闡揚一個關鍵的議題。換言之，是有方向、有重點、有目標、有針對性的。
絕對不是為了研究而研究，為了發表而發表。清代顧炎武著《日知錄》，著書
旨趣標榜：「其必古人之所未及就，後世之所不可無，而後為之。」[10]此真論
文選題的座右銘！有如是明確的問題意識作為指針導航，才可能有研究的亮
點，創新的成果。[11]

綜觀 1949 年以來，臺灣《春秋》經傳研究之選題取向，與顧炎武所揭示
「古人之所未及就，後世之所不可無」，相去甚遠。選題熟悉因循者有之，如
《左傳》六大戰爭之論述。議題過度集中者有之，如晚清《公羊》學之探討、
《左傳》女性形象之研究等。《春秋》經傳研究可供探討之議題何其多，何必
陳陳相因，無所發明。學術研究像大隊接力，注重團隊合作。馮友蘭提倡新
儒學，強調的是「接著講」，不是「照著講」。[12]學術研究追求創新發明為貴，
就得落實「接著講」，避免「照著講」。

就學術課題研發的程度而言，大抵呈現有無、詳略、異同、精粗、深淺、
廣狹、明晦、本末、源流、正變、因革、損益諸層面。學術研究必須有敵情
觀念，方能借用前賢之學術成果，連結到研討的課題上來。既知學界研究現
況之得失優劣，則他人成果研發有處、詳處、同處、精處、深處、廣處、明
處、本處、源處、正處、固處、益處自當參考借鏡，汲取優長。雖擇精取要，
亦不免「照著講」。研究之道，與教育同功，一言以蔽之，即《禮記・學記》
所謂「長善救失」四個字而已。既知相關研究成果之優長，若能百尺竿頭，
更進一步，發揚光大之，是所謂「長善」、「接著講」，此即落實創新研發之「發」
字。假如綜覽海內外相關研究成果，確認存在若干不足、缺失，甚至於爭議、
謬誤，於是就前人研究課題之無處、略處、異處、粗處、淺處、偏處、狹處、

---

[10] 清顧炎武著、清黃汝成集釋：《日知錄集釋全校本》(上海：上海古籍出版社，2006 年)，卷 19〈著
書之難〉，頁 1084。

[11] 參考張高評《論文選題與研究創新》(臺北：里仁書局，2013 年)，第五章〈理想選題之層面與規
劃〉，頁 173-246。

[12] 同上，第一章〈緒論：「照著講」與「接著講」〉，頁 1-24。

晦處、末處、流處、變處、革處、損處，盡心竭力探究其中虛實，此即落實創新研發之「研」字。研與發相輔相乘，即是「接著講」的研究真諦。

對於二十世紀下半，臺灣經學研究，筆者曾撰文提出「未來展望」，大多以「救失」為著眼點，要皆學界先進「所未及就」，而為未來研發所不可無，從綜述研究成果，梳理選題指向得來。[13]今綜述《春秋》三傳研究之成果，進而提出發揚優長，救濟疏失之建議，權作創新研發之提示，亦是著眼於前賢「之所未及就」。換言之，即是著眼於研究課題之所無、所略、所異、所晦，以及所偏狹、所變革、所流變、所損益。

學術研究工作，筆者向來提倡「接力分工，追求卓越」。要達成上述目標，必須掌握三大要領：其一，材料之生新；其二，觀點之轉換；其三，方法之講究[14]。試依此要領，對今後《春秋》經傳研究，自勉勉人如下：

(一) 材料之生新

《春秋》經傳研究之文本，大多存留於《通志堂經解》、《經苑》、《皇清經解》、《續皇清經解》，以及《四庫全書》、《續修四庫全書》中。論著目錄則見於朱彝尊《經義考》、林慶彰《經學研究論著目錄》與《日本研究經學論著目錄》，及簡宗梧、周何《左傳·春秋公羊·春秋穀梁·春秋總義論著目錄》內。文本資料與論著目錄交相比對，發現九成以上《春秋》經傳原典尚乏人問津，其中有極大的開發空間，等待後人投入。

這九成多的《春秋》經傳原典，除《四庫全書總目》、《經義考》輯錄序跋、《續修四庫提要》略言一二外，學界探討極少。吾人何妨瀏覽《總目》、序跋、《提要》，然後按圖索驥，選擇一家、一派，或一代之論著作深入而詳盡之研討。由於經傳文本陌生而新鮮，開發新選題、新領域，媲美發現新大陸，大有發掘地下文物，拓荒新天地的喜悅。筆者參加中央研究院「經學國

---

[13] 張高評：〈《春秋》經傳研究之未來展望〉，《文與哲》第 3 期，2003 年 12 月，頁 65-88。

[14] 參考拙作〈宋代文學研究面面觀（代序）〉，《宋代文學研究叢刊》第三期，（高雄：麗文文化公司，1997 年 9 月），頁 1-4。

際研討會」所發表之論文，如〈高攀龍《春秋孔義》之解經方式〉、〈黃澤論《春秋書法》——《春秋師說》初探〉、〈蘇轍《春秋集傳》以史傳經初探〉、〈劉知幾之《左傳》學——兼論詩化之史學觀〉，以及清代揚州學派學術研討會所提〈焦循《春秋左傳補疏》平議〉諸論文，所選五家經傳原典，皆是「未經人道」之璞玉，據此進行解讀、詮釋、發揮、論證，成果當然比較新穎獨特。學界應該多多探討重要而陌生之經典，才有可能重寫經學史。

　　《春秋》經傳典籍，傳世可見之原典，絕大多數還「長在深閨人未識」！學界應該組織人力，提出計畫，以「發現經典」為理念，進而研發經典、利用經典。就學術發展史而言，到清代乾嘉時期有所謂「漢宋之爭」，《春秋》學術自是其中一大論爭之焦點。處理學術爭端，必須回歸原典之研究。《春秋》漢學，較重視章句、名物、訓詁、以考據求真、「我注六經」為治學精神，而以漢唐、乾嘉為斯學大宗。《春秋》宋學，追求創新詮釋，義理闡發，致力義理研求，「六經注我」，以程頤學門、朱熹學門所持義理為核心，而以宋、元、明為大宗。漢學宋學之爭，勢同水火，如何平議？如何化解？《莊子》所謂「請循其本」，回歸原典進行解讀，自是不二法門。就宋、元、明《春秋》學之經典研究而言，除了蘇轍《春秋集解》、劉敞、葉夢得《春秋》專著、胡安國《春秋傳》外，其他如孫復《春秋尊王發微》、程頤《春秋傳》、孫覺《春秋經解》、蕭楚《春秋辨疑》、張大亨《春秋通訓》、崔子方《春秋本例》、陳傅良《春秋後傳》、呂祖謙《春秋集解》、沈棐《春秋比事》、宋鵬飛《春秋經筌》、陳深《讀春秋編》、家鉉翁《春秋集傳詳說》、呂大圭《春秋或問》、魏了翁《春秋左傳要義》，學界或淺言即止，或未嘗問津。至於元代汪克寬《春秋胡傳附錄纂疏》，皇皇鉅著，承先啟後，闡發補強胡安國《春秋傳》之理學論述，提供明代《春秋大全》之版本源流，頗值得關注探論。趙汸為元代《春秋》學一大家，著有《春秋師說》、《春秋屬辭》、《春秋集傳》、《春秋金鎖匙》，臺灣學界論文雖有探論，但保守有餘，創新不足，可以從轉換探討視角、講求研究方法，著手重探。程端學《春秋本義》、李廉《春秋諸傳會通》，亦值得研究。

　　明、清兩代之《春秋》宋學，論著豐富，可資研究者多，明代如湛若水《春秋正傳》、季本《春秋私考》、卓爾康《春秋辯義》等。清代如毛奇齡《春秋傳》、萬斯大《學春秋隨筆》、康熙皇帝《日講春秋解義》、《春秋傳說匯纂》、張自超《春秋宗朱辨義》、方苞《春秋通論》、《春秋直解》、惠士奇《春秋說》、顧棟高《春秋大事表》、莊存與《春秋正辭》、孔廣森《春秋公羊通義》、張應昌《春秋屬辭辨例編》等等，皆可作為研發《春秋》宋學之原典佐證。甚至如紀昀主纂之《四庫全書總目・春秋類》，為諸書作提要，多持漢學視角作詮釋，亦可作為對照佐證。

　　《左傳》一書，義經、體史，而用文，以歷史敘事解釋孔子《春秋》經。唐劉知幾《史通・雜說上》稱《左傳》：「工侔造化，思涉鬼神，著述罕聞，古今卓絕」[15]，故其文學價值極高。自南宋以來，評點學流行，即有論議其事、品嘗其文者，其種類極多，但受到關注者極少。大抵而言，《左傳》之評點學研究，堪稱一大片未經開發之學術處女地。大陸最近有兩部博士論文，作過通論探討，至於個別專書原典考察，觸及者很少。除呂祖謙《東萊左氏博議》、魏禧《左傳經世鈔》、《左傳義法舉要》、《左繡》諸書外，探究者實在不多。較重要的幾部《左傳》評點專著，如明代凌稚隆《春秋左傳注評測義》、穆文熙《春秋左傳評苑》。清金聖嘆《才子古文讀本》、《唱經堂彙稿》、劉繼莊《左傳快評》、王源《左傳評》、姜希轍《左傳統箋》、姜炳璋《讀左補義》、陳震《左傳日知錄》、林紓《左傳擷華》、方宗誠《春秋左傳文法讀本》、吳闓生《左傳微》、吳闓生、劉培極評點《左傳文法讀本》。其他，如明唐順之、徐鑒評《左傳始末》、孫月峰評點《春秋左傳》、民國韓席籌《左傳分國集注》，亦多值得嘗試。

　　喜好論兵、談兵法，是明代武將與儒士之共同嗜好，著述不少。將帥論領導統御，以《左傳》為權衡者，如李材《武春秋必讀》、陳禹謨《左氏兵略》、來斯行《左氏兵法》、杜文煥《左氏兵備》、茅元儀《武備志・春秋戰略考》

---

[15] 唐劉知幾著，清浦起龍釋：《史通通釋》，（臺北：里仁書局，1980年），外篇〈雜說上〉，頁451。

等等。儒士紙上談兵,而歸本於《左傳》者,如魏禧《左氏兵法》、《左氏兵謀》,宋徵璧《左氏兵法測要》二十二卷、龔奭《左兵》十二卷、吳從周《左氏兵法》一卷等。行軍用謀畫策,與領導統御、經營管理、規劃設計,其創意發想,多有相通融、相發明者。《孫子兵法》十一篇,如今已成東西方管理經營之聖經。《左傳》敘戰,著重戰前之用謀畫策,又是敘事清楚之戰爭案例,作為借鏡參考,當不遜於只是原理原則提示之《孫子兵法》。學界若能研討《左傳》之兵法謀略,而參考《左傳》之兵謀評點,則思過半矣。

傳世之《春秋》經傳典籍,作為研究的原典,約有 900 多種,一直庋藏在各大圖書館的善本書室中,或混雜在大部頭的叢書和類書之內,長久等待知音之問津。暴殄天物,未加利用,實在可惜。運用二手、轉手,或熟爛的材料,選題難有創意,論點也只能隨聲附和,成果之乏善可陳,可以想見。選題生新,空無依傍,發揮拓荒手段,自我作古,將較易得到不同凡響之研究成果。如此,將可以闖出學術的一片天空,落實學界同道之「接力分工」;消極方面,也避免了學術人力資源的重複與浪費。

研究選題陌生新穎,較能空無依傍,自我作古。發揮拓荒手段,探究「古人之所未及就」之領域,將較容易找到新的學術生長點,進而有非比尋常的學術貢獻。

(二) 觀點之轉換

走老路,不能達到新目標。創新研發之道,要培養從不同角度看待問題的能力,揚棄慣性思維,切換傳統思考路徑,進行創新轉換。因此,扭轉假設,容易發現不同世界;唯有跳脫舊有,才能開創新局。蘇軾曾提出「八面受敵」的讀書法,所謂「每次作一意求之」,「每一書皆作數過盡之」[16],即在強調多元性,多層面的研讀。又作〈題西林壁〉一詩,提示遊賞廬山的七個角度[17],

---

[16] 〈與王庠五首〉其五,《蘇軾文集》卷六十,(北京:中華書局,1986.3),頁 1821-1822。

[17] 〈題西林壁〉:「橫看成林側成峰,遠近高低總不同。不識廬山真面目,只緣身在此山中。」《蘇軾詩集》卷二十三,(臺北:學海出版社,1983.1),頁 1219。

亦肯定觀物視點的切換和轉變。東坡之強調與提示，對論文選題與學術研究頗多啟發。

創新研發之道，筆者曾提出學科整合與流變考察，二研究視點，作為《春秋》經傳研究之未來展望。前者主張就經學、史學、哲學、文學，會通化成以整合學術。後者持歷史流變視角，以詮釋《春秋》學史之因革損益、源流正變。就學科屬性而言，研究《左傳》，最宜講求學科整合：《左傳》文本之引《易》，可據以探討經典詮釋；《左傳》之詞令說服，可據以推求外交縱橫學；《左傳》之敘事義法，有助於解讀《西廂記》筆法；《左傳》之敘事書法，可用以詮釋桐城古文義法、《左傳》之歷史敘事，提供詠史詩、史論文若干左卷；乃至於《左傳》之小說筆法，可與馮夢龍《東周列國志》作比較研究；敘事記言諸法，或體現於《三國演義》、《水滸傳》、《聊齋志異》、《紅樓夢》等諸小說中，從流變作跨際探討，亦是創新研發之一道。

傳統慣性思維，多以為經學為中華學術所獨專，域外不可得而有之。殊不知中華文化傳播所及，濡染沾溉所至之日本、韓國、越南，亦多有經學的典籍。或漢籍流播，重新刊印於東土者，日本稱之為準漢籍，如清劉沅《春秋恆解》、清李駿岩《左傳快讀》，似中土已亡佚，而獨存於東瀛，則彌足珍貴。較值稱道者，為《春秋》學傳播，為彼邦儒者接受而闡發之，遂自我著述出版，是所謂和刻漢籍。如平賀晉民《春秋稽古》、平篤胤《春秋歷命序考》、東條一堂《左傳標識》、安井習軒《左傳輯釋》、龜井昭陽《左傳纘考》、伊藤仁齋《春秋左傳通解》、荻生徂萊《左傳古義》、伊藤蘭陽《左傳獨斷》、豬飼敬《西河折妄》、中井履軒《左傳雕題略》、《左傳逢原》、《左傳聞書》，而集大成者，共推竹添光鴻《左傳會箋》。時當清代乾嘉漢學興盛之際，尊尚考據，我注六經，於是中土考據學風，傳播影響東瀛。上列和刻《春秋》學專著，多近章句、名物、訓詁、考據。其中《春秋》學者，自以竹添光鴻、中井履軒最為大家與名家。印刷傳媒如何影響文風思潮？[18]「海上書籍之路」如何

---

[18] 張高評：《印刷傳媒與宋詩特色》（臺北：里仁書局，2008 年），第三章〈印刷傳媒對宋代學風文教之影響〉，頁 85-143。

促進日本傳統文化形成？[19]凡此，要皆值得研討之課題。另外，韓國與越南之《春秋》論著亦多有之，「異域之眼」觀照傳統經學，他山之石必定新奇陌生，值得探究。

日本京都學派內藤湖南、宮崎市定研究中國歷史，提出唐宋變革論、「宋代近世」說。主張唐代是中國中古歷史的結束，宋代是近代歷史的開端，進而推演出「宋清千年一脈」論。[20]影響所及，有所謂「唐型文化」、「宋型文化」之論述。此一論述，歐美漢學界稱之為「內藤命題」或「內藤假說」。中國史學界自王國維、胡適、嚴復、錢穆、陳寅恪、呂思勉、柳詒徵、鄧廣銘、傅樂成，多推崇之，又有所闡發。文學界如繆鉞說「唐宋詩異同」，錢鍾書論「詩分唐宋」，亦多暗用「內藤命題」；筆者論證唐宋詩特色、唐音宋調之異同，亦多持以為學理依據。經學從漢唐主訓詁考據，至中唐而轉型，至兩宋而變革為義理闡發，追求新創自得，至清而演化為「漢學宋學之爭」，似乎亦暗合「唐宋變革」、「宋代近世」之假說。能否以「唐宋變革」論，詮釋經學之「漢宋之爭」？宋學之創意研發能否用來解讀「宋清千年一脈」論？讀者不妨以宋、元、明、清《春秋》宋學檢驗之。或許，唐宋變革論，可作為《春秋》詮釋學之一。

如果「內藤命題」可以成立，唐宋變革是歷史演化的必然。那麼，引發歷史變革的觸媒，又是什麼？筆者深信，雕版印刷廣泛運用，圖書傳播從寫本到印本，印刷傳媒之化身千萬，無遠弗屆，促成教育普及，知識革命。王國維、陳寅恪等史學家強調：華夏文明，歷數千之演進，登峰造極於趙宋之世。其中觸媒，筆者深信，自有印刷傳媒之激盪在內。學界推崇宋代，為經學之復興、史學之繁榮、理學之成立、文學之昌盛，印本圖書作為知識流通

---

[19] 張高評：〈海上書籍之路與日本之圖書傳播──兼論五山、江戶時代的日本詩學〉，臺南大學《人文與社會研究學報》，第45卷第2期(2011年10月)，頁97-118。

[20] 張廣達：〈內藤湖南的唐宋變革說及其影響〉，《唐研究》第11卷，2005年，頁5-21。柳立言：〈何謂「唐宋變革」？〉，《中華文史論叢》第81輯，2006年，頁125-171。王水照：〈重提「內藤命題」〉，輯入《鱗爪文輯》，西安：陝西人民出版社，2008年，頁173-178。

之傳媒，在宋代應該扮演關鍵重要之角色。書史專家錢存訓，提倡印刷文化史之研究。吾人研究漢學轉變為宋學，宋學如何建構特色？如何開枝散葉？在在牽涉傳播與接受之問題。研究《春秋》漢學宋學，固然必須關注印本文化、圖書傳播；其他經學研究、史學研究、義理研究、文學研究，宋元以降至今日，傳媒影響要皆不可忽視。

　　《左傳》以史傳經，《公羊》、《穀梁》以義解經，故《左傳》為史學，《公》、《穀》為經學，此經學家之常言。由於上述之慣性思維，於是以為《左傳》釋經，只用歷史敘事；《公》、《穀》釋經，純用歷史哲學。其實，《左傳》敘事，或先經、或後經，或依經，或錯經，亦有凡例、義法。《公羊》、《穀梁》解經固以義例、類例，亦何嘗無歷史敘事。歷史敘事之於《公羊傳》、《穀梁傳》，功能作用是否等同於《左傳》？或有所出入？或有助於《三傳》會通？《左傳》五十凡，古今學人研討者不少，而《公羊傳》、《穀梁傳》之敘事，問津者不多，亦值得探索。

　　以《春秋》經傳之研究而言，當然以經學之研究為主軸：以《春秋》經、《左傳》、《公羊傳》、《穀梁傳》及歷代《春秋》經傳學論著之原典為文本，進行內批評、內考證之研究，此兩漢六朝以來經學名家之本色當行，至清代乾嘉同光而登峰造極。居今之世，上究《春秋》經傳之學，視點不必盡同古人。除出入漢宋經說，以務其本外，研究視點何妨跳脫傳統，調整轉換，以發揚經學儒學「與時俱進」、「日新又新」之精神。

　　以《春秋》學研究之選題而言，筆者提出屬辭比事、微言大義、直書曲筆、弒君書法、倫理規範等研究課題，固然為《春秋》經所本有，可以據此發明《春秋》學。除上列原典發揮外，筆者又提列二大研究視點：其一，學科整合，如可以從修辭學、語法學、敘事學、詮釋學等方面，解讀《春秋》經。其二，流變考察，如可以從史學、史筆、文學、文論、詩論之接受，暨《春秋》影響漢學、宋學、理學，以及《新五代史》、《文史通義》諸層面，從事《春秋》學之發用研究。多元觀點，當有助於研究之深化與廣化。

　　《左傳》一書，包羅豐富，筆者曾杜撰「義經、體史、用文」三語指稱

之[21]，實不賅不徧。《左傳》精深淵博，層面多方，豈可衹以經學或史學看待之？以接受者而言，古文學家視為經學，推崇其「羽翼聖經」之功；史學家視為研究三代春秋之信史，以為「史之大宗」，「二十一史之權輿」；歷代負采能文之士視《左傳》，則以為輝麗萬有，為百代取則：詳簡斷續變化無方，敍事有神施鬼設之奇，或以為古文之祖，或稱其義法精備，所謂「見仁見智」，於《左傳》研究視點上最為習見。因此，就研究角度之選擇言，可從經學、史學、文學，思想四大方面探討《左傳》之學術。推而至於《春秋》經、《公羊傳》、《穀梁傳》，亦不妨作如是之推想。

有關《左傳》學之研究，筆者所提 60 則選題，亦分三大研究視點：其一，原典發揮：如《春秋》五例、《春秋》書法、屬辭比事、三傳會通，以史傳經等，皆《左傳》研究之經學課題。如史學思想、經世價值、資鑑意義、勸懲作用、史論流變，及編年與義法、紀事本末體諸選題，皆屬《左傳》研究之史學範圍。如兵法謀略、論理學、縱橫學、策謀學、形法學、尚德思想、禮學思想、天人之際、古今之變、華夷觀念、三不朽理念諸選題，皆屬《左傳》研究之哲學思想層面。如敍事藝術、敍事文學、詩性文化、史傳文學、古典小說、以敍為議、言事相兼、人物形象、史筆詩筆、藉言紀事、說話藝術、說服術、義法、評點、敍事要法等等，則為《左傳》文學研究之選題。其二，學科整合：經學、史學、思想、文學，立足其一而整合其餘，以研究《左傳》者，如整合歷史、敍事以探討《左傳》之解經，較論《左傳》敍事與詩歌語言，借鏡《左傳》兵謀以探企業管理，權衡《左傳》史筆與詩筆之分合，會通事文義三者，以研討《左傳》之史事、文學、經義，皆是學科整合之研究。其三，流變考察，如選擇《左傳》對中國敍事學、古典小說、史傳文學、桐城義法之影響，暨《史記》、《史通》、《資治通鑑》、《西廂記》對《左傳》之接受，以及呂祖謙、唐順之、魏禧諸人之《左傳》學，都屬於影響與接受之考察探討。不執著於一偏，視野開放，實事求是，既已見人所未見，方有可

---

[21] 拙作《左傳導讀》，第六章〈左傳之學術價值〉，頁 139，（臺北：文史哲出版社，1987，8）。

能言人所未嘗言。

《公羊傳》與《穀梁傳》釋《春秋》，偏重以義解經，近歷史哲學；與《左傳》注重歷史敘事，以史傳經不同。《公羊傳》之為經學，自無庸置疑，故筆者所提研究選題，如天人之際、微言大義、守經達權、尊王攘夷、懲惡勸善、大一統、異同、遠近、內外、進退、詳略、比事、屬辭、正名、致用諸視角，皆經學課題。經學之外，筆者提出以修辭學、語言學、訓詁學、語意學探討《公羊傳》之屬辭與義例，亦不妨以史例會通經義，以敘事性、史論化、設問體探討《公羊傳》之原典，要皆陌生之視點，創意之思考。當然，歷代《公羊》論著亦值得選擇，或作比事探討，或作屬辭研究，或作接受影響之考察。釋氏強調轉身一路，回頭是岸；文學發展注重翻轉變異，推陳出新，經學研究亦然。

《穀梁》學之研究，號稱冷門沈寂。筆者所提經學選題，如義例、書法、屬辭、諱書、特識、宗聖、善經、微言大義，以義傳經皆是。亦可從學科整合角度，探討《穀梁傳》之敘事、史論、文學、禮制、女性，及歷史哲學；又可藉訓詁學、語法學、語意學討論《穀梁傳》之釋經文字。至於流變考察，則可選擇秦漢名學、黃老思想、漢代思潮，及晚清思潮，以見其交互作用。

總之，學術成果追求卓越，是所有研究者的共同期盼，這跟選題研究是否富於創造性思維有關。創造性思維的特點之一，是思維空間的開放性，能從多角度、多側面、全方位去考察問題，避免局限於邏輯的、單一的、綫性的思維。其附帶效益，是促成了發散思維、逆向思維、側向思維、求異思維等創造性思考的運用。研究《春秋》經傳，筆者建議多元思考，跳脫慣性觀點，就是基於上述理由。

(三) 方法之講究

做任何事，都有其訣竅，方法學之提倡及講究，甚有必要。以文學研究

而言，學界著有《中國古代文論研究方法論集》[22]、《文學理論方法論研究》[23]、《文藝學方法概論》[24]、《文學史新方法論》[25]、《文學史方法論》[26]諸論述；思想哲學研究，也有《中國思想研究法》[27]、《中國哲學史方法論發凡》[28]諸作；史學研究，自梁啟超《中國歷史研究法》、《中國歷史研究法補編》以下[29]，中西學者著述尤多，如伯倫漢《史學方法論》、王爾敏《史學方法》、杜維運《史學方法論》等[30]；唯獨經學研究，方法論之著作少見。經學的式微，是時勢所趨，無可奈何，難道經學果真如周予同所言：「將消滅於最近的將來」？研究經學，是否可以不講究方法？

　　周予同撰有〈怎樣研究經學〉一文[31]，文中提示經學研究三法：其一，傳統治經法：文字學、聲韻學、訓詁學、古代文法學；其二，研讀法：順序研究法、比較研究法；其三，經學研究可作「定量分析」，運用宗教學、民俗學、文化人類學觀點詮釋經學，以「史」的觀點治經。周先生大作，發表於1936年；近來亦有學者撰文主張，從語言文字學、史學、文學觀點研究經學[32]。中央研究院中國文哲研究所召開「乾嘉學者的治經方法」研討會，且出版論文集。其中漆永祥提出「歸納法」，鄭吉雄提出「治經方法九例」，陳智

---

[22] 華東師範大學文學研究所編，濟南：齊魯書社，1986.3。

[23] 王春元、錢中文主編，長沙：湖南文藝出版社，1987.12。

[24] 陳鳴樹著，上海：上海文藝出版社，1991.10。

[25] 王鍾陵著，蘇州：蘇州大學出版社，1993.8。

[26] 鍾優民主編，長春：時代文藝出版社，1996.2。

[27] 蔡尚思著，上海：復旦大學出版社，2001.4。

[28] 張岱年著，北京：中華書局，1983.10。

[29] 梁啟超著，上海：上海古籍出版社，1998.12。

[30] 伯倫漢著、陳韜譯，《史學方法論》，臺北：臺灣商務印書館，1972.6；王爾敏，《史學方法》，臺北：東華書局，1983.3；杜維運，《史學方法論》，臺北：三民書局，1997.9。

[31] 朱維錚編，《周予同經學史論著選集》，（上海：上海人民出版社，1996.7），頁627-635。

[32] 何耿鏞〈中國經學與語言文字學〉、金景芳〈經學與史學〉、曹道衡〈文學研究與經學〉，輯入林慶彰主編《中國經學史論文選集》上冊，（臺北：文史哲出版社，1992.10），頁22-53。

賢論證「以小學通經學」，莊雅州講明「因聲求義」，許華峰解說「訓詁方法」，程克雅申說「文例解經」[33]；下冊所登載六篇論文，大抵不出考據學方法[34]。筆者以為：縱然是考據學方法，亦有許多策略值得講究，北京大學年青學者漆永祥歸納乾嘉考據學之方法有四：小學研究方法的先進性與科學化、古書通例歸納法的客觀化與規律化、實事求是、無徵不信的求證方法、博涉專精與綜貫會通的方法[35]，大多可以轉化運用到《春秋》經傳研究，及其他經學研究中。

經學研究法步趨乾嘉學風，多以考據為主，較乏新意。周予同期勉吾人治經，應當把握「學問之時代的敏感性」，五十年來臺灣經學研究似乎較少關注與致力。筆者研治《春秋》《左傳》有年，最近五年發表系列論文，提出「屬辭比事」之《春秋》教，可作為詮釋解讀《春秋》、《左傳》、史學、敘事之研究法、方法論。姑論述於下，權作《春秋》學研究法，及其他經學研究法之參考。

孔子參考魯史記，有所筆削而作成《春秋》，所採行的敘事方式，《史記·司馬相如列傳》稱為「推見至隱」；《朱子語類》引朱熹說，直指「都不說破」，因此，「蓋有言外之意」[36]。魯史記既亡佚不傳於世，對照無從，於是《春秋》因筆削而生發的微辭隱義，所謂「《春秋》書法」者，遂成為研治《春秋》學之主要課題。學界成果於此，或以歷史敘事考求《左傳》解經之大凡，或以義例、特例解讀《春秋》之微言大義。換言之，關注焦點多在「何以書」之

---

[33] 詳參蔣秋華主編，《乾嘉學者的治經方法》上冊，臺北：中央研究院中國文哲研究所籌備處，2000.10。

[34] 同上，下冊：陳進益〈焦循《易》學詮釋系統中的方法論及其《易》例的設立〉；劉玉國〈阮元訓詁特色及其貢獻〉；楊菁〈劉寶楠《論語正義》的注疏方法及其特色〉；賀廣如〈魏源的治經方法〉；連清吉〈日本考證學家的考證方法〉；金培懿〈安井息軒的《論語》注釋方法論—何謂《論語集說》〉。

[35] 漆永祥，《乾嘉考據學研究》，第三章〈乾嘉考據學方法〉，（北京：中國社會科學出版社，1998.12），頁82-110。

[36] 宋黎靖德編、王星賢點校，《朱子語類》，（北京：中華書局，1986年），卷83，〈春秋·綱領〉，頁2149、2152。

「義」，不在「如何書」之「法」。研治孔子作《春秋》之微言隱義，若未掌握詮釋解讀之方法，《春秋》筆削將鬱而不明，闇而不彰。

中唐啖助、趙匡等新《春秋》學派主張：「《春秋》三傳束高閣，獨抱遺經究終始。」[37]解讀《春秋》如果盡棄《三傳》，只就《春秋》一萬六千五百餘字「內證」，是否可能？換言之，以經治經，無傳而著，是否可行？《孟子·離婁下》提示孔子作《春秋》，有其事、其文、其義三大要素；《禮記·經解》稱：「屬辭比事，《春秋》教也」；《史記·十二諸侯年表》：孔子次《春秋》：「約其辭文，去其煩重，以制義法。」已解析《春秋》「如何書」之若干要領與方法。董仲舒《春秋繁露·玉杯》，更提示討論《春秋》之要則：「是故論《春秋》者，合而通之，緣而求之，五其比，偶其類，覽其緒，屠其贅，是以人道浹而王法立」[38]。先秦漢初傳世典籍，對於如何詮釋解讀因筆削而生發之《春秋》書法，已作若干點撥，可藉此作為研治《春秋》學之方法論。

綜合《孟子》、《禮記》、《史記》、《春秋繁露》諸文獻見解，知「屬辭比事」可作《春秋》學研究之創作論、閱讀論、批評論，以及詮釋法。誠如董仲舒所言，《春秋》可以「無傳而著」；韓愈〈贈盧仝〉詩所云「《春秋》三傳束高閣，獨抱遺經究終始」，蓋有所憑依而言然，並非無的放矢。研治《春秋》如何能「無傳而著」？簡言之，其要領有三：比事顯義、屬辭示義、屬辭比事相互發明而見義。所謂「究終始」，顧棟高《春秋大事表》以為：即是「屬辭比事」之法。[39]《春秋》分年記事，相關史事不相連貫。史事從發生到發展，後續記載往往持續三、四年，甚至至數十年。所以程端學《春秋本義》

---

[37] 唐韓愈著、錢仲聯集釋，《韓昌黎詩繫年集釋》，(臺北：河洛圖書出版社，1975 年)，卷 7，〈寄盧仝〉，頁 341。

[38] 漢董仲舒著、清蘇輿注，《春秋繁露義證》，(臺北：河洛圖書出版社，1975 年)，卷一，〈玉杯第二〉，頁 2。

[39] 清顧棟高著、吳樹平等點校，《春秋大事表》，(北京：中華書局，1993 年)，卷首，〈讀春秋偶筆〉：「昌黎詩云：『《春秋》三傳束高閣，獨抱遺經究終始。』「究終始」三字最妙，此即比事屬辭之法。」，頁 47。

提出「小屬辭比事」、「大屬辭比事」觀念[40]，有助於解讀《春秋》。更何況《春秋》一書，有筆有削，非通全書而考其書法，將此通彼窒，不能令人信服。

探討《春秋》都不說破的微辭隱義，是《春秋》三傳以下，歷代《春秋》學者畢生志業。微辭隱義之所以見於言外，是孔子作《春秋》時有筆有削形成的。筆削猶言取捨，蓋兼就史事之編比、辭文之修飾來說的。相對於原始素材魯史記(又稱《不脩春秋》)，孔子作《春秋》時必有所因革損益，完全因襲如「趙盾弒其君」、「崔杼弒其君」之類絕少，如晉伯(文公)召王，更動為「天王狩于河陽」者必多。筆，是取法而記載之；削，是捨棄而不書、不稱、不言。《春秋》必削多而筆少。縱然是筆而書之，亦有詳略、晦明、曲直、重輕之差異。如何窺知《春秋》筆削所在？史事之排比、對比、比興，可以見筆削之義；史文之諱書、修辭、約飭，亦可以知筆削之義。簡言之，或藉比事，或憑屬辭，或兼二者而會通之，多可以推求《春秋》之微辭隱義。換言之，義，即是著述旨趣，運用歷史編纂學以解讀《春秋》，《春秋》之歷史哲學不難考求。余英時比較章學誠與柯靈烏之史學，判定《春秋》之義，實乃別裁獨斷，一家之言的歷史哲學。[41]追根究底，義之生發，與筆削有關。而經由屬辭、比事、探究終始諸方法要領，可以推求《春秋》之指義。

藉由其事、其文，以體現其義，此即《春秋》敘事之模式，姑稱為經學敘事學。《左傳》以史傳經，或經有傳無，或經闕傳存，或詳經所略，或略經所詳，有無、詳略、重輕、異同之際，《左傳》釋經以見筆削之書法。成公十四年「君子曰」提示《春秋》書法：「《春秋》之稱，微而顯，志而晦，婉而成章，盡而不汙，懲惡而勸善。非聖人孰能脩之？」[42]微文、顯筆、明載、

[40] 元程端學，《春秋本義》，(臺北：臺灣商務印書館，1983 年，文淵閣《四庫全書》本)，卷首，〈春秋本義通論〉，冊 160，頁 33-34。

[41] 余英時，《歷史與思想》，(臺北：聯經出版社，1977 年三刷)，〈章實齋與柯靈烏的歷史思想—中西歷史哲學的一點比較·筆削之義與一家之書〉，頁 188-199。

[42] 參考張高評，《左傳之文韜》，(高雄：麗文文化公司，1994 年)，〈五、《左傳》敘事與言外有意—微婉顯晦之史筆與詩筆〉，頁 183-201。

晦詞、婉言、直書，要皆「如何書」之屬辭。五例之中只懲惡勸善，涉及「何以書」之義。此外，《左傳》敘事，或先經、後經，或依經、錯經，已示範敘事學重「敘」之傳統。又有或書，或不書；或稱，或不稱；或言，或不言之倫，發揮筆削書法，表現以史傳經，自是歷史敘事之典範。其後，司馬遷著《史記》，私淑孔子，師法《春秋》，與《左傳》並稱為歷史敘事、文學敘事之雙璧。史傳文學自《漢書》、《三國志》以下，小說敘事學自六朝志怪、唐代傳奇、宋代話本、明清小說之敘事，多受《史記》沾溉影響。此外，如樂府歌行、傳記碑銘、元明戲曲等敘事文學，考其淵源所自，皆與屬辭比事之《春秋》教有關。

筆者所列 140 餘則研究選題中，有涉及研究方法者，如運用語言學詮釋《春秋》書法，以經典闡釋學探討《三傳》解經，會通事、文、義以解讀《春秋》經傳；以歷史敘事探究《左傳》傳經，以敘事發明《春秋》經傳，以歷史哲學解讀《公羊》《穀梁》；其他有關《春秋》學、《左傳》學、《公羊》學、《穀梁》學之學科整合研究，亦可視為治經之新法。另外，本節前文所列文學理論、文藝學、文學史、思想、哲學，以及史學諸方法，亦多可作為治經方法之借鏡與參考。所謂「他山之石，可以攻錯」；運用之妙，存乎一心而已。

要之，中國傳統敘事學胎始於《春秋》，完備於《左傳》，大成於《史記》。淵源於史傳之傳統，植基自屬辭比事之《春秋》教，故敘事特重「敘」，較關注「如何書」之法。西方敘事學淵源於小說，故重「事」輕「敘」。學者方家擬建構中國傳統敘事學，則追本溯源，當以探究「屬辭比事」之《春秋》教為要務。[43]

---

[43] 本文由先後發表之二文組成：其一，〈《春秋》經傳研究之未來展望〉，刊《文與哲》2003.12；其二，〈春秋經傳研究之選題指向與創意研發——以 2000-2007 年為例〉，與陳致宏合撰，中央研究院中國文哲研究所主辦：「戰後臺灣的經學研究」，第五次學術研討會論文。其中〈創新與展望〉，係我執筆。故合前後二文，可見 1949-2017 年學術之脈絡。

唐宋文學研究的回顧與前瞻

　　唐宋兩朝，位居中古歷史的轉捩點上：唐朝，是中古歷史的結束，宋朝是近代歷史的開端。[1]由於唐型文化和宋型文化的差異，[2]投射在學術上，唐宋也就各呈異采，互有千秋。不僅經學、史學，唐宋有別；思想文藝的表現，也是唐宋異轍。如果從事學術研究，能夠掌握唐宋之際學術變遷的大勢，則無異操控中國學術流變之樞紐或關鍵，欲由此上探六朝、漢魏、先秦，下探蒙元、宋明、滿清、則有源流本末，容易即器求道，所以備受學界重視。

　　就中國文學的發展來說，唐宋兩朝更是深具意義與代表。在前後長達六百餘年的歷史中，詩、文、詞、賦、小說、戲劇等等，都各自擁有劃時代的成就，對後世文學產生鉅大而深遠的影響，蔚為中國優質而豐富的文學遺產。這一批量多而質高的文學遺產，值得投注心力，從事研究發明，以便提供借鏡與取法。筆者以為：研究一個非凡的時代，探索一群各擅勝場的作家，討論一系列登峰造極的作品，不能只以了解文學現象，熟悉作品虛實為已足；更應該進一步梳理出文體興衰消長的規律，文學生存發展的原理。作家宜如何追新求變，才能管領風騷？文風思潮必須具備那些條件，才能有利文學成長，進而蔚為一代特色？總之，文學研究如何做到「古為今用」，這是值得深

---

[1] 高明士，《戰後日本的中國史研究》，第一篇，三、〈唐宋間歷史變革之時代性質的論戰〉，臺北：東昇出版公司，1982 年 9 月，頁 104-116。參考嚴復，〈與熊純如書〉，《學衡》第 13 期，1923 年，頁 1-13；趙鐵寒，《宋史資料萃編第一輯・代序》，臺北・文海出版社，1980 年，頁 1。

[2] 參考傅樂成，〈唐型文化與宋型文化〉，《國立編譯館館刊》一卷四期，1972 年 12 月；後收入《漢唐史論集》，臺北：聯經出版公司，1977 年 9 月，頁 339-82。張高評，〈從「會通化成」論宋詩之新變與價值〉，《漢學研究》16 卷 1 期，1998 年 6 月，頁 241-248。

思的。

　　五十年來，臺灣學界投入唐宋文學研究者不少，累積的學術成果也極可觀，很值得借鏡參考。這些成果的發表方式，大概有四：（一）升等論文；（二）學位論文；（三）期刊論文；（四）其他專著。其中，以碩士博士學位論文最具指標性。因為學位論文和開授課程，十分密切相關，這就左右了個別教師的研究領域和方向，期刊論文和專著的發表也就以個人專業為範疇。如果指導碩士博士論文，選題趨向，也不可能距離指導教授的專長太遠。因此，考察五十年來唐宋文學研究的概況，執簡御繁之道，鎖定碩士博士學位論文，則思過半矣。為方便論述，以下區分唐宋兩代，作綜合論述。

一、五十年來唐代文學研究綜述

　　唐代文學的研究，五十年來臺灣學者關注的焦點，依次為詩、小說、古文、詞、辭賦、文學理論。經筆者查詢《中國唐代學會會刊》[3]、「臺灣期刊論文索引系統」、「國家圖書館館藏目錄查詢系統」、「全國圖書書目資訊網」[4]，《漢學研究通訊》，選擇臺灣學者之專著及論文，域外學者在臺出版發表之論著，則不在討論之列。如此，方可見本地學者研究成績之實況。搜羅齊備，再稍作鉤勒排比，乃得出各門類之研究概況。綜述如左：

（一）唐詩

　　詩歌發展到唐代，可說「菁華極盛、體製大備」，形成古典詩歌的當行本色。唐詩的研究在臺灣文學界蔚為熱門的顯學，自是「勢所必至，理有固然」。

---

[3]　《中國唐代學會會刊》，自 1990 年 11 月創刊，之後每年出刊一期，截至 1998 年 11 月，共出刊九期，逐期登載唐代學術研究概況。本文即參考其中臺灣地區文學與敦煌學部分。

[4]　本文同時查詢國家圖書館「臺灣期刊論文索引系統」、及「全國圖書書目資訊網」、《漢學研究通訊》，謹此誌謝。

　　五十年來的唐代文學研究成果，以唐詩之研討最為輝煌。唐詩研究的選題中，就專家詩而論，最受研究生關愛的，依次為：杜甫、李白、白居易、李商隱、韓愈、杜牧。其中，研究杜甫詩的論著最多；博士論文二部，碩士論文二十部。研究李白詩的論著，碩士論文有十五部，李杜比較論者二部。研究白居易詩的論著，博士論文二部，碩士論文六部，元白詩比較論三部。研究李商隱詩的論著有八部，都是碩士論文。探討韓愈詩的論著，有博士論文兩部，碩文論文四部。探討杜牧詩的論著，也有六部碩士論文。其他學位論文，所探討的專家詩，遍布初唐、盛唐、中唐、晚唐，乃至於敦煌寫本詩歌，如王梵志、寒山、初唐四傑、張若虛、陳子昂、張九齡、王績、李頎、王維、孟浩然、王昌齡、岑參、高適、元稹、劉長卿、劉禹錫、張籍、王建、張祐、張說、姚合、賈島、李賀、盧綸、李益、司空圖、溫庭筠、羅隱、皮日休、鄭谷、韋莊等等，都曾獲得研究生的青睞。自 1958 年至 1998 年，研究唐詩而獲得學位者，碩士為一八六人，博士為三十三人。這個數據，並不包括純粹以學術著作升等之講師、助理教授、副教授、和教授論文。欲查考臺灣地區大專教師論文升等情形，可翻閱《高教簡訊》（不過，從《簡訊》資料並不能分辨何者是論文升等？何者是學位升等？）

　　唐詩研究在期刊論文方面，除資深學者的研究心得外，絕大多數都是學位論文或升等論文的分章發表。因此，五十年來的期刊論文內涵，有七成以上跟學位論文、升等著作的走向一致。任何一個學術領域都如此，不只唐代文學，這是無庸諱言的。五十年來的期刊論文，就專家詩而言，其研究取向跟學位論文並無太大出入，也是杜甫居冠，六十六篇；其次李白，三十七篇；其次為李商隱、王維、白居易、韓愈，都在三十篇到二十五篇之間。除外，李賀與奇險詩派，也受到格外關注，論文在十篇上下。張繼〈楓橋夜泊〉，廣受討論，論文有九篇；唐太宗、陳叔寶、王之渙、元結、許渾、韓偓、也都有研討之作。至於專著出版，杜甫研究最多，高達十一部以上，白居易，亦有五部；李商隱三部；司空圖《詩品》與皎然《詩式》，各兩部。觀此，可見唐代專家詩研究之梗概。

　　若以唐詩研究的內容來說，學位論文在一九八五年以前，較側重專家詩的概括探討，八五年之後則逐漸改變用宏觀角度，作深入研發：或作通論研究，或作整合研究，或作主題研究，或作體裁研究，或作連章研究、或作音韻分析，或作詩論考評。這種轉變，學術期刊也有同步的現象。唐詩論文作通論研究者，分別從唐詩發展、唐詩演變、復古詩學、美感特質、文學傳播、唐人選唐詩，以及文學地位各方面進行探討。九十年代前後，逐漸有論著從流變影響的觀點，去探討唐代詩學，如唐宋陶學、宋代杜詩學、宋代李（白）詩學、宋代唐詩學、清代杜詩學等是；其中蔡瑜《宋代唐詩學》及簡恩定《清初杜詩學研究》二書，[5]較有開拓性。

　　唐詩論文作整合研究者，或為詩人之較論，如沈宋、李杜、杜李（商隱）、王孟、孟韓、元白間之比較。或者為詩歌與宗教思想關係之探討，如詩與佛教、詩與道教、詩與神仙、詩與禪、詩與儒、詩論與莊子等等。或者研究唐詩與其他文藝間之交融、如討論唐詩借鏡古文、繪畫，表現神話、仙境、音樂、書法、歷史、政治內涵，可以看出文體改造，及文學史料學之價值。這種跨領域研究，有其挑戰性，卻很值得嘗試。

　　唐詩論文作主題研究者，從專著到單篇，所在皆有。有從時間意識、空間意識、樂園意識、貶謫心態切入者；有從和親、干謁、非戰、戰爭、閨怨、愛情、登臨、樂律、遊仙、游俠、傷春、悲秋、生死、夢境、禪趣、詩史諸主題切入者；亦有從語言風格、兩性意象、桃源意象、黃昏意象、音樂美學、唯美詩學、敦煌民歌等剖析唐代詩學者。此種主題研究，近十年來逐漸受到重視，值得繼續開發。

　　唐詩論文作體裁研究者，從古風、律詩、到絕句，到論詩絕句，多有通論之作。詠物、題畫、詠史，邊塞、山水、田園、豔情、閨怨、諷諭、閒適、送別、題壁、節令、敘事、寫景、無題、諷諭、吳體、竹枝、詩格、新樂府、

---

[5] 蔡瑜，《宋代唐詩學》，臺灣大學中文研究所博士論文，吳宏一指導，1990 年；簡恩定，《清初杜詩學》，臺北：文史哲出版社，1986 年 8 月。

武功體、唱和體、元和體諸體裁，皆有論著觸及。其中詠物詩研究成果較豐碩，對於月、琴、花、酒、鶴、雲、日、植物諸物，都經研討。詠史詩的研究，側重晚唐李商隱杜牧諸家；邊塞詩，則上溯南朝，下究隋唐，源流極明。

唐詩研究成果，有作音韻分析者，如初唐詩人用韻、初盛唐五言近體詩聲律、大歷詩人用韻、晚唐五代近體用韻；乃至於近體詩用韻、近體詩陽聲韻通轉、近體詩律、近體格律句法疊字、五律拗救，皆有論著。其他對於專家詩之音律，亦有探討，如杜甫詩律、杜詩七律偶犯上尾、義山七律用韻、白居易詩與西北方音，論著雖不多，皆極有借鏡意義。

五十年來，學界對於唐代詩人的探討，研究趨向和角度，大抵不出以下幾個層面：（一）校注，1967 年到 1980 年間，有十六部碩士論文以校注方式完成；風氣所至，當時升等論著從事校注者，自然不少。（二）傳紀，考察作者生平、交遊、學侶、背景，或從事詩歌繫年，對於進一步深入作品，有參考價值。（三）分期，將唐詩作分期研究，或針對詩人作品作分期探討。（四）流變的討論，如〈杜甫與六朝詩人〉、〈杜甫與江西詩派〉、〈杜甫在唐宋的地位〉、〈李白與王安石〉、〈王船山論杜〉、〈清人詩話評白居易〉、〈遊仙詩之傳承與開創〉等，較容易凸顯出地位與價值。（五）文本的研究，這是唐詩研究的最大宗，如境界、意象、風格、思想之內容探討；及詩歌語言、人物形象、字法句法聲律等藝術成就的研究，則屬於技巧層面。（六）方法學的講究，大部分選用主題學方法，從事研討；如：柯慶明運用美學討論唐宋詩美感，顏崑陽運用詮釋學方法箋釋李商隱詩，楊文雄嘗試用接受學方法，論述李太白詩之流傳，[6]方法獨特，皆得借鏡參考。

資深學者有關唐詩之著作，影響比較深遠的，有鄭騫《從詩到曲》；葉嘉瑩《迦陵談詩》、《杜甫秋興八首集說》、《中國古典詩歌評論集》；巴壺天《禪骨詩心集》；杜松柏《詩與詩學》；張夢機《近體詩發凡》、《思齋說詩》、《古

---

[6] 柯慶明，〈試論漢詩、唐詩、宋詩的美感特質〉，淡江大學主編《文學與美學》，臺北：文史哲出版社，1992 年；顏崑陽，《李商隱詩箋釋方法論》，臺北：學生書局，1991 年；楊文雄，《李白詩歌接受史》，高雄：麗文文化公司，1998 年。

典詩的形式結構》；黃永武《中國詩學》（設計篇、鑑賞篇、思想篇、考據篇）、《詩與美》、《敦煌的唐詩》、《唐詩三百首鑑賞》，又主編《杜詩叢刊》四輯七十冊。其他中青年學者有關唐詩研究之專著，可觀者亦不少，檢索可得，不述。

(二) 唐傳奇小說

五十年來，唐代傳奇小說及敦煌變文之研究，向來十分蓬勃。即以學位論文而言，截至 1998 年止，獲得碩士學位者，已有四十二人，博士學位亦有五名；以唐代小說研究升等的大專教師，又不知凡幾。發表之期刊論文，依學者統計，當在二百五十四篇以上。[7]此一領域，學界的師承大概有三大山頭：政治大學王夢鷗先生，臺灣大學葉慶炳先生，文化大學潘重規先生。王夢鷗先生著有《唐人小說研究》四冊、《唐人小說校釋》兩冊。葉慶炳先生著有《中國古典小說中的愛情》、《說小說妖》、《古典小說論評》、《漢魏六朝小說選》。潘重規先生研治《紅樓夢》有年，後來興趣轉向敦煌學，著有《敦煌變文集新書》二冊，及其他變文論著若干篇。王、葉、潘三先生執教上庠，各以專擅啟迪門生，栽成無數；如今學界之小說研究尖兵，親炙三氏門牆者居多。另外，敦煌學界之盛事，為黃永武先生獨力編成《敦煌寶藏》十四輯，共一百四十冊；又編有《敦煌遺書最新目錄》，為學界研究敦煌學提供便捷之工具書。[8]

就唐代傳奇小說及敦煌變文來說，五十年來得到關注的作品文本，已超過三十餘種。尤其是《虬髯客傳》、《杜子春》、《鶯鶯傳》、《長恨歌傳》、《柳毅傳》、《霍小玉傳》、《李娃傳》、《聶隱娘》、《枕中記》諸傳奇，更是熱烈探討的焦點。早期研究，偏重個別作品之討論，後期研究趨勢，轉向傳奇小說

---

[7] 王國良，〈近五十年臺灣地區唐代小說論著目錄〉，《古典文學通訊》第三十一期，1998 年 3 月。

[8] 黃永武先生主編，《敦煌寶藏》、《敦煌遺書最新目錄》，二部書均由臺北新文豐出版公司印行。敦煌寫本變文研究狀況，可參鄭阿財、朱鳳玉，〈臺灣地區唐代文學研究概況〉，附錄，《中國唐代學會會刊》創刊號，1990 年 11 月；以及其他八期之介紹。

間之比較，不同時代及中外小說間之比較：如《紅線傳》與《虬髯客傳》、《鶯鶯傳》與《西廂記》，《鶯鶯傳》、《霍小玉傳》與《李娃傳》、《長恨歌》與《長恨歌傳》、《枕中記》、《南柯太守傳》與《九雲夢》，《枕中記》與《紅樓夢》，《買粉兒》與《李娃傳》，《李娃傳》與《茶花女》，《遊仙窟》與《源氏物語》，異中求同，作文學比較，或比較文學研究，亦自有其價值。另外一種研究方式，為試圖發掘傳奇小說與其他文體的源流關係，如傳奇與古文，傳奇與駢文，傳奇與行卷，傳奇與詩歌，傳奇與志怪，神話與傳奇，辭賦與小說，史傳與小說，變文與小說，史筆、詩才與志怪，多層面的論證，作學科間的整合研究，頗多發明。

　　主題之研究，為學界討論唐人傳奇小說的未來趨向。這無異把唐傳奇當作可資佐證的文獻史料，是唐人集體意識的曲折反映。這類研究已積累許多成果，很可提供借鏡參考。如研究唐代傳奇小說中的儒、釋、道思想，拈出其中的倫理親情、仕宦觀念、尤物賈禍、諷刺、公案、神仙與富貴，以及士人價值觀。有關佛道主題，則如鎖骨菩薩故事，他界、冥界、仙境、幻術、謫仙、再生、煉獄。其他，尚有夢、報、俠義、女俠、宿命觀、定命觀、生命觀、動物妖、龍故事、老虎小說、變形故事、異類婚戀、智慧老人、胡人識寶藏，以及以悲劇意識、女性意識、時間意識等主題的論著，可謂百家爭鳴，各有所見。至於結構技巧的探討，也是一大視點，或著力人物刻劃，或強調場景描寫，或用心敘事模式，或凸顯肌理結構；龔鵬程〈唐傳奇中的性情和結構〉、俞炳甲《唐人小說的寫作技巧研究》、丁肇琴《唐傳奇的寫作技巧》，可謂此中代表。

　　唐代傳奇小說的研究方法，除採取歸納、分析、比較、整合諸法外，亦有採行語言學、敘事學、結構學理論，運用接受學、影響論、及悲劇理論者。選擇新方法來詮釋老問題，成果往往不同凡響，這是借鏡問題。

(三) 唐文

　　五十年來，研究唐代古文獲得學位者，碩士論文二十七人，博士論文四

人。其中研究韓愈、柳宗元古文，佔總數一半以上；專著出版，升等論著，也有這種趨勢。以柳宗元古文研究而言，1958 年至 1992 年，即有期刊論文五十二篇，學位論文十部（其一為博士論文），專書八部；[9]韓愈古文的研究成果，與之相較，大約在伯仲之間。[10]除韓柳二大古文家之外，探討古文運動之專著最多，單篇論文也不少。古文家研究，還探討到陳子昂、蕭穎士、李德裕、劉禹錫、李華、李翱、皇甫湜、陸贄、元結、裴度、張籍、舒元輿、顏真卿、杜牧、皮日休、陸龜蒙等人的作品；可惜多淺言即止，未作深入發掘。

選擇主題作為研究古文之取向，有陳啟佑《唐代山水小品文研究》，及顏瑞芳《中唐三家寓言研究》兩部博士論文。柳宗元山水遊記，最具特色，五十年來計發表三十三篇論文，兩部專著。其他選題，如贈序文、哀祭文（墓誌銘）、應用文、傳記文，解嘲文，諷諭文，表文，亦多有所觸及。研究方法，除韓愈柳宗元古文作比較外，又有陳子昂與韓愈，元結與柳宗元，杜牧與唐宋八大家之比較。另外，論韓柳古文，分別就文統、載道、生死觀、聖人觀、史觀、史筆、銘幽、體類、以詩為文、修辭特色、陽剛風格、美學價值諸面向研討之，已同時注意到內容和形式的問題。有關駢文的論著，有三篇；此一領域，有待開拓。

至於唐代古文之論著，較有代表性者，有羅聯添《韓愈研究》、《唐代文學論集》、《唐代四家詩文論集》；王更生《韓愈散文研讀》、《柳宗元散文研讀》、胡楚生《韓柳文新探》、《古文正聲——韓柳文論》；方介《韓柳比較研究——思想文學主張與古文風格之析論》、《韓柳新論》；王基倫《韓歐古文比較研究》、《韓柳古文新探》等。

---

[9] 方介，〈臺灣地區柳宗元研究概況（1958—1992）〉，《中國唐代學會會刊》第四期，1993 年 11 月，頁 89-99。

[10] 王基倫，〈民國 81 至 85 年臺灣地區唐代散文研究目錄〉，所載期刊論文數：韓愈古文研究二十五篇，柳宗元十六篇，韓柳合論則有七篇，《古典文學通訊》第二十八期，。

(四) 唐五代詞

研究唐五代詞，獲得學位者，碩士十一人，博士二人。詞家而言，溫庭筠最為熱門，共有專著三部，單篇論文十二篇。就詞集而言，《花間集》最獲青睞，有專著三部，論文八篇。探討之詞家詞作，尚有敦煌曲子詞，凡專著三部，論文六篇；李白，馮延巳、孫光憲、皇甫松、李後主、《尊前集》，著筆較多。

探討之主題，有詞體之形成、詞律之形成、詩莊詞媚、女性敍寫、語言風格、詞作賞析、詞韻用韻、作品真偽、音樂與詞、燕樂與詞、漁父與詞、山之意象、文人詞、夢與詞等等。

較有代表性之著作，有潘重規《敦煌雲謠集新書》、《敦煌詞話》；鄭騫《景午叢編》（上編）、葉嘉瑩《迦陵談詞》，張以仁《花間詞論集》。

(五) 唐代辭賦

五十年以來，研究唐代辭賦，獲得學位者，碩士四人，博士二人，共發表論文二十四篇。1991 年以前，唐賦研究十分冷清，此後由於研討會的召開，學者的提倡與參與，才逐漸活躍。

近十年來的唐賦研究，正處開發中階段；因此，概論性論著較多，專題深造有得者較少。如敦煌賦、律賦、初唐賦、中晚唐賦之研究，屬前者；訪古賦之研究，屬後者。簡宗梧先生為國內辭賦研究的推動者，所撰〈試論唐賦之發展及其特色〉，[11]已為唐賦研究繪出藍圖及遠景。上列各領域之研究成果，敦煌賦較可觀，潘重規先生〈敦煌賦校釋〉，校正十一篇賦；羅宗濤先生研究〈鷰子賦〉，陳世福、李蓉皆以敦煌賦研究作為碩士論文。專家賦的研究方面，初唐：有王績、王勃、劉知幾的辭賦受到討論；盛唐：只有李白賦被提及；中唐：有韓愈、柳宗元、白行簡的賦得到較多的關注；晚唐：集中在

---

[11] 文見《第二屆國際唐代學術會議論文集》，臺北：文津出版社，1993 年 6 月。

杜牧〈阿房宮賦〉的探索和賞析上。唐代辭賦流傳至今約在二千篇以上；近十年來研究，開發尚不足百分之一，值得繼續努力。尤其是唐賦的主題研究，背景考察集中在科舉與辭賦之關係，而未及其他；辭賦與其他文類的交融，只觸及辭賦與律詩，辭賦與小說二方面，亦有待觸類旁通，百尺竿頭更進一步[12]。

(六) 唐代文學批評與理論

　　唐代之詩格、詩話，及其他文學批評資料，流傳至今，雖不如宋代可觀，卻也有相當數量。五十年來，臺灣學界投入唐代文學理論研究者，較之其他領域，可謂單薄。學位論文方面，碩士有十人，博士有四人，從事斯學研究。唐代文學評論的研究成果，有一個特殊的現象：論著八成以上都是專書，單篇論文極少；其中又以學位論文佔九成以上，一般專著較少。

　　綜合來說，司空圖《詩品》的研究，最為熱門，共有兩部碩士論文，一部博士論文，一部專著，九篇論文。其次為皎然《詩式》之研究，有兩部專著，六篇論文（與專著內容部分重複）。不過，對於大陸學界最近提出《詩品》之真偽問題，[13]本地學界尚未作任何回應。其次為王昌齡《詩格》研究，有兩部碩士論文，一篇論文。另外，張夢機《詩學論叢》專著中，有兩章論及方回《瀛奎律髓》及紀昀批評杜甫、杜牧二家詩；趙鍾業《唐宋詩話對韓日影響比較研究》博士論文，稍稍提及唐代詩話。其他論著，有論及初唐文史一家、及初唐史家文論者；有探討詩論與畫論、詩意觀與詩語理論、文學觀念之因襲與轉變，以及復古詩學者；有風格論之研究，及《唐代文學批評研究》博士論文，《唐詩學探索》專著。另外，杜甫〈戲為六絕句〉，及從清詩

---

[12] 參考陳成文，〈近五十年（1949─1997）臺灣地區唐賦研究概況〉，《中國唐代學會會刊》第九期，1998年6月。

[13] 參考陳尚君，〈司空圖《二十四詩品》辨偽〉，《唐代文學叢考》，北京：中國社會科學出版社，1997年10月；蔣寅、張伯偉主編，《中國詩學》第五輯，有「《二十四詩品》真偽問題討論」專欄，共登載九篇討論文章，南京：南京大學出版社，1997年7月。

話評述白居易詩,亦各有論著。

　　唐代文學評論資料,有羅聯添編輯《隋唐五代文學批評資料彙編》;蒐羅甚豐,可惜學界尚未充分利用。

二、五十年來宋代文學研究綜述

(一) 宋詩

　　五十年來,專研宋詩(含理論)獲得博士學位者有二十六人,獲得碩士學位者亦有八十四人。就研究選題而言,宋金詩人只有蘇軾、王安石、黃庭堅、呂本中、陸游、王十朋、朱熹、元好問、方回九家,受到博士論文的關懷。就研究範圍而言,以研究詩學評論者最多,共有八部博士論著(詳後)。以研究主題而言,研究詩風體派的有三部,分別就宋初詩風體派、江西詩社宗派、江湖詩派作探討;研究詩學流變的也有三部:《禪學與唐宋詩學》、《宋代唐詩學》、《清代宋詩學》;有關題畫的有兩部:《兩宋題畫詩論》、《蘇軾題畫文學研究》。研究方法,大多採用傳統的歸納分析法,對文本作類聚群分之論述;或者就詩與其他學科間作整合研究,如禪學與詩學、繪畫與詩文、書法與詩歌、理學與詩、莊學與詩等是;或者就中外詩話與詩歌進行比較文學之研究,如《宋代朱熹詩與李朝李退溪詩之比較研究》、《唐宋詩話對韓日影響比較研究》等是。博士論文中有以研究方法卓絕取勝者,如龔鵬程《江西詩社宗派研究》,運用文化史觀點,社會學方法,詮釋江西詩派之形成與發展,最為特別。

　　有關宋詩研究(含詩學評論)之碩士論文,五十年來,在八十四部以上;其中三部為詩人年譜。宋代詩人及其詩,獲得研究者只有二十五家,蘇軾最多,共有十部論文,分別就杭州詩、黃州詩、瓊州詩、和陶詩、烏臺詩案、詩畫合一、以賦為詩、韓國詩話等論題,作不同側面之闡發。其次,為王安

石詩之研究，共完成五部論文，其中三部為通論，其他則為絕句探析，及金
陵詩研究。其次，則范仲淹、梅堯臣、黃庭堅、陳師道、張耒、楊萬里、元
好問諸家詩集之研究，皆有二至三部之碩士論文。其他，如王禹偁、蘇舜欽、
歐陽脩、曾鞏、邵雍、王令、郭祥正、陳與義、范成大、朱熹、四靈、姜夔、
南宋遺民詩，以及《西崑酬唱集》，皆已寫成一部碩士論文。除十七部著作，
為宋代詩話、詩學、詩論研究，詳下論述之外，其餘六十七部碩士論文，論
文主題選擇研究詩畫關係者最多，凡五部；其次為和陶詩研究，有兩部；宋
代陶詩學，連同博士論文，竟有三部著作。選擇宋詩體派作探討，如宛陵體、
金陵體、江西詩派、各有一部論文。選擇體裁作研究，則有九部論文，如田
園詩、理趣詩、詠茶詩、詠史詩、山水詩、紀遊詩、園林詩、雜體詩等之探
究。其他，或研究唱和詩、使北詩，或探討宗杜、詩史、平淡，或考察唐宋
詩之爭、以文為詩，甚至討論作品分期、律體用韻，對於宋詩之研究，成果
多值得參考。

　　自 1982 年以來，非學位論文之專著數量極少，絕大部分是詩學詩論之
作，純粹宋詩研究的專著很有限。計有詩人年譜一：鄭騫《陳後山年譜》；詩
集校注一：鄭騫《陳簡齋詩集合校彙注》；專著通論一：李曰剛《中國詩歌流
變史‧別出於兩宋》；體派研究一：周益忠《西崑研究論集》。詩作與詩論合
著者六：黃啟方《兩宋文史論叢》、《宋代詩文縱談》；張高評《宋詩之傳承與
開拓》、《宋詩之新變與代雄》、《會通化成與宋代詩學》、《宋詩特色研究》。臺
北文津出版社挑選國內優秀碩士博士論文，成立碩士文庫、及博士文庫，有
關宋詩或詩學之論著，如蕭翠霞《南宋四大家詠花詩研究》，鍾美玲《北宋四
大家理趣詩研究》、石韶華《宋代詠茶詩研究》、季明華《南宋詠史詩研究》、
鄭倖朱《蘇軾「以賦為詩」研究》；黃奕珍《宋代詩學中的晚唐觀》、黃美玲
《歐、梅、蘇與宋詩的形成》、衣若芬《蘇軾題畫文學研究》（後三部為博士
論文），對宋詩或宋代詩學皆有所開拓與啟益。至於單篇論文之成果，發表數
量也很有限，從 1970 年至 1999 年，國家圖書館所登錄，宋詩研究在三十年
大約只發表七十篇論文，每年平均二、三篇，實在太少。其中，徐復觀〈宋

詩特徵試論〉、龔鵬程〈知性的反省——宋詩的基本風貌〉、〈江西詩社宗派〉；張高評〈從「會通化成」論宋詩之新變與價值〉，持論有據，言之有物，對於宋詩研究，多見啟發與影響。

就七十餘篇宋詩論文而言，研究宋代詩人與作品者，蘇軾最多，然九成以上皆屬賞析之作。其他論及的詩人，則有王禹偁、王安石、邵雍、黃庭堅、王十朋、葉適、崔與之、李昂英、劉過、張玉娘、連文鳳、謝翱、林景熙，以及一些南宋遺民。討論的主題，通論宋詩特色的有六篇，皆企圖為宋詩研究勾勒出一個大方向，大輪廓。其他，或就宋詩特色之具體項目，如會通化成、破體為詩、出位之思、化俗為雅、自成一家詳加申論者；亦有就詩與畫、詩作與畫論、詩歌與禪宗、雜劇與詩歌發揮者。論及宋詩之體派與風格者有三篇，分別述說江西派和江湖派。詠物詩（詠琴、酒、禽言）、題畫詩、山水詩、說理詩、理趣詩、園林詩，皆有論文探索。亦有就宗社、詩案論宋詩，就句法、心理描寫剖析宋詩者。較之唐詩論文，方面顯得狹隘，深度廣度呈現嚴重不足。

(二) 宋詞

作為宋朝的現代文學，詞接續晚唐五代以來的成就，到兩宋而輝煌燦爛，而新變代雄，蔚為新興文學在宋朝的代表。其間名家輩出，各呈異采；婉約豪放，清空質實，各擅勝場。考察詞中意境，或訴諸悲怨，或表現綺豔，或展示柔媚，容易感動人心，觸發共鳴；而且在形式技巧上，以文采為美，以含蓄為美，容易引人入勝，回味無窮。唐圭璋主編《全宋詞》，才五冊；較之《全唐詩》十五冊，《全宋詩》七十二冊，份量不多，資料集中，容易掌握，故投入研究者多，成果亦十分豐碩。在宋代文學研究中，不僅獨占鰲頭，也一枝獨秀。

五十年來，臺灣學者研究宋詞，獲得博士學位者有十二人，碩士學位有一○五人。換言之，研究宋詞的博士論文少於宋詩十四人，碩士論文卻多於宋詩十二人。為什麼有這種現象？這跟文本材料的多寡是否有絕對關係？宋

詞研究是否需要調整研究方法和角度？這些都值得深思。

就宋詞研究的博士論文而言，選擇詞人詞集作研究對象者有五部，即《蘇東坡所表現之心路歷程》、《蘇軾詠詞中夢的研析》；《辛稼軒詠物詞研究》、《辛派三家詞研究》；《白石道人詞之藝術探微》。其他七部論著，有三部涉及詞話及詞論，即《詞學理論綜考》、《詞律探源》、《碧雞漫志校箋》。其餘皆以主題研究方式呈現，或論南宋江吳雅詞派之詞學，或論女詞人及其詞作，或就欣賞架構論宋詞，或就登高望遠主題論述宋詞，多有可觀。

由一〇五部碩士論文看來，1971 年以前之宋詞研究，偏好就專家詞作箋注：共有十五部碩士論文，分別就柳永《樂章集》、晏殊《珠玉詞》、歐陽脩《六一詞》、晏幾道《小山詞》、蘇軾《東坡樂府》、秦觀《淮海詞》、周邦彥《清真集》《片玉詞》、李清照《漱玉詞》、范成大《石湖詞》、姜夔《白石道人歌曲》、吳文英《夢窗詞》、劉辰翁《須溪詞》、王沂孫《碧山詞》、張炎《山中白雲詞》；其中校箋《山中白雲詞》者二部。另有八部碩士論文研討詞家用韻情形：分別就柳永詞、周邦彥詞、蘇軾詞、朱敦儒詞（兩部），姜夔、吳文英、張炎詞作用韻分析。考據類的碩士論文，佔此一時期宋詞研究總數一半以上，形成 1971 年以前宋詞研究的一大特色。這種風氣，跟當年臺灣師範大學國文研究所注重考據的研究走向有關。學位論文的趨向，最能具體而如實的反映當時學風的大勢，這是可以斷言的。

其他八十餘部碩士論文，就詞家詞集研究而言，以辛棄疾最熱門，共有七部論著；其次為蘇軾，有六部。其餘如張先、晏殊、晏幾道、柳永、歐陽脩、黃庭堅、秦觀、蘇門四學士、李清照、南渡詞人、陸游、范成大、張孝祥、朱敦儒、張元幹、賀鑄、姜夔、姜吳派詞人、向子諲、劉克莊、毛滂、吳文英、張炎、蔣捷、王沂孫，以及其他遺民詞人、金代詞人、小令詞人、女性詞人、僧人詞，皆有論文觸及。除外，亦有作詞人較論者，如柳永與周邦彥、蘇軾與辛棄疾、晏幾道與秦觀、周邦彥與姜夔，是為文學比較。至於柳永歌詞與高麗歌謠比較，則是比較文學。就研究之選題而言，題材取向最多，節令詞、詠物詞最受歡迎，各有六部和三部論文。其他，如愛國詞、懷

古詞、詠史詞、山水詞，及南北宋夢詞，皆各有一部論著。而且，通論一家詞或一代詞者，亦有五部，宏觀籠罩，提示大凡，自有可取。除外，又有就詞中寄託、用典、以文為詞發揮者；又有專論豪放詞、詞選集、西湖詞壇、語言風格者。五十年來，碩士論文有關宋詞研究取向，大抵如此。

五十年來，臺灣學者研究宋詞（含詞論）之專著，學位論文外，約有二十五部；泛論詞學者多，即有十四部。其中，鄭騫《景午叢編》、葉嘉瑩《迦陵談詞》、陳滿銘《蘇辛詞比較研究》、林玫儀《詞學考詮》、黃文吉《北宋十大詞家研究》諸書，功力較深厚，對學界較有影響。

依據國家圖書館《1970—1999 年中華民國期刊論文》所載，以及《漢學研究通訊》1992—1999 年所收論文，三十年之中，臺灣學者研究宋詞發表之學術論文，大約在八十篇左右，平均每年二點七篇，數量不多。與一百多位碩士博士人數相比，研究風氣顯然過份沈寂。1981 年以前，約有二十五篇論文概述宋詞，屬於導讀性質者多。八十餘篇論文中，宋代詞人只觸及晏殊、柳永、蘇軾、秦觀、周邦彥、李清照、辛棄疾、劉過、姜夔、吳文英、張炎、周密，其中晏殊、周邦彥、辛棄疾、姜夔、吳文英篇數較多。研究主題，有論詞之取材風者，如借鏡唐詩、取材唐詩、詩典運用；有分析詞的韻律、韻法者，有從修辭學觀點論婉約詞者；有從夢境、寄託、祝壽、討論詞作者；有從比較異同角度較論周、姜，辛、姜，以及柳秦、周蘇詞作者；也有談詠物詞、悲秋詞、愛國詞、僧人詞、農村詞者；也有論雅詞、度曲、唱法、風格者；亦有剖析詞作之民族思想，自我觀念、文人生活；更有聯結新舊黨爭對專家詞作探討者；選題趨勢，大抵如此。

(三) 宋代古文

專攻宋代古文，五十年來獲得學位者，博士論文兩部，碩士論文八部；兼及其他文學者，博士論文三部，碩士論文七部。專著大約十部，期刊論文

大約三十篇，[14]成果十分有限。研究領域和風氣，皆有待開拓。

就專家文研究而言，偏重北宋，造成南北失衡。北宋專家文中，論及柳開、周敦頤、范仲淹、穆脩、朱熹、陸游等，更集中關注歐陽脩、王安石、蘇洵、蘇軾、蘇轍、曾鞏六大家。由於范仲淹誕辰召開研討會，故研究范氏之論文稍多，然又側重討論〈岳陽樓記〉，未能全面探討。其他六大家之探索角度，亦然，作全面綜論者極少。至於南宋散文研究，沈寂寥落，無足稱道。唯《五燈會元》、岳飛、朱熹三家偶爾觸及，其他闕如。

至於研究主題，有討論古文運動者，有論述散文藝術、山水遊記、古文評點者；有探討史論文、論辯文、嘲戲文、序文、偈文者；更有就專家文作異同比較者，如韓歐文較論、韓柳歐文較論、蘇軾與晚明小品較論、〈伯夷列傳〉與〈赤壁賦〉較論。其他，則有從事文體會通研究者，如探索佛學與古文、禪心悟境與古文之關係，及辭賦如何滲透古文，而成「以賦為文」等等，頗有可取。

宋代古文研究之代表作，有王更生《歐陽脩散文研讀》、何寄澎《北宋的古文運動》、王基倫《韓歐古文比較研究》。

(四) 宋代小說

宋代小說文本，由於魯迅《中國小說史》評價不高，因此研究者極少。這方面的成績，五十年來，除最近康來新《發跡變泰——宋人小說學論稿》一書外，幾乎沒有專著。見於著錄，只有不到二十篇之單篇論文，而且，大多是泛泛之論。這些單篇論文，或概述傳奇小說、話本小說，或論述傳奇或話本中之女俠或婦女形象。或概述歷史小說、志怪小說、白話小說，且區分長篇短篇論述之。其中，或論及話本與民間文學之關係，或探索《夷堅志》中之冥報觀，或剖析宋人之「說話」分類，選題較不落俗套。

---

[14] 陳致宏、林湘華、張高評，〈民國三十五年至八十五年臺灣地區宋代散文研究目錄〉，《古典文學通訊》第二十九期，1997 年 5 月。

宋代小說研究之代表作，當推康來新《發跡變泰——宋人小說學論稿》。

(五) 辭賦、四六和戲曲

宋代辭賦和駢文（四六）的研究，都很不景氣，而且十分蕭條冷落。五十年來的辭賦研究，除了陳韻竹《歐陽脩蘇軾辭賦之比較研究》、朴孝錫《蘇軾辭賦研究》、李瓊英《宋代散文賦研究》三部碩士論文，洪順隆《范仲淹賦評注》一部專著外，期刊論文大約十篇，泰半討論前後〈赤壁賦〉。五十年來的宋四六文研究，未見學位論文；除張仁青《駢文學》論及蘇軾一家外，未見專著。單篇論文，只見《宋代文學研討會論文集》有兩篇，分別是張仁青先生和曾棗莊先生的大作。曾氏為大陸學人，故本地學人之作只有一篇，寥若晨星，簡直是鳳毛麟角的稀有了。

宋代戲曲之研究，也只有兩部碩士論文：劉效鵬《永樂大典三本戲文與汲古閣本五大南戲結構之比較》、于復華《論張協狀元中諢砌的兩大特色》，至於單篇論文，則有十餘篇，未見其他專著；只有唐文標《中國古代戲劇史初稿》、曾永義《詩歌與戲曲》二書中，順帶略及。探討之主題，有就劇本論述者，如選擇〈張協狀元〉作論題，研究其音樂唱腔、情節設計、諢砌特色；以〈王魁負桂英〉、〈趙貞女蔡二郎〉為論題，研究其敘事模式與文化意義；或者選擇諸宮調作論題，進行輯佚，並研究其內形與外形，以及與變文、詞、白話小說之異同；或者以山西白龍廟昌寧宮地下出土金碑作佐證，以論戲劇之演出；其他，或概述宋金戲劇之發展，或論證古典戲曲成熟於宋金之際，或考述三國故事戲曲在宋代之情形。曾永義先生〈宋代福建的樂舞雜技和戲劇〉，以地區戲劇為探討範圍，考察宋代傀儡戲、雜劇、南戲在福建的流傳，徵諸文獻，持論頗可信據，成果啟發良多。

(六) 文學批評與理論

宋型文化和唐型文化不同，沈潛內斂，注重反思內省，充滿知性理性，表現為貴識見，尚思辨，因此產生許多詩話、筆記、題跋，以及詞話、文話、

評點之作；文學批評與理論，蔚為空前之繁榮昌盛，不僅量多，而且質高。另一方面，中國文學發展至兩宋，已積累相當豐富之遺產與資源；如何在傳承前人精華之餘，還能兼顧到開拓自家特色，這一直是宋人關心的問題。宋人運用詩話、筆記這種體裁，去總結前賢創作經驗；從總結經驗上去推陳出新，自成一家。總結經驗，是為了參考借鏡；師法優長，是為了創新風格；一些救世之弊的批評和理論，是為了提示文學創作可大可久之道。所以，宋代文學批評與理論之研究，五十年來，還算蓬勃。除了詩話詞話專著外，臺北成文出版社召集學人編纂《中國文學批評資料彙編》、《北宋卷》、《南宋卷》、《金代卷》分三冊發行，提供學界研究不少便利。

　　文學批評，本是理性知性的活動，這跟宋型文化的特色十分合拍。五十年來，臺灣學者研究這個領域，獲得學位者，計博士論文十六部，碩士論文三十二部，成果堪稱可觀。其中，研究宋代詩學與理論者最多，博士論文即有十三部，碩士論文也有十八部。就博士論文之選題而言，以比較詩學觀點，針對中、日、韓詩話進行比較研究者有兩部。鎖定宋代詩話筆記，或元明清詩話，作文本探討，及影響或接受研究者最多，共有八部，分別就宋代詩話筆記探索宋代之詩法理論、晚唐觀念，寫意課題、詩人傳記；以及有關情性、寫景、詠物、詠史、敘事、說理之詩學理論。亦有探論一家詩學者，如探討蘇軾詩學理論；更有作流變考察者，如宋代唐詩學、清代宋詩學之研究。除外，又有針對詩選詩集、以及論詩詩，建構一家詩學，或一代詩論者。杜松柏《禪學與唐宋詩學》，專就禪學與詩學作交融整合之研究，難度高，成果佳，很值得借鏡。

　　碩士論文涉及宋代詩學研究者，十八部之中，專攻宋代詩話者有六部：就詩話之專著作研究者，如《韻語陽秋》、《滄浪詩話》、《瀛奎律髓》等之探討；另外，則或為詩話作敘錄，或探討詩話之摘句批評，或研究詩話之格律理論。其他選題，多研究宋代詩學之體派理論，如北宋理學家之文學理、論蘇軾之文藝創作理論、張耒之文學理論、黃庭堅詩論、活法與江西詩法、楊萬里之詩學、劉克莊之文學批評、朱熹之文學理論、元好問〈論詩三十首〉

及其詩學、王若虛之詩文理論等，宋代重要之體派，如理學派、東坡體、山谷體、江西派、誠齋體、江湖派，以及金代重要之詩論，皆已普遍觸及；雖然，並未深入發掘。

有關宋代詞學理論之研究，博士論文有三部：《詞學理論綜考》、《詞律探源》、《碧雞漫志校箋》。碩士論文有七部：針對張炎《詞源》作箋訂與探究者，有兩部；其他，分別就李清照《詞論》、蘇軾詞評論、兩宋詞論、詞學之言志論，以及詞話批評與功用等層面論述，以建構宋代之詞學理論，或一家之詞論。

古文理論方面，只有三部碩士論文專著，有兩部論述宋代之文話，一部討論南宋的古文評點。

至於辭賦、四六、小說、戲劇等理論之研究，專著及單篇論文，皆付之闕如，有待開發。

宋代文學批評與理論之專著，相當可觀。其中，以張健先生成果最值得稱道，著有《宋金四家文學批評研究》、《中國文學批評》、《文學批評論集》，是臺灣研究文學批評，尤其宋代文學批評與理論卓有成就之學人。其他，專研宋代文學批評與理論的代表著作，尚有黃景進《嚴羽及其詩論之研究》、張雙英《中國文學批評的理論與實踐》、龔鵬程《詩史本色與妙悟》、《文學批評的視野》；張高評《宋詩之新變與代雄》、《會通化成與宋代詩學》等等。

單篇論文方面，依據國家圖書館「臺灣期刊論文索引系統」登載，有關詩學者七篇，有關詞學者六篇，有關文論者三篇。大抵皆博士碩士論文之分章發表，未見在學位論文之外，能獨闢谿徑，別開生面，另有天地者。若有，則又可見作者專著中。為省篇幅，不贅。

三、唐宋文學研究的未來展望

回顧五十年來臺灣學者研究唐宋文學的概況，筆者有許多感慨，也有一

些建言；感慨不說也罷，以下談談建言。一部分是對有關當局的建議，大部
是對唐宋文學研究的展望。

確實檢討過去，對於策勵將來很有意義，這是眾所皆知的常識。對於碩
士學位論文、博士學位論文，學術期刊論文，甚至圖書專著，1982 年以來，
皆有專刊報導，也有專業機構登載，檢索即得，堪稱便捷。不過，尚有一漏
網之大魚，即是大專院校歷年各級教師之升等論著，雖有《高教簡訊》報導，
然零星片段，未能統整分類，集中備檢，所以檢尋無門。這些升等論著，絕
大部分未出版流傳，因此成果無法與學界分享，實在可惜。尤其是通過教授
一級審查之論著，其學術價值當然在碩士、博士論文之上。如今，通過碩士
博士之論文，必須上繳十餘部，以便公開陳列於國家圖書館，政治大學社會
科學資料中心中，提供借閱流通，學界稱便。副教授與教授論文之檔次，既
高於碩士博士論文許多，何以上網查詢無著？書面檢索不可得？更未見有任
何學術機構統一而集中成立專室，放置副教授、教授升等通過之論著，寧非
怪事？萬望有關學術機構，特別是教育部學審會、顧問室，能玉成此事。以
便讓後生小子，能因博觀泛覽教授們之大作偉構，而有所觸發啟益，相信功
效比參考碩士博士論文更加昭著。另外，行政院國家科學委員會每年有許多
成果獎助、專題計劃申請；能夠獲獎的，都是每個領域的佼佼者。如果國科
會也能規定：獲獎者有義務繳交若干份得獎成果，或計劃報告，然後比照學
位論文陳列模式，成立專區，以便學界參閱交流，觀摩借鏡，豈非功德一件？
筆者回顧五十年來之學術研究，對於教育部管轄之升等論文，及國科會獎助
之成果專題，無法精確掌握，有感而發，因建議如上。

唐宋兩朝，不僅時代緊鄰，而且學術間有傳承與開拓，影響與接受之密
切關係。尤其就中國歷史分期來說，兩朝又位居中古之結束、近代之開端的
分水嶺上，無疑是中國學術研究的樞紐與關鍵，善加掌握，最有利於上究下
探，旁推交通，所以兩朝學術，最宜合觀並看，以宏觀的視野，作會通整合
之研究，將有助於唐宋學術之研究與闡發。唐宋學術之探討如此，唐宋文學
之研究尤其應該如此。中國大陸成立若干研究專業，其中有唐宋文學研究專

業，可見唐宋一定是相提並論，未嘗偏廢的。因為唐宋文學間，存在許多內在的連繫，無論縱向的因革損益，或橫向的交融整合，都有必要唐宋並舉，作源流正變之探討，才能得其真解，才能切實地為學術作定位。

就唐宋文學之研究來說，五十年來，宏觀整合之探討比較少見，今後應該加強。如唐宋詩之探討，可以進行唐宋詩之異同研究、唐宋詩之流變研究、唐宋詩之比較研究；乃至於以詠物詩、詠史詩、山水詩、邊塞詩為論題，研討唐宋詩間之源流、因革、傳承和開拓，多一些整合型的選題，來考察唐宋詩歌，特色和風格才容易顯現，唐宋詩之爭的公案，才能獲得定讞。唐宋古文和文學理論之研究，亦然。宋代古文運動受唐代影響，宋代古文家受唐代及先秦兩漢古文影響，其中源流正變值得釐清，傳承和開拓、繼往和開來有那些層面，也都值得探究。尤其是文學理論，最能見因革損益之現象；若能以歷史流變視點，觀照唐宋之文學理論，梳理出各個文學理論的脈絡和走向，則理論的價值、文論家的地位，不難定出。

就唐詩之研究來說，是唐宋文學門類中成果最輝煌可觀的。大家名家，幾乎已被研究者挑選殆盡。大家名家的作品，具有代表性，富有影響力，因此吸引許多學人投入研究。五十年來的唐詩研究，大多側重文本之分析與歸納，以凸顯詩人「自成一家」之個性特質為依歸。對於詩人所以代表一代或一朝之緣因，詩作影響及後學接受之具體論證，往往語焉不詳，或未作重點發揮。甚至論斷詩人之成就或地位，只是自我比較，未將詩人放在詩友集團中去比較，放在同期或前後期詩人中去比較，更未與同時代或其他時代之偉大詩人作較量；如此，則造詣不顯，價值不彰。絕大部分的學位論文，探論詩作的文學價值或藝術技巧，大多羅列十幾個耳熟能詳的修辭格充當之，於是造成從初唐歷盛唐、中唐、晚唐，不同時期、不同風格的不同詩人，卻不約而同共用相近的十幾個技巧，寧非怪事？句法字法只是藝術技巧之一，而且是小焉者，並非全部。可見研究唐詩，在文學技巧或藝術手法（詩法）方面，有待進一步開發。這種研究局限，不只出現在唐詩，也出現在宋詩研究，南北朝詩研究，以及《詩經》《楚辭》之研究中；甚至詞、文、賦、小說、戲

劇之研究，也犯同樣毛病。且就修辭學而言，名家大家之修辭技巧，當自有不同他人之特色，需審慎深入探索方得，不宜草率附會。況且，大家名家之作品，最得詩歌語言或文學語言之三昧，最精於創意造語之要求，論者大可從此等處切入探討，成果方能不落俗套。

對於如何提高研究成果之學術價值？筆者曾經提出三個重要途徑：一、材料生新；二、方法獨特；三、觀點殊異。[15]今用來論述唐宋文學之研究，可謂信而有徵。首先談觀點殊異：要求我們摒棄慣性的思維，發揮創造思考，運用另類的觀點，從事閱讀研究。這種殊異的觀點，在參加熱門題目研究，或「好話已被前人說光」的困境下，最有立竿見影的功效。譬如唐詩研究，在三十三部博士論文、一八六部碩士論文之後，精華可謂被前人佔盡，如何別出心裁，另闢蹊徑呢？另類的研究觀點，可以推陳出新，造就非凡的成果，最值得嘗試。如研究唐詩，可以選擇地域文化的觀點，去考察南北朝中後期以來，存在的三大地域文化體系，即江左文化、山東文化、以及關隴文化，跟唐代詩歌盛衰消長的關係。透過地域文化集團的了解，考察唐詩的藝術精神，將有助於文學之鑑賞與研究。[16]大陸學界的唐詩研究，採用殊異觀點，不純粹就文學論文學，可取者多，如程千帆先生《唐代進士行卷與文學》、傅璇琮《唐代科舉與文學》、陳允吉《唐音佛教辨思錄》、孫昌武《唐代文學與佛教》、董乃斌、程薔《唐帝國的精神文明——民俗與文學》、鄧小軍《唐代文學的文化精神》；像這樣，立足於文學，將研究觸角伸向歷史、哲學，乃至於民俗、藝術、文化，作整合性之研究，由於能見人所未見，因此能言人所未言，成果往往十分豐碩可觀。臺灣大學於 1996 年 4 月，曾舉辦「中國文學的多層面探討」國際研討會，發表論文確實從「多層面」視角進行研究者，還不足全部論文的三分之一；可見這種研究視角，有待提倡。至於宋代文學之

---

[15] 參考拙作〈宋代文學研究的方法和展望〉、〈宋代文學研究面面觀〉，《宋代文學研究叢刊》〈代序〉，第二期、第三期，1996 年 9 月，1997 年 9 月。

[16] 參考何西來，〈文學鑑賞中的地域文化因素〉，《文藝研究》，1999 年 3 期；杜曉勤，〈地域文化的整合和盛唐詩歌的藝術精神〉，《文學評論》，1999 年 4 期。

研究，從地域文化的視角切入，將更見具體有功。蜀學、洛學、關學、閩學、固然有地域文化特色，江西詩派、浙東學派（金華、永嘉、永康）也都以地域分派，掌握也域文化之整體特色，進而探索文學體派，將是值得值鏡的觀點。臺灣學者研究宋代文學，採用不同流俗之殊異觀點者，如張高評〈雜劇藝術對宋詩之啟示〉、〈《春秋》書法與宋代詩學〉、〈史家筆法與宋代詩學〉、〈蘇黃「以書道喻詩」與宋代詩學〉，成果令人耳目一新。大陸學者在宋代文學研究方面，視角亦值得參考，如馬積高《宋明理學與文學》、鍾來因《蘇軾與道家道教》、周裕鍇《文字禪與宋代詩學》、歐陽光《宋元詩社研究叢稿》等，他山之石，可以攻錯，借鏡之謂也。

其次，談材料生新。文本資料，是一切研究的基礎；資料不足，研究成果勢必受到影響。研究唐詩的材料，目前只限於清聖祖御定《全唐詩》、陳尚君《全唐詩補編》，已造成許多研究熱潮。如今河南大學重編《全唐五代詩》，據說：份量多出上述唐詩的兩倍。他日出版，引發第二波唐詩研究的熱潮，這是可以預期的。研究唐宋文學，地下出土的文物足供佐證者，不如先秦兩漢多；但唐宋資料留存在後代文獻中者不少，經有心人鉤稽梳理，輯佚考證而薈粹成編。這些資料隱沒浩瀚書海中千餘年，一旦而重現今日，學者知而用之，真可媲美發現新大陸，比起王國維所謂的二重證據，更富學術價值。大家運用生新資料從事研究，自然易有令人刮目相看的成果。

在材料的生新方面，宋詩、宋文，以及宋代文學理論，比起唐代文學的資源，更加豐富多采，而且幾乎未經開發，是一片資源豐富的學術礦區：北京大學主編《全宋詩》，七十二冊正編已出齊，補編據說有十冊以上（尚未出版）。四川大學主編《全宋文》，已出版五十冊，全套大約在二百冊左右。吳文治先生主編《宋詩話全編》，一套十鉅冊，纂集宋代詩話五百六十二家。這三套書，共二百八十五冊以上，洋洋大觀，資源無限，都是研究宋代文學的文本資料。五十年來，宋詩、宋文、宋代文學理論，由於文獻散亂，未經彙整，所以資料掌握不易，造成研究不少困難。如今，文獻具足，翻檢可得，勢必吸引更多學人投入研究。尤其四川大學編纂許多宋代研究的工具書，如

《宋遼金文學分典》五鉅冊、《現存宋人別集版本目錄》、《宋人年譜集目・宋編宋人年譜選刊》、《宋人傳記資料索引補編》、《現存宋人著述總錄》、《中國地方志宋代人物資料索引》、《宋人別集敘錄》，更為宋代學術研究提供許多便捷。明年，北京大學將次第出版「宋代學術叢書」，齊心推動宋代學術之研究。宋代文學研究，具備如此豐富的資源和利多，形成一股學術風潮，將是可以預期的。

　　從材料的生新，聯想到研究選題的創新。五十年來的唐宋文學研究，在選題方面，無論是學位論文或單篇論文，有過份集中，甚至幾近雷同的現象，不僅造成人力浪費，而且容易形成因循苟且，陳陳相因的惡質風尚。當然，如果對同一選題有創新的研究視點，未嘗不可以各抒己見。以唐宋古文的研究來說，學位論文過份集中研討唐宋八大家，就有上述的缺陷。其實，唐宋古文除了八大家之外，值得研究的還有很多。明王文祿《文脈雜論》提出古文之妙者，「唐得七人焉：駱賓王、王勃、陳子昂，李太白、柳宗元、李華、孫樵是也。宋得六人焉：李覯、司馬光、蘇洵、蘇軾、陳無己、陳亮是也。」除柳宗元、蘇洵、蘇軾古文研究論著稍多外，其他多零星散見，甚至乏人問津。唐代古文之研究，除韓、柳外，上列六家頗值得研究。北宋散文研究，除六大家之外，北宋初期之柳開、王禹偁；慶曆新政時期之穆修、范仲淹、尹洙、石介、蘇舜欽，亦值得探討。其他，如堅持「作文害道」之理學家，如周敦頤、張載、程顥、程頤諸人講學之文，亦殊堪玩味。東坡之文，既高風絕塵，其後學門人如黃庭堅、晁補之、陳師道、秦觀、張耒、李廌之文，亦值得付出心力，探索原委。從可見學派主張，集團理論，與實際創作間，出入離合之一斑。南宋散文研究，一向沉寂寥落，其實，深具開發價值。明清以來談論宋代古文，多獨厚北宋，而冷落南宋，此與評點家文論家之好惡取捨有關，其中未嘗沒有可議之處居今之世，當自外於學派之糾葛，好惡之影響，平情以論南宋之散文。如和戰紛爭中之政論文，宗澤、李綱、胡銓、楊時、胡寅、葉夢得、汪藻諸家，為一時之選。南宋中期，政局不安，反映時勢之政論文亦多，如范成大、楊萬里、陸游、辛棄疾、周必大，樓鑰、朱

熹、呂祖謙、陳傅良、葉適，陳亮、為其中之翹楚；或為政治家，或為文學家，或為思想家，或為學者盱衡時局、關懷民生，自多佳構。其他，如筆記野史之文、殉國志士之文，易代遺民之文，以及遊記、詠物之文，亦多豐富可觀，值得探究。再以宋詩研究而言，選題也都集中在兩宋大家名家之內，論述之層面不夠寬廣，探討問題缺乏深刻。其實，宋詩大家名家有詩集傳世者，約六百餘家；詩集在十卷以上者，大約四百家；業經研究觸及者，總數不會超過三十人。佔《全宋詩》九千餘位詩人的三百分之一，佔六百家詩集的二十分之一，何況選題還太過集中與重複。可見，此中園地，可供開墾之空間，是何等遼闊，正期待有志之士的努力。

其次，談談唐宋文學的研究方法。一、詩詞校注：1980 年以前，有許多學位和升等論文，採用這種方式。好的校注，是文本解讀的利器，應該把它看做文本研究的起點和手段，而不是目的和方法。如果能從詮釋文本的過程中，得出作品的內容思想、形式技巧、甚至語言風格，而將心得撰成敘錄或總案，自然有功於學術。唐宋大家名家之詩詞，歷代續有校注，學界稱便。然宋詩大家名家作品尚未箋釋者多，如王禹偁、蘇轍、張耒、陸游、楊萬里、范成大、朱熹、文天祥等大家，以及《四庫全書》、《續修四庫全書》、《四庫存目叢書》中的宋人詩集，九成五以上皆未有校注；或者雖有箋注，而簡略疏漏，精詳不足，如黃庭堅詩，影響江西詩派及兩宋詩壇，成就與蘇軾並列，同為宋詩之代表。如此重要的詩人，其詩集文集實在有必要作精校精注，可惜海峽兩岸一直沒有學人投入這件有意義的工作。如今《全宋詩》正編已經出齊，對於善本名鈔提供許多線索，在此基礎上，更上層樓，致力校注，應該可以事半功倍。兩岸學界，不妨組織人力，精選大家名家作品，玉成此事。二、年譜傳記；作品繫年：提供知人論世之參考，作為考索士人心態之依據，也值得撰作。三、作品的分期研究，是文學探討不可避免的開山工作，尤其是宋詩的分期研究，一直存在許多爭議，值得繼續耕耘。四、流變的研究，是文學史的研究法，很能在因革損益的考察中，為作品或作家定地位。大陸學者葛曉音《漢唐文學的嬗變》、《詩國高潮與盛唐文化》；尚定《走向盛唐》、

孟二冬《中唐詩歌之開拓與新變》，都是採用此法之力作，值得參考。就流變觀點考察唐詩學、宋詩學，國內學位論文已完成宋代唐詩學、清代宋詩學之博士論文；推此而言，元代唐詩學、明代唐詩學、明代宋詩學、清代唐詩學，亦值得探究。就影響與接受來論，宋代杜詩學、明代杜詩學、清代杜詩學；宋代李（白）詩學、清代李詩學；乃至於金元蘇（軾）詩學、清代蘇詩學；南宋黃（庭堅）詩學、清代黃詩學；歷代陶詩學等等，都可以嘗試以接受理論、及讀者反應論作為詮釋角度，研究方法，進行研討。葉嘉瑩《中國詞學的現代觀》，很贊成借鏡西方的文論來研究中國的詞學；如此，將可以賦古典以新貌，而且，「將新舊、中西的多元多采之文化，加以別擇去取，及融匯結合」「以確定其在世界性文化的大座標中的地位究竟何在？」吾人何妨一試？

　　筆者主張：唐宋文學之研究，應新變研究之方法，拓展研究的面向。首先，可從思考角度之翻新，去開發領域，拓展成果。如：可以從文體分類學之觀點切入，去探討古文跟其他文類間之交融整合，如古文與詩、古文與詞、古文與賦、古文與小說、古文與四六、古文與戲劇等之關係。又如立足於詩，去考察以文為詩、以詞為詩、以賦為詩，以戲劇為詩，以小說為詩諸現象；若立足於詞，則探索以詩為詞、以文為詞、以賦為詞諸事實。其次，可從多層面之觀照，去研討唐宋文學，譬如：鎖定禪宗思維方式，探討禪宗在詩、詞、文、小說、戲劇，以及文學理論各方面的反映；同理，也可以選擇老莊、理學、道教、乃至於經學思想，研究哲學思想對文學的可能影響。唐宋兩代，繪畫藝術十分昌盛，肯定對詩、詞、文、賦都產生相當影響；考察繪畫對詩、詞、文、賦的滲透，以及詩、詞、文、賦對繪畫如何作出位之思，這將是富於開拓性的探論。另外，還可以考慮從《春秋》書法、史家筆法的觀點，去研究唐宋之文學理論，去評價文學作品；也可以從唐宋的詩格、詩話、筆記、文集，建構文學批評，或修辭理論，進而探討詩歌語言、文學語言之實際，以及詩美學、詞美學、散文美學、辭賦美學、小說美學之原委。總之，探討問題宜力求立體而多元之闡說，切忌流於扁平而單調之敘述。

四、結論

　　唐宋文學的研究，五十年來的學術成果，宋代不如唐代。唐代文學成果豐碩，吸引更多新秀投入，良性循環，於是蔚為大觀；舉凡詩、文、小說，皆是熱門論題，成績斐然可觀；詞、賦、文學理論之研究，整體成果雖不如詩、文、小說、亦多可取。今後研究，可以加強文學、史學、哲學，甚至藝術間之科際整合，學術混血，成果才能新穎亮麗。筆者很贊成鄭騫先生「文學研究，要札根於經史子學」的話；試看陳寅恪的《元白詩箋證稿》、傅璇琮《唐代詩人叢考》、《唐詩論學叢稿》等書的享譽士林，就足以證明文史哲兼治的實際業績了。唐代的古文和辭賦，尚有許多發展空間，值得再投入。研究傳奇小說，以及歷代文言小說，甚至白話小說，近來學界喜好拿西洋小說理論，進行比較附會，所謂比較文學研究，這當然可行。筆者以為：小說既然是敘事文學之一支，它的根源應該是史傳文學的《左傳》《史記》，何以研究中國古典小說者很少尋根究源，從事影響或接受之探討？別的不說，唐代傳奇的敘事法式絕對跟《史記》《左傳》之敘事藝術有關；有何相關？這得進行系統研究，才能得知真相。

　　宋代文學研究，詞人與詞集的研究成果豐多。尤其黃文吉主編《詞學研究書目》（上下）、林玫儀主編《詞學論著總目》（一——四），總結唐宋以下歷代詞學，學者稱便。學界最近籌編《宋代文學研究書目》，由筆者任主編，打算搜羅詩、詞、文、賦、四六、小說、戲劇、文學理論諸文類，仿羅聯添、王國良《唐代文學論著集目》之例，可省讀者翻檢之勞。宋代文學理論之研究成果，僅次於宋詞；宋代單獨成書的詩話約一百七十餘種，探討其中一小部份即有如此成果；如今《宋詩話全編》收錄宋代詩話五百六十二家，較原來詩話多出三倍以上，文本資源之豐富，可以想見。另外，宋詩、宋文（含辭賦、四六），較之詩話資料，更有過之而無不及，已如上述。研究宋代文學

的資料如此大規模的結集，盛況堪稱空前絕後。文獻足徵，則學術上一切是非曲直容易釐正，一切成說偏見不難廓清。存在近千年的一些學術公案，應該到了定讞的時候了。

七百年前，南宋劉克莊提出「風人之詩」與「文人之詩」的分野，以規正江西詩派末流之弊端，從此衍變為唐詩宋詩之爭，歷經明、清，至現代當代，學界紛紛較論唐宋詩之優劣高下，能夠跳脫劉克莊、張戒、嚴羽成說者實在不多；能從「詩文代變，文體屢遷」的文學發展規律討論問題，能從文學語言、詩歌語言、創意造語等文學特質看待宋詩，[17]作持平論述的，也不多見。影響廣遠的文學史、詩歌史、文學批評史、理論史、美學史，竟也推波助瀾，作一些不實的侉述，導致學界習焉不察，形成許多偏差甚至謬誤的認知。如今《全宋詩》七十二冊出版，《宋詩話全編》十鉅冊印行，文獻足徵，文學史與文學批評理論史之偏失將可以獲得導正。這是一宗極富挑戰性的學術工程，極需有志之士踴躍投入，集體合作，個別分工。我們的盡心致力，在二十一世紀，一定可以改寫中國文學史及文學批評理論史。

四百年前的明代茅坤，編選《唐宋八大家文鈔》，於是後世研究唐宋古文，率多不踰越八大家之範圍。八大家之外的古文，備受冷落，甚至乏人問津。這種習焉不察、畫地自限的慣性思維，在《全唐文補編》問世、《全宋文》出版之後，必須調整改換，以更開闊的視角、創造性地思維，重新去考察唐宋古文的實際。擺脫制約，才能海闊天空的優游於學術礦區。

七十年前，胡適提倡白話文學運動，於是宋詞的地位與價值，凌駕宋代詩文之上，蔚為宋代文學之代表。自陸侃如、馮沅君《中國詩史》以下，至當代之文學史、詩歌史、亦習焉不察，依樣畫胡蘆。若將《全宋詞》五冊，與《全宋詩》正編七十二冊作一對照研究；再將唐宋詩異同，宋詩特色作一通盤考察，最後論定宋代文學之代表，才有公信力與說服力。

---

17 參考黃景進，〈從宋人論「意」與「語」看宋詩特色之形成〉，《第一屆宋代文學研討會論文集》，高雄：麗文文化公司，1995 年 5 月；張高評，〈談詩歌語言與言外之意〉，《宋詩之新變與代雄》附錄三，臺北：洪葉文化公司，1995 年 9 月。

　　七十年前，魯迅撰寫《中國小說史略》，對宋人的文言小說評價，否定的成份居多；於是後學習焉不察，研究唐宋小說，心眼中就只有唐傳奇和宋話本，似乎其餘皆不足觀。如果研究指向，也如同矮人看戲，隨人說短論長，那就太缺乏主見了。具有創意思考、獨力研究的學者，絕不為成說所蔽；試觀康來新《發跡變泰——宋人小說學論稿》、程毅中《宋元小說研究》、蕭相愷《宋元小說史》、薛洪勣《傳奇小說史》諸書，皆不囿於成說，重新審視宋代之傳奇與話本，提示了許多可供研究的論點，為斯學開啟了許多門徑，後人循此進階，必定可以重寫宋代小說史的。

　　六十年前，劉大杰著《中國文學發展史》，用「貴族文學」、「奇怪的體製」看待漢賦，又用「文字遊戲」、「莫名其妙」、「墮落惡化」等詞語評價唐宋辭賦；後學不察，奉為圭臬，於是唐宋辭賦研究，近三十餘年被視為文學研究禁區，涉足探索者絕少。簡宗梧先生隻眼獨具，率先倡導研究，於是臺灣學界研究唐宋辭賦之論著漸多，要皆出其門下，得其教澤者。風氣既開，假以時日，唐宋辭賦之研究，當有可觀之成績，一定能修正，甚至改寫唐宋之文學史。

　　由此觀之，從事唐宋文學研究，確實有許多令人著迷、令人廢寢忘食旳地方；尤其是宋代文學的研究。因為流傳廣遠的文學史、文學批評史、文學理論史、或者文學思想史，論述問題既然存在許多成見和謬誤；我們掌握豐富的文獻作論據，提出見解和心得，自然事實勝於雄辯。學術研究的誘因，既是發現問題，而坊間文學史有關宋代文學的論述存在許多問題；最富於挑戰的，是解決問題，而宋代文學之總集紛紛出版，有關工具書亦絡繹不絕面世，文獻足徵，運之以方法，繼之以心力，只要順水推舟，就可以水到渠成，何樂而不為呢？

　　如果我們的研究成果，能夠修正文學史的部分偏差或謬誤，那怕是文海微瀾，也是有價值的。如果我們的學術研究，成果卓越，足以重新建構文學史；而不只是獲得一個學位，晉升一個級職，替圖書館增加一本新著，那不是很有意義嗎？

臺灣宋詩研究之現況和展望

一、 尊唐抑宋與宋詩研究之困境

　　中國古典詩歌的發展，自先秦漢魏、歷經四唐、兩宋，大抵造就了兩次高峰，因而也就形成兩大詩學典範。「詩分唐宋」的命題，經袁枚提出，錢鍾書發微闡幽[1]，逐漸形成詩學研究之共識。試看臺灣國中、高中及大學詩選課文之變遷，即可窺知其中消息。七年前，中學《國文》課本中的詩選，幾乎清一色都是唐詩；大學《國文》詩選，及中文系《詩選》教材及授課內容，也毫無例外以唐詩為唯一取材。最近，臺灣教育部將中學教材開放民間出版社編纂，《高中國文》第四冊明文規定有「宋詩選讀」一項，與第三冊「唐詩選讀」前後輝映；這是「詩分唐宋」的詩學真相在中學教材的具體反映。影響所及，國中《國文》、大學《大一國文》的詩選取捨，也多能看出這些改變。唐詩選與宋詩選，在大學中學教材中的尊卑消長，正是南宋以來，歷經元、明、清、近現代，尊唐卑宋、宗唐抑宋詩風之如實反映。

　　宋人生於唐詩既成「典範」之後，為挑戰典範，代雄唐詩，於是宋人作詩「處窮必變」，或推本唐人詩法，力破餘地；或別闢門戶，獨樹壁壘；其中詩雄多「好奇恥同」，不肯俯仰隨人，既不主故常，出其所自得，故往往能因

---

[1] 袁枚，〈答施蘭坨論詩書〉，《小倉山房文集》卷 17；《隨園詩話》卷六；錢鍾書，《談藝錄》〈詩分唐宋〉。參考拙作〈從會通化成論宋詩之新變與價值〉，《會通化成與宋代詩學》，臺南：成功大學出版組，2000 年 8 月，頁 48-50。

難見巧，推陳出新，融傳承與開拓為一體，合繼往與開來為一爐，會通化成，自成一家。在「菁華極盛，體製大備」的唐詩之後，創造性地損壞與改造唐詩塑造的詩歌本色，重塑與建構另一個陌生化的新典範，這就是宋詩宋調新變唐詩唐音，代雄唐詩唐音的梗概[2]。然自南宋張戒《歲寒堂詩話》、黃徹《䂬溪詩話》、姜夔《白石道人詩說》、劉克莊《後村詩話》、嚴羽《滄浪詩話》、王若虛《滹南詩話》以來，因反江西詩風，抨擊蘇黃詩法，遂開啟明代前後七子、清初宗唐詩話「尊唐抑宋」之習氣，後世所謂「唐宋詩之爭」，蓋肇因於此。筆者近撰〈清初宗唐詩話與唐宋詩之爭〉一文，於此曾有論說，其中結論略云：

1. 中國古典詩歌歷經數千年之發展演變，形成兩座高峰：唐詩和宋詩，衍化為唐音和宋調。錢鍾書之見，唐之前，宋之後，乃至於近、現、當代，要皆統攝在「詩分唐宋」之範疇中，此固不易之論。

2. 宋人在學古變唐之歷程中，受宗派意識之制約，於是分體劃派之風逐漸形成。體派之間既各呈異彩，加上入主出奴，貴古賤今、振救時弊諸意識作祟，於是「唐宋詩之爭」肇始於北宋末葉，從此紛爭七、八百年。

3. 唐宋詩之爭，或因源流、異同而定優劣高下；或持本色、典範而軒輊唐宋。從而可見諸家所論唐詩宋詩之短長，更可見唐音、宋調之取捨與消長。平情而論，評斷唐宋詩之價值，應以新變自得為準據，不當以異同源流定優劣[3]。

---

[2] 參考拙作《宋詩之新變與代雄》，〈貳、自成一家與宋詩特色〉，臺北：洪葉文化公司，1995年9月，頁67-141。

[3] 拙作〈清初宗唐詩話與唐宋詩之爭〉，香港大學中文系主辦「元明清詩詞歌賦國際研討會」論文，載《中國文學與文化研究學刊》第1期，臺北：學生書局，2002年4月，頁146-147。

　　筆者論點所謂「評斷唐宋詩之價值，應以新變自得為準據，不當以異同源流定優劣」云云[4]，此固針對明清以來宗唐尊唐詩話筆記論點之偏頗而發，深信其中論點，頗體現文學發展之規律、符合詩歌語言之特質。甚至，宗唐詩論所誅伐之蘇黃詩病，尊唐詩話所批判之宋調習氣，經過考察和辯證，發現不僅不是缺失弊病，反而是優長創獲，暗合文學語言、詩歌語言之特質[5]。由此可知，學界對於宋詩之認知，自南宋以來確實存在許多成見和誤解。加上《全宋詩》在九〇年代前，一直未編纂成書，諸家詩集散在他編，搜尋不易，更添增宋詩研究之艱難和冷清。九〇年代以前，中國學界研究宋詩之情況如此，臺灣學界也不例外。學界紛紛投入宋詩研究，那是九〇年代以後《全宋詩》編纂出版後之事。

二、 臺灣研究宋詩之學人與基地

　　七〇年代以前，臺灣宋詩研究的先驅，大抵有五大家：臺灣大學鄭騫教授[6]、戴君仁教授[7]、臺灣師範大學李曰剛教授、汪中教授[8]、東海大學徐復觀教授[9]。其後，聞風而興起者，臺灣大學有張健先生[10]、黃啟方先生[11]、臺灣

---

[4] 參考同註1，頁 37-50。

[5] 參考同註3，筆者以陌生化詮釋宋詩之變異，以創發性解讀宋詩之新遠，以詩家語折衷宋詩之多賦而兼用比興，頁 110-135。

[6] 鄭騫教授代表作《陳簡齋詩集合校彙注》，臺北：聯經出版公司，1975 年 10 月；《陳後山年譜》，臺北：聯經出版公司，1984 年 7 月。

[7] 戴君仁教授著有《續詩選》，專選宋詩，臺北：中國文化大學出版社，1984 年 11 月。

[8] 李曰剛教授著有《中國詩歌流變史》，〈參、別出於兩宋〉，臺北：文津出版社，1987 年 2 月，頁 522-775。汪中教授撰有王安石、黃庭堅詩之研究論文多篇。

[9] 徐復觀教授著有《中國文學論集編篇》，〈宋詩特徵試論〉，臺北：學生書局，1981 年 10 月，頁 23-68。

師範大學有杜松柏先生[12]、黃永武先生[13]、張夢機先生[14]。諸先生教澤所及，衍為如今臺灣宋詩研究四大基地：即臺灣大學、師範大學、成功大學、東吳大學。臺灣研究宋詩學者星散四方，大抵師出於此，例外不多。

八〇年代前後，研究宋詩之學者，就專著出版之情況而言，較具代表者有黃景進[15]、張雙英[16]、龔鵬程、陳文華[17]、顏崑陽[18]、李栖、周益忠、張高評諸先生。諸先生大抵屬中生代學者，與前輩學人張健先生、黃啟方先生相互輝映者，不但專攻宋詩及宋代詩學，且指導若干青年學者撰寫博士碩士論文，身教與言教兼重，故影響較為深遠。其中，張健先生倡導宋代文學批評與理論之研究，不遺餘力；黃啟方先生治宋詩，文史兼重，尤長於辨章學術，考鏡淵流，著有《兩宋文史論叢》、《宋代詩文縱談》等書[19]。黃先生擔任臺灣大學中國文學系系主任兼所長時，曾舉辦「宋代文學與思想」學術研討會，會後論文結集成冊，出版流傳，對提倡宋詩及宋代學術，卓有貢獻[20]。二先

---

[10] 張健先生著有《滄浪詩話研究》，臺北：五南圖書出版公司，1966 年 7 月；《宋金四家文學批評研究》，臺北：聯經出版公司，1975 年 5 月；《文學批評論集》，臺北：學生書局，1985 年 10 月。

[11] 黃啟方先生著有《兩宋文史論叢》，臺北：學生書局，1985 月 10；《宋代詩文縱談》，臺北：臺灣商務印書館，1997 月 8 月。

[12] 杜松柏先生著有《禪學與唐宋詩學》，臺北：黎明文化公司，1976；《詩與詩學》，臺北：洙泗出版社，1990 月 12。

[13] 黃永武先生著有《中國詩學》（設計篇、鑑賞篇、思想篇），臺北：巨流圖書公司，1976.1976.1979；《詩與美》，臺北：洪範書店，1984。

[14] 張夢機先生著有《鷗波詩話》，臺北：漢光文化公司，1984 月 5 月。

[15] 黃景進著有《嚴羽及其詩論研究》，臺北：文史哲出版社，1986 月 2 月。

[16] 張雙英著有《中國文學批評的理論與實踐》，臺北：國文天地，1990 月 10 月。

[17] 陳文華著有《杜甫傳記唐宋資料考辨》，臺北：文史哲出版社，1987 月 11 月。

[18] 顏崑陽著有《古典詩文論叢》，臺北：漢光文化公司，1983 月 4 月。

[19] 《兩宋文史論叢》，臺北：學海出版社，1985 月 10；《宋代詩文縱談》，臺北：臺灣商務印書館，1997 月 8 月。

[20] 國立臺灣大學中國文學研究所主編《宋代文學與思想》，臺北：學生書局，1989 月 8 月。

生曾分別編著《中國文學批評資料彙編》〈南宋卷〉與〈北宋卷〉[21]，嘉惠士
林，功德無量。如今畢業臺大、政大、東吳、輔仁諸校而研究宋詩之學者，
大多得二先生之教導。龔鵬程博士論文為《江西詩社宗派研究》，側重從社會
學、族譜學、文化學諸層面解讀江西詩學之形成，心裁別出，成果卓犖。又
著有《詩史本色與妙悟》、〈知性的反省——宋詩的基本風貌〉、〈技進於道的
宋代詩學〉諸論著，探討宋詩特色，勾勒詩學風貌，能識其大體，真知灼見，
往往未經人道[22]。李栖先生素習花卉山水，師從鄭騫教授，博士論文為《兩
宋題畫詩論》，又著有《題畫詩散論》[23]，結合繪畫實作與理論而一之，以之
建構題畫詩中之繪畫理論體系，堪稱現身說法，能入能出。對於學界研討題
畫文學、繪畫理論、詩畫交融諸課題，多具啟示。周益忠著有《論詩絕句發
展之研究》、《宋代論詩詩研究》、《西崑研究論集》[24]，為臺灣中生代學人中
執著研究宋詩有成者之一。陳文華、龔鵬程、周益忠三人先後畢業於臺灣師
大國文研究所，皆師從汪中教授，並治宋詩，皆成一家之學。

　　筆者原來專攻《春秋》、《左氏傳》，先後出版六部相關專著。1983 年，
與本師黃永武教授合撰《唐詩三百首鑑賞》一書印行後[25]，再奉黃師教諭，
開始著手編纂臺灣版《全宋詩》，較北京大學《全宋詩》編纂工作早兩年。前
後歷經九個寒暑，計收得兩宋詩人八千餘家。其間廣搜眾本，極盡可能選用

---

[21] 二書由國立編譯館主編，臺北：成文出版社，分別於 1978 年 9 月、12 月印行。

[22] 《江西詩社宗派研究》，臺北：文史哲出版社，1983 年 10 月；《詩史本色與妙悟》，臺北：學生
書局，1986 年 4 月；其他二文，分別刊於《中國文化新論‧文學篇二、意象的流變》，臺北：聯
經出版公司，1981 年 10 月；《古典文學》第六集，臺北：學生書局，1984 年 12 月。

[23] 《兩宋題畫詩論》，臺北：學生書局，1994 年 7 月；《題畫詩散論》，臺北：華正書局，1993 年
2 月。

[24] 《論詩絕句發展之研究》，國立臺灣師範大學國文研究所碩士論文，1982.6；《宋代論詩詩研究》，
國立臺灣師範大學國文研究所博士論文，1989.6；《西崑研究論集》，臺北：學生書局，1999 年 3
月。

[25] 黃永武、張高評，《唐詩三百首鑑賞》（上下），臺北：尚友出版社，1983 年 5 月，P.1-951；又
臺北：黎明文化事業公司，1986 年 11 月，P.1-1050。

國家圖書館所藏珍鈔名槧為底本[26]。由於未有公家資助，獨立運作，因此艱苦備嘗；尤其不幸者，該詩稿在初校 10 冊後，因故未能出刊[27]。但幸運的，該詩稿成為筆者研究宋詩、占有文本之最佳利器，寧非因禍得福？為提倡宋詩之研究，筆者主編《宋詩論文選輯》三冊、《宋詩綜論叢編》一冊[28]；同時，創立《宋代文學研究叢刊》，提供世界漢學界宋代文學研究者一個發表園地，今年可望出刊第 9 期[29]。刊登之論著，除兩岸學人外，尚有日本、韓國、新加坡、英國、美國學者論文，業經發表之論文數預計在 260 篇以上，其中宋詩及宋代詩學約在 130 篇以上。十六年來，筆者研究興趣，《春秋》、《左傳》學與宋代文學兼治。宋代文學中，尤致力於宋人詩作、詩話、筆記之探討，先後撰著《宋詩之傳承與開拓》[30]、《宋詩之新變與代雄》[31]、《會通化成與宋代詩學》[32]、《宋詩特色研究》[33]四書；所謂傳承開拓、新變代雄、會通化成云云，實即筆者研究宋詩特色之心得，遂標榜以為書名。又執行國科會專題

[26] 參考張高評〈全宋詩編纂記〉，《大華晚報》， 1988 年 5 月 8 日；黃永武〈文化礦藏的開發──賀《全宋詩》編成及「宋詩研討會召開」〉；張高評〈《全宋詩》編纂經過〉，《中華日報》， 1988 年 5 月 29 日；張高評〈《全宋詩》之編纂與資料管理系統之建立〉，《漢學研究通訊》7：3，1988 年 9 月；張高評〈《全宋詩》編纂與宋詩研究〉，《國文天地》6：2，1990 年 7 月。

[27] 有關黃張所編《全宋詩》，因故未能出版之原委，可參黃永武〈我編《全宋詩》〉，《中央日報》，1992 年 8 月 10 日；有關出版擱淺消息，刊登在 8 月 17 日《中央日報》、《民生報》；9 月 7 日《中央日報》、《民生報》；臺灣學界聲援支持依約出版者，如 8 月 18 日《中央日報‧諤諤篇》，〈兩岸奇譚〉；8 月 23 日《聯合報》，黃碧端〈我看《全宋詩》公案〉；8 月 26 日《民生報》，李瑞騰〈《全宋詩》事件的省思〉；9 月 9 日《中央日報》，葉政欣〈《全宋詩》出版應續進行〉；10 月 15 日《聯合報》，龔鵬程〈《全宋詩》的糾紛〉；黎明文化公司之辯護，見 1992 年 9 月 3 日《中央日報》，鄧海翔〈我們的無奈──為黎明中止出版《全宋詩》告白〉。

[28] 二書分別由高雄：復文書局，1988 年 5 月；高雄：麗文文化公司，1993 年 10 月出版。

[29] 《宋代文學研究叢刊》創刊於 1995 年 3 月，爾後每年一期，改為 12 月出刊，從第 3 期起，由高雄市麗文文化公司贊助出版。

[30] 臺北：文史哲出版社，1990 年 3 月。

[31] 臺北：洪葉文化公司，1995 年 8 月。

[32] 臺南：成功大學出版組，2000 年 8 月。

[33] 中國吉林長春：長春出版社，2002 年 5 月。

研究計畫，有關宋詩研究者 8 案，或為宋詩體派之敘錄，或為書法史筆於宋詩之表現，或為王昭君形象流變之考察，或為詠物詩、邊塞詩、詠史詩傳承與開拓之探究[34]，企圖從唐詩宋詩異同之較論，對照出宋詩之特色與價值，為「詩分唐宋」作論證，為宋詩之文學史、歷史價值作定位。筆者任職成功大學，先後舉辦首屆「宋詩研討會」，「宋代文學研討會」[35]，同時開授宋詩專題研究、宋代文學專題研究、宋代文藝理論專題研究、詩話專題研究、蘇東坡詩，先後指導碩士論文博士論文二十人次以上，蔚為臺灣宋詩研究重要基地之一。

臺灣研究宋詩之基地中，彰化師範大學國文系舉辦中國詩學會議，第五屆主題為「宋代詩學」；東吳大學中文系最近亦舉辦「宋元文學學術研討會」，倡導推動宋詩研究，厥功甚偉[36]。

三、 從學位論文看臺灣宋詩研究之趨向

唐代文學研究，截至 1999 年 8 月止，獲得博士學位者有 34 人，獲得碩士學位者在 210 位左右。宋代文學研究與之相較，獲得博士學位者有 57 人，多出 23 人，獲得碩士學位者亦在 114 人以上[37]。學位論文的數量，宋代文學

---

[34] 筆者行政院國科會研究成果報告：《宋詩三百名家評傳》、《宋詩體派敘錄》、《書法史筆與宋代詩學》、《王昭君形象之流變與唐宋詩風之異同》，1999.11；《詠物詩之流變與唐宋詩之異同》，2000.10；《北宋邊塞詩之傳承與開拓》，2000.10；《南宋邊塞詩之開拓與新變》、《古籍整理與宋代詠史詩之新變——兼論唐宋詩風之異同》、《南宋詠史詩之新變與開拓——兼論唐宋詩風之異同》，最後一案執行中。

[35] 首屆「宋詩研討會」，於 1988 年 5 月舉行；「宋代文學研討會」於 1994 年 10 月舉行，會後論文結集成冊，由高雄市：麗文文化公司於 1995 年 5 月出版。

[36] 彰化師大「宋代詩學」會議，發表論文 8 篇，同時出版論文集，2000 年 10 月；東吳大學中文系會議於 2001 年 12 月 15-16 日召開，發表有關宋詩之論文 4 篇，論文集正籌印中。

[37] 彭正雄、彭雅玲，〈臺灣地區古典詩詞研究學位論文目錄——1950～1994〉，《漢學研究通訊》總號第 56、57、58 期，1995 年 12 月、1996 年 2 月、5 月；以及八十五、八十六、八十七學年度〈臺

研究勝過唐代，這顯示宋代文學研究的潛力豐富，學術園地利多；但在單篇論文的研究發表方向，宋代文學的數量卻遠遜於唐代許多，這表示其間尚有許多可以發展的研究空間。以 1982 年到 1991 年《臺灣地區漢學論著選目彙編》所登載而言，十年之間，有關宋代文學研究，除學位論著外，專著才 12 部，單篇論文只有 126 篇，平均一年出版一部專著，一個月發表一篇論文。這種現象，值得關心。

宋代文化有會通化成的特質，具備可大可久的氣象。就文學而言，許多類別在唐代的繁榮已達到空前，如詩、如文，宋人繼作勢必遭到「開闢真難為」之困境。儘管宋代文學創作面對「能事有止盡，極詣難角奇」的問題，但宋人發揮創新的精神和開拓的氣魄，「變唐人之所已能，而發其所未盡」，以學古為創新，因傳承而開拓，故宋詩、宋文、乃至於宋詞、宋賦、宋四六、宋戲劇、宋小說，以及宋金文學理論，多有自家面目，絕不俯仰隨人。以「詩文代變，文體屢遷」的文學發展規律看來，宋代文學的價值，尤其是宋詩，從學唐入，從變唐出，故風格特色不同於唐詩，很富於文學語言的價值。

(一) 宋代詩家詩作之研究

唐代文學，如詩、文、小說等的繁榮昌盛，既已達顛峰狀態；宋人生於唐人之後，遂有「盛極難繼」之慨。筆者以為，文學發展的軌跡，大致遵循《易·繫辭》所謂「窮則變，變則通，通則久」的原則；《南齊書·文學傳論》所謂「若無新變，不能代雄」，一語道盡文學因革消長，可大可久之道。就詩來說，唐人學漢魏詩，而新變為唐詩，於是代漢魏而稱雄於古典詩壇；宋人學唐人詩，追新求變，蔚為「自成一家」的宋詩，也是新變唐詩，蔚為古典詩歌的新典範。大凡「盛極難繼」之後的文學創作，往往必須追新求變，才有可能開創出屬於自己的一片天空，進而「自成一家」[38]。唐人「學漢魏，

灣地區漢學學位論文彙目〉、《漢學研究通訊》總號第 63、67、71 期。1999 年以後，未作統計，暫不論述。

[38] 參考同註 2，〈宋詩特色之自覺與形成〉，頁 1-52。

變漢魏」，終成唐詩，是如此；韓愈、李商隱學杜甫，卻又自成一家之詩，也
是如此。何況，宋人學唐詩，是以學古為手段、為途徑，而以「新變代雄」、
「自成一家」為目的，所以吾人看待宋詩風格，應該從「奇特解會」的眼光
去品味，從文學語言的標準去檢驗，千萬不可重拾明代前後七子「詩必盛
唐」之牙慧，更不必盲從附和清代宗唐派以源流同異判定詩歌優劣高下之成
見[39]。

　　截至 2001 年止，臺灣各中文、國文研究所，專研宋詩（含理論）獲得博
士學位者有 30 人，獲得碩士學位者約有 90 人。就研究選題而言，宋金詩人
只有九僧、歐陽脩、蘇軾、王安石、黃庭堅、呂本中、陸游、王十朋、朱熹、
元好問、方回十家，受到博士論文的關懷。就研究範圍而言，以研究詩學評
論者最多，共有八部博士論著（詳後）。以研究主題而言，研究詩風體派的有
三部，分別就宋初詩風體派、江西詩社宗派、江湖詩派作探討[40]；研究詩學
流變的也有五部：《禪學與唐宋詩學》、《唐宋陶學研究》、《宋代唐詩學》、《書
寫與文類——以韓愈詮釋為中心探討北宋書寫觀》、《清代宋詩學》[41]；有關題
畫的有兩部：《兩宋題畫詩論》、《蘇軾題畫文學研究》[42]。研究詩歌與致用關
係者一部：《北宋詩歌論政研究》[43]。研究專家詩者兩部，宋邦珍《陸游詩歌

[39] 參考同註 3，一、學唐變唐與唐音宋調之形成，頁 93-96；二、從文學語言新探清初宗唐詩話，頁
　　 96-107。

[40] 劉明宗，《宋初詩風體派發展之研究》，張子良教授指導，高雄師範大學國文研究所博士論文，
　　 1993。龔鵬程《江西詩社宗派研究》，詳前註 21。鄭亞薇，《南宋江湖詩派之研究》，王夢鷗、
　　 羅宗濤教授指導，政治大學中文研究所博士論文，1982。

[41] 杜松柏，《禪學與唐代詩學》，巴壺天教授指導，參詳註 12。黃蕙菁，《唐宋陶學研究》，張子
　　 良教授指導，高雄師範大學國文系博士論文，1997 年 12 月；蔡瑜，《宋代唐詩學》，吳宏一教授
　　 指導，臺灣大學中文所博士論文，1990.6；張蜀蕙，《書寫與文類——以韓愈詮釋為中心探討北宋
　　 書寫觀》，黃啟芳教授指導，政治大學中文所博士論文，2000，吳彩娥，《清代宋詩學》，羅宗
　　 濤教授指導，政治大學中文所博士論文，1993。

[42] 李栖，《兩宋題畫詩論》，詳參註 22。衣若芬，《蘇軾題畫文學研究》，石守謙、曾永義教授指
　　 導，臺灣大學中文研究所，1995。

[43] 林宜陵，《北宋詩歌論政研究》，黃啟方教授指導，輔仁大學中文所博士論文，1999.6。

研究》、魏王妙櫻《曾鞏文學與北宋詩文革新運動》[44]。

至於學位論文的研究方法，大多採用傳統的歸納分析法，對文本作類聚群分之論述；或者就詩與其他學科間作整合研究，如禪學與詩學、繪畫與詩文、書法與詩歌、理學與詩、莊學與詩等是；或者就中外詩話與詩歌進行比較文學之研究，如《唐宋詩話對韓日影響比較研究》[45]、《宋代朱熹詩與李朝李退溪詩之比較研究》是[46]。博士論文中有以研究方法卓絕取勝者，如龔鵬程《江西詩社宗派研究》，運用文化史觀點，社會學方法，詮釋江西詩派之形成與發展，最為特別。

有關宋詩研究（含詩學評論）之碩士論文，五十年來，在 90 部以上；其中 3 部為詩人年譜。宋代詩人及其詩，獲得研究者只有 28 家，蘇軾最多，共有 10 部論文，分別就杭州詩、黃州詩、瓊州詩、和陶詩、烏臺詩案、詩畫合一、以賦為詩、韓國詩話等論題，作不同面向之闡發。其次，為王安石詩之研究，共完成 5 部論文，其中 3 部為通論，其他則為絕句探析，及金陵詩研究。其次，則范仲淹、梅堯臣、黃庭堅、陳師道、張耒、楊萬里、元好問諸家詩集之研究，皆有 2 至 3 部之碩士論文。其他，如王禹偁、蘇舜欽、歐陽脩、曾鞏、邵雍、王令、文同、郭祥正、陳與義、韓駒、曾幾、范成大、朱熹、四靈、姜夔、南宋遺民詩，以及《西崑酬唱集》，皆已寫成一部碩士論文。除 17 部著作，為宋代詩話、詩學、詩論研究，詳下論述之外，其餘 67 部碩士論文，論文主題選擇研究詩畫關係者最多，凡 5 部；其次為和陶詩研究，有兩部；宋代陶詩學，連同博士論文，竟有 3 部著作。選擇宋詩體派作探討，如宛陵體、金陵體、江西詩派、各有一部論文。選擇體裁作研究，則有 9 部論文，如田園詩、理趣詩、詠茶詩、詠史詩、山水詩、紀遊詩、園林詩、雜體詩等之探究。其他，或研究唱和詩，使北詩，或探討宗杜、詩史、平淡，

---

[44] 宋邦珍論文，由何淑貞教授指導，高雄師範大學國文所博士論文，2000；魏王妙櫻論文，由王更生教授指導，東吳大學中文所博士論文，2000。

[45] 趙鍾業博士論文，臺灣師大國文研究所博士論文，高明教授指導，1984。

[46] 李秀雄博士論文，中國文化大學中國文學研究所，邱燮友教授指導，1990。

或考察唐宋詩之爭、以文為詩,甚至討論作品分期、律體用韻,對於宋詩之研究,成果多值得參考。其中碩士論文如李燕新《王荊公詩探究》[47]、戴文和《「唐詩」、「宋詩」之爭研究》、朴永煥《蘇軾禪詩研究》[48]、石韶華《宋代詠茶詩研究》、季明華《南宋詠史詩研究》、林湘華《禪宗與宋代詩學理論》、鄭倖宜《活法與宋詩》、李英華《黃庭堅詠物詩研究》[49],較為傑出。

　　自 1982 年以來,非學位論文之專著數量極少,絕大部分是詩學詩論之作,純粹宋詩研究的專著很有限。計有詩人年譜一:鄭騫《陳後山年譜》;詩集校注一:鄭騫《陳簡齋詩集合校彙注》;專著通論一:李曰剛《中國詩歌流變史·別出於兩宋》;體派研究一:周益忠《西崑研究論集》。詩作與詩論合著者六:黃啟方《兩宋文史論叢》、《宋代詩文縱談》;張高評《宋詩之傳承與開拓》、《宋詩之新變與代雄》、《會通化成與宋代詩學》、《宋詩特色研究》。臺北文津出版社挑選國內優秀碩士博士論文,成立《英彥叢刊》、及《儒林選萃》文庫,有關宋詩或詩學之論著,如蕭翠霞《南宋四大家詠花詩研究》,鍾美玲《北宋四大家理趣詩研究》、石韶華《宋代詠茶詩研究》、季明華《南宋詠史詩研究》、鄭倖朱《蘇軾「以賦為詩」研究》、林湘華《禪宗與宋代詩學理論》[50];黃奕珍《宋代詩學中的晚唐觀》、黃美鈴《宋詩的形成——以歐、梅、蘇為探究中心》、衣若芬《蘇軾題畫文學研究》(後 3 部為博士論文),對宋詩或宋代詩學皆有所開拓與啟益。至於單篇論文之成果,發表數量很有限,從 1970 年至 1999 年,國家圖書館所登錄,宋詩研究在三十年大約只發表 70 篇論文,每年平均二點三篇,實在太少。其中,徐復觀〈宋詩特徵試論〉、龔鵬程〈知

---

[47] 李燕新論文,于大成教授指導,高雄師院國文研究所碩士,1978。其後修訂,由臺北:文津出版社,1997.12 出版。

[48] 戴文和論文,張夢機教授指導,中央大學中文研究所,臺北:文史哲出版社,1997 年 6 月;朴永煥,韓國人,其碩士論文《蘇軾禪詩研究》,由筆者指導,成功大學歷史語言研究所,1992;其書後由北京中國社會科學出版社於 1995 年 11 月出版。

[49] 鄭倖宜,成功大學中文研究所碩士,2001.6;李英華,高雄師範大學國文研究所碩士,2002.1。二人論文皆筆者所指導。

[50] 以上六書,作者皆為成功大學歷史語言研究所或中國文學研究所碩士,論文皆為筆者所指導。

性的反省──宋詩的基本風貌〉、〈江西詩社宗派〉、〈從杜甫、韓愈到宋詩的形成：文學史的構成〉[51]；張高評〈宋詩特色之自覺與形成〉、〈從「會通化成」論宋詩之新變與價值〉、〈清初宗唐詩話與唐宋詩之爭〉諸什，多持論有據，言之有物，對於宋詩研究，頗見啟發與影響。

　　就 70 餘篇宋詩論文而言，研究宋代詩人與作品者，蘇軾最多，然九成以上皆屬賞析之作。其他論及的詩人，則有王禹偁、王安石、邵雍、黃庭堅、王十朋、葉適、崔與之、李昴英、劉過、張玉娘、連文鳳、謝翱、林景熙，以及一群南宋遺民。討論的主題，通論宋詩特色的有 6 篇，皆企圖為宋詩研究勾勒出一個大方向，大輪廓。其他，或就宋詩特色之具體項目，如會通化成、破體為詩、出位之思、化俗為雅、自成一家詳加申論者；亦有就詩與畫、詩作與畫論、詩歌與禪宗、雜劇與詩歌發揮者。論及宋詩之體派與風格者有 3 篇，分別述說江西派和江湖派。詠物詩（詠琴、酒、禽言）、題畫詩、山水詩、詠史詩、說理詩、論詩詩、理趣詩、園林詩，皆有論文探索。亦有就宗社、詩案論宋詩，就句法、心理描寫剖析宋詩者。較之唐詩論文，方面顯得狹隘，深度廣度呈現嚴重不足，有待進一步加強。

(二) 宋代文學批評與理論之研究

　　宋型文化和唐型文化不同，體現為沈潛收斂、會通化成，注重反思內省，充滿知性理性，表現為貴識見，尚思辨[52]，因此產生許多詩話、詩格、筆記、題跋，以及論詩詩、詩選、評點之作；文學批評與理論，蔚為空前之繁榮昌

[51] 《歷史月刊》115 期，1997.8；《宋代文學研究叢刊》第三期，高雄：麗文化公司，1997 年 9 月，頁 1-20。

[52] 傅樂成，《漢唐史論集》，〈唐型文化與宋型文化〉，臺北：聯經出版公司，1977 年 9 月，頁 339-382；羅聯添，《唐代文學論集》上冊，〈從兩個觀點試釋唐宋文化精神的差異〉，臺北：學生書局，1989 年 5 月，頁 231-250；王水照，《王水照自選集》，〈「祖宗家法」的「近代」指向與文學中的淑世精神──宋型文化與宋代文學之研究〉、〈情理‧源流‧對外文化關係──宋型文化與宋代文學之再研究〉，上海：上海教育出版社，2000 年 5 月，頁 2-44。又，同註 1，二、〈兼容、會通、化變、集成是宋詩「自成一家」之手段〉，三、〈宋詩「自成一家」與宋型文化之「會通化成」〉，頁 3-27。

盛，不僅量多，而且質高。另一方面，中國文學發展至兩宋，已積累相當豐富之遺產與資源；如何在傳承前人精華之餘，還能兼顧到開拓自家特色，這一直是宋人關心的課題。宋人運用詩話、筆記、詩選各種體裁，去總結前賢創作經驗；從總結經驗上去推陳出新，自成一家。總結經驗，是為了參考借鏡；師法優長，是為了創新風格；一些救時之弊的批評和理論，是為了補苴罅漏，提示文學創作可大可久之道。所以，宋代文學批評與理論之研究，五十年來，十分蓬勃。除了詩話詩格筆記專著外，臺北成文出版社召集學人編纂《中國文學批評資料彙編》，其中《北宋卷》、《南宋卷》、《金代卷》[53]分三冊發行，提供學界研究宋代詩論不少便利。

　　文學批評，本是理性知性的活動，這跟宋型文化的特色十分合拍。五十年來，臺灣學者研究這個領域，獲得學位者，計博士論文 16 部，碩士論文 32 部，成果堪稱可觀。其中，研究宋代詩學與理論者最多，博士論文即有 13 部，碩士論文也有 18 部。就博士論文之選題而言，以比較詩學觀點，針對中、日、韓詩話進行比較研究者有 2 部。鎖定宋代詩話筆記，或元明清詩話，作文本探討，及影響或接受研究者最多，共有 8 部，分別就宋代詩話筆記探索宋代之詩法理論[54]、晚唐觀念[55]、寫意課題[56]、詩人傳[57]；以及有關情性、寫景、詠物、詠史、敘事、說理之詩學理論[58]。亦有探論一家詩學者，如探討蘇軾詩學理論[59]；更有作流變考察者，如宋代唐詩學、清代宋詩學之研究[60]。

---

[53] 林明德編輯，《金代文學批評資料彙編》，臺北：成文出版社，1979 年 1 月。林明德教授任職輔仁大學中文系時，曾主辦元好問學術研討會，會後論文結集刊行。

[54] 郭玉雯，《宋代詩話的詩法研究》，張健教授指導，臺灣大學中文研究所博士論文，1987。

[55] 黃奕珍，《宋代詩學中的晚唐觀》，黃啟方教授指導，臺灣大學中文研究所博士論文，1995。

[56] 謝佩芬，《北宋詩學中「寫意」課題研究》，黃啟方教授指導，臺灣大學中文研究所博士論文，1996。

[57] 陳文華博士論文，見註 17。

[58] 崔成宗，《宋代詩話論詩研究》，杜松柏教授指導，東吳大學中文研究所博士論文，1984。

[59] 江惜美，《蘇軾詩學理論及其實踐》，陳新雄教授指導，東吳大學中文研究所，1990。

[60] 蔡瑜，《宋代唐詩學》，臺北：臺灣大學中文研究所博士論文，1990，吳宏一教授指導；吳彩娥，《清代宋詩學研究》，臺北：政治大學中文研究所博士論文，1993，羅宗濤教授指導。

除外，又有針對詩集詩選、文集，建構一家詩學、一家文論，或一代詩論者[61]。杜松柏《禪學與唐宋詩學》，專就禪學與詩學作交融整合之研究，難度高，成果佳，很值得借鏡。

碩士論文涉及宋代詩學研究者，18 部之中，專攻宋代詩話者有 6 部：就詩話之專著作研究者，如《韻語陽秋》、《滄浪詩話》、《瀛奎律髓》等之探討；另外，則或為詩話作敘錄，或探討詩話之摘句批評，或研究詩話之格律理論。其他選題，多研究宋代詩學之體派理論，如北宋道學家之文學理論、蘇軾之文藝創作理論、形神理論與北宋題畫詩、張耒之文學理論、黃庭堅詩論、活法與江西詩法、楊萬里之詩學、劉克莊之文學批評、朱熹之文學理論、元好問〈論詩三十首〉及其詩學、禪宗與宋代詩學理論、王若虛之詩文理論等，宋詩重要之體派，如理學體派、東坡體派、山谷體派、江西詩派、誠齋體、江湖派，以及金代重要之詩論，皆已普遍觸及；至於深入發掘，發微闡幽，正有待乎後來者。

四、 宋詩研究的未來展望

唐宋兩朝，不僅時代緊鄰，而且學術間有傳承與開拓，影響與接受之密切關係。尤其就中國歷史分期來說，兩朝又位居中古之結束、近代之開端的分水嶺上[62]，無疑是中國學術研究的樞紐與關鍵，善加掌握，最有利於上究下探，旁推交通。所以唐宋學術，最宜合觀並看，以宏觀的視野，作會通整

[61] 張薰，《周密及其韻文學研究——詩詞及其理論》，吳宏一教授指導，臺灣大學中文研究所，1993；洪光勳，《兩宋道雄家文學理論研究》，張健教授指導，臺灣大學中文研究所，1994；黃美鈴，《宋詩的形成——以歐、梅、蘇為探究中心》，黃啟方教授指導，臺灣師範大學國文研究所，1996年 10 月。

[62] 內藤湖南，〈概括的唐宋時代觀〉，《日本學者研究中國史論著選譯》，劉俊文主編，北京：中華書局，1992，卷 1，頁 10。參考高明士，《戰後日本的中國史研究》第一篇，三、〈唐宋間歷史變革之時代性質的論戰〉，臺北：東昇出版公司，1982，頁 104-116。

合之研究，將有助於唐宋學術之研究與闡發。唐宋學術之探討如此，唐宋文學之研究尤其應該如此。中國大陸成立若干研究專業，其中有唐宋文學研究專業，可見唐宋肯定是相提並論，未嘗偏廢的。因為唐宋文學間，存在許多內在的連繫，無論縱向的因革損益，或橫向的交融整合，都有必要唐宋並舉，作源流正變之探討，消長因革之考察，才能得其真解，才能切實地為學術價值作定位。

就唐宋文學之研究來說，五十年來，宏觀整合之探討比較少見，今後應該加強。如唐宋詩之探討，可以進行唐宋詩之異同研究、唐宋詩之流變研究、唐宋詩之比較研究；乃至於以詠物詩、題畫詩、詠史詩、山水詩、邊塞詩為論題，研討唐詩宋詩間之源流、因革、傳承和開拓，多一些整合型的選題，來考察唐宋詩歌，特色和風格才容易顯現，唐宋詩之爭的公案，才能獲得定讞。尤其是文學理論，最能見因革損益之現象；若能以歷史流變視點，運用接受影響的角度，去觀照唐宋之文學理論，梳理出各個文學理論的脈絡和走向，則理論的價值、文論家的地位，不難定出。

對於如何提高研究成果之學術原創價值？筆者曾經提出三個重要途徑：一、材料生新；二、方法獨特；三、觀點殊異[63]。今用來論述宋詩之研究，堪稱信而有徵。首先談觀點殊異：要求我們摒棄慣性的思維，發揮創造思考，運用另類的觀點，從事閱讀研究。這種殊異的觀點，在參加熱門題目研究，或「好話已被前人說盡」的困境下，最有立竿見影的功效。宋代文學之研究，從地域文化的視角切入[64]，將更見具體有功。蜀學、洛學、關學、閩學、固然有地域文化特色，江西詩派、浙東學派（金華、永嘉、永康）也都以地域分派，掌握地域文化之整體特色，進而探索文學體派，將是值得值鏡的觀點。臺灣學者研究宋代文學，採用不同流俗之殊異觀點者，如張高評〈雜劇藝術

---

[63] 參考拙作〈宋代文學研究的方法和展望〉、〈宋代文學研究面面觀〉，《宋代文學研究叢刊》〈代序〉，第二期、第三期，1996 年 9 月，1997 年 9 月。

[64] 參考何西來，〈文學鑑賞中的地域文化因素〉，《文藝研究》1999 年 3 期；杜曉勤，〈地域文化的整合和盛唐詩歌的藝術精神〉，《文學評論》1999 年 4 期。

對宋詩之啟示〉、〈《春秋》書法與宋代詩學〉、〈史家筆法與宋代詩學〉、〈蘇黃「以書道喻詩」與宋代詩學〉，成果令人耳目一新。大陸學者在宋代文學研究方面，視角亦值得參考，如馬積高《宋明理學與文學》、鍾來因《蘇軾與道家道教》、周裕鍇《文字禪與宋代詩學》、歐陽光《宋元詩社研究叢稿》等，他山之石，可以攻錯，借鏡之謂也。

其次，談材料生新：文本資料，是一切研究的基礎；資料不足，研究成果勢必受到影響。研究唐宋文學，地下出土的文物足供佐證者，不如先秦兩漢多；但唐宋資料留存在後代文獻中者不少，經有心人鉤稽梳理，輯佚考證而薈粹成編。這些資料隱沒浩瀚書海中已百千年，一旦而重現今日，學者知而利用之，真可媲美發現新大陸，比起王國維所謂的二重證據，更富學術價值。大家運用生新資料從事研究，自然易有令人刮目相看的成果。如復旦大學王水照教授於日本蓬左文庫發現朝鮮活字本《王荊文公詩李壁注》，篇幅較坊本多出二分之一[65]；孔凡禮於北京圖書館發現明代稿本《詩淵》，從《永樂大典》殘卷、《輿地紀勝》、以及方志、族譜中，發現厲鶚《宋詩紀事》、陸心源《宋詩紀事補遺》漏收宋詩甚多，輯成《宋詩紀事續補》上下冊。北京大學主編《全宋詩》，補輯集外逸詩者更所在多有[66]。這些宋代詩歌，在 1987年以前，已淹沒在浩瀚書海中長達五至六世紀，如今經有心人搜羅輯出，真堪媲美珍貴文物出土。胡適、聞一多、魯迅、顧頡剛、王國維無緣經眼，遑論陸心源和厲鶚。我輩有幸目及，善加援用，寧非文本佐證之一大利器，畢竟材料生新，結論才較能卓越獨特。

在材料的生新方面：宋詩、以及宋代文學理論，比起唐代文學的資源，更加豐富多采，而且幾乎未經開發，是一片資源豐富的學術礦區：北京大學主編《全宋詩》，七十二冊正編已出齊，補編據說有十冊以上（尚未出版）。

---

[65] 參考王水照，《王荊文公詩李壁注·前言》，上海：上海古籍出版社，1993.12。

[66] 參考孔凡禮，《詩淵·前言》，北京：書目文獻出版社，1985；孔凡禮，《宋詩紀事續補·自序》，（北京：北京大學出版社，1987 年 5 月）。《全宋詩》第一冊，〈編纂說明〉，北京：北京大學出版社，1991 年 7 月。

吳文治先生主編《宋詩話全編》，一套十鉅冊，纂集宋代詩話五百六十二家。
上海師範大學朱易安教授主編《宋人筆記》十輯 100 冊，更是皇皇鉅著（籌
印中）。這三套書，共一百八十五冊以上，洋洋大觀，資源無限，都是研究宋
代文學的文本資料。若再加上《全宋文》180 冊，研究宋詩之文獻基本具備。
五十年來，宋詩、宋代文學理論，由於文獻散亂，未經彙整，所以資料掌握
不易，造成研究不少困難。如今，文獻具足，翻檢可得，勢必吸引更多學人
投入研究。尤其四川大學編纂許多宋代研究的工具書，如《宋遼金文學分典》
五鉅冊、《現存宋人別集版本目錄》[67]、《宋人年譜集目·宋編宋人年譜選刊》、
《宋人傳記資料索引補編》[68]、《現存宋人著述總錄》[69]、《中國地方志宋代人
物資料索引》[70]、《宋人別集敘錄》、《宋僧錄》[71]，更為宋代學術研究提供許
多便捷之利器。北京大學古文獻研究中心籌劃出版「宋代學術叢書」，河南大
學近期籌劃出版《宋代文學研究叢書》，復旦大學於 2000 年舉辦「宋代文學
國際研討會」，成立中國宋代文學學會；同時創立《宋代文學研究年鑑》，發
行《新宋學》學刊。2002 年第二屆宋代文學國際研討會將在南京大學舉行，
第三屆宋代文學國際研討會 2003 年在寧夏大學舉行。宋代文學研究同好分工
合作，齊心推動宋代學術之研究，由此可見一斑。宋代文學研究，具備如此
豐富的資源和利多，未來必然形成一股學術風潮，將是可以預期的。

　　從材料的生新，聯想到研究選題的創意。五十年來的唐宋文學研究，在
選題方面，無論是學位論文或單篇論文，有過份集中，甚至幾近雷同的現象，
不僅造成人力浪費，而且容易形成因循苟且，陳陳相因的惡質風尚。當然，

---

[67] 曾棗莊主編，《中華大典·宋遼金元文學分典》，南京：江蘇古籍出版社，1999 年 9 月；四川大
學古籍整理研究所主編《現存宋人別集版本目錄》，成都：巴蜀書社，1990 年 6 月。

[68] 吳洪澤編，《宋人年譜集目·宋編宋人年譜選刊》，成都：巴蜀書社，1995 年。

[69] 劉琳、沈治宏編著，《現存宋人著述總錄》，成都：巴蜀書社，1995 年 8 月。

[70] 沈治宏、王蓉貴編著，《中國地方志宋代人物資料索引》及《續編》，成都：四川辭書出版社，
2002 年 2 月。

[71] 祝尚書著，《宋人別集敘錄》上下冊，北京：中華書局，1999 年 11；李國玲編著，《宋僧錄》上
下冊，北京：線裝書局，2001 年 12 月。

如果對同一選題有創新的研究視點,未嘗不可以各抒己見。就宋詩研究而言,選題也都集中在兩宋大家名家之內,論述之層面不夠寬廣,探討問題缺乏深刻。其實,宋詩大家名家有詩集傳世者,約六百餘家;詩集在 10 卷以上者,大約四百家;業經研究觸及者,總數不會超過 30 人。佔《全宋詩》九千餘位詩人的三百分之一,佔六百家詩集的二十分之一,何況選題還太過集中與重複[72]。可見,此中園地,可供開墾之空間,是何等遼闊,正期待有志之士的努力。筆者曾撰〈宋詩研究的面向和方法〉一文[73],列舉 150 餘個大小不等的研究選題,提供學界同好參考,歡迎多多發揮。

其次,談談唐宋文學的研究方法。一、詩詞校注:1980 年以前,臺灣有許多學位和升等論文,採用這種方式。理想的校注,是文本解讀的利器,應該把它看做文本研究的起點和手段,而不是目的和方法。如果能從詮釋文本的過程中,得出作品的內容思想、形式技巧、甚至語言風格、文人心態,而將心得撰成敘錄或總案,自然有功於學術。唐代大家名家之詩集,歷代續有校注,學界稱便。然宋詩大家名家作品尚未箋釋者多,如王禹偁、蘇轍、張耒、楊萬里、范成大、劉克莊、文天祥等大家,以及《四庫全書》、《續修四庫全書》、《四庫存目叢書》中的宋人詩集,九成五以上皆未有校注;或者雖有箋注,而簡略疏漏,精詳不足,如黃庭堅詩,影響江西詩派及兩宋詩壇,成就與蘇軾並列,同為宋詩之代表。如此重要的詩人,其詩集文集實在有必要作精校精注,甚至於作會注彙評,可惜海峽兩岸一直沒有學人投入這件有意義的工作[74]。如今《全宋詩》正編已經出齊,對於善本名鈔提供許多線索,

---

[72] 參考拙作《宋詩之傳承與開拓》,附錄一,〈從《宋詩研究論著類目》、《宋詩論文選集》論宋詩研究的方法和趨向〉,頁 517-531。

[73] 慶祝北京大學 100 週年校慶,北京大學中國傳統文化研究中心編《文化的饋贈——漢學研究國際會議論文集·語言文學卷》,北京:北京大學出版社,2000.8;會後修訂,輯入拙作《會通化成與宋代詩學》,頁 329-340。

[74] 兩年前,筆者曾將上述期待向四川大學古籍整理研究所曾棗莊教授及舒大剛所長提及,皆深表同意,於是籌劃整理全集,由劉琳、李勇先、王蓉貴校點之《黃庭堅全集》四大冊,已於 2001 年 5 月,由四川大學出版社印行。可惜未將任淵、史容、史溫及清人集注資料搜入。雖茲事體大,學界若能通力合作,或可玉成此事。

在此基礎上，更上層樓，致力校注，應該可以事半功倍。兩岸學界，不妨組織人力，精選大家名家作品，玉成此事。二、年譜傳記、作品繫年：提供知人論世之參考，作為考索士人心態之依據，也值得撰作。三、作品的分期研究，是文學探討不可避免的開山工作，尤其是宋詩的分期研究，一直存在許多爭議，值得繼續耕耘。四、流變的研究，是文學史的研究法，很能在因革損益的考察中，為作品或作家定地位。大陸學者葛曉音《漢唐文學的嬗變》、《詩國高潮與盛唐文化》[75]；尚定《走向盛唐》、孟二冬《中唐詩歌之開拓與新變》[76]，都是採用此法之力作，值得參考。就流變觀點考察唐詩學、宋詩學，國內學位論文已完成宋代唐詩學、清代宋詩學之博士論文，概括性太強，跨度太大，留存許多可資進一步開拓之研究空間，開基意義極為深遠。推此而言，元代宋詩學、明代宋詩學，亦值得探究。就影響與接受而論，宋代杜甫詩學、宋代昌黎詩學、宋代樂天詩學；宋代李（白）詩學、宋代晚唐詩學；乃至於金元蘇（軾）詩學、清代蘇詩學；南宋黃（庭堅）詩學、清代黃詩學；歷代陶詩學等等，都可以嘗試以接受理論、及讀者反應論作為詮釋角度，研究方法，進行研討[77]。葉嘉瑩《中國詞學的現代觀》[78]，很贊成借鏡西方的文論來研究中國的詞學；如此，將可以賦古典以新貌，而且，「將新舊、中西的多元多采之文化，加以別擇去取，及融匯結合」「以確定其在世界性文化的大座標中的地位究竟何在？」吾人何妨一試？

---

[75] 葛曉音，《漢唐文學的嬗變》，北京：北京大學出版社，1990 年 11 月；《詩國高潮與盛唐文化》，北京：北京大學出版社，1998 年 5 月。

[76] 尚定，《走向盛唐》，北京：中國社會科學出版社，1994 年 7 月；孟二冬，《中唐詩歌之開拓與新變》，北京：北京大學出版社，1998 年 9 月。

[77] 參考龍協濤，《文學讀解與美的再創造》，臺北：時報文化公司，1993 年 8 月；陳文忠，《中國古典詩歌接受史研究》，合肥：安徽大學出版社，1998 年 8 月；金元浦，《接受反應文論》，濟南：山東教育出版社，1998 年 10 月；尚學鋒、過常寶、郭英德，《中國古典文學接受史》，濟南：山東教育出版社，2000 年 9 月。

[78] 葉嘉瑩，《中國詞學的現代觀》，第一部分第三節〈從西方文論看中國詞學〉，長沙：岳麓書社，1990 年 7 月，頁 28-50。

五、 結論

筆者主張：唐宋文學之研究，應新變研究之方法，拓展研究的面向。首先，可從思考角度之翻新，去開發領域，拓展成果。例如：可以從唐型文化與宋型文化的對照切入，考察唐宋詩之流變與異同，以凸顯宋詩之特色；也可以從雕版印刷之繁榮、古籍整理之普遍，去論定宋詩特色之形成；更可以從文體分類學之觀點切入，立足於詩，去考察以文為詩、以詞為詩、以賦為詩，以戲劇為詩，以小說為詩諸現象；若立足於詞，則探索以詩為詞，以文為詞、以賦為詞諸事實。

其次，可從多層面之觀照，去研討唐宋文學，譬如：鎖定禪宗思維方式，探討禪宗在詩、詞、文、小說、戲劇，以及文學理論各方面的反映；同理，也可以選擇老莊、理學、道教、乃至於經學思想、史學思想，研究哲學思想對文學的可能影響。唐宋兩代，繪畫藝術十分昌盛，肯定對詩、詞、文、賦都產生相當影響；考察繪畫對詩、詞、文、賦的滲透，以及詩、詞、文、賦對繪畫如何作「出位之思」[79]，分別選擇理論和作品方面作文本，這將是富於開拓性的探論。另外，還可以考慮從《春秋》書法、史家筆法的觀點，去研究唐宋之文學理論，去評價文學作品[80]；也可以從唐宋的詩格、詩話、筆記、文集，建構文學批評，或修辭理論，進而探討詩歌語言、文學語言之實

---

[79] 「出位之思」，源出德國美學用語，Anderssterben，指一種媒體欲超越其本身的表現性能，而進入另一種媒體的表現狀態的美學。錢鍾書於〈中國詩與中國畫〉一文中，率先用此術語。參考葉維廉《比較詩學》，〈「出位之思」：媒體及其超媒體的美學〉，臺北：東大圖書館公司，1983年，頁195-234；又，參考同註2，第二節、〈四、出位之思，補偏救敝〉，頁94-112；同註28，下篇，〈宋代「詩中有畫」之傳統與創格〉，頁255-516。

[80] 參考同註1，〈貳、《春秋》書法與宋代詩學——以宋人筆記為例〉，〈參、會通與宋代詩學——宋詩話「以《春秋》書法論詩」〉，頁55-128；〈伍、史家筆法與宋代詩學——以宋人詩話筆記為例〉，〈陸、蘇黃「書道喻詩」與宋代詩學之會通〉，頁153-234。

際，以及詩美學、詞美學、散文美學、辭賦美學、小說美學之原委。總之，探討問題宜力求立體而多元之闡說，切忌流於扁平而單調之敘述。

從嚴復（1854-1921）、王國維（1877-1927）、陳寅恪（1890-1969），到錢穆（1895-1990）、鄧廣銘（1907-1997），研究近代史、唐宋史的專家學者一致提出：華夏文明造極於趙宋之世，近代學術多發端於宋人；且以為：宋代學術代表中國傳統學術的未來，宋代文明源遠流長，影響到近代、現代及當代[81]。旅美臺灣學者杜國清教授甚至斷言：臺灣現代詩走向，近似宋詩之風格特色[82]；筆者更發現，研究宋詩可以使人增智慧、具創意。無論研究的出發點是為學術而學術，或是為了借古鑑今，或是為了會通適變，甚至為了鉤勒出發明創造的觸媒，宋詩研究是極富潛力與魅力的，有志之士，曷興乎來？

---

[81] 參考嚴復，〈與熊純如書〉，《學衡》第 13 期，頁 1-13；王國維，〈宋代之金石學〉，《王國維遺書》第 5 冊，《靜安文集續編》，上海：上海書店，1983 年，頁 70；陳寅恪，〈鄧廣銘〈宋史職官考證·序〉〉，《金明館叢稿》二編，臺北：里仁書局，頁 245-246；錢穆，《中國近三百年學術史》第一章〈引論·兩宋學術〉，臺北：臺灣商務印書館，1957 年，頁 1；鄧廣銘，〈宋代文化的高度發展與宋王朝的文化政策〉，《鄧廣銘學術論著自選集》，北京：首都師範大學出版社，1994 年，頁 162-171。

[82] 杜國清，《詩情與詩論》，〈宋詩與臺灣現代詩〉，廣州：花城出版社，1993 年 2 月，頁 197-209。

宋代文學研究的價值和方向

　　日本京都學派研究中國歷史分期，以宋代為中古史之終結，近代史之發
端。認為宋代在中國文化史上，居於承先啟後之樞紐地位。內藤湖南、宮崎
市定師徒之主張，歷史學界稱為「唐宋變革」論、「宋代近世」說，推衍出所
謂「宋清千年一脈」論，歐美漢學界稱為「內藤假說」，或「內藤命題」。[1]史
學界肯定推崇者多，文學界除繆鉞說「唐宋詩異同」，[2]錢鍾書論「詩分唐宋」，
[3]觀點暗合外，相關成果研討不多，值得深究。

一、唐宋變革論與宋代文學研究

　　陳寅恪曾說：「華夏民族之文化，歷數千載之演進，造極於趙宋之世！」
王國維亦稱：「天水一朝，人智之活動，與文化之多方面，前之漢唐，後之元
明，皆所不逮。近世學術，多發端於宋人。」錢穆亦云：「治近代學術者當何
自始？曰：必始於宋。……不識宋學，即無以識近代也。」宋史專家鄧廣銘
也說：「兩宋期內的物質文明和精神文明所達到的高度，在中國整個封建社會
時期之內，可以說是空前絕後的！」[4]一則稱華夏文化造極於趙宋，二則說兩

---

[1] 王水照，〈重提「內藤命題」〉，氏著《鱗爪文輯》，臺北：陝西人民出版社，2008 年，頁 173-178。

[2] 繆鉞，〈論宋詩〉，《詩詞散論》，上海：上海古籍出版社，1982 年，頁 36-37。

[3] 錢鍾書，〈詩分唐宋〉，《談藝錄》，臺北：書林出版公司，1988 年，頁 1-5。

[4] 語見陳寅恪，《金明館叢稿》二編，《鄧廣銘〈宋史職官考證·序〉》，里仁書局；王國維，〈宋
　　代之金石學〉，《國學論叢》第一卷第三號；錢穆，《中國近三百年學術史》第一章〈引論·兩宋

宋文明達到空前絕後之高度，三則謂近世學術多發端於宋人；可見探討宋代之文化、文明與學術，推究其盛衰因革之所以然，有助於考竟淵流，鑑古知今。

嚴復曾云：「研究人心正俗之變，則趙宋一代，最宜究心。中國所以成為今日現象者，為善為惡，姑不具論，而為宋人之所造就，什九可斷言也」；宋史學者趙鐵寒更認為：「元明清以來的政教大經，以至社會現象，人群的生活意識形態，除去近百年來受到西方文化的衝擊變動的成份不算，若在我國文化史上找它的根源，那麼，宋代的三百二十年，便是中繼線上的一個新的起點了。」[5]嚴復宣稱：宋人造就了近代史；趙鐵寒斷言：宋代三百年是近代文化史的根源。無論是溯源，推因、窮變、究委，宋代都是位居關鍵期、分水嶺、轉折點和樞紐帶，最值得掌握與關注，致力與究心。

宋代既是中國歷史中古與近代之分水嶺，也是轉折點，更是哲學思想上漢宋、宋明異轍之關鍵期，文學藝術之熱衷於傳承與開拓，會通嬗變，亦以宋代為極致。宋學，為宋代文化之投影與結晶，宋文化雜然賦形，衍化為多元性之精神特徵，諸如批判精神、懷疑精神、創造精神、開拓精神、實用精神、內求精神、兼容精神、會通精神，固是宋學之精神，也是宋代文藝之特質表現。宋代文藝有此表現，故能新變代雄，自成一家。[6]華夏文明，如何造極於趙宋之世？天水一朝，漢唐元明如何皆所不逮？兩宋精神文明，究竟達到如何空前絕後的高度？人心政俗之變，宋人何所造就？乃至於政教大經、社會現象、意識形態，宋人如何影響近代？要皆值得研究，在在值得借鏡。

陳寅恪稱：「六朝及天水一代，思想最為自由，故文章亦臻上乘」。[7]宋代

學術〉上，臺北：臺灣商務印書館，1957 年 10 月；鄧廣銘，〈關於宋史研究的幾個問題〉頁 1，四川大學出版社，1991 年 10 月。

[5] 語見嚴復，〈與熊純如書〉，《學衡雜誌》第十三期；趙鐵寒，《宋史資料萃編·代序》；參考姚瀛艇主編，《宋代文化史》，〈結束語·一、宋代文化在中國文化史上的地位〉，河南大學出版社，1992 年 2 月。

[6] 參考陳植鍔，《北宋文化史述論》，第三章第四節〈宋學精神〉，中國社會科學出版社，1992 年 3 月。

[7] 語見陳寅恪，《寒柳堂集》、〈論再生緣〉，里仁書局。

文章所以臻於上乘者，思想開放自由為一大端；外此，則宋代以儒立國，提倡「右文」政治，上述所謂懷疑、內求、批判、實用之特質，以及創造、開拓、兼容、會通諸宋學精神，發用表現在宋代文藝上，遂蔚為文章之大觀，可以抗衡六朝，比肩三唐。就文學而言，宋代呈現之層面大致有九：曰詩、曰詞、曰賦、曰古文、曰四六、曰小說、曰戲曲、曰文學理論、曰美學思潮，在在表現千巖競秀，萬壑奔流之繁榮氣象。在前代菁華極盛、體製大備之後，猶能別闢谿徑，突破創新，如宋調之異於唐音，宋詩足以跟唐詩分庭抗禮；[8] 宋文之別於唐文，唐宋古文各擅勝場；宋賦不同於兩漢六朝三唐之賦，文賦可與古賦俳賦律賦相提並論，各領風騷；宋代駢文，亦風流嬗變，光景常新，因時制宜，而成宋四六文之新典範，所謂「四六家之別裁斯在」，絕非過譽。宋人從事此四者，善於消納借鏡，又長於開拓發揮，猶發明家牛頓所謂「能站在巨人的肩膀上，故能比巨人高」；能繼往開來，善守先待後，知能入能出，方可悟窮變通久之道，進而追求本色當行，自成一家之言。

除此之外，宋代文學中，亦多前修未密，後出轉精之作，弱枝轉成強幹，附庸蔚為大國，如宋詞、宋戲曲、宋文學理論、宋代美學思潮諸文藝是。就宋詞而言，由民間詞而文人詞，由惻豔婉約而激越豪放，由小令豔曲而長調慢詞，由直接轉發而格律法度，由詞為詩餘而引詩入詞，而以文為詞，由雅俗之變而當行本色，而變體別調，乃至於觀念之演進，手法之創新方面，宋詞皆有所突破，從可見宋詞在歷代詞史上之地位。[9]就戲曲而言，「真正戲曲起於宋代」，宋代亦居於繼往開來，承前啟後之地位。[10]就詩論、文論、詞論、

---

[8] 參考張高評，〈宋詩特色之自覺與形成〉，二、「唐宋詩殊異論與宋詩的價值」，《漢學研究》十卷一期，1992 年 6 月。

[9] 參考楊海明，〈論「以詩為詞」〉，《唐宋詞論稿》，1988 年 5 月；吳熊和，《唐宋詞通論》第四章〈詞派〉，浙江古籍出版社，1989 年 3 月；蕭世杰，《唐宋詞史稿》各章，華中師範大學出版社，1991 年 4 月；謝桃坊，《宋詞概論》上編〈宋詞發展過程〉，四川文藝出版社，1992 年 8 月。

[10] 參考張高評，〈雜劇藝術對宋詩之啟示〉，三、（一），「真正之戲劇起於宋代」，《國立中山大學人文學報》第二期，1994 年 4 月。

小說理論、美學思潮而言，或就六朝三唐以來之理論雛形，深掘恢廓；或未經人道，自我作古；或別闢蹊徑，獨具隻眼，見於宋代詩話、詞話、四六話、筆記、小說、評點、序跋、文集中者，所在多有，惟待好學深思者留意發皇之也。至於宋代小說，以講演為事，與前代不同；文言小說，則內容豐富，數量眾多，成為傳奇小說、志人小說之賡續。話本小說，則精華糟粕雜陳；長篇講史，探求歷史規律，發揮歷史想像，則又頗與小說殊科；而皆有承前啟後之價值。[11]要之，宋代文學之重大特質，兼顧汲取與借鏡，強調通變與獨斷，故往往能有所開拓創新，蔚然自成一家。

二、宋代文學研究的面向

宋代文學既要承先啟後之地位，又勝任繼往開來之使命，故掌握宋代文學，即可以旁推交通，左右逢源；可以上探三唐、六朝、兩漢、先秦，可以下究蒙元、朱明、滿清、現代，源流正變，傳承開拓，皆於乎在也！觀水有術，必觀其瀾；考文有道，入手在宋；世有欲治中國文學者，得一宋代為左券，實無異網之在綱，兔之在蹄，可以得上通下貫之便，可以收事半功倍之效。唯七八十年以來，宋代文學之研究，普遍而熱絡之程度，遠不如唐代與六朝，於是宋代文學之內蘊與實際，曖而不明者有之，鬱而不發者有之，錯會與偏見尤其司空見慣。學術公案懸而未決，疑而待定者亦多，在在期待有

---

[11] 參考胡士瑩，《話本小說概論》上冊，第二、三、四章有關宋代的「說話」；第五、六、七、八章，有關宋代「話本」，北京中華書局，1980 年 5 月；談鳳梁，《古小說論稿》〈宋代小說話本的藝術特色〉，浙江古籍出版社，1989 年 2 月；陳謙豫，《中國小說理論批評》第二章，二、宋元小說理論批評的發展；三、白話小說理論批評的興起，華東師範大學出版社，1989 年 10 月；寧稼雨，《中國志人小說史》第六章〈宋代志人小說〉，遼寧人民出版社，1991 年 10 月；徐君慧，《中國小說史》第四章〈白話小說的興盛〉，廣西教育出版社，1991 年 12 月；侯忠義、劉世林，《中國文言小說史稿》〈宋元小說（上、中、下）〉，北京大學出版社，1993 年 2 月；龔鵬程，〈何謂講史？〉，《宋代文學研究叢刊》創刊號，1995 年 3 月。

志同道沈潛發皇，群策群力，共襄盛舉。成功大學、北京大學分別編纂《全宋詩》，約有七十餘冊；四川大學編纂《全宋文》，大約 360 冊；唐圭璋編成《全宋詞》五冊，[12]其他詩話、詞話、文集、筆記、序跋之整理編印，類書叢書之影印出版，提供宋代文學研究許多寶貴之文獻資料。資料的彙集，是研究的礎石，有關宋代文學之資料逐漸趨向完備，最有利於研究探索。

　　成功大學中文系所唐宋文學研究室有鑑於此，為提倡宋代文學之研究，乃籌劃舉行「第一屆宋代文學研討會」，擇期於 1994 年 11 月 4-5 兩日召開，共發表 18 篇論文，鴻文偉論，信有可觀。論文指向，有關詩者四篇、詩論者兩篇、詞三篇、古文一篇、賦論文學觀合為一篇、四六文兩篇、戲曲一篇、繪畫觀一篇、美學兩篇、專題演講（通論）一篇，小說獨闕。會後作者修訂完峻，為廣求切磋，提供借鏡，乃輯印成冊，即《宋代文學研討會論文集》是也。

　　由《論文集》看來，因為是第一屆，所以宋代文學研究觸及的範疇不夠深，也不夠廣。這種「不賅不偏」的研究現象，是今後首當改善和強化的地方。筆者主編《全宋詩》，涵泳宋代文學有年，願以一得之愚，提供宋代文學值得研究之課題，以就正於博雅方家：

　　一、有關宋代專家詩、詞、賦、古文、四六、小說、戲劇與作品研究；暨
　　　　詩派、詞派、文派、筆記文學、文學理論、美學理論、修辭理論、文
　　　　學思想、評點學之討論等。
　　二、關於前代文學對宋代之影響研究、宋代文學之流變考察：如宋代之詩
　　　　騷學、文選學、陶詩學、唐詩學、杜詩學；明代之宋詩學、清代之宋
　　　　詩學之探討；邊塞詩、詠物詩、題畫詩、詠史詩、雜體詩、山水詩、
　　　　田園詩、理趣詩、閒適詩、六言詩等之傳承與開拓；以及文論史、詩
　　　　論史、詞論史、小說史、美學史、修辭學史之縱向研究。

---

[12] 後來，又有吳文治主編，《宋詩話全編》十鉅冊，江蘇古籍出版社。上海師大朱易安等編《全宋
　　筆記》十輯 100 冊，鄭州大象出版社。

三、跨科整合之宏觀探索：如宋代之文學與儒學、文學與經學、文學與理
學、文學與禪學、文學與道家、文學與道教、文學與史學、文學與繪
畫、文學與書道、文學與戲劇、文學與園林、文學與文化間之借鏡反
饋；乃至於詩、文、詞、賦、四六、戲劇、小說間之交融滲透等橫向
探索。

四、文學專題之會通研究；如議論與宋代文學、翻案與宋代文學、寫意與
宋代文學、活法與宋代文學、雅俗之辨與宋代文學、言意之辨與宋代
文學、壺中天地與宋代文藝等等。

　　林林總總，聊作拋磚引玉之資，有志之士，盍興乎來！

　　今後為傅斯學之薪火，將持續爭取續辦宋代文學研討會；以文會友，砥
礪切磋，必能鼓動研究風潮，有推波助瀾之功。唯研討會多勞師動眾，未克
連年舉行；為彌補闕憾，成功大學唐宋文學研究室乃同時籌辦《宋代文學研
究叢刊》，[13]竭誠歡迎學界同好惠賜大作。研討會既定期舉行，又輔以《叢刊》
之發行，一動一靜，相得益彰，則宋代文學之研究，必能日起有功，發皇光
大，所謂千里足下，登高自邇，萬望學界之愛護與支持也。

張高評序於成功大學唐宋文學研究室
1995 年 2 月 24 日

（本文原載《宋代文學研究叢刊》創刊號，作為發刊詞，今稍加潤色、注釋，以便讀者）

---

[13] 成功大學舉辦「宋代文學學術研討會」，得教育部、文建會、成大基金會、臺南市政府經費贊助。
會後，除出版《論文集》外，尚有節餘。於是接受中央研究院文哲所林慶彰教授建議，籌編《宋
代文學研究叢刊》。出版兩期後，經費用罄，改由麗文文化公司贊襄出版費，發行 15 期之後，於
2008 年 8 月停刊。特別感謝林壽宏教授、楊麗源董事長，先後玉成其事。提供兩岸三地，乃至世
界漢學之宋代文學研究者，一個美好的發表園地。

經學與文學之跨際會通研究

一、文本解讀與學科整合

　　文本的解讀，是一種接受和鑑賞的活動，更是一個反映、體現、改變，和充實文本的過程[1]。單一、慣性的解讀特定文本，往往落入陳窠；如果調整視角，嘗試作學科的會通和聯姻，將可能有意外的解讀，和新穎獨特的成果[2]。

　　「經學」一詞，出現於西漢，歷代有六經、五經、七經、九經、十經、十二經、十二經、十三經、十四經、二十一經之目[3]。其中，較常見者為五經，徐堅《初學記》：「《樂經》亡，今以《易》、《詩》、《書》、《禮》、《春秋》為五經」；「十三經」之名稱始於宋代程朱，皮錫瑞《經學歷史》謂：「唐分《三禮》、《三傳》，合《易》、《書》、《詩》為九。宋又增《論語》、《孝經》、《孟子》、《爾雅》為十三經」[4]。「經學」，本指經國濟世的學問，其後指經學的載體：大凡

---

[1] 王耀輝，《文學文本解讀》，武漢：華中師範大學出版社，2003 年 2 月。

[2] 有關學科整合之理論與實際，可參考張高評《宋詩之新變與代雄》、《會通化成與宋代詩學》二書；調整視角作研究，可參考拙作〈論文選題與學術研究〉，「探討觀點的轉換」，《國文天地》18卷 12 期，2003 年 5 月，頁 85。

[3] 朱維錚編，《周予同經學史論著選集》，〈群經概論・導論〉，上海：上海人民出版社，1996 年 7月，頁 206-211。

[4] 李威雄，《中國經學發展史論》上冊，第一章〈經學與經書〉，臺北：文史哲出版社，1988 年 12月，頁 3-12。

研究有關《十三經》的學術課題，都可統名為經學。經學研究的視角，一般多以《通志堂經解》、《皇清經解》、《皇清經解續編》、《經苑》、《十三經注疏》等為討論文本，這是經學研究的正宗和傳統。所謂今文古文，漢學宋學，這是治經旨向和宗尚不同，所引發的經學研究課題[5]。從東漢以來，一直到清代乾嘉時代，持續到現代，經學家孜孜矻矻，皓首窮經，研究的文本和領域，大抵不遠上述的藩籬，所謂經學研究者是。試翻檢中央研究院林慶彰所編經學論著目錄[6]，近代、現代、當代學者經學研究的趨向和宗尚，即可獲得印證。

自漢武帝罷黜百家，獨尊儒術以來，經學伴隨儒學發展，一直是傳統政治的指導思想，影響政治、教育、學術、思想，以及文學創作，既深且遠[7]。二千年來，除南北朝、蒙元外，經學儒術相互依存，無論是典籍的闡發，或是通經致用，始終獲得歷代王朝的支持與愛賞。於是，上有好者，下必有甚焉，經學的影響於史學、思想、文學，以及文藝理論，遂成勢所必至，理有固然的事實。就文學而言，得經學之沾溉啟益，受經學之洗禮滲透，發而為創作、為批評、為理論，實例繁夥，值得學界投入研究。唯自學科分工以來，經學與文學，隔行如隔山，彼此不相往來，兩者關係形同斷流絕緣，於是經學對文學造成那些影響？文學從經學得到那些資源與啟益？這些現象有待確

---

[5] 黃彰健，《經今古文學問題新論》，臺北：中央研究院歷史語言研究所專刊之七十九，1992 年 9 月；王葆玹，《今古文經學新論》，北京：中國社會科學出版社，1997 年 11 月。紀昀，《四庫全書總目·經部總敘》論歷代經學演變之大勢，曾稱：「要其歸宿，則不過漢學宋學兩家互為勝負。夫漢學具有根柢，講學者以淺陋輕之，不足服漢儒也。宋學具有精微，讀書者以空疏薄之，亦不足服宋儒也。」臺北：藝文印書館，1974 年 10 月，頁 62。

[6] 《經學研究論著目錄》三種，皆由漢學研究中心編印，1902～1987 年《目錄》，出版於 1989 年 12 月；1988～1992 年《目錄》，出版於 1999 年 5 月；1993～1997 年《目錄》，出版於 2000 年 4 月。《日本研究經學論著目錄》（1900～1992），臺北：中央研究院中國文哲研究所，1993 年 10 月；其他尚可參閱簡宗梧、周何編輯《左傳、春秋公羊、春秋穀梁、春秋總義論著目錄》，臺北：洪葉文化事業公司，2000 年 6 月。

[7] 吳雁南等，《中國經學史·導論》，三，〈經學在中國傳統文化中的地位和作用〉，福州：福建人民出版社，2001 年 9 月，頁 15-37；朱維錚，《中國經學史十講》，3.〈從文化傳統看經學〉，上海：復旦大學出版社，2003 年 3 月，頁 39-50。

定，更急需釐清。傳統經典有許多寶貴的價值[8]，經學價值之所以歷久不衰，貴在與時俱進，隨方取則。如今，學術研究注重會通整合，因此，探討經學之價值，也不妨跳出本位，改弦更張，另外從文學的視角來解讀經學。蘇軾〈題西林壁〉詩所謂「橫看成嶺側成峯，遠近高低各不同」，調整視角，容易有新發現，也就不難獲得新成果。

　　本論文擬透過學科的整合和聯姻，來談兩大主題：其一，經學典籍的文學解讀；其二，文學理論對經學的受容。至於文學對經學的接受，茲事體大，容後再議。本論文一方面提供若干學術研究的論文選題，再方面藉此強調經學無遠弗屆的影響力，三方面提倡學科整合的研究視角。敬請博雅方家，不吝指教。

二、經學典籍的文學解讀

　　經學的文學解讀，是把經學典籍當作文學作品來鑑賞。《詩經》本身絕大多數是文學作品，尤其十五國風，抒情成分很濃，跟楚辭並稱「詩騷」，《文心雕龍》、《詩品》對《詩經》的文學藝術多推崇備至。《詩經》堪稱中國文學的源頭，風雅比興更是文學的優良傳統。當代學者鳥瞰歷代持「文學觀」解讀《詩經》之原委，很有概括性：

> 如果《詩經》只是經學，沒有文學性質，那又怎麼說《詩經》是中國文學的源頭？又怎麼解釋「風雅比興」的文學優良傳統？為什麼人們談到文學，會把《詩經》與《楚辭》並稱「詩騷」？為什麼屈

---

[8] 楊國樞、曾仕強主編，《中國人的管理觀》，其中提及《易經》、《論語》、《孫子兵法》、儒家、法家等中國式管理理念與哲學，臺北：桂冠圖書公司，1990 年 4 月；張高評，〈傳世經典的致用與創新〉，新加坡：「第六屆傳統文化國際學術會議」，2002 年 8 月；〈《左傳》《史記》的現代意義〉，「人文研究與語文教育研討會」，臺北：臺灣師大實習輔導處，2003 年 9 月。

原的《橘頌》和曹操、阮籍的四言詩會被譽為「《詩經》的遺風餘韻」？著名的文論家劉勰、鍾嶸為什麼要高度評價《詩經》在文學藝術上的輝煌成就？而唐代陳子昂、李、杜、元、白等大詩人都不約而同效法《詩經》文學的現實主義精神，發揚「風雅比興」的優良傳統，而寫下那麼多反映社會現實的不朽佳作？[9]

《詩經》原來就是文學作品，以文學角度解讀《詩經》，最近理實，無庸爭議。其他十二經之文學解讀，大抵分史傳文、哲理文、雜文三大類論述之：

(一) 史傳文

十三經中，史傳文有二：《尚書》以記言為主，《左傳》以敘事為主。《漢書·藝文志》所謂「左史記言，右史記事；事為《春秋》，言為《尚書》」者，這只是大略言之。清章學誠所謂：「古人事見於言，言以為事，未嘗分事言為二物也」[10]，其說得之。其實，《尚書》如〈牧誓〉、〈顧命〉、〈金縢〉何嘗不敘事？尤其〈金縢〉篇敘事之完整自足、文筆之簡煉生動、言事之煩省得宜，堪稱敘事文學之名篇[11]。《尚書》的文學價值，主要在記言方面：典、謨、訓、誥、誓、命之文，成為中國古代散文體式的濫觴，尤其在語錄體、史傳體、詔令體方面最具影響特色[12]。

《左傳》以歷史敘事方式，解讀孔子之《春秋》經，敘事之美妙，在尚簡、用晦、崇虛、貴曲四大方面，劉知幾推崇為「工侔造化，思涉鬼神，著

---

[9] 洪湛侯，《詩經學史》上冊，〈自序〉，三、注視並研究《詩經》文學觀開端、延續和發展的軌跡，北京：中華書局，2002 年 5 月，頁 7。

[10] 章學誠，《文史通義》，內篇一，〈書教上〉，臺北：華世出版社，1980 年 9 月，頁 9。

[11] 傅修延，《先秦敘事研究——關於中國敘事傳統的形成》，北京：東方出版社，1999 年 12 月，頁 173。

[12] 劉松來，《兩漢經學與中國文學》，第二章〈唐虞文章，則煥乎始盛——關於《尚書》的文學解讀〉，南昌：百花洲文藝出版社，2001 年 6 月，頁 51-57。

述罕聞,古今卓絕」[13]。尤其長於戰爭敘事,無論傳統的敘事藝術,或是新近的西方敘事學,以之解讀《左傳》之史傳文學,多有若干值得開發的空間[14]。除擅長敘事外,《左傳》更工於記言,錢鍾書嘗謂:「吾國史籍工於記言者,莫先乎《左傳》,公言私語,蓋無不有」;又推崇《左傳》之記言:「實乃擬言、代言,謂是後世小說、院本中對話、賓白之椎輪草創,未遽過也」[15]。言事相兼,詳略合理,《左傳》於敘事文學、史傳文學之開山地位,敘事與記言多值得研究。《左傳》之古文義法、辭令談說、論辯評議、賦詩引詩、神話小說,多值得探討。筆者執行專題計畫,曾臚舉《左傳》學研究選題若干[16],其中有關文學解讀者如下:

1. 歷史敘事與《左傳》解經
2. 《左傳》敘事與經典詮釋學
3. 《左傳》敘事藝術與中國敘事學
4. 《左傳》敘事與詩性文化
5. 《左傳》敘事學與古典小說
6. 《左傳》與史傳文學
7. 明代《左傳》評點學研究
8. 清代《左傳》評點學研究

---

[13] 語見劉知幾,《史通》,蒲起龍《通釋》卷十六,〈雜說上〉;〈敘事〉篇稱美《左傳》之敘事尚簡、用晦:「言近而旨遠,辭淺而意深,雖發語已殫,而含意未盡。使夫讀者望表而知裡,捫毛而辨骨,覩一事於句中,反三隅於字外」,臺北:華世出版社,1980年9月,頁451,頁174。

[14] 張高評,《左傳之文學價值》,第九章〈為敘事文字之軌範〉,臺北:文史哲出版社,1982年10月,頁151-168;Ronald Egan(伊根)"Narratives in *Tso-chuon*"(《左傳》中的敘事文),*Harvard Journal of Asiatic Studies*(37.2)。王靖宇,《中國早期敘事學》,二、三、四、五、六、七,臺北:中央研究院,中國文哲研究所,1999年4月,頁23-78。

[15] 錢鍾書,《管錐編》(一)下卷,《左傳正義》一,〈杜預序〉,北京:三聯書店,2001年1月,頁312;參考張高評,〈《管錐編》論《左傳》之敘事與記言──錢鍾書之《左傳》學〉,「錢鍾書與二十世紀中國學術國際研討會」,香港:香港大學中文系,頁1-64。

[16] 詳參張高評,〈《春秋》經傳研究之未來展望〉,《文與哲》第三期,高雄:中山大學中文系,2003年12月,頁65-81。

9.《左傳》「君子曰」之流變研究

10.《左傳》「寓論斷於敘事」研究

11. 言事相兼與《左傳》敘事

12.《左傳》敘事與人物形象塑造

13.《左傳》之史筆與詩筆

14.《左傳》「藉言紀事」研究

15.《左傳》說話藝術之研究

16.《史記》、《左傳》義法之比較

17.《左傳》義法與唐宋八大家古文

18.《左傳》義法與《西廂記》筆法

19.《左傳》書法與桐城義法

20.《左傳》政論文研究

　　就解經而言，《左傳》是經學；在敘事上，是編年史；若從文學解讀上述所示，即有許多選題，可供探討研究，如歷史敘事、經典詮釋、敘事藝術、詩性文化、史傳文學、論贊流變、言事相兼、形象塑造、藉言紀事、說話藝術、《左》《史》義法、桐城義法、史筆與詩筆、小說敘事學、《西廂記》筆法、評點學、政論文等等，皆是。若能立足於文學，會通史學經學而研究《左傳》；或將事、文、義三者會通整合，以之探究經學、史學，成果之獨特不凡，自然可期。

(二) 哲理文

　　十三經中，富於思想性、哲理性的經典有五部：《周易》、《論語》、《孟子》、《公羊傳》，和《穀梁傳》。《公羊傳》和《穀梁傳》，皆「以義傳經」——以歷史哲學方式解讀孔子《春秋》經[17]，與《春秋》經性質相近，皆是歷史哲學，故併入哲理文論述之。

---

[17] 徐復觀，《兩漢思想史》卷三，〈原史——由宗教通向人文的史學的成立〉，十、左氏「以史傳經」的重大意義與成就，臺北：學生書局，1979 年 9 月，頁 270-272。

　　試以文學視角解讀《周易》經傳，及《論語》、《孟子》，發現《周易》卦爻辭中的原始歌謠風貌，言、象、意的文學原理，化成天下的儒家教化、窮變通久的文學發展觀，都極富文學的價值。論者甚至以為：《周易》充滿文學趣味，如創造之道、符號象徵、審美意識、文學觀念、文學思維、情理品味、語言藝術、以及文學本原、文學語言、人文精神等等，多有可觀[18]。《論語》的文學趣味、文藝思想、神話傳說、語言藝術，在在都有可觀。不僅是筆記體的開山，更是語錄體的鼻祖。或稱美為含蓄雋永，或推崇為東魯春風[19]。《孟子》在論辯技巧、諷諭文學、人物形象描繪、譬喻與寓言，以及語言藝術、文章結構方面，有獨到成就。尤其是敘事精妙，談說閎肆，析理明快，語言自然，堪稱語錄體散文的傑作[20]。桐城吳闓生曾為之評點，可窺其文學與語言之價值。

　　《公羊傳》《穀梁傳》「以義解經」，性質上屬於歷史哲學。孔子《春秋》，除「其事，則齊桓晉文，其文則史」外，其義為孔子所竊取，以之寄託褒貶勸懲，故《春秋》不是信史，而是歷史哲學。筆者翻檢五十年來經學研究論著，學界探討《公羊傳》《穀梁傳》，多側重闡發《公》《穀》所體現《春秋》之「義」，而少及其他。實則，以文學解讀，《公》《穀》，自有特色：范甯《穀

---

[18] 同註12，頁19-38。又，陳良運，《周易與中國文學》，南昌：百花洲文藝出版社，1999年1月；居乃鵬，〈《周易》與古代文學〉，高亨，〈《周易》卦爻辭的文學價值〉、張善文，〈《周易》卦爻辭的文學象徵意義〉、郭維森，〈《周易》的文學思想及其影響〉，詳黃壽祺等編，《周易研究論文集》第四輯，北京：北京師範大學出版社，1990年5月，頁126-178。

[19] 施友忠，《二度和諧及其他》，〈論語的文藝〉，臺北：聯經出版公司，1976年7月，頁19-62；譚家健，《先秦散文藝術新探》，一、《論語》的文學價值和影響，北京：首都師範大學出版社，1995年10月，頁3-20；郭預衡，《歷代散文叢談》，〈東魯春風，南華秋水──《論語》《莊子之文》〉，太原：山西教育出版社，1991年10月，頁1-5；章滄授，《先秦諸子散文藝術論》，合肥：安徽大學出版社，1996年9月，頁10-24。

[20] 高步瀛集解、吳闓生評點，《孟子讀本》，臺北：源流出版社，1982年5月。參考同上註，《先秦散文藝術新探》，〈孟子散文的藝術特徵〉，頁21-41；《先秦諸子散文藝術論》，第二章第二節〈鞭辟入裏的《孟子》〉，頁25-40；胡念貽，《先秦文學論集》，〈《孟子》的文學價值〉，北京：中國社會科學出版社，1985年2月，頁228-257。費振剛主編，《先秦兩漢文學研究》，第六章〈先秦散文研究〉（下），北京：北京出版社，2001年12月，頁254-258。

梁傳集解・序》稱：「《左氏》豔而富，《穀梁》清而婉，《公羊》辯而裁」，三傳風格不一[21]。敘事固以《左傳》稱雄，但如《公羊傳》〈宋人及楚人平〉，《穀梁傳》〈虞師夏師滅夏陽〉諸篇，敘事之委曲傳神，足以媲美《左傳》[22]。除此之外，謹提供下列研究選題，作為《春秋》、《公羊傳》、《穀梁傳》文學解讀之參考，如：

1. 《春秋》書法與修辭學
2. 倫理規範與《春秋》修辭學
3. 《春秋》書法與詩學話語
4. 《春秋》書法與比興之旨
5. 《春秋》書法與語言詮釋學
6. 《春秋》之直書與曲筆
7. 《春秋》書法與文學評論
8. 《春秋》書法與敘事學
9. 諱言諱書與《公羊》義例
10. 異同與《公羊傳》屬辭研究
11. 遠近與《公羊傳》屬辭研究
12. 進退與《公羊傳》屬辭研究
13. 詳略與《公羊傳》屬辭研究
14. 《公羊傳》「設問體」與文體分類學
15. 《公羊傳》屬辭與《春秋》書法
16. 《公羊傳》之屬辭與修辭學
17. 《公羊傳》之敘事研究
18. 《穀梁傳》之敘事研究

---

[21] 劉熙載，《藝概・文概》則云：「《左氏》森嚴，《公》《穀》刻劃」；章太炎，《國學略說・經學略說》：「《穀梁》下筆矜慎，《公羊》頗有刻薄之語」，文章風格本多樣也。

[22] 郭預衡，《中國散文史》上冊，第一編第五章第一節〈公羊傳、穀梁傳〉，上海：上海古籍出版社，1986年5月，頁171-175。

19.《穀梁傳》之文學價值

20.《穀梁傳》與女性書寫

21.《穀梁傳》之屬辭研究

22.《穀梁傳》之諱書研究

居今之世,解讀《春秋》經,可以從修辭學、倫理規範、詩學話語、比興之旨、語言詮釋學、直書、曲筆、文學評論、敘事學各方面,去闡發《春秋》書法之精微,論述《春秋》書法之影響。又可以從諱言、諱書、異同、遠近、進退、詳略、屬辭,去探究《公羊》之書法義例,探討其修辭學與文體學。《公》《穀》之敘事藝術,《穀梁》之文學價值方面,也都值得討論。

(三) 雜文及其他

所謂雜文,指具有議論和敘述兩方面的內容,運用文學筆調表述,近似《漢書·藝文志》所謂「雜說」者[23]。依此看來,十三經中之《禮記》、《孝經》,類似雜文。《周禮》、《儀禮》,只記述而無議論;《爾雅》為經書之訓詁,姑附於此,一併論述。

《禮記》的文學成就較高,其中如情本說、物感論、溫柔敦厚、屬辭比事、中和美、比德說,影響後代文藝十分深遠(詳後文)。〈檀弓〉上下諸篇,由七十多個小故事組成,語言藝術傑出。宋陳騤《文則》稱美〈檀弓〉載事,言簡旨深,雖《左氏》之富贍,亦有不及者[24]。其他,如〈學記〉、〈經解〉、〈樂記〉、〈儒行〉、〈禮運〉諸篇,排比自然,氣盛言宣,自有一家之特色。

即以《儀禮》之言器數,可謂刻板繁瑣矣,清姚際恆卻以文學角度評價《儀禮》,推崇有加,如云:

---

[23] 邵傳烈,《中國雜文史》,〈緒言〉,上海:上海文藝出版社,1991 年 5 月,頁 3。

[24] 陳騤,《文則》,己:「觀〈檀弓〉之載事,言簡而不疏,旨深而不晦,雖《左氏》之富贍,敢奮飛於前乎?」「〈檀弓〉文句,長短有法,不可增損」;「〈檀弓〉之文,鍊句益工」,香港:中華書局,1977 年 4 月,頁 26-27。參考同註 19,譚家健所著書,頁 300-312。

《禮記》言義理，有純有疵，此言器數，故自無弊。《周禮》蹈襲二禮，填塞滿紙，無異餖飣。不若《儀禮》，自為一書，首尾完善，猶為今中之古也。又其為文，外若質實排敘，而其中綫索穿插，最為巧密，章句字法，一一皆備，旨趣雋永，令人尋繹無盡。非深心學古，而得古文之妙者，未易知此。[25]

《左氏》之文，有事蹟可紀，有言語可述。《儀禮》不過鋪敘儀文而已，易板腐，易枯寂，易排偶，易雷同。較之《左氏》，欲見其長，其難百倍。今乃能使板腐者出之靈活，枯寂者出之敷腴，排偶者出之疏斜，雷同者出之變化，是于《左氏》有過之無不及也。

《儀禮》之文，自成一家，為前古後今之所無。排纘周密，毫忽不漏，字句最簡，時以一字二字賅括多義，幾于惜墨如金，而工妙正露于此。章法貫穿，前後變化，成竹在胸，綫索在手，或此有彼無，或彼詳此略，義取互見，不獨一篇中，即十七篇亦只如一篇。此等文章之法，後人鮮知，故其法不傳。[26]

　　持《儀禮》與《禮記》、《周禮》相較，以為《儀禮》「得古文之妙」。試與《左傳》之敘事述言相較，以為《儀禮》靈活、敷腴、疏斜、變化，「于《左氏》有過之無不及」。姚氏又表彰《儀禮》簡括工妙處、章法變化處、義取互見處，而盛稱「《儀禮》之文，自成一家，為前古後今之所無」；而且，「此等文章之法，後人鮮知，故其法不傳」云云。有志研究古文章法者，探討《儀禮》文章之特色，無疑是個絕佳選擇。

　　方苞所倡古文義法，與《周官》之儀法，有密切之關係。儀法，本指《周禮》之法式：方苞《史記評語》評〈劉敬、叔孫通列傳〉有所謂「漢儀法」，則指禮法禮儀。依杜預〈《春秋》序〉稱「其發凡以言例，皆經國之常制，周

---

[25] 姚際恆，《儀禮通論》，陳祖武點校本，卷前〈儀禮論旨〉，北京：中國社會科學出版社，1998年10月，頁8。

[26] 以上二段引文，同上註，頁11。

公之垂法，史書之舊章」：孔穎達《疏》云「杜以《左傳》所發凡言例，是周公之禮經」：孔《疏》又謂：《春秋》之義例，乃「史官之策書成事法式」[27]，因此，《春秋》之書法義例，自然可通《周官》之「儀法」。方苞曾云：

> 是書（《周官》）指事命物，未嘗有一辭之溢焉。常以一字二字盡事物之理，而達其所難顯，非學士文人所能措注也。
>
> 凡義理必載於文字，惟《春秋》、《周官》，則文字所不載，而義理寓焉。蓋二書乃聖人一心所營度，故其條理精密如此也。嘗考諸職所列，有彼此互見而偏載其一端者，有一事而每職必詳者，有略舉而不更及者，有舉其大以該細者，有即其細以見大者，有事同辭同而例其文者：始視之，若棼然淆亂，而空曲交會之中，義理寓焉。[28]

方苞解說《周官》之義理，所謂條理精密者，如互見、偏載、詳略、舉大該細、即細見大等等，固是《周官》對於義理簡嚴之營度，案之《春秋》書法義例，多有相通之處：較之方苞所倡古文義法，注重虛實、詳略、去取、異同、後先之剪裁，以及追求文字之雅潔，遣辭之體要，亦皆能相互發明。方苞著有《周官集注》、《周官析疑》諸書，明於「儀法」。由此觀之，《周官》對於方苞「義法」說之形成，當亦有啟發促進之功[29]。

三、文學理論對經學的受容

經學與儒學互為體要，影響傳統士人之生存發展，與安身立命。無論教

---

[27] 杜預，〈春秋序〉，孔穎達〈疏〉，《春秋左傳正義》卷一，臺北：藝文印書館，頁 11-12。

[28] 方苞，《方望溪全集》卷四，〈周官析疑序〉，《四部叢刊初編》，臺北：臺灣商務印書館。

[29] 張高評，〈方苞義法與《春秋》書法〉，《清代經學國際研討會論文集》，臺北：中央研究院中國文哲研究所，1994 年 6 月，頁 231-232。

育、科舉、仕宦、治學、創作、思辨，經學的潛移默化，可謂無所不在。考察經學原典，對於古代文學（含文學評論）之基本精神、生成特點、言說樣式、致思方法、形上追求、創作特徵等等，當有裨益。易言之，經學的發用與濡染，對文學創作和文學評論，是很富於啟示性的。

歷代文學創作的素材，得自經籍之觸發與啟示，其例實多。日本漢學家清水茂曾提及斯波六郎〈《文選》李善注所引《尚書》考證〉，以此知《昭明文選》作品使用《尚書》實況；平岡武夫《經書之傳統》指出：白居易〈湯征〉模仿《尚書·胤征》；吉川幸次郎〈關於北周的〈大誥〉〉，稱蘇綽〈大誥〉「是把《尚書》的詞句割裂後，再加以結構的」；清水茂先生更舉例說明《昭明文選》作品使用《尚書》詞句，以及韓愈、柳宗元古文引用今古文《尚書》情形[30]，足見文學創作對經籍受容之一斑。就古典散文而言，韓愈〈進學解〉自述為文取徑云：「上規姚姒，周〈誥〉殷盤，《春秋》謹嚴，《左氏》浮誇，《易》奇而法，《詩》正而葩」；柳宗元〈答韋中立論師道書〉，亦自道為文借鑑宗法經籍，所謂「本之《書》以求其質，本之《詩》以求其恆，本之《禮》以求其宜，本之《春秋》以求其斷，本之《易》以求其動，此吾所以取道之原也。」此牽涉到文學之學古論，作家之接受取捨狀況，多可作研究之選題。就詩歌之創作而言，杜甫詩歌，所謂敘事、詩史諸什，筆者嘗試以「《春秋》書法」解讀，多怡然理順，渙然冰釋；論者研究中唐杜甫、白居易、元稹所作新樂府、諷諭詩，以為多接受咬、趙新《春秋》學思想，且有所體現[31]。其他，則宋代黃庭堅作〈演雅〉詩，舖衍《爾雅》[32]；林同作《孝詩》，闡揚

---

[30] 清水茂著，蔡毅譯，《清水茂漢學論集》〈《偽古文尚書》與中國文學〉，北京：中華書局，2003年10月，頁16-21。

[31] 查屏球《唐學與唐詩——中晚唐詩風的一種文化考察》，第一章第三節〈《春秋》學派的影響與中唐詩人的接受〉，第二章第四節〈《春秋》學派的政治指向與諷諭詩的批判精神〉，北京：商務印書館，2000年5月，頁27-47；頁88-102。

[32] 自黃庭堅作〈演雅〉後，南宋江西詩人聞風續作者，有楊萬里、曾丰、劉克莊、方岳、張至龍、陳著、汪韶、白珽諸人，共30餘首。其中有長篇古詩，亦有短章絕句。具見《全宋詩》，不贅。

《孝經》[33]，經學沾溉文學，挹注啟迪文學創作，此最為顯例。文學創作接受經學，大抵類是，其層面遍及各大文類。姑記於此，以為他日論述之起始。限於篇幅，今只論文學理論對經學之受容。

當前西方文論東來，充斥學界，以之解讀文學作品，以之比附文學理論，如新批評、原型批評、現象學、闡釋學、結構主義、解構主義、形式主義、接受學、反應論、典範、典律等等皆是，追新求奇，競逐時尚，由來已久[34]。面對西洋文論的衝擊，中華傳統文論呈現失語狀態，學者呼籲「返回精神家園」，重建中國文論話語[35]，於是回歸原典，推本經學，遂成為當前文學與文論研究的當務之急。

經學，是中華文化的精神家園，也是傳統文學和文論的根本和祖始。歷代文學理論的形成，對經學原典有或多或少之受容。研究文學、文論，回歸經學原典，是謂報本返始。今考察經學之文獻，疏理其中攸關文學和文論者三十餘目，依文藝學原理，分為四大要項，以之闡明經學對文學的啟示：一、文學本質論；二、文學創作論；三、文學作品論；四、文學鑑賞論。試分別論證如下。至於立足於歷代文學，述說文學對經學的接受，茲事體大，他日再議。

---

[33] 南宋林同（？-1276）作〈孝詩〉一卷，共 300 首，分別歌詠聖人、賢者、仙佛、婦女、夷狄、禽獸、昆蟲之孝行，《全宋詩》卷 3418，北京：北京大學出版社，1998 年 12 月，頁 40604-40640。

[34] 參考樂黛雲，《比較文學原理》，香港：中華書局，1989 年 2 月；陳鳴樹，《文藝學方法概論》，上海：上海文藝出版社，1991 年 10 月；胡經之、王岳川，《文藝學美學方法論》，北京：北京大學出版社，2001 年 5 月；楊乃喬主編，《比較文學概論》，北京：北京大學出版社，2002 年 6 月。

[35] 曹順慶，〈文論失語症與文化病態〉，《文藝爭鳴》1996 年 2 期；曹順慶、李思屈，〈重建中國文論話語的基本路徑及其方法〉，提出重建中國文論話語體系的途徑和方法是：「首先進行傳統話語的發掘整理，使中國傳統話語的言說方式和文化精神得以彰明；然後使之在當代的對話運用中實現其現代化的轉型，最後在廣取博收中實現話語的重建。」載《文藝研究》1996 年第 2 期。參考李凱，《儒家元典與中國詩學》，〈導論‧返回精神家園：儒家元典的當代意義〉，北京：中國社會科學出版社，2002 年 8 月，頁 2-7。

(一) 文學本質論

文學本質論，討論「文學是什麼」的問題，大抵與文學的性質、形態、範圍，和發展歷史相關聯；西方文論所謂「再現理論」和「表現理論」，即是文學本質論[36]。就歷代文學對經學之接受而言，經學原典對文學的啟示，在本質論方面，大抵有十餘目，有關文學性質者最多，如三不朽、詩史、思無邪、詩教、美刺、懲勸、溫柔敦厚；其他，有關文學形態者，有言志；涉及範圍者，有興、觀、群、怨；提示文學發展者，有通變、因革，分別論述如後：

1. 三不朽

《左傳·襄公二十四年》載叔孫豹論三不朽：「太上有立德，其次有立功，其次有立言」[37]，揭示中國古代文學價值論，立言位居三不朽之末，立言不如立德、立功，這是春秋時代的文學價值觀。即便是魏晉文人自覺時代，曹丕《典論·論文》稱：「文章經國之大業，不朽之盛事」；〈與王郎書〉仍認為「惟立德揚名，可以不朽」。不但立德位居立言之上，立功也在立言之上，文人像李白、杜甫、蘇軾、黃庭堅、陸游、辛棄疾，也都追求功業，不成，才以立言傳世[38]。李白〈擬古〉其七：「身沒期不朽，榮名在麟閣」；〈行路難〉：「閑來垂釣坐溪上，忽復乘舟夢日邊」；杜甫〈自京赴奉先詠懷〉：「致君堯舜上，再使風俗醇。」〈旅夜書懷〉：「名豈文章著，官應老病休」，可見一斑。立言不朽的價值比立德立功重要，得待清代袁枚等人的提倡。可見，立德、立功、立言前後排序的異同，關係文學價值觀的消長嬗變，此一命題，值得

---

[36] 胡有清，《文藝學論綱》，第一章〈文學本質論〉，南京：南京大學出版社，2001 年 2 月，頁 23-67。

[37] 見諸《左傳》記載，春秋時代之不朽觀念尚多，多以祭祀和鬼神觀念為基礎，詳參陳來《古代思想文化的世界——春秋時代的宗教、倫理與社會思想》，第五章，四、「不朽」的觀念，北京：三聯書店，2002 年 12 月，頁 123-127。

[38] 祁志祥，《中國古代文學原理》，第十一章「三不朽」說，上海：學林出版社，1993 年 7 月，頁 385-390。《朱舜水全集》卷十八，〈立庵記〉：「夫立言，豈聖人之得已哉？」道出文人之心聲。

探究。

2. 詩史

朱熹〈詩序辨〉據〈詩大序〉稱：「國史明乎得失之跡」，確定〈詩序〉為國史所作。《詩經》各篇之作意與本事，《左傳》敘事多有明言，如〈碩人〉（隱三）、〈載馳〉（閔二）、〈清人〉（閔二）、〈黃鳥〉（文六）、〈常棣〉（襄二十）、〈祈招〉（昭十二），多與《毛傳》小序符合[39]。晚唐孟棨有〈本事詩〉，宋代推尊杜甫為「詩史」，明清詩學倡言「詩史」；以及宋計有功《唐詩紀事》，清厲鶚編《宋詩紀事》、陸心源《宋詩紀事補遺》、清陳田《明詩紀事》、近人錢仲聯《清詩紀事》，多是踵事增華之作，皆當以《左傳》之「詩史相通」為嚆矢。

3. 教化說

文學教育可以感化人心，移風易俗，經書上多有記述，如思無邪、溫柔敦厚、諷諭美刺、懲惡勸善皆是。《詩‧大序》所謂：「正得失，動天地，感鬼神，莫近于詩。先王以是經夫婦，成孝敬，厚人倫，美教化，移風俗」；「上以風化下，下以風刺上」。綜觀經書上之詩教，就上述四項論說如下：

(1) 思無邪

《論語‧為政》：「《詩》三百，一言以蔽之，曰思無邪！」思無邪或指作詩者，或指讀詩者；前者指為創作的規範，後者作為詩教的綱領，其實兩者相通。這「思無邪」說，影響到漢儒說《詩》解《詩》[40]，影響到中和、和諧的作品論、鑑賞觀和創作論。

(2) 溫柔敦厚

《禮記‧經解》稱：「入其國，其教可知也。其為人也溫柔敦厚，詩教也」；

---

[39] 張高評，《左傳之文韜》，〈左傳之文藝觀念及其價值〉，高雄：麗文文化公司，1994 年 10 月，頁 28-29。

[40] 翁其斌，《中國詩學史‧先秦兩漢卷》，第三章第一節〈孔子奠定的政教基調〉，「詩無邪」，廈門：鷺江出版社，2002 年 10 月，頁 86-89。

儒家主張以詩教人，使人得溫柔敦厚之詩教；又教人作詩，令詩諷諫而不直斥，而有溫厚之風格[41]。溫柔敦厚，本指作者之性情，又是作品的表現方法，最終體現為詩的風格。溫柔敦厚之詩教，與中庸之道所謂「怨而不怒，樂而不淫，哀而不傷」；以及真善美追求、中和、和諧美學、比興含蓄詩法，主文譎諫方式，多有關係，交相形成中國詩學詩教說之網絡[42]。宋代及清代詩話，討論頗多！

（3）諷諭美刺

詩主美刺，〈小雅·節南山〉、〈大雅·崧高〉詩中已有體現。〈詩大序〉釋風為「上以風化下，下以風刺上」；釋頌為「美盛德之形容」；鄭玄《詩譜序》稱：「論功頌德，所以將順其美；刺過譏失，所以匡救其惡」，美刺之詩教作用顯然。有所刺譏貶斥，尤須講究諷諭，〈詩大序〉所謂：「主文而譎諫，言之者無罪，聞之者足以戒」是也[43]。諷諭美刺之詩教，司馬遷〈太史公自序〉、董仲舒《春秋繁露》、揚雄辭賦創作，多有詮釋。歷經唐、宋、明、清詩歌詩學、賦作賦學，多據此創作和討論。中唐新樂府詩派之元稹提出「寓意諷興，刺美見事」，白居易更標榜諷諭詩，主張「諷諭美刺，辭質言直」，形成反映民生，關心政治的優良傳統[44]。

（4）懲惡勸善

《左傳·成公十四年》載《春秋》五例，所謂「《春秋》之稱：微而顯，

---

[41] 《禮記·經解》第二十六，孔穎達《正義》，《十三經注疏》本，臺北：藝文印書館，頁 845。

[42] 劉健芬，〈「溫柔敦厚」與民族的審美特徵〉，《古代文學理論研究》第十三輯，上海：上海古籍出版社，1988 年 9 月，頁 107-124。同註 35，李凱《儒家元典與中國詩學》，頁 124-155。

[43] 鄧新華，《中國古代接受詩學》，第二章第二節〈漢儒說詩的「美」「刺」理解模式〉，武漢：武漢出版社，2000 年 10 月，頁 59-63。

[44] 中國孔子基金會《中國儒學百科全書》，〈儒家·儒家文藝思想〉，「諷諭刺美說」，北京：中國大百科全書出版社，1997 年，頁 259-260。鍾優民《新樂府詩派》，第五章〈新樂府運動的主將〉，第六章〈新樂府運動的主帥〉，瀋陽：遼寧大學出版社，1997 年 7 月，頁 151-233；謝思煒《白居易集綜論》，〈白居易的文學思想〉，三、諷諭理論與實踐，北京：中國社會科學出版社，1997 年，頁 349-358。朱我芯《唐代新樂府與詩歌諷諭傳統研究》，東海大學中國文學系博士論文，1994 年 6 月。

志而晦，婉而成章，盡而不汙，懲惡而勸善」；懲惡而勸善，為史筆之功用。昭公三十一年亦強調《春秋》書法：「上之人能使昭明，善人勸焉，淫人懼焉」。善惡勸懲的書法，影響到《史記》、《漢書》、《資治通鑑》等史法；注重勸懲資鑑之書法史法，再流傳到史傳文學、敘事文學如小說、戲曲，甚至繪畫中，形成薪傳不絕的教化傳統[45]。

4. 言志說

「詩言志」，朱自清稱為中國詩學之開山綱領，有《尚書‧堯典》，及《左傳‧襄公二十七年》兩個出處。《左傳》鄭七子賦詩，晉趙孟藉以觀志；七子賦詩，固然藉詩以言志，而聽詩之趙孟、文子、叔向，則藉詩以觀志、知志。學界研究指出：文子所謂「詩以言志」，當早於〈堯典〉[46]。二者義蘊亦不同：〈堯典〉之「詩言志」，乃言詩人之志；《左傳》所言，指賦詩者之志。其後，《莊子‧天下》提出「詩以道志」，《荀子‧儒效》：「詩言是其志」，《禮記‧樂記》：「詩言其志」，於是內涵從接受論轉向創作論，強調詩歌在表達作者之志，不是作為接受者和讀者的賦詩人之志[47]。依朱自清之見，詩言志之義涵有四：獻詩陳志、賦詩言志、教詩明志，以及作詩明志，六朝以降文人所述，詩話所言，大抵不出此範圍[48]。論者稱：中國詩歌理論體系的美學結構，發

---

[45] 陳蘭村等，《中國古典傳記論稿》，〈古代傳記文學的社會作用〉，西安：陝西人民出版社，1991年10月，頁75-79；郭丹《史傳文學》，第二章第二節〈勸懲的精神〉，桂林：廣西師範大學出版社，1999年6月，頁34-42；謝昕等，《中國通俗小說理論綱要》，第三章第十節〈勸懲功能〉，臺北：文津出版社，1992年3月，頁82-88；鄧喬彬，《中國繪畫思想史》，貴陽：貴州人民出版社，2001年9月，魏晉南北朝，頁181-192；隋唐，頁301-305；宋代，頁414-421；明代，頁570-576。

[46] 朱自清，〈詩言志辨〉，《朱自清古典文學論文集》，臺北：源流出版社，1982年5月，頁204-206；蕭華榮，《中國詩學思想史》，先秦第一章〈詩以言志〉，上海：華東師範大學出版社，1996年4月，頁3-13。

[47] 同註43，第一章第二節〈詩言志和賦比興的接受理論〉，頁33-35。

[48] 六朝以後說「言志」，或加入「緣情」之成分，詳陳昌明，《緣情文學觀》，第三章〈言志與緣情〉，臺北：臺灣書店，1999年11月，頁73-106；趙永紀《詩論》，一、〈言志——古典詩學貫穿始終的綱領〉，桂林：廣西師範大學出版社，1999年6月，頁3-23。

端於言志[49]；影響後世詩論，十分深遠。

5. 興、觀、群、怨

《論語‧陽貨》孔子曰：「小子何莫學乎詩？詩可以興，可以觀，可以群，可以怨。」分別闡述詩歌的抒情性、感染力、認識作用，和社會功能，雖從學詩、用詩角度立論，其精神亦可通於詩歌創作[50]。經學家、詩論家於此多有申說[51]，可見其影響。

6. 因革變通

《易‧雜卦》提示革故鼎新之道；《易‧繫辭》上、下強調「通其變，遂成天下之文」；「通其變，使民不倦」；「《易》窮則變，變則通，通則久」，提示文學創作一種創新發展，可大可久之原理原則[52]。《文心雕龍》有〈通變〉之篇，《南齊書‧文學傳論》有「若無新變，不能代雄」之語；宋詩能新變唐詩，故能自成一家[53]；晚明公安派說詩，清初葉燮《原詩》倡「變」[54]，要皆有得《周易》經傳通變之啟益。徐中玉主編中國古代文藝理論專題資料叢刊，其中有《通變編》，資料蒐集廣博，條分縷析，頗可參看[55]。

---

[49] 詩歌理論對詩歌創作實踐的抽象表述是：發端於「志」，演進於「情」與「形」，完成於「境」，提高於「神」。詳參陳良運，《中國詩學體系論》，〈詩言志正源〉，北京：中國社會科學出版社，1992 年，頁 33-49。

[50] 顧易生、蔣凡，《先秦兩漢文學史》，〈儒家的文學思想〉，上海：上海古籍出版社，1990 年 4 月，頁 84-86。蕭馳，《抒情傳統與中國思想》，〈船山對儒家詩學「興觀群怨」概念之再詮釋〉，上海：上海古籍出版社，2003 年 6 月，頁 134-168。

[51] 同註 48，趙永紀，《詩論》，「興觀群怨」，頁 24-32；劉麗文，《中國古代文學特徵論》，〈孔子《詩》說的形成及其內涵〉，北京：北京廣播學院，1999 年 6 月，頁 63-84。

[52] 陳良運，《周易與中國文學》，〈「變通」——創造之道的核心內蘊〉，南昌：百花洲文藝出版社，1999 年，頁 30-35；劉松來《兩漢經學與中國文學》，〈「通變」對文學發展觀的恆久啟示〉，頁 36-38。

[53] 張高評，《宋詩之新變與代雄》，第二章第一節〈追求新變與宋詩特色〉，臺北：洪葉文化公司，1995 年 9 月，頁 68-74。

[54] 張高評，〈清初宋詩學述論〉，高雄：中山大學「清代學術第三屆國際研討會」論文，2004.3.13。

[55] 陸海明等編選，《通變編》，北京：中國社會科學出版社，1992 年 9 月。

（二）文學作品論

　　文學作品由形式和內容構成，其語言為文學語言；風格的探討，亦屬之[56]。就《周易》經傳所示，《易‧繫辭上》針對道家「書不盡言，言不盡意」，提出「立象以盡意」，強調意與象之關係，且以為「象」足以表現「意」，對中國美學有深遠影響。其後《文心雕龍‧神思》、司空圖《詩品》，指稱構思中之藝術形象；《唐子西文錄》、李東陽《懷麓堂詩話》再指稱為作品中的藝術形象。論者更指出，意象說為意境說的理論前提。六朝玄學論言意之辨，佛教東來有指月之喻，唐宋詩學好談言（語）意之關聯，意象與言意概念的提出，遂成為文學重要的基本範疇[57]。

　　《詩經》稱「樂而不淫，哀而不傷，怨而不怒」；《論語‧子路》稱「和而不同」，〈堯曰〉稱「允執厥中」；《左傳》晏嬰論和同（昭二十），稱：「以水濟水，誰能食之？若琴瑟之專一，誰能聽之？」《禮記‧中庸》：「喜怒哀樂之未發，謂之中；發而皆中節，謂之和」；由此可見，經籍所謂「中和」之精神，指「和而不同」，及「過猶不及」[58]。《尚書‧堯典》：「詩言志，歌永言，聲依永，律和聲。八音克諧，無相奪倫，神人以諧。」，稱美詩樂舞節律之和諧；《禮記‧樂記》：「和順積中而英華發外」，指出和諧順暢是文藝美妙表現之根源[59]；可見中和、和諧，為傳統詩學的重要精神。

---

[56] 吳中杰，《文藝學導論》，第三編〈作品論〉，上海：復旦大學出版社，2002 年 10 月，頁 137-168，頁 192-207。

[57] 張少康，《中國古代文學創作論》，北京：北京大學出版社，1983 年 12 月，頁 53-99；劉綱紀，《周易美學》，第五章〈象數與美〉，長沙：湖南教育出版社，1992 年 5 月，頁 273-284；韓林德，《境生象外》，三、言（象）意論，北京：三聯書店，1995 年 4 月，頁 11-16。。

[58] 于民，《氣化諧和——中國古典審美意識的獨特發展》，第二章，〈中和與非中和〉，長春：東北師範大學出版社，1992 年 8 月，頁 140-151；同註 34，李凱，《儒家元典與中國詩學》，〈儒家元典論「中和」〉，頁 53-63。

[59] 同上，「天人合一的和諧精神」，頁 111-127。參考周來祥，《論中國古典美學》，〈古典和諧美與和諧美的古典藝術〉、〈古典和諧美與類型性藝術典型〉、〈中國古典美學與中國傳統文化的中和精神〉，濟南：齊魯書社，1987 年 6 月，頁 82-166。

　　此外，《周易》《孟子》所示「憂患意識」，體現深層之使命感和責任心[60]。《周易》言陰陽剛柔，啟示清代姚鼐桐城派分文學風格為「陽剛之美」與「陰柔之美」，[61]。地域文化影響詩風、樂風與文風。先秦典籍述地域文化之影響，除《管子・水地》外[62]，就經籍而言，有《左傳》載吳季札觀樂論國風，論斷國風之詩樂風格[63]。《禮記・樂記》述物感論，提示文藝的本質，緣於哀、樂、喜、怒、敬、愛六感的表現，感觸有別，風格遂異[64]。〈樂記〉之音樂本質論，對鍾嶸《詩品》言詩歌發生論，劉勰《文心雕龍・物色》言詩人感物，多有啟示[65]。要之，對後代文學理論或文學作品，多有啟發。

(三) 文學創作論

　　文學創作的過程，極其複雜。大抵包含積累、構思，和傳達的三個階段，因此，藝術技巧、傳達方式，都屬於這個範圍。就經學文獻而言，《詩經》的

---

[60] 同上，「憂患意識」，頁 75-84。

[61] 同註 57，劉綱紀，《周易美學》，第三章「陰陽與美」，頁 118-167。鄔國平、王鎮遠，《清代文學批評史》，第八章，二、姚鼐，上海：上海古籍出版社，1995 年 11 月，頁 575-579。

[62] 任繼愈將先秦華夏民族活動地區，分為四種文化類型：即鄒魯文化、荊楚文化、三晉文化、燕齊文化，參考《中國哲學發展史・先秦卷》，〈導言：三、中國哲學史的研究方法〉，北京：人民出版社，1983 年 10 月，頁 22-23；〈中國古代哲學發展的地區性〉，《中華學術論文集》，頁 463。

[63] 同註 39，張高評，《左傳之文韜》，頁 24-25。

[64] 《禮記・樂記》：「樂者，音之所由生也，其本在人心之感於物也。是故其哀心感者，其聲噍以殺；其樂心感者，其聲嘽以緩；其喜心感者，其聲發以散；其怒心感者，其聲粗以厲；其敬心感者，其聲直以廉；其愛心感者，其聲和以柔。六者，非性也，感於物而後動。」李澤厚、劉綱紀，《中國美學史》第一卷上冊，第十章〈樂記的美學思想〉，臺北：漢京文化公司，1986 年 8 月，頁 406-423；周來祥，《中國美學主潮》，第二章第三節〈樂記的美學建構〉，濟南：山東大學出版社，1992 年 6 月，頁 36-48；王興華，《中國美學論稿》，第十章〈樂記的美學思想〉，天津：南開大學出版社，1993 年 3 月，頁 156-164。

[65] 李澤厚、劉綱紀，《中國美學史》第一卷上冊第十章〈樂記的美學思想〉，臺北：漢京文化公司，1986 年 8 月，頁 406-423；周來祥，《中國美學主潮》，第二章第三節〈樂記的美學建構〉，濟南：山東大學出版社，1992 年 6 月，頁 36-48；王興華，《中國美學論稿》，第十章〈樂記的美學思想〉，天津：南開大學出版社，1993 年 3 月，頁 156-164。

賦比興，為詩歌創作的三大要法，儼然成為中國古典詩學之原型[66]；然章學誠稱：「吾則以謂：通六藝比興之旨，然後可以講《春王正月》之書」[67]，是又可以旁通接受論和詮釋學作解讀。《易·乾文言》稱「修辭立其誠」[68]，提示創作靠內外積累。《禮記·聘義》、《論語·雍也》、《孟子》、〈離婁下〉、〈盡心下〉，提出「君子比德」之命題，形成「比德文化」的傳統[69]，這種審美理想的寄託模式，源遠流長，同時影響了詩歌與繪畫，值得深究[70]。

文學語言的特質，《左傳》多所強調：一則曰：「言以足志，文以足言；言之無文，行而不遠」，此一「尚文」理念，指出作家與作品之關係，與《周易·繫辭下》：「其旨遠，其辭文，其言曲而中」；以及《禮記·表記》：「情欲信，辭欲巧」，同為典雅文學「尚文」之宣言。至於《論語·憲問》記述鄭國外交辭令之撰作過程，先草創、後討論，接著修飾，最後潤色，對於文章寫作，修辭過程，堪稱絕佳之演示[71]。《左傳》提示《春秋》五例，錢鍾書所謂載筆之體：「微而顯，志而晦，婉而成章，盡而不汙」，不僅是《春秋》書法、

[66] 夏傳才，《詩經語言藝術新編》，六、〈賦比興三法酌而用之〉，北京：語文出版社，1998年，頁109-111；徐中玉主編，《意境·典型·比興編》，北京：中國社會科學出版社，1994年5月；劉懷榮，《中國古典詩學原型研究》，臺北：文津出版社，1996年3月；陳麗虹，《賦比興的現代闡釋》，杭州：中國美術學院出版社，2002年3月。

[67] 章學誠，《文史通義》內篇五，〈史德〉，臺北：華世出版社，1980年9月，頁149。

[68] 「修辭立其誠，所以居業也」，孔穎達《周易正義》云：「外則脩理文辭，內則立其誠實，內外相成，則有功業可居。」誠，為修辭學的重要原則。

[69] 《論語·雍也》：「智者樂水，仁者樂山」；《孟子·離婁下》以水比德：「流水之於物也，不盈科不行；君子之志於道也，不成章不達。」其後《荀子·法行》：「君子比德於玉」（仁、知、義、行、勇、情、辭）；屈原〈橘頌〉，以橘之高潔比德伯夷；陸士龍〈寒蟬賦〉、駱賓王〈在獄詠蟬〉以為蟬有六德與九德。宋代稱松竹梅為歲寒三友，加蘭花，則為四君子。要皆比德之說。

[70] 同註44，〈比德說〉，頁273-275；普穎華《中國寫作美學》，第四章三、〈民族審美理想的寄托方式〉，北京：對外貿易教育出版社，1988年12月，頁161-167；張晨，《中國詩畫與中國文化》，一、〈詠物詩與花鳥畫——比德文化的極地〉，瀋陽：遼寧教育出版社，1993年12月，頁1-53；廖群，《中國審美文化史·先秦卷》，三、3.〈君子比德于玉〉，濟南：山東畫報出版社，2000年10月，頁201-207。

[71] 同註39，二、尚文之觀念，頁8-14。

史家筆法，更是富含形象化、精煉性、言外有意的詩歌語言追求[72]。

另外，《禮記・經解》提示「屬辭比事，《春秋》之教也」；筆者以為：屬辭比事固然為《春秋》書法，於司馬遷《史記》則衍化為「互見」之史法[73]。若與《公羊傳》《穀梁傳》之諱言諱書合看，再與《詩經》之「主文譎諫」並觀，微婉顯晦之書法流播於文學創作、文學評論者實多，如小說、戲劇、史傳文學之書寫忌諱，表現真相；敘事詩、詠史詩之反映現實，圖批逆鱗皆是。宋代詩學詩論，因黨爭忌諱，而改弦易轍，前後不同者，更多有之。由此可見，《春秋》書法影響文學之深遠[74]。

(四) 文學鑑賞論

文學鑑賞的層次有三：一般的文學閱讀，審美的文學鑑賞，和科學的文學批評[75]。孟子對於文學的詮釋或解讀，曾經提出「以意逆志」[76]和「知人論世」[77]兩種接受觀念。了解作家生平，理解作者所處之時空，才能進行公正之文藝批評，或審美鑑賞。而「以意逆志」，正是知人論世的重要方法：對作品之接受或詮釋，大多依據主觀之生活體驗、知識閱歷、思想感情、審美需求來進行。孟子之所提示，贏得接受學、文藝學，以及文學研究者之重視，對於後世文學理論批評影響鉅大，堪稱中國文藝社會學批評之鼻祖；對於文學之鑑賞與研究，啟示良多[78]。

---

[72] 同上註，四、《左傳》之史筆與詩筆；五、《左傳》敘事與言外有意，頁 165-201。

[73] 張高評，《春秋書法與左傳學史》、〈《史記》筆法與《春秋》書法〉，（三）屬辭比事，與以互見法開創傳記文學，臺北：五南圖書公司，2002 年 1 月，頁 82-93。

[74] 張高評，《會通化成與宋代詩學》，貳、《春秋》書法與宋代詩學，參、會通與宋代詩學——宋詩話「以《春秋》書法論詩」，臺南：成功大學出版組，2000 年 8 月，頁 55-128。

[75] 同註 36，第六章文學鑑賞論，頁 266。

[76] 《孟子・萬章上》：「說詩者，不以文害辭，不以辭害志，以意逆志，是為得之。」

[77] 《孟子・萬章下》：「頌其詩，讀其書，不知其人，可乎？是以論其世也，是尚友也。」

[78] 同註 43，鄧新華，《中國古代接受詩學》，第八章第一節〈「以意逆志」——偏於客觀的文學釋義方式〉，頁 304-315；胡經之主編《中國古典文藝學叢編》（三）、二、知人，北京：北京大學

除《孟子》所提「以意逆志」、「知人論世」之文學鑑賞論外,《左傳‧襄二十八》稱引「斷章取義,余取所求」;《周易‧繫辭上》提出「仁者見仁,知者見智」之命題,中國古代文學鑑賞批評理論,奠基於此[79];論者或指為文學之審美接受、接受鑑賞論[80],或稱許為詩學闡釋學的通俗表達[81]。《論語‧八佾》提出「盡善盡美」的觀點[82],消泯美善的鴻溝,高懸圓滿,作為理想追求,孔子對於美善的觀點,成為儒家鑑賞美學的重要理論意義[83]。

四、結語

蘇軾曾提出「八面受敵」的讀書法,所謂「每次作一意求之」,「每一書皆作數過盡之」[84],即在強調多元性,多層面的閱讀。又作〈題西林壁〉一詩,提示遊賞廬山的七個角度,亦肯定觀物視點的切換和轉變。東坡之強調與提示,對論文選題與學術研究頗多啟發。

居今之世,研究經學與儒學,視點不必然要盡同古人。除出入漢宋經說,以務其本外,考察問題之視點何妨跳脫傳統,調整轉換,以發揚經學儒學「與時俱進」、「日新又新」之精神。何況,經學儒學是中華文化的「精神家園」,

---

出版社,2001 年 7 月,頁 51-54;同註 38,祁志祥《中國古代文學原理》,第九章第二節〈「以意逆志」說——中國古代的文學鑑賞方法論〉,頁 347-358。

[79] 《易‧繫辭上》:「一陰一陽之謂道。繼之者善也,成之者性也。仁者見之謂之仁,智者見之謂之智。」

[80] 同註 52,《周易與中國文學》,第九章〈詩無達詁——「仁者見仁,知者見知」的接受鑑賞論〉,論者以為《易》傳的「見仁見知」,跟《左傳》的「賦詩斷章」(襄 28),多是接受理論的雛型,頁 392。

[81] 同註 35,《儒家元典與中國詩學》,第四章〈儒家詩學闡釋〉,四,見仁見智,頁 300-301。

[82] 《論語‧八佾》:「子謂《韶》,盡美矣,又盡善也;謂《武》,盡美矣,未盡善也。」

[83] 同註 44,〈儒家美學思想〉,「盡善盡美論」,頁 264-266。

[84] 〈與王庠五首〉其五,《蘇軾文集》卷六十,北京:中華書局,1986 年 3 月,頁 1821-1822。

根深葉茂，接受沾溉者既廣大，影響體現自然深遠。今嘗試從文學視角解讀經籍，再鉤勒出經學原典對文學理論的啟示。將經學與文學進行會通整合的討論，從而可見經學的文學價值，以及經學對文學的深遠影響，文學對經籍之受容情形。限於篇幅，考察焦點大多設定在文學理論。歷代文學對經學之接受或發揚，亦值得探論。有志之士，盍興乎來？

　　總之，學術成果追求卓越，是所有研究者的共同期盼，這跟選題研究是否富於創造性思維有關。創造性思維的特點之一，是思維空間的開放性，能從多角度、多側面、全方位去考察問題，避免局限於邏輯的、單一的、線性的思維。其附帶效益，是促成了發散思維、逆向思維、側向思維、求異思維等創造性思考的運用。研究經學、文學，及其他學術，筆者建議多元思考，跳脫慣性觀點，就是基於上述理由。

卷下

論文選題

《春秋》經傳研究選題舉例

一、《春秋》書法與經典詮釋

(一) 入門階梯與關鍵術語

◎如果我們想瞭解：意義是如何在一篇作品中被建構的，我們自當取一首長詩中的「關鍵字」。因為在長詩中，這個意義建構的過程似乎在運作，而關鍵字則是一首長詩的主題所在。（美・康達維（David R. Knechtges）〈「關鍵字」、作者意圖和闡釋翻譯：司馬遷〈報任安書〉，引燕卜蓀（William Empson）《複雜詞的結構》（*The Structure of Complex Words*））

1. 作《春秋》、讀《春秋》、治《春秋》
2. 史官赴告、魯史策書、筆削之義（書、不書）
3. 筆：書、因文、變文、特筆
4. 削：不書、同異、常變、彼此、是非
5. 辭從主人：內辭、外辭；華夏、夷狄
6. 內辭曲筆諱書，外辭直書不諱
7. 微言大義、微辭隱義、推見至隱
8. 諱言、諱書、不書、不稱、不言與筆削
9. 凡例、義例、類例、變例
10. 何以書（義）、如何書（法）

11. 屬辭比事、比事屬辭

12. 以義說經（經學）、以史傳經（史學）

13. 無通辭、無達辭、美惡不嫌同辭

14. 棄傳從經、信經疑傳、無傳而著（《春秋繁露‧竹林》）、獨抱遺經

15. 以經明經，求聖人之意於聖人手筆之書，以傳明經，以傳翼經

16. 史外傳心、都不說破、言外之意

17. 原志論罪（《春秋繁露‧精華》）

18. 書之重，辭之複，其中必有美者焉。（《春秋繁露‧祭義》）

19. 以其所書，推見其所不書；以其所不書，推見其所書。（元趙汸《春秋屬辭‧假筆削以行權》，引南宋陳傅良《春秋後傳》）

20. 孔子作《春秋》，有書，有不書，以互顯其義。（元趙汸《春秋集傳‧原序》、《春秋屬辭》卷8）

21. 反覆前後所書，比事以求其可通。（清張自超《春秋宗朱辨義‧總論》）

22. 是非以筆削而見，褒貶以是非而見。（清張自超《春秋宗朱辨義‧總論》）

23. 按全經之辭而比其事。（清方苞《春秋通論》）

24. 義以為經，而法緯之。（清方苞〈書〈貨殖傳〉後〉）

25. 《春秋》非記事之史，不書多於書；以所不書知所書，以所書知所不書。（清莊存與《春秋正辭‧春秋要指》）

26. 辭不屬不明，事不比不章。（清孔廣森《春秋公羊經傳通義‧敘》）

（二）經典解釋與屬辭比事

◎做為一般方法論的創造的詮釋學，共分五個辯證的層次，不得隨意越等跳級。這五個層次是：（1）「實謂」層次；（2）「意謂」層次；（3）「蘊謂」層次；（4）「當謂」層次；（5）「必謂」（創謂）層次；。（傅偉勳〈創造的詮釋學及其應用——中國哲學方法論建構試論之一〉，《從創造的詮釋學到大乘佛學》。參考傅偉勳《學問的生命與生命的學問》，〈創造的詮釋

學與思維方法論〉〉

1. 九月，僑如以夫人婦姜氏至自齊。舍族，尊夫人也。故君子曰：「《春
   秋》之稱，微而顯，志而晦，婉而成章，盡而不汙，懲惡而勸善。非
   聖人，誰能脩之？」（楊伯峻《春秋左傳注》，成公十四年，頁 870）

2. 子曰：「……《春秋》之信史也。其序，則齊桓、晉文；其會，則主會
   者為之也；其詞，則丘有罪焉耳。」（《公羊傳》昭公十二年）

3. 孟子曰：「王者之迹熄而詩亡，詩亡然後《春秋》作。晉之《乘》，楚
   之《檮杌》，魯之《春秋》，一也。其事，則齊桓、晉文；其文，則史；
   孔子曰：『其義則丘竊取之矣！』」（戰國孟軻著，清焦循疏《孟子正義》，
   卷十六〈離婁下〉，北京：中華書局，1987、1996，頁 574）

4. 《春秋》論十二世之事，人道浹而王道備。法布二百四十二年之中，
   相為左右，以成文采。其居參錯，非襲古也。是故論《春秋》者，合
   而通之，緣而求之，五其比，偶其類，覽其緒，屠其贅，是以人道浹
   而王法立。（注云：此董子示後世治《春秋》之法。）（漢董仲舒著，
   清蘇輿注《春秋繁露義證》卷一，〈玉杯第二〉，臺北：河洛出版社，
   1975，頁 2）

5. （孔子）西觀周室，論史記舊聞，興於魯而次春秋，……約其辭文，
   去其煩重，以制義法，王道備，人事浹。七十子之之徒，口受其傳指。
   為有所刺譏褒諱挹損之文辭，不可以書見也。……太史公曰：「儒者斷
   其義，馳說者聘其辭，不務綜其終始。……」（漢司馬遷著，日本瀧川
   資言考證《史記會注考證》卷 14，〈十二諸侯年表・序〉，頁 235）

6. 孔子曰：「入其國，其教可知也：其為人也，……屬辭比事，《春秋》
   教也。……《春秋》之失亂。……屬辭比事而不亂，則深於《春秋》
   者也。」（《禮記・經解第二十六》）

7. （魯）史策所錄，不失常法，其文獻之實足徵，故孔子因而脩之。事
   仍本史，而辭有損益，所以成詳略之例，起褒貶之意。（清馬國翰《玉
   函山房輯佚書》，揚州：廣陵書社，2004，經編・春秋類，晉徐邈《春

秋穀梁傳注義》，頁 1408。）

8. 孔子本準魯史，兼采諸國之志而作《春秋》。《春秋》之未作，則史也，非經也；《春秋》之既作，則《經》也，其文猶史爾，而不可以為史法，……然史之紀事，必須本末略具，使讀者可辨，非如今《春秋》之簡也。案仲尼讀史，至楚復陳，曰：「大哉！楚王輕千乘之國，而重叔時之言！」觀今《春秋》書曰：「丁亥，楚子入陳。」使舊史之文只如此，則雖孔子何以知其終不縣陳也？仲尼讀《晉志》，見趙宣子弒君事，曰：「惜也！出竟乃免。」觀今《春秋》曰：「晉趙盾弒其君。」使舊史之文只如此，則雖孔子，何以知盾之奔未出竟也？……衛甯殖曰：「吾得罪于聖人，悔之無及。名藏在諸侯之策曰：『衛孫林父、甯殖出其君。』」今《春秋》無書逐君之臣姓名者。又案《汲冢紀年》書稱：「周襄王會諸侯于河陽。」今只書「天王狩于河陽。」由是知《未修春秋》，辭有本末，足以辨事善惡，仲尼得以據其實而筆削之，非魯史之舊章也。（宋蕭楚《春秋辨疑》，臺北：臺灣商務印書館，1983，文淵閣《四庫全書》本，卷1〈春秋魯史舊章辨〉，頁 1-2；冊 148，頁 110。）

9. 屬辭，連屬字句以成文，謂善為辭命也。比事，比合事之初終彼此，以謀其得失也。（清王夫之《船山全書‧禮記章句》，長沙：岳麓書社，1996，〈經解〉，頁 1172）

10. 夫辭何以屬？謂夫史文之散滯者宜合屬也。事何以比？謂夫史官所載之事畔亂參錯而當為之比以類也。（清毛奇齡《春秋屬辭比事記》，《皇清經解》，臺北：復興書局，1961、1972，卷 1，頁 7957）

11. 屬辭者，聚合其上文下文之辭；比事者，連比其相類相反之事。（清姜炳璋《讀左補義》，影印同文堂藏版，臺北：文海出版社，1968，卷首〈綱領下〉，頁 106-107）

12. 屬辭者，連屬其辭；比事者，比次列國之事而書之。（清孫希旦《禮記集解》，臺北：文史哲出版社，1990，卷 48〈經解第二十六〉，頁 1254）

13. 《記》曰:「比事屬辭,《春秋》教也。」夫比,則取其事之類也。屬,則取其言之接續也。紀述文字取法《春秋》,比屬之旨,自宜遵律。(清章學誠《章氏遺書》,臺北:漢聲出版社,1973,卷29〈論文示貽選〉,頁752)

14. 屬者,屬合之。比者,比次之。《春秋》之義,是是非非,皆於其屬合、比次、異同、詳略之間見之,是其本教也。(清鍾文烝著,駢宇騫等點校《春秋穀梁經傳補注》,北京:中華書局,1996,卷首,〈論經〉,頁10)

15. 《記》曰:「屬辭比事,《春秋》教也。」聖經書法,必聯屬其辭,排比其事,而乃明。是以先儒沈氏文伯有《春秋比事》、趙氏東山有《春秋屬辭》。國朝毛氏西河有《屬辭比事記》、方氏望溪有《比事目錄》。他如曰統紀、曰提綱、曰通論、曰大事表等編,皆以屬比顯筆削之旨也。言屬辭,則比事該之矣。(清張應昌《春秋屬辭辨例編》,上海:上海古籍出版社,2002,《續修四庫全書》本,卷首〈凡例〉,頁1,總頁6)

16. 傳稱屬辭比事者,《春秋》之大法。……夫《春秋》有大屬辭比事,有小屬辭比事。其大者,合二百四十二年之事而比觀之,……其小者,合數十年之事而比觀之。……(元程端學《春秋本義·通論》,文淵閣《四庫全書》本,冊160,頁34)

17. 愚謂《春秋》有一事見一義者,不必兼首尾;其餘有首必有尾,有尾必有首,所謂屬辭比事者也。(元程端學《春秋本義》卷4,文淵閣《四庫全書》本,冊160,頁91)

18. 所謂前後始末者,一事必有首尾,必合數十年之通而後見。或自《春秋》之始至中,中至終而總論之,正所謂屬辭比事者也。凡《春秋》,一事為一事者常少,一事而前後相聯者常多。其事自微而至著,自輕而至重,始之不慎,至卒之不可救者,往往皆是。而先儒或略之,乃於一字之間而究其義,此其穿鑿附會,想像測度之說所由生也。(元

程端學《春秋本義》，文淵閣《四庫全書》，臺北：臺灣商務印書館，
1983 年，卷首〈春秋本義通論〉，頁 4-5，冊 160，頁 33-34）

19. 孟子曰：「其事則齊桓晉文，其文則史」，只就史字上看，便見《春秋》
是紀事之書。學者須以考事為先，考事不精而欲說《春秋》，則失之
疏矣。夫考事已精而經旨未得，尚多有之；未有考事不精，而能得經
旨者也。又須先曉史法，然後可求書法。史法要精熟，書法要委曲，
求合于中。（元趙汸《春秋師說》，《通志堂經解》，卷上〈論學春秋之
要〉，頁 4，總頁 14944）

20. 《春秋》有書事在此，而示義在彼者；有書事在前，而示義在後；書
事在後，而示義在前者。……有義係乎人，而其事不必詳者；有義繫
乎事，而其人不必詳者。有書其事同文，而義在各著其是非者；有書
其人同事，而義在分別其善惡者。有書一事而具數義者；有書數事而
明一義者。蓋是非以筆削而見，褒貶以是非而見，比事屬辭，《春秋》
之教，固無待於鈎深索隱也。（清張自超《春秋宗朱辨義》，卷首〈春
秋宗朱辨義總論〉，頁 2-3，總頁 3）

21. 《春秋》有只一書以見義者，如子同生、肆大眚、鄭棄其師、成宋亂、
宋災故、王室亂，終《春秋》不再見。此聖人之特筆，不必屬辭比事
而可知也。有屢書、再書、不一書以見義者，如桓五年……至莊四
年……首尾十七年，書紀凡十四事，著齊首滅國，而紀委曲圖存終不
得免，憫紀之亡而傷齊之暴也。桓三年，……至冬，……一年之中連
書六事，皆為昏文姜。莊二十二年，……至二十四年，……三年之中
連書十四事，皆為昏哀姜。志閨門之禍，謹履霜之漸，詔天下後世以
閑有家之道也。自桓十八年……至莊元年……兩年之中連書九事，志
魯桓之見稱殺於齊，而魯吞聲飲恨為可憐而可痛也。自莊二年，……
至莊八年，……七年之中連書凡十七事，志齊襄之淫慾，夫人之無恥，
而魯莊之忘父事仇，縱母淫奔，更會授會伐以取媚，至元兒就殛而後
已，為悖天而逆理也。自莊九年，……自十三年，……五年之中連書

凡十一事，志莊公之忘父仇而欲定仇國，納子糾，又見殺，與齊為難，至桓公定伯而後已也。自僖十七年⋯⋯至二十七年，⋯⋯首尾十一年，連書三十四事，志宋襄嗣伯無功，荊楚暴橫莫制，諸夏瀾倒，汲汲有左衽之憂，而晉文之出為刻不可緩也。此須合數十年之通觀其積漸之時勢，真如枯旱之望雨，聖人之意自曉然明白於字句之外。而豈一字兩字，稱人稱爵為褒貶哉！（清顧棟高《春秋大事表》，〈讀春秋偶筆〉，頁 30-31）

22. 看《春秋》眼光須極遠，近者十年、數十年，遠者通二百四十二年。⋯⋯隱四年，書翬帥師，而十一年有鍾巫之禍。宣二年，書公子歸生帥師，而四年有解黿之禍。宣元年，書趙盾帥師、趙穿帥師，而二年有桃園之禍。成六年、八年、九年，連書晉欒書帥師，而十八年有匠麗之禍，此起伏之在十年以內者。蓋弒君有漸，其大要在執兵權，不至弒君不止。滅國亦有漸，其大患在數侵伐，不至滅國不止。聖人灼見諸國之形勢，亂賊諸人之心事，而次第據實摹寫之，故曰：《春秋》成而亂臣賊子懼。（清顧棟高《春秋大事表》，〈讀春秋偶筆〉，頁 33-34）

23. 昌黎〈寄盧仝〉詩云：「《春秋》《三傳》束高閣，獨抱遺《經》終究始。」「終究始」三字最妙。此即比事屬辭之法。治《春秋》，自宜以《經》作主，但不可於《三傳》外另造出《傳》來。（清顧棟高《春秋大事表》，〈讀春秋偶筆〉，頁 47）

24. 凡諸經之義，可依文以求，而《春秋》之義，則隱寓於文之所不載，或筆或削，或詳或略，或同或異，參互相抵，而義出於其間。所以考世變之流極，測聖心之裁制，具在於此。（清方苞《方望溪先生全集》，《四部叢刊》初編，《望溪先生文集》，卷 4〈春秋通論序〉，頁 4，總頁 52）

25. 比事屬辭，《春秋》教也。先儒褒貶之例多不可通，以未嘗按全經之辭，而比其事耳。以外諸侯稱爵為褒，則楚商臣、蔡般皆稱爵矣。以外大夫不書繫與族為貶，則鄭公子歸生、魏甯喜、陳夏徵舒、書繫與

族矣。以稱人為貶，則文僖以前，會盟侵伐列國之卿大夫，皆稱人而
不以名見；宣成以後列國之卿以名見，而大夫仍稱人，小國之卿大夫
終《春秋》恆稱人；而莒慶、曹公子首獨以名見。以是知凡此類，皆
舊史之文，隨時勢以變更，而非有典法者也。（清方苞《春秋通論》，
〈通例〉七章之一，頁 17-18，冊 178，總頁 346）

26. 《記》曰：「屬辭比事，《春秋》教也。先儒之說，就其一節，非不持
之有故，言之成理也。而比以異事而同形者，則不可通者十之八九
矣。……其間毫芒之辨，乍言之，若無可稽，尋及通前後而考其義類，
則表裏具見，固無可疑者。……若《春秋》，則孔子所自作，而義貫
於全《經》；譬諸人身，引其毛髮，則心必覺焉。……《春秋》之義，
則隱寓於文之所不載，……非通全《經》而論之，末由得其閒也。」
（清方苞《春秋通論》，卷 4〈通例七章〉其一，頁 19，冊 178，總
頁 346）

27. 夫子因魯史而作《春秋》，孟子曰：「其事，齊桓、晉文，其文，則史；
孔子自謂竊取其義焉耳。」載筆之士，有志《春秋》之業，固將惟義
之求。其事與文，所以藉為存義之資也。（清章學誠《文史通義》，內
篇四〈言公上〉，頁 107）

28. 章子曰：史之大原本乎《春秋》，《春秋》之義昭乎筆削。筆削之義，
不僅事具始末，文成規矩已也。以夫子義則竊取之旨觀之，固將綱紀
天人，推明大道，所以通古今之變而成一家之言者，必有詳人之所略，
異人之所同，重人之所輕，而忽人之所謹，繩墨之所不可得而拘，類
例之所不可得而泥，而後微茫杪忽之際有以獨斷於一心。……此家學
之所以可貴也。（清章學誠《文史通義》，內篇四〈答客問上〉，臺北：
華世出版社，1980，頁 138）

29. 古人著述，必以史學為歸。蓋文辭以敘事為難，今古人才騁其學力所
致，辭命議論，恢恢有餘；至於敘事，汲汲形其不足，以是為最難
也。……然古文必推敘事，敘事實出史學，其源本於《春秋》「比事

屬辭」。（清章學誠《文史通義》，外篇三〈上朱大司馬論文〉，臺北：
華世出版社，1980，頁 308）

30. 古文辭蓋難言矣。古人謂之屬辭，不曰古文辭也。《記》曰：「比事屬
辭，《春秋》教也。」夫比，則取其事之類也。屬，則取其言之接續
也。紀述文字取法《春秋》，比屬之旨，自宜遵律。顯而言之，昌黎
所謂文從字順是也。（清章學誠《章氏遺書》，卷 29，外集二，〈論文
示貽選〉，頁 75，總頁 752）

31. 比事屬辭，《春秋》教也。必具紀傳史才，乃可言古文辭。……而馬
之列傳，實本《左氏春秋》，故曰紀傳分，而《左》《國》之支流別也。
（清章學誠《章氏遺書》，外編卷 1，〈信摭〉，頁 831）

32. 史家敘述之文，本於《春秋》比事屬辭之教。自陳、范以上，不失師
傳；沈、魏以還，以史為文，古文中斷。……（清章學誠《章氏遺書》，
外編卷 1，〈信摭〉，頁 836）

33. 古無史學，其以史見長者，大抵深於《春秋》者也。陸賈史遷諸書，
劉、班部於《春秋》家學，得其本矣。古人書簡而例約，雖治史者之
法《春秋》，猶未若後世治經學者之說《春秋》，繁而不可勝也。《春
秋》之義行，而名史皆能自得於不言之表焉。（清章學誠《章氏遺書
補遺》，〈史考釋例〉，頁 1378）

34. 《春秋》為編年之書，《左傳》書事，君臣同載。今既各為紀傳，則
二人共事，當分詳略，事有出入，當存互見，可以知行文之剪裁繁複
也。傳有分合，事有始末，或牽連而並書，或因端而各出，可以知屬
辭比事之法也。（清章學誠《章氏遺書·補遺》，〈論課蒙學文法〉，臺
北：漢聲出版社，1973，頁 1357）

35. 古《春秋》記事成法，今不可考。惟《墨子·明鬼》篇所述，有周·
燕、齊、宋各春秋，於杜伯莊子儀諸事，爰始要終，本末悉昭，則記
事以詳為上矣。孔子所修魯史，以《春秋》名，則記事之法，必符史
官所記。故以經教授，雖資口述，然經文而外，恆有附記之文，丘明

作傳，即本於斯。如晉侯圍元示信事，見於《左傳》僖二十五年，《經》《韓非子·外儲說左篇》甄引其文，謂孔子聞而記之，則丘明所述，本於孔子所記。故記事貴詳，上符古《春秋》成法。近世之儒，轉以「其文則史」疑《左傳》，殆昧於《春秋》之例矣。（劉師培《左盦集》卷 2，〈古春秋記事成法攷〉，頁 1；《劉申叔先生遺書》第三冊，頁 1445，臺北：華世出版社，1975）

36. 錯經合異者，……即《禮記》〈經解〉篇：「屬辭比事，《春秋》教也」之意，屬猶合也。謂此事與彼事相提而論，此辭與彼辭相合而觀，或事同而辭異，或辭同而事異，而等差出焉，褒貶見焉。（日本竹添光鴻《左傳會箋·春秋左氏傳序》）

37. 昔人所謂《春秋》書法，正即修詞學之朔，而今之考論者忽焉。此處所謂《左傳》用「猶」、「曰」兩例，反三隅於一字，其法於後來小說往往見之。……所謂「微而顯，志而晦」，亦即《荀子·勸學》所謂「《春秋》約而不速」也。（錢鍾書《管錐編》，冊 5，〈左傳正義〉，一二、「閔公二年」，增訂三，頁20）

38. 《春秋》僖公三十三年：「隕霜，不殺草」，定公元年：「隕霜殺菽」，《穀梁傳》謂有「舉重」、「舉輕」之辨，草「輕」而「菽」重，舉「不殺草」則霜不殺菽可知；舉「殺菽」則霜亦殺草可知。《韓非子·內儲說》上魯哀公問《春秋》記「賈霜不殺菽」，仲尼曰：「此言可以殺而不殺也」，便遜《穀梁》之有禆詞學。《春秋》之書法，實即文章之修詞。（錢鍾書《管錐編》，冊3，《全上古三代秦漢三國六朝文》，三一，《全後漢文》卷一，頁967）

39. 《公羊》、《穀梁》兩傳，闡明《春秋》美刺「微詞」，實吾國修詞學最古之發凡起例。「內詞」、「未畢詞」、「諱詞」之類，皆文家筆法。剖析精細處，駸駸入於風格學（stylistics）。（錢鍾書《管錐編》，冊3，《全上古三代秦漢三國六朝文》，三一、全後漢文卷一，頁 967-968）

二、「《春秋》書法」論文選題研讀

1. 考訂資料的證據，來自兩方面：一是資料本身所提供的索引，這便是通常所說的「內證」（內在考證）。一是來自其他資料的記述或稱引，這便是所謂「外證」（外在考證）。（許冠三《史學與史學方法》，頁227）

2. 說《春秋》者，當先以經證經，又其次引他經證，又其次以經證傳，又其次以傳證經。展轉相證，亦復出入諸書，如此，則用心密，而乖謬少矣。（元趙汸《春秋師說》卷下，頁11，14948）

(一)屬辭比事，無傳而著

◎《春秋》記天下之得失，而見所以然之故。甚幽而明，無傳而著，不可不察也。（漢董仲舒著，清蘇輿注《春秋繁露義證》，卷2〈竹林第三〉，頁39）

◎《春秋》三傳束高閣，獨抱遺經究終始。（唐韓愈〈寄盧仝〉詩）

◎故善學《春秋》者，當先平吾心，以經明經，而無惑乎異端，則褒貶自見。然世之說者，例以為無傳則經不可曉。嗚呼！聖人作經之初，豈意後世有三家者之傳邪？若《三傳》不作，則《經》遂不可明邪？（宋趙鵬飛《春秋經筌·序》，臺北：大通書局，1970，《通志堂經解》本，卷首，總頁11551）

◎《春秋》書法，須考究前後、異同、詳略，以見聖人筆削之旨。事同而書法異，書法同而事異，正是聖人特筆處。（元趙汸《春秋師說》卷下，〈論學春秋之要〉，頁14932）

◎學《春秋》者，據《左氏》以記事，以觀聖筆之所斷。……《公》《穀》據經以立意，專門之學尚焉。唐啖趙氏師友之間，始知求聖人之意於聖人所筆之書。宋之大儒以為可與《三傳》兼治者，明其能專求於經

也。（元虞集《春秋胡傳附錄纂疏・原序》）

1. 《春秋》「關鍵字」屬辭與經典詮釋
2. 屬辭比事與宋元《春秋》詮釋學
3. 屬辭比事與明清《春秋》詮釋學
4. 《春秋》筆削與「義」在言外
5. 約文示義與《春秋》筆削
6. 《春秋》書法之修辭觀
7. 不書、變文、特筆與《春秋》修辭學
8. 比事見義與《春秋》書法
9. 探究終始與《春秋》研究史
10. 屬辭比事與作者意圖
11. 系統思維與《春秋》研究史
12. 比事屬辭與《春秋》之微辭隱義

（二）屬辭比事，以傳明經

◎（《左氏》）博采諸家，敘事尤備，能令百代之下頗見本末，因以求意，經文可知。（唐啖助・趙匡・陸淳《春秋集傳纂例》，卷 1〈三傳得失議第二〉，頁 3，總頁 2358）

◎經與傳固並行者也，……其事，則《左氏》紀之；其宏綱奧旨，則《公》《穀》傳焉。不觀《左傳》，無以知當時之事，不讀《公》《穀》，無以知聖人垂法之意。彼謂《三傳》為可束高閣者，夸言也，非篤論也。（宋家鉉翁《春秋集傳詳說・評三傳上》）

◎學《春秋》，以考據《左傳》國史事實為主，然後可求書法。能考據事實，而不得書法者，亦尚有之；未有不考據事實，而能得書法者也。（元趙汸《春秋師說》卷下，〈論學春秋之要〉，頁 14944）

1. 屬辭比事與《公羊傳》之書法——以弒君為例
2. 屬辭比事與《左傳》據實直書——以外辭書滅為例

3. 屬辭比事與《左傳》曲筆諱書——以內辭書滅為例

4. 屬辭比事與《左傳》據實直書——以外辭稱弒為例

5. 屬辭比事與《左傳》曲筆諱書——以內辭書薨為例

6. 《公羊傳》即辭求義研究

7. 《公羊傳》借事明義研究

8. 《春秋繁露》論屬辭與書法

9. 屬辭比事與《穀梁傳》之書法

10. 「以傳明經」與宋元《春秋》學

   孫覺《春秋經解》、蘇轍《春秋集解》、胡安國《春秋傳》、葉夢得《春秋傳》、呂祖謙《春秋集解》、家鉉翁《春秋集傳詳說》、汪克寬《春秋胡傳附錄纂疏》、趙汸《春秋集傳》、李廉《春秋諸傳會通》

11. 「以傳明經」與明清《春秋》學

   湛若水《春秋正傳》、傅遜《春秋左傳屬事》、魏禧《左傳經世鈔》、姜炳璋《讀左補義》、王源《左傳評》、高士奇《左傳紀事本末》、馮李驊《左繡》、劉文淇《春秋左氏傳舊注疏證》、章太炎《春秋左傳讀敘錄》、《檢論·春秋故言》、劉師培《左盦集》、莊存與《春秋正辭》、孔廣森《春秋公羊通義》、陳立《公羊義疏》、皮錫瑞《經學通論》、林紓《左傳擷華》、吳闓聲《左傳微》

(三) 比事屬辭與史學、敘事、古文辭

◎古文必推敘事，敘事實出史學，其源本於《春秋》「比事屬辭」。（清章學誠《文史通義》，外篇三〈上朱大司馬論文〉，臺北：華世出版社，1980，頁 308）

◎敘事之文，出於《春秋》比事屬辭之教也。（清章學誠《文史通義》，外篇三〈與汪龍莊書〉，臺北：華世出版社，1980，頁 ）

◎古文辭蓋難言矣。古人謂之屬辭，不曰古文辭也。《記》曰：「比事屬辭，《春秋》教也。」……紀述文字取法《春秋》，比屬之旨，自宜遵

律。顯而言之，昌黎所謂文從字順是也。（清章學誠《章氏遺書》卷二
十九，外集二，〈論文示貽選〉，頁75，總頁752）

◎比事屬辭，《春秋》教也。必具紀傳史才，乃可言古文辭。……而馬之
列傳，實本《左氏春秋》，故曰紀傳分，而《左》《國》之支流別也。（清
章學誠《章氏遺書》外編卷一，〈信摭〉，頁831）

◎史家敘述之文，本於《春秋》比事屬辭之教。（清章學誠《章氏遺書》
外編卷一，〈信摭〉，頁836）

1. 屬辭比事與《左傳》敘事藝術

2. 《左傳》象徵事敘事與以史傳經

3. 《左傳》因果式敘事與以史傳經

4. 「于敘事中寓論斷」與《左傳》以史傳經

5. 《西廂記》筆法與《左傳》敘事

6. 金聖歎《左傳》評點與敘事章法

7. 比事屬辭與方苞古文義法

8. 比事屬辭與章學誠之《春秋》教

9. 「貴有辭」與《春秋》大義

(四) 比事屬辭與《春秋》宗朱

1. 程朱理學與《春秋》學之流衍

2. 朱熹之《春秋》觀──據事直書與徵實精神

3. 明道正誼與朱熹對《春秋》之解讀

4. 汪克寬《春秋胡傳附錄纂疏》與屬辭比事

5. 程端學《春秋本義》與屬辭比事

6. 黃澤《春秋》說解與屬辭比事

7. 趙汸《春秋屬辭》、《春秋金鎖匙》、《春秋集傳》與屬辭比事

8. 湛若水《春秋正傳》與屬辭比事

9. 張自超《春秋宗朱辨義》與比事屬辭

10. 比事屬辭與方苞《春秋》學

11. 即事顯義與《春秋通論》之「無傳而著」

12. 因文取義與《春秋直解》之「以經明經」

三、學風世變與經典詮釋

(一)《春秋》書法之文史詮釋

1. 倫理規範與《春秋》修辭學

2. 《春秋》書法與詩歌語言

3. 《春秋》書法與六義比興

4. 《春秋》書法與文學評論

5. 杜甫詩史與《春秋》書法

6. 《春秋》書法與宋代詩學

7. 《春秋》書法與意在言外

8. 《春秋》書法與敘事藝術

9. 「書與不書，互顯其義」與創造詮釋學

10. 《春秋》詮釋學與修辭學

11. 《春秋》語言學與經典修辭

12. 《新五代史》與《春秋》書法

13. 《春秋》書法與含蓄、蘊藉、隱秀

14. 《春秋》書法與禪宗思維

15. 《春秋》書法與詩歌語言

(二) 時風思潮與《春秋》跨領域研究

1. 《春秋》之直書與曲筆

2. 尊王攘夷與南北宋《春秋》學

3. 印刷傳媒與《春秋》顯學

◎宋代經學的復興，部分應歸功於印刷術普及所帶來的圖書流通量的擴
　大，以及圖書印刷時產生的錯訛。（美艾爾曼（Benjamin A. Elman）
　著，趙剛譯《從理學到樸學》，南京：江蘇人民出版社，1995，頁 100）

◎印刷術的普遍應用，被認為是宋代經典研究的復興，及改變學術和著
　述風尚的一種原因。（錢存訓《中國紙和印刷文化史》，第十章，（四）
　〈印刷術在中國社會和學術上的功能〉，桂林：廣西師大出版社，
　2004.5，頁 356）

4. 胡安國《春秋傳》與六藝比興

5. 明道正誼與宋元《春秋》學之理學化

6. 宋代尊經意識與會通諸家

7. 《三傳》解經與經典闡釋學

8. 宋明理學與《春秋》學

9. 功利權變與南宋《春秋》學

10. 獨尊胡《傳》與明代《春秋》學

11. 《春秋》比事與明代《左傳》學

　　傅遜《春秋左傳屬事》、邵寶《春秋諸名臣傳》、劉節《春秋列傳》、
　　劉績《春秋左傳類解》、孔範《左傳分國紀事本末》、張溥《春秋列
　　國論》、唐順之《左氏始末》、施仁《左粹類纂》、樊王家《左氏春
　　秋內外傳類選》

12. 清初《春秋》學及其轉折

13. 清初思潮與《春秋》學之消長

14. 《文史通義》「《春秋》教」之敘事學研究

15. 漢宋之爭與《春秋》學研究

16. 清代考據學與《春秋》研究

17. 晚清思潮與《春秋》學之消長

18.晚清思潮與夷夏觀

(三) 唐宋變革論與《春秋》詮釋學

◎日本京都學派內藤湖南（1866-1934）提出「宋代近世」說，構想「唐宋轉型」論。

◎內藤弟子宮崎市定（1901-1995）發表〈概括的唐宋時代觀〉：「（宋代）文化方面，也從訓詁之學而進入自由思考的時代」。

◎內藤氏的唐宋「轉型論」，確認宋代進入近世；宮崎市定繼續發揮這「千年一脈論」。（王水照《鱗爪文輯》，〈重提「內藤命題」〉）

◎張廣達〈內藤湖南的唐宋變革說及其影響〉，《唐研究》第 11 卷，2005，頁 5-21

◎柳立言〈何謂「唐宋變革」？〉，《中華文史論叢》第 81 輯，2006，頁 125-171

◎就經學而言，考據學構成兩峰一谷的態勢：即宋初承漢唐之學，訓詁考據比較突出；隨著道學的興起，訓詁考據的地位便逐漸落入谷底。自朱熹不廢考據以後，延及其弟子，勢頭又重新上升。（孫欽善《中國古文獻學史》上，頁 498）

1.《春秋》漢學：訓詁考證，我注六經

◎讀九經自考文始，考文自知音始。（清顧炎武）

◎治經以義理為主，然而……義理必資于考證也。……究其所以考證、訓詁、校讎者，何為也哉？曰欲以明義理而已。（清翁方綱〈考訂論〉上下）

◎六經者，聖人之言，因其言以求其義，則必自詁訓始。謂詁訓之外，別有義理，……非吾儒之學也。詁訓必依漢儒，以其去古未遠，家法相承，……漢儒猶能識之。（清錢大昕《臧玉林經義雜記・序》）

◎有文字而後有詁訓，有詁訓而後有義理。詁訓者，義理之所由出，非

別有義理出乎詁訓之外者也。（清錢大昕《義籍纂詁·序》）

◎故訓明，則古經明；古經明，則賢人聖人之理義明，而我心之所同然者，乃因之而明。賢人聖人之理義非他，存乎典章制度者是也。（清戴震〈題惠定宇先生《授經圖》〉）

◎聖賢之道存乎經，經非詁不明。漢儒之詁，去聖賢為尤近。……有志於聖賢之經，惟漢人之詁多得其實者，去古近也。（清阮元〈西湖詁經精舍記〉）

◎若以漢與宋為對峙，尤非大方之言，漢人何嘗不談性道？五也。宋人何嘗不談名物訓詁？不足概服宋儒之心。六也。近有一類人，以名物訓詁為盡聖人之道，……以詆漢人，漢人不受，七也。（清龔自珍〈與江子屏牋〉）

晉杜預注，唐孔穎達疏：《春秋左傳正義》

漢何休解詁，唐徐彥疏：《春秋公羊傳注疏》

晉范甯集解，唐楊士勛疏：《春秋穀梁傳注疏》

宋張洽《春秋集註》

元趙汸《春秋左氏傳補注》

清顧炎武《左傳杜解補正》

清王夫之《春秋稗疏》

清惠棟《春秋左傳補註》

清李貽德《春秋左傳賈服注輯注》

清沈欽輯《春秋左氏傳補注》

清馬宗璉《春秋左傳補注》

清梁履繩《左傳補釋》

清洪亮吉《春秋左傳詁》

清劉文淇《春秋左氏傳舊注疏證》

清俞樾《群經平議·左傳平議》

2. 《春秋》宋學：義理研求，六經注我

◎理學之名，自宋人始有之。古之所謂理學，經學也，非數十年不能通也。故曰：「君子之于《春秋》，沒身而已矣。」（清顧炎武〈與施愚山書〉）

◎清代乾嘉時期的學者，從治學方法上將漢代以後之經學分為兩類：一種是「漢學」，一種是「宋學」。漢學偏重考證之學，宋學偏重義理之學。從漢學到宋學的學風轉變，以北宋慶曆年間劃一界限。（姜廣輝主編《中國經學思想史》，第四十七章〈銳意革新的宋明理學〉）

◎宋代經學大不同于漢代經學：漢代經學注重制度名物的訓詁考證，而宋代經學則注重經書的義理研求，即所謂「經義」。（姜廣輝《義理與考據》，〈傳統的詮釋與詮釋學的傳統‧宋明理學〉）

唐陸淳《春秋集傳纂例》、《春秋微指》

宋孫復《春秋尊王發微》

宋程頤《春秋傳》

宋孫覺《春秋經解》

宋蕭楚《春秋辨疑》

宋蘇轍《春秋集解》

宋張大亨《春秋通訓》

宋劉敞《春秋意林》、《春秋傳》、《春秋權衡》

宋崔子方《春秋本例》

宋葉夢得《春秋傳》、《春秋考》、《春秋三傳讞》

宋胡安國《春秋傳》

宋呂祖謙《春秋集解》、《左氏傳說》、《左氏傳續說》

宋陳傅良《春秋後傳》

宋沈棐《春秋比事》

宋趙鵬飛《春秋經筌》

宋陳深《讀春秋編》

　　　　宋家鉉翁《春秋集傳詳說》

　　　　宋呂大圭《春秋或問》

　　　　元汪克寬《春秋胡傳附錄纂疏》

　　　　元程端學《春秋本義》

　　　　元趙汸《春秋師說》（黃澤《春秋指要》）

　　　　元趙汸《春秋屬辭》、《春秋集傳》、《春秋金鎖匙》

　　　　元李廉《春秋諸傳會通》

(四) 宋代近世說與《春秋》詮釋學

◎宋代承唐代之後，而入于「自己創造」之時期。當此之時，儒學吸收佛道二教之貢獻，以成中興之業，故開一燦爛之時代。（胡適《東瀛遺墨》，上海人民出版社，1999，頁 154）

◎若研究人心政俗之變，則趙宋一代歷史，最宜究心。中國所以成為今日現象者，為善為惡，姑不具論，而為宋人之所造就，什八九可斷言也。」（嚴復〈致熊純如函〉，《學術》第 13 期，1923）

◎華夏民族之文化，歷數千載之演進，造極於趙宋之世。（陳寅恪〈鄧廣銘《宋史職官志考證》序〉）

◎中國歷史，應該以唐末五代至宋為又一大變。唐末五代結束了中世，宋代開創了近代。……我們若明白近代的中國，先須明白宋。（錢穆《宋明理學概述・宋學的興起》）

◎「內藤命題」是立足于中國史的內部，從中引出對中國歷史發展動向的認識。（不是單純憑借）從外部引入的理論（來套中國史實），（而是）把中國史全部過程，作整體性的觀察。（日本谷川道雄〈致中國讀者〉）

1. 《春秋》宋學（明代卷）

　　　　明湛若水《春秋正傳》

　　　　明季本《春秋私考》

　　　　明姜寶《春秋事義全考》

明傅遜《左傳屬事》

明高攀龍《春秋孔義》

明卓爾康《春秋辯義》

2. 《春秋》宋學（清代卷）

清毛奇齡《春秋傳》

清萬斯大《學春秋隨筆》

清康熙皇帝《日講春秋解義》、《春秋傳說匯纂》

清張自超《春秋宗朱辨義》

清方苞《春秋通論》、《春秋直解》

清惠士奇《春秋說》

清顧棟高《春秋大事表》

清莊存與《春秋正辭》

清紀昀主纂《四庫全書總目·春秋類》

清孔廣森《春秋公羊通義》

清張應昌《春秋屬辭辨例編》

清皮錫瑞《春秋通論》

四、傳統史學與《春秋》學

（一）重要講題

1. 筆削魯史與《春秋》之微言大義

2. 史家筆法與《春秋》書法

3. 《春秋》紀實與史學求真

4. 司馬遷《史記》與《春秋》書法

5. 《春秋》學與中國傳統史學

6. 《三國志》之書法研究

7. 《資治通鑑》與《春秋》書法

8. 章學誠《文史通義》「《春秋》教」補述

9. 古文、歷史敘事與屬辭比事

(二) 參考副題

1. 《春秋》經世與史學致用

2. 《新五代史記》與《春秋》義例

3. 《新唐書》與《春秋》書法

4. 《唐書糾謬》與屬辭比事

5. 《唐鑑》與《春秋》書法

6. 《資治通鑑綱目》與《春秋》書法

7. 北宋史學與《春秋》書法

8. 南宋史學與《春秋》書法

五、學科整合研究

(一) 重要講題

1. 比事屬辭與《春秋》決獄

2. 《春秋》書法與白居易《百道判》

3. 六義比興與《春秋》之教

4. 忌諱修辭與《春秋》書法

    （1）以實代虛　　　（2）以輕代重

    （3）以正代反　　　（4）諱惡不書

5. 《春秋》經傳與傳統思維方式

6. 《易》與《春秋》之融通

7. 《春秋》微辭隱義與意在言外

8. 《春秋》微言大義與「都不說破」

(二) 參考副題

1. 二重證據法與《春秋》經傳研究

2. 歷代《春秋》學疑難問題考辨

3. 《三傳》之異同與會通

4. 微言大義與古代文學

5. 宋襄公評價與《三傳》異同

六、《左傳》與《春秋》經之關係

◎《左傳》不可全信，信其所可信者爾。以《傳》考《經》之事迹，以
《經》別《傳》之真偽。(宋程頤《春秋傳》)

◎故凡《春秋》之事，當從史，《左氏》史也，《公羊》《穀梁》皆意之也。
蓋孔子之作《春秋》，事亦略矣，非以為史也，有待乎史而後足也。以
意傳《春秋》而不信史，失孔子之意矣。(宋蘇轍《春秋集解》，臺北：
大通書局影印《經苑》本，卷1，頁4；臺北：大通書局影印《經苑》
本，1970，頁2550)

◎既有《左氏》，始有本末，而簡書具存，實事不沒。雖學者或未之從，
而大義有歸矣。故讀《春秋》者，不可以無《左氏》。二百五十五年明
若畫一，無訛缺者。捨而他求，焦心苦思，多見其好異也。……故徵
于《左氏》，所以言《春秋》也。始卒無外，先後有據，而義在其中，
如影響之不違也。(宋葉適《習學記言序目》卷9，〈春秋〉，北京：中
華書局，1977、2009，頁118)

◎看《春秋》，且須看得一部《左傳》，首尾意思通貫，方能略見聖人筆削，與當時事之大意。（宋黎靖德《朱子語類》卷83〈春秋〉）

◎左氏採摭一時之事以為之《傳》，將使後人因《傳》而求《經》也。……故有《經》著其略，《傳》紀其詳；《經》舉其初，《傳》述其終，雖未能盡得聖人褒貶意，而《春秋》二百四十二年之行事恃之以傳，何可廢也。（宋家鉉翁《春秋集傳詳說‧綱領》，〈評三傳下‧左傳〉，頁22；文淵閣《四庫全書》冊158，頁21）

◎三傳有功於聖經者，首推《左氏》，以其所載先《經》以始事，後《經》以終義。聖人之《經》，斷也；左氏之《傳》，案也。欲觀《經》之所斷，必求《傳》之所紀，事之本末，而後是非見，褒貶白也。（元楊維楨〈春秋左氏傳類編序〉，《東維子集》卷六）

◎學《春秋》，以考據《左傳》國史事實為主，然後可求書法。能考據事實，而不得書法者，亦尚有之；未有不考據事實，而能得書法者也。（元趙汸《春秋師說》卷下，〈論學春秋之要〉，頁14944）

◎刪除事跡，何由知其是非？無案而斷，是《春秋》為射覆矣。……漢晉以來，藉《左氏》以知經義；宋元以後，更藉《左氏》以杜臆說矣。（清紀昀等主纂《四庫全書總目》卷26〈春秋類一〉，頁536）

◎史之為道，撰述欲其簡，考證則欲其詳。莫簡於《春秋》，莫詳於《左傳》。《魯史》所錄，具載一事之始末，聖人觀其始末，得其是非，而後能定以一字之褒貶。此作史之資考證也。丘明錄以為《傳》，後人觀其始末，得其是非，而後能知一字之所以褒貶。此讀史之資考證也。苟無事蹟，雖聖人不能作《春秋》。苟不知其事蹟，雖以聖人讀《春秋》，不知所以褒貶。（清紀昀等編纂：《四庫全書總目》（臺北：藝文印書館，1974），卷45，史部，正史類一，「史部總敘」，頁958）

(一) 重要講題

1. 《春秋》五例與《左傳》敘事

2. 先經、後經、依經、錯經與《左傳》敘事藝術

3. 依經作傳與以史證經

4. 經闕傳存與發明聖經

5. 《左傳》經解語與以史證經

6. 據事直書與《左傳》以敘為議

7. 《左傳》編年、比事屬辭與《春秋》義法

8. 《左傳》屬辭比事研究

(二) 參考副題

1. 孔子形象與《左傳》敘事

2. 《左傳》五十凡研究

3. 《左傳》敘事與三傳會通

4. 《左傳》尚德思想之研究

5. 《左傳》之禮學思想

6. 《左傳》之華夷、內外觀念

7. 杜預《春秋經傳集解》研究

8. 孔穎達《春秋左傳正義》研究

9. 蘇轍《春秋集解》研究

10. 胡安國《春秋傳》研究

11. 陳傅良《春秋後傳》研究

12. 家鉉翁《春秋集傳詳說》研究

13. 趙汸《春秋師說》研究

14. 湛若水《春秋正傳》研究

15. 顧棟高《春秋大事表》

16. 劉師培《讀左劄記》、《春秋左氏傳古例詮微》、《左盦集》之綜合研究

17. 章太炎《春秋左傳讀敘錄》、《檢論・春秋故言》、《春秋左氏疑義答問》
    綜合研究

18. 張其淦《左傳禮說》研究

七、歷史敘事與《左傳》研究

◎《左氏》之敘事也，述行師，則簿領盈視，哤聒沸騰；論備火，則區分在目，修飾峻整；言勝捷，則收穫都盡，記奔敗，則披靡橫前。申盟誓，則慷慨有餘；稱譎詐，則欺誣可見；談恩澤，則煦如春日；紀嚴切，則凜若秋霜；敘興邦，則滋味無量；陳亡國，則凄涼可憫。或腴辭潤簡牘，或美句入詠歌，跌宕而不群，縱橫而自得。若斯才者，殆將工侔造化，思涉鬼神，著述罕聞，古今卓絕。（唐劉知幾《史通・雜說上》）

◎《左傳》 是中國最先、第一部、最詳密的編年史。專講歷史價值，孔子《春秋》可說還遠在《左傳》之下。（錢穆《中國史學名著・左傳》）

◎《左氏傳》的最大成就，是在孔子所修《春秋》的提挈之下，把這個時代的各方面的變遷、成就、矛盾、衝突，都以讓歷史自己講話的方式，系統地、完整地、曲折地、趣味地表達出來。（徐復觀《兩漢思想史》 卷 3，〈原史〉）

◎《左氏》之傳《春秋》，可分為四種形式：第一種，是以補《春秋》者傳《春秋》；第二種，是以書法的解釋傳《春秋》；第三種，是以簡捷的判斷傳《春秋》；第四種，是以「君子曰」的形式，發表自己的意見。……除第一種為《公》《穀》所無外，餘皆為《三傳》所通有。……《左氏》……與《公》《穀》所用的形式，皆可稱之為「以義傳經」。而《左氏》在四種以義傳經之外，更重要的是「以史傳經」。以義傳經，是代歷史講話，或者說是孔子代歷史講話。以史傳經，則是讓歷史自己講話，……讓人知道孔子所講的根據。（徐復觀《兩漢思想史》卷三，〈原史〉；又《中國經學史的基礎》，〈有關《春秋左氏傳》的補充材料〉）

(一) 重要講題

1. 《左傳》「以史傳經」研究

2. 《左傳》因果敘事與以史傳經

3. 《左傳》象徵敘事與以史傳經

4. 治亂興亡與《左傳》敘事

5. 見盛觀衰與《左傳》之歷史哲學

6. 《左傳》敘事與用人思想

7. 《左傳》之觀人術研究

8. 《左傳》敘事與應變策略

9. 《左傳》敘戰與兵法謀略

10. 《左傳》兵謀與經營管理

11. 將帥統御與明代《左傳》兵謀

   （1） 李材《武春秋必讀》九卷

   （2） 陳禹謨《左氏兵略》三十二卷

   （3） 來斯行《左氏兵法》二卷

   （4） 杜文煥《左氏兵傳》十五卷

   （5） 茅元儀《武備志·春秋戰略考》一卷

   （6） 王世德《左氏兵法纂》（亡佚）

   （7） 黎遂球《春秋兵法》（亡佚）

12. 儒士談兵與明代《左傳》兵法

   （1） 吳從周《左傳兵法》（亡佚）

   （2） 曾益《左略》一卷（殘）

   （3） 龔奭《兵法》十二卷

   （4） 宋徵璧《左氏兵法測要》二十二卷

   （5） 章夢易《左氏兵法》（亡佚）

   （6） 魏禧《左氏兵法》一卷、《左氏兵謀》一卷

13.《左傳》褒貶與謀利計功

14. 慎始防微與《左傳》史義

15.《左傳》敍事藝術與中國敍事學

16.《左傳》敍事與史傳文學

17.《左傳》「君子曰」與歷史解釋

18.《左傳》「寓論斷於敍事」研究

19. 言事相兼與《左傳》敍事

20.《左傳》之寫人藝術

(二) 參考副題

1. 歷史敍事與《左傳》解經

2.《左傳》敍事與經典詮釋學

3.《左傳》敍事引《易》與經典詮釋學

4.《左傳》紀事本末體研究

5.《左傳》奸賊列傳之勸懲作用

6.《左傳》之史學思想

7.《左傳》與天人之際

8.《左傳》與古今之變

9.《左傳》敍事與歷史想像

10.《左傳》敍事與人物形象塑造

八、《左傳》之文學研究

◎《左氏》豔而富，其失也巫。（晉范甯《穀梁集解·序》）

◎《左氏》之敍事也，……或腴辭潤簡牘，或美句入詠歌，跌宕而不群，
縱橫而自得。若斯才者，殆將工侔造化，思涉鬼神，著述罕聞，古今

卓絕。（唐劉知幾《史通・雜說上》）

◎《春秋》謹嚴，《左氏》浮誇。（唐韓愈〈進學解〉）

◎《左氏》之傳，史家之宗也。馬得其奇，班得其雅，韓得富，歐得其婉。有其一體，皆赫然文名於後。（清姜炳璋《讀左補義・綱領下》）

◎《左氏》一書，傳孔門微言，為百世文章宗祖。釋經則異於《公》《穀》，實錄則高於《史》、《漢》。至其俶儻譎變之旨，連犿離奇之觀，又悉出於行文之妙，曠古今絕無儔對者。（曾克耑《左傳微・序》）

(一) 重要講題

1. 《左傳》義法與古文家法
2. 《左傳》敘事與小說筆法
3. 《左傳》紀傳與擬史小說
4. 《左傳》「藉言紀事」研究
5. 《左傳》敘事與演說修辭
6. 《左傳》「言事相兼」與文藝修辭
7. 《左傳》敘事藝術與詩化修辭
   （1）尚簡　（2）用晦　（3）致曲　（4）崇虛
8. 《左傳》敘戰藝術及其影響
9. 《左傳》詞令與說服術
10. 《左傳》以敘事為描寫研究
11. 《左傳》文章義法與敘事藝術
12. 《左傳》「君子曰」之流變研究
13. 《史記》、《左傳》義法之比較
14. 《左傳》義法與唐宋八大家古文

    ◎予少讀昌黎、河東二家文，愛其敘事峻潔，摛詞豐潤，及讀《春秋左氏傳》，迺知二家之文，皆宗《左氏》。如韓之〈田弘正家廟碑〉、〈董晉行狀〉；柳之〈封建論〉、〈梓人傳〉，玩其詞而察其態度，宛然

《左氏》之榘矱矣。予因慨然曰：「有志學古者，《左傳》不可廢。」
（明何喬新〈春秋左傳擷英序〉，《椒邱文集》卷9）

15.《左傳》書法與桐城義法

(二) 參考副題

1.《左傳》敘事與文體源流
2.《左傳》敘事與語言文字研究
3.《左傳》文章與奇偶相生
4.《左傳》賦詩與外交語用
5.《春秋》筆法與小說敘事
6.《左傳》敘事與小說技巧
7.《左傳》敘事與神話劫餘
8.《左傳》預言與敘事藝術
9.《左傳》記夢之文學意義
10.《左傳》謠諺隱語與俗文學
11.《左傳》敘事與言事相兼
12.《左傳》敘事與傳統敘事學
13.《左傳》春秋五霸之形象塑造
14. 襄公前後《左傳》文風之比較
15.《左傳》論說與《國策》縱橫
16. 三不朽之取捨消長與時代風尚

九、《左傳》評點學研究

(一) 重要講題

1. 《左傳》評點與敘事學理論
2. 《左傳》評點與辭章學理論
3. 《左傳》評點與修辭格探索
4. 《左傳》評點與文藝修辭
5. 明代《左傳》評點學研究
6. 清代《左傳》評點學之斷代研究
　　（1）《東萊左氏博議》　宋呂祖謙著　廣文書局
　　（2）《春秋左傳注評測義》70 卷　明凌稚隆著　萬曆 16 年吳興凌氏刊
　　　　　本　中央圖書館藏　《四庫存目叢書》　《春秋》經第 116 冊
　　（3）《春秋左傳評苑》30 卷　明穆文熙　明刻本　北京大學圖書館藏
　　（4）《才子古文讀本》、《唱經堂匯稿》　清金人瑞評選　老古出版社
　　（5）《左傳經世鈔》23 卷 清魏禧 乾隆 13 年刻本　清聯墨堂刻本
　　（6）《左傳快評》8 卷　清劉繼莊　《續修四庫全書》本
　　（7）《左傳評》(左傳練要)10 卷　清王源著　新文豐出版公司影印鉛
　　　　　字本
　　（8）《左傳義法舉要》1 卷　清方苞口授、王兆符傳述　廣文書局影
　　　　　印榕園叢書冊九本
　　（9）《左傳統箋》35 卷　清姜希轍　康熙 15 年刊本
　　（10）《左繡》30 卷　清馮李驊、陸浩評輯　康熙 59 年大文堂刻本、
　　　　　光緒 14 年上海文瑞樓、又清刻本 2 種。又清李光明莊刻本、又
　　　　　3 年上海曾文堂石印本、民 26 年上海中原書局石印本，又民 56

年，臺北文海出版社影印康熙 59 年書業堂鐫藏本

（11）《讀左補義》50 卷　清姜炳璋著　文海出版社影印乾隆 33 年同文堂藏板本

（12）《左傳日知錄》8 卷　清陳震著　清乾隆年間稿本　臺北國家圖書館

（13）《左傳擷華》　林紓著　文光圖書公司

（14）《左傳微》　吳闓生著　中華書局

（15）《春秋左傳文法讀本》12 卷　清方宗誠評點　上海安慶方氏上海東方書局　《晚清四部叢刊》

（16）《左傳文法讀本》12 卷　吳闓生、劉培極評點　北京大學圖書館藏

（二）參考副題

1. 《春秋左氏傳說》　宋呂祖謙著　通志堂經解卷二六四、二六五　臺北大通書局影印本　又學原書局

2. 《春秋左氏傳續說》　宋呂祖謙著　文淵閣《四庫全書》本

3. 《左氏始末》12 卷　明唐順之著、徐鑒評　明萬曆 42 年劍江徐氏刊本　臺北圖家圖書館

4. 《春秋詞命》3 卷　明王鏊，清王申伯家刻本，1 冊 1 函，北大館藏

5. 《春秋左傳》15 卷　明孫鑛(月峰)評點

6. 《左傳分國集注》　民國韓席籌編注　華世出版社

十、《左傳》之接受史研究

(一) 重要講題

1. 杜《注》孔《疏》之接受研究
2. 劉知幾《史通》之《左傳》學
3. 《資治通鑑》宗法《左傳》研究
4. 蘇轍《春秋集解》研究
5. 呂祖謙之《左傳》學
6. 陳傅良《春秋後傳》研究
7. 魏了翁《春秋左傳要義》研究
8. 趙汸《春秋師說》研究
9. 湛若水《春秋正傳》
10. 萬斯大《學春秋隨筆》
11. 顧棟高《春秋大事表》
12. 姜炳璋《讀左補義》
13. 清代杜預《集解》之接受研究
14. 章太炎之《春秋》《左傳》學
15. 劉師培之《春秋》《左傳》學
16. 錢鍾書《管錐編》與《左傳》學

(二) 參考副題

1. 章沖《春秋左傳事類始末》研究
2. 王震《春秋左翼》研究
3. 唐順之《左氏始末》研究

4. 魏禧《左傳經世鈔》研究

5. 王夫之《春秋稗疏》研究

6. 焦循《春秋左傳補疏》研究

十一、學科整合與《左傳》研究

(一) 重要講題

1. 《左傳》引《易》與經典闡釋學

2. 《左傳》賦詩引詩與語用學

3. 《左傳》敘事與詩性文化

4. 《左傳》之史筆與詩筆

5. 《左傳》說話藝術之研究

6. 《左傳》說服術研究

7. 《左傳》之縱橫學研究

8. 《左傳》志怪之史學價值

9. 《新列國志》之小說敘事與典範再造

10. 《左傳》義法與《西廂記》筆法

11. 《左傳》書法與桐城義法

12. 春秋霸主之策謀研究

13. 《左傳》之形法學研究

14. 詠史詩與《左傳》敘事文本

15. 史論文與《左傳》敘事文本

16. 魏禧《左傳》兵法研究（1）《兵跡》12 卷（2）《兵謀》1 卷（3）《兵法》1 卷（4）《左氏韜鈐》2 卷

17. 《左傳》兵謀與策略規劃

18. 《左傳》兵謀與應變策略
19. 《左傳》敘戰與領導統御

(二) 參考副題

1. 《左傳》敘事學與古典小說
2. 《左傳》敘戰與兵法謀略
3. 《左傳》兵謀與企業管理
4. 公孫僑之說話藝術研究
5. 《左傳》言辯與倫理學
6. 二重證據法與《左傳》研究
7. 《左淫類記》之文化史研究
8. 余邵魚《春秋五霸七雄列傳志傳》研究
9. 馮夢龍《東周列國志》研究
10. 《三國演義》與敘事藝術
11. 《水滸傳》之直書與曲筆
12. 《聊齋志異》之敘事藝術
13. 《紅樓夢》之敘事與記言

十二、域外《春秋》《左傳》學研究

1. 日本平賀晉民《春秋稽古》
2. 日本平篤胤《春秋歷命序考》
3. 日本竹添光鴻《左傳會箋》
4. 日本東條一堂《左傳標識》
5. 日本中井履軒《左傳雕題略》（大阪大學藏）
6. 日本安井息軒《左傳輯釋》

7. 日本龜井昭陽《左傳纘考》

8. 日本伊藤仁齋《春秋經傳通解》

9. 日本荻生徂萊《左傳古義》

10. 日本伊藤蘭嵎《左傳獨斷》

11. 日本中井履軒《左氏逢原》

12. 日本中井履軒《左傳聞書》

13. 日本豬飼敬《西河折妄》

14. 清劉沅《春秋恆解》

15. 清李駿岩《左傳快讀》

16. 日本津田左右吉《左傳の思想史的研究》

17. 韓李震相《春秋集傳》

教材

1. 《春秋左傳正義》，晉杜預注，唐孔穎達疏，北京：北京大學出版社，2000.3

2. 《四庫全書總目》，清紀昀等奉敕纂，臺北：藝文印書館，1979

3. 《春秋左傳注》，楊伯峻，北京：中華書局，1981

4. 《左傳導讀》，張高評，臺北:文史哲出版社，1982.10

5. 《左傳之文學價值》，張高評，臺北:文史哲出版社，1982.10

6. 《左傳文章義法撢微》，張高評，臺北:文史哲出版社，1982.10

7. 《左傳之文韜》，張高評，高雄：麗文文化公司，1994.10

8. 《左傳之武略》，張高評，高雄：麗文文化公司，1994.10

9. 《《春秋》書法與《左傳》學史》，張高評，臺北：五南圖書公司，2002.01。

10. 《春秋書法與左傳史筆》，張高評，臺北：里仁書局，2011.03

參考書目

(一) 典籍文獻

1. 漢董仲舒著，清蘇輿義證《春秋繁露義證》，臺北：河洛圖書出版社，1975

2. 晉杜預《春秋釋例》，臺北：臺灣中華書局，1980.11

3. 唐劉知幾著，清浦起龍釋《史通通釋》，臺北：里仁書局，1980

4. 明凌稚隆《春秋左傳注評測義》七十卷，萬曆十六年吳興凌氏刊本，國家圖書館藏，《四庫存目叢書》

5. 清章學誠《文史通義》，臺北：華世出版社，1980

6. 清徐乾學輯、納蘭成德校訂《通志堂經解》，臺北：漢京文化公司，1985

7. 清阮元總編纂《皇清經解春秋類彙編》，臺北：藝文印書館，1986

8. 清王先謙纂《續經解春秋類彙編》，臺北：藝文印書館，1986

9. 清馮李驊、陸浩評輯《左繡》三十卷，文海出版社影印康熙五十九年書業堂鐫藏本

10. 清顧棟高《春秋大事表》，北京：中華書局，1993

11. 清高士奇《左傳紀事本末》，臺北：里仁書局，1981

12. 清鍾文烝《春秋穀梁經傳補注》，北京：中華書局，1996

13. 章炳麟《春秋左傳讀敘錄》，臺北：學海出版社，1975

14. 駱成駫《左傳五十凡例》，上浣新刊本民國 16 年丁卯四川岳池縣刊本，中央研究院歷史語言研究所傅斯年圖書館藏本

15. 上野賢知《日本左傳研究著述年表》，東京：東洋文化研究所，1957.12

16. 韓席籌《左傳分國集註》，臺北：華世出版社，1975

17. 成均館大學大東文化研究院整理《韓國經學資料集成》（《春秋》編），首爾：成均館大學校出版部，1998.12

18. 林慶彰、蔣秋華主編《清領時期臺灣儒學參考文獻》，臺北：華藝學術出版社，2013

19. 日本安井衡《左傳輯釋》，明治四年刊本，臺北：廣文書局，1979

20. 日本竹添光鴻《左傳會箋》，明治四十四年《漢文大系》本，臺北：新文豐出版公司，1987

21. 日本平賀晉民《春秋稽古・春秋折中》，早稻田大學圖書館古典籍部藏書，寫本

(二) 近人論著

《左傳》

22. 津田左右吉：《左傳の思想史的研究》，載《東洋文庫論叢》第二十二，昭和十年，1935

23. 陳槃《左氏春秋義例辨》，臺北：《中央研究院歷史語言研究所專刊》之十七，1947 初版，1993 二版

24. 劉正浩《太史公左氏春秋義述》，臺北：《師大國文研究所集刊》第六號，1962

25. 日本・鎌田正博士《左傳の成立と其の展開》，東京：大修館書店，1963

26. 葉政欣《春秋左氏傳杜注釋例》，臺北：嘉新水泥公司文化基金會研究論文第六十一種，1966

27. 高本漢(Berhard Karlgren)《左傳注釋》(*Glosses On Tsochuan*)，陳舜政譯本，臺北：中華叢書編審委員會，1972

28. 童書業《春秋左傳研究》，上海：上海人民出版社，1980

29. 徐仁甫《左傳疏證》，成都：四川人民出版社，1981

30. 張其淦《左傳禮說》，《叢書集成續編》影印《寓園叢書》本，臺北：新文豐出版公司，1988

31. 申小龍《中國句型文化》，長春：東北師範大學出版社，1988、1991

32. 葉政欣《杜預及其春秋左氏學》，臺北：文津出版社，1989

33. 王靖宇《《左傳》與傳統小說論集》，北京：北京大學出版社，1989
34. 程元敏《春秋左氏經傳集解序疏證》，臺北：學生書局，1991
35. 沈玉成、劉寧《春秋左傳學史稿》，南京：江蘇古籍出版社，1992
36. 劉正浩《左海鉤沈》，臺北：東大圖書公司，1997
37. 朱冠華《劉師培《春秋左氏傳答問》研究》，北京：光明日報出版社，1998
38. 平勢隆郎《左傳の史料批判的研究》，東京：汲古書院，1998
39. 王靖宇《中國早期敘事文論集》，臺北：中央研究院中國文哲研究所籌備處，1999
40. 簡宗梧《鎔裁文史的經典──左傳》，臺北：黎明文化公司，1999
41. 單周堯《左傳學論集》，臺北：文史哲出版社，2002
42. 潘萬木《《左傳》敘事模式論》，武漢：華中師大出版社，2004
43. 何新文《左傳人物論稿》，北京：中國社會科學出版社，2004
44. 陳彥輝《春秋辭令研究》，北京：中華書局，2006
45. 黃麗麗《左傳新論》，合肥：黃山書社，2008
46. 李華《《左傳》修辭研究》，上海：上海古籍出版社，2010
47. 羅軍鳳《清代春秋左傳學研究》，北京：人民出版社，2010
48. 陳溫菊《駱成駪《左傳五十凡例》研究》，臺北：經學文化公司，2014

《公》《穀》

49. 阮芝生《從公羊傳論《春秋》的性質》，臺北：臺灣大學文學院，1969
50. 王熙元《穀梁范注發微》，臺北：嘉新水泥公司文化基金會研究論文第二七〇種，1972
51. 陳柱《公羊家哲學》，臺北：臺灣中華書局，1980
52. 康有為《春秋董氏學》，北京：中華書局，1990
53. 蔣慶《公羊學引論》，臺北：洪葉文化公司，1995
54. 陳其泰《清代公羊學》，北京：東方出版社，1997
55. 段熙仲《春秋公羊學講疏》，南京：南京師範大學出版社，2002
56. 林義正《春秋公羊傳倫理思維與特質》，臺北：臺灣大學出版中心，2003

57. 文廷海《清代春秋穀梁學研究》，成都：巴蜀書社，2006

58. 楊樹達《春秋大義述》，上海：上海古籍出版社，2007

59. 平飛《經典解釋與文化創新——《公羊傳》「以義解經」探微，北京：人民出版社，2009

史學

60. 柳詒徵《國史要義》，臺北：中華書局，1973

61. 何炳松《歷史研究法》、《何炳松文集》第四卷，北京：商務印書館，1997

62. 邢義田、黃寬重、康樂、彭明輝主編《史學方法與歷史解釋》，北京：中國大百科全書出版社，2005

63. 杜維運《史學方法論》，臺北：三民書局總經銷，1979、1997

64. 徐復觀《兩漢思想史》，臺北：臺灣學生書局，1979

65. 陳桐生《史記與今古文經學》，西安：陝西人民教育出版社，1995

66. 可永雪《《史記》文學成就論說》，呼和浩特：內蒙古教育出版社，2001

67. 劉家和《史學經學與思想：在世界史背景下對于中國古代歷史文化的思考》，北京：北京師範大學出版社，2005

68. 許凌雲《儒家倫理與中國史學》，濟南：齊魯書社，2004

69. 許倬雲《我者與他者——中國歷史上的內外分際》，香港：中文大學出版社，2009

70. 過常寶《原史文化及文獻研究》，北京：北京大學出版社，2008

71. 姜廣輝《義理與考據——思想史研究中的價值關懷與實證方法》，北京：中華書局，2010

72. 白雲《歷史編纂學思想卷》，福州：福建人民出版社，2011

73. 汪高鑫《經史關係論卷》，福州：福建人民出版社，2011

74. 吳懷祺《歷史思維論卷》，福州：福建人民出版社，2011

75. 龐天佑《歷史盛衰論卷》，福州：福建人民出版社，2011

76. 李澤厚《說巫史傳統》，上海：上海譯文出版社，2012

77. 許冠三《史學與史學方法》，臺北：自由出版社，1959。又增訂本上下冊，臺北：寰宇出版社，1971

《春秋》通論

78. 清皮錫瑞《經學通論》，北京：中華書局，1954

79. 錢穆《兩漢經學今古文平議》，香港：初次彙刊於 1958；北京：商務印書館，2003

80. 清皮錫瑞《經學歷史》，臺北：藝文印書館，1959

81. 戴君仁《春秋辨例》，臺北：中華叢書編審委員會，1964

82. 熊十力《讀經示要》，臺北：廣文書局，1970

83. 葉國良《宋人疑經改經考》，國立臺灣大學《文史叢刊》之五十五，臺北：國立臺灣大學出版委員會，1980

84. 傅隸樸《春秋三傳比義》，臺北：臺灣商務印書館，1983

85. 馬宗霍《中國經學史》，上海：上海書店，1984

86. 林慶彰主編《經學研究論著目錄》，臺北：漢學研究中心編印，1989、1999、2002

87. 林慶彰主編《日本研究經學論著目錄》（1900-1992），臺北：中央研究院中國文哲研究所，1993

88. 漆永祥《乾嘉考據學研究》，北京：中國社會科學出版社，1998

89. 趙生群《春秋經傳研究》，上海：上海古籍出版社，2000

90. 周何、簡宗梧編輯《左傳、春秋公羊、春秋穀梁、春秋總義論著目錄》，臺北：洪葉文化公司，2000

91. 嚴正《五經哲學及其文化學的闡釋》，濟南：齊魯書社，2001

92. 姚曼波《春秋考論》，南京：江蘇古籍出版社，2002

93. 孫良明《中國古代語法學研究》，北京：商務印書館，2002

94. 張穩蘋編《啖助新春秋學派研究論集》，臺北：中央研究院中國文哲研究所，2002

95. 姜廣輝主編《中國經學思想史》，北京：中國社會科學出版社，2003

96. 張高評〈《春秋》經傳研究之未來展望〉,《文與哲》第 3 期,高雄:中山大學中國文學系,2003.12,PP.65-88。

97. 張高評〈臺灣近五十年來《春秋》經傳研究綜述(上)(下)〉,《漢學研究通訊》23 卷 3 期、4 期(總 91 期、92 期),2004.08、11,PP.1-18、PP.1-10。

98. 趙伯雄《春秋學史》,濟南:山東教育出版社,2004

99. 戴維《春秋學史》,長沙:湖南教育出版社,2004

100. 周遠斌《儒家倫理與《春秋》敘事》,濟南:齊魯書社,2008

101. 劉黎明《《春秋》經傳研究》,成都:巴蜀書社,2008

102. 李建軍《宋代《春秋》學與宋型文化》,北京:中國社會科學出版社,2008

103. 周遠斌《儒家倫理與《春秋》敘事》,濟南:齊魯書社,2008

104. 晁岳佩《春秋三傳要義解讀》,北京:國家圖書館出版社,2008

105. 林慶彰、蔣秋華主編《中國經學相關研究博碩士論文目錄》,臺北:萬卷樓圖書公司,2009.10

106. 吳國武《經術與性理——北宋儒學轉型考論》,北京:學苑出版社,2009

107. 譚佳《斷裂中的神聖重構:《春秋》的神話隱喻》,廣州:南方日報出版社,2010

108. 張寶三《五經正義研究》,上海:華東師範大學出版社,2010

109. 丁亞傑《生活世界與經典解釋:方苞經學研究》,臺北:臺灣學生書局,2010

110. 趙友林《春秋三傳書法義例研究》,北京:人民出版社,2010

111. 趙友林〈春秋三傳「注疏」中的屬辭比事〉,北京大學《儒藏》編纂與研究中心《儒家典籍與思想研究》第 3 輯,北京:北京大學出版社,2011

112. 池昌海《先秦儒家修辭要論》,北京:中華書局,2012

113. 張金梅《《春秋》筆法與中國文論》,北京:中國社會科學出版社,2012

114. 董芬芬《春秋辭令文體研究》,上海:上海古籍出版社,2012

115. 楊新勛《經學蠡測》,南京:鳳凰出版社,2012

116. 張高評〈杜甫詩史與《春秋》書法——以宋代詩話筆記之詮釋為核心〉，香港浸會大學《人文中國學報》第 16 期（2010.9），PP.55-96。

117. 張高評〈《春秋》書法之修辭觀〉，汪榮祖主編《錢鍾書詩文叢說——錢鍾書教授百歲紀念國際學術研討會論文集》（中壢：中央大學人文研究中心，2011.7），PP.331-380。

118. 張高評〈「貴有辭」與《春秋》大義〉，臺灣師範大學國文系《中國學術年刊》第 34 期（2012.3，春季號），PP.1-30。

119. 張高評〈《西廂記》筆法通《左傳》——金聖歎《西廂記》評點學發微〉，上海復旦大學《復旦學報》2013 年第 2 期（2013.3），PP.134-143。

120. 張高評〈《左傳》之象徵式敘事與以史傳經——兼談《左傳》重人輕天之二元史觀〉，高雄師大《經學研究集刊》第 14 期（2013.5），PP.1-24。

121. 張高評〈《左傳》因果式敘事與以史傳經——以戰爭之敘事為例〉，《東海中文學報》第 25 期（2013.6），PP.79-112。

122. 張高評〈屬辭比事與《春秋》之微辭隱義——以章學誠之《春秋》學為討論核心〉，第二屆「饒宗頤與華學」暨香港大學饒宗頤學術館成立十周年慶典國際學術研討會（2013.12），PP.124。

123. 張高評〈從屬辭比事論《公羊傳》弒君之書法——《春秋》書法之修辭觀〉，《東華漢學》第 18 期（2013.12），PP.135-188。

124. 張高評〈比事屬辭與章學誠之《春秋》教：史學、敘事、古文辭與《春秋》書法〉，《中山人文學報》第 36 期（2014.1），PP.31-58。

125. 張高評〈《春秋》曲筆直書與《左傳》屬辭比事——以《春秋》書薨、不手弒而書弒為例〉，《高雄師大國文學報》第 19 期（2014.1），PP.31-71。

126. 張高評〈即辭觀義與方苞《春秋直解》〉，高雄師範大學《經學研究集刊》第 16 期（2014.5），PP.1-34。

127. 張高評〈《春秋》曲筆書滅與《左傳》屬辭比事——以史傳經與《春秋》書法〉，《成大中文學報》第 45 期（2014.6），PP.1-62。

128. (美)康達維（David R Knechtges）撰，施懿超譯〈「關鍵字」、作者意圖和闡釋翻譯：司馬遷〈報任安書〉〉，北京大學《國際漢學研究通訊》第 9 期（2014.6），北京：北京大學出版社，2014.9，頁 1-12

129. 張高評〈因文取義與《春秋》筆削——方苞「言有序」之修辭詮釋〉，臺南大學《人文與社會研究學報》第 48 卷第 2 期（2014.10），PP.1-32。

130. 張高評〈比事屬辭與方苞之《春秋》學「無傳而著」法門之三〉，中興大學中國文學系「2014 經學與文化全國學術研討會」（2014. 12），PP.1-36。

131. 張高評〈《春秋》書法與「義」在言外——比事見義與捨傳求經〉，《文與哲》第 25 期（2014. 12），PP.77-130。

132. 顧永新《經學文獻的衍生和通俗化：以近古時代的傳刻為中心》，上下，北京：北京大學出版社，2014.12

133. 張高評〈比事屬辭與方苞論古文義法——以《文集》之讀史、序跋為核心〉，香港中文大學《中國文化研究所學報》第 50 期（2015.1），PP.225-260。

敘事、文學

134. 日本・岡本不二明著，馬振方譯《「隱」、「秀」表現中知覺、語言之研究——以宋代詩話為中心》，《中國文藝思想史論叢》（二），北京：北京大學出版社，1985

135. 錢鍾書《管錐編》，臺北：書林出版公司，1990

136. 王鎮遠《桐城派》，臺北：國文天地，1991

137. 美・蒲安迪《中國敘事學》，北京：北京大學出版社，1996

138. 楊義《中國敘事學》，嘉義：南華管理學院，1998

139. 傅修延《先秦敘事研究：關於中國敘事傳統的形成》，北京：東方出版社，1999

140. 董小英《敘述學》，北京：社會科學文獻出版社，2001

141. 譚君強《敘事理論與審美文化》，北京：中國社會科學出版社，2002

142. 荷蘭・米克・巴爾著，譚君強譯《敘述學——敘事理論導論》，北京：中國社會科學出版社，2003

143. 高友工《中國美典與文學研究論集》，臺北：臺灣大學出版社，2004

144. 高小康《中國古代敘事觀念與意識形態》，北京：北京大學出版社，2005

145. 李隆獻〈《左傳》「仲尼曰」敘事芻論〉，《臺大中文學報》33 期，2010年 12 月，P.91-138

146. 董乃斌主編《中國文學敘事傳統研究》，北京：中華書局，2012

解釋、詮釋

147. 傅偉勳《從創造的詮釋學到大乘佛學——「哲學與宗教」四集》，臺北：東大圖書公司，1990

148. 申小龍《語文的闡釋》，瀋陽：遼寧教育出版社，1992

149. 周裕鍇《中國禪學與詩歌》，上海：上海人民出版社，1992

150. 高達瑪《真理與方法》（上下），上海：上海譯文出版社，1992、1999

151. 高達瑪《哲學詮釋學》，夏鎮平、宋建平譯，上海：上海譯文出版社，1994

152. 傅偉勳《學問的生命與生命的學問》，臺北：正中書局，1994

153. 楊儒賓、黃俊傑編《中國古代思維方式探索》，臺北：正中書局，1996

154. 張素卿《敘事與解釋——《左傳》經解研究》，臺北：書林出版公司，1998

155. 洪漢鼎《詮釋學：它的歷史和當代發展》，北京：人民出版社，2001

156. 周光慶《中國古典解釋學導論》，北京：中華書局，2002

157. 張良明《中國古代語法學研究》，北京：商務印書館，2002

158. 何衛平《高達瑪（*Hans-George Gadamer*）》，臺北：生智文化事業公司，2002

159. 周裕鍇《中國古代闡釋學研究》，上海：上海人民出版社，2003

160. 蔣寅《古典詩學的現代詮釋》，北京：中華書局，2003

161. 林慶彰、蔣秋華主編《經典的形成、流傳與詮釋》，臺北：臺灣學生書局，2007

162. 平飛《經典解釋與文化創新——《公羊傳》「以義解經」探微》，北京：人民出版社，2009

163. 劉笑敢《詮釋與定向——中國哲學研究方法之探究》，北京：商務印書館，2009

164. 池昌海《先秦儒家修辭要論》，北京：中華書局，2012

165. 張高評《詩人玉屑與宋代詩學》，臺北：新文豐出版公司，2012

166. 陳致宏《左傳之敘事與歷史解釋》，臺北：花木蘭文化出版社，2012

167. 洪漢鼎〈詮釋學與修辭學〉，收入張高評主編《哲學美學與傳統修辭》，臺北：新文豐出版公司，2012，頁 85-131

168. 許長謨〈語言學結構裏沒有修辭學，都是修辭學〉，收入張高評主編《語言傳播與詩學評點》，臺北：新文豐出版公司，2012，頁 87-112

博碩士論文

169. 陳逢源《毛西河及其《春秋》學之研究》，國立政治大學中文系碩士論文，1990

170. 孫綠怡《左傳與中國古典小說》，北京：北京大學出版社，1992

171. 張素卿《敘事與解釋——《左傳》經解研究》，臺北：書林出版公司，1998

172. 趙生群《春秋經傳研究》，上海：上海古籍出版社，2000

173. 馮曉庭《宋人劉敞的經學述論》，東吳大學中文系博士論文，2000.7

174. 蔡妙真《追尋與傳釋：《左繡》對《左傳》的接受》，臺北：萬卷樓圖書公司，2003

175. 陳致宏《左傳之敘事與歷史解釋》，國立成功大學中文系博士論文，2006

176. 楊新勛《宋代疑經研究》，北京：中華書局，2007

177. 劉宗棠《清代左傳文獻研就》，山東大學中國古典文獻學博士論文，2008

178. 李建軍《宋代《春秋》學與宋型文化》，北京：中國社會科學出版社，2008

179. 李衛軍《左傳評點研究》，華東師範大學古籍研究所博士論文，2008

180. 劉成榮《《左傳》文學接受研究》，北京大學中國語言文學系博士論文，2008

181. 金永健《清代左傳考證研就》，揚州大學中國古代文學博士論文，2009

182. 羅軍鳳《清代春秋左傳學研就》，北京：人民出版社，2010

183. 趙友林《春秋三傳書法義例研究》，北京：人民出版社，2010

184. 康凱淋《胡安國《春秋傳》研究》，國立中央大學中文系博士論文，2012.6

185. 林穎政《明代春秋學研究》，國立中央大學中文系博士論文，2012.6

186. 林穎政《明代春秋著述考》(上)(下)，臺北：致知學術出版社，2014.10

187. 姜義泰《北宋《春秋》學的詮釋進路》，國立臺灣大學中文系博士論文，2013.7

188. 魏千鈞《夷夏觀的形成：從春秋歷史到《春秋》經傳的考察》，國立臺灣大學中文系博士論文，2013.7

189. 陳念先《蘇轍《春秋集解》研究》，國立政治大學中文系博士論文，2013.12

190. 林慶彰、蔣秋華主編《中國經學相關研究博碩士論文目錄》，臺北：萬卷樓圖書公司，2009

《春秋左氏傳》研究選題舉例

　　就朱彝尊《經義考》所載，兩漢魏晉以下，傳世之《春秋》學論著，約在 800 部以上；傳世之《左傳》學論著，不下 214 部；傳世之《公羊》學論著，不過 60 種左右；傳世之《穀梁》學論著，僅有 24 種，加上民國以來學者所著，總數當在 60 部以上。

　　以研究成果之開發言，《春秋》學與《左傳》學較可觀，然觸及領域，皆不足一成；《公羊》學、《穀梁》學更少。簡宗梧、周何先生所編《左傳・春秋公羊・春秋穀梁・春秋總義論著目錄》，所錄書籍依例皆標示存佚偏全，其中著錄民國前《春秋》學「專題論著」，凡 770 種。《左傳》學「通論」部分，凡 317 種；「注釋評點」部分，凡 173 種；「輯佚」部分，55 種；「序跋提要」部分，209 種；凡 754 種。若包含民國以來論著，數量將近千種，此中之研究資源，豐富無限；研究天地，何等遼闊？

　　就《公羊》學論著而言，輯存及傳世之「傳解」約 45 種；「專論」近 40 部，單篇論述 61；「校勘」論著 19，「提要」論著 128，「輯佚」論著 17，「相關論著」19，文獻資料多采多姿，提供研究者諸多利便。《穀梁》學之研究，於《春秋》經傳研發成果中，數量最少，有待加強；然就著錄所見，民國以前，輯佚或現存之「傳解」論著 46，「義例」之論著 9，「專論」70，「校勘」20，「序跋」32，「提要」100 餘篇，「輯佚」23，文本材料不虞匱乏，盡心致力，端賴有心人。

　　孔子據魯史而作《春秋》，寄寓褒貶；於是有魯史之《春秋》，有聖人之《春秋》。《孟子・離婁》稱述孔子作《春秋》：「其事，則齊桓晉文；其文，則史；孔子曰：其義，則丘竊取之矣。」於是三傳釋經，各有異同：《左傳》

側重歷史敘事,《公羊》、《穀梁》崇尚歷史哲學;一則以史傳經,一則以義傳經。自鄭康成以下,有識之士,多主三傳會通,是所謂「合之則雙美,離之則兩傷」。

　　《春秋》經傳之論著,就曾國藩之分類言,或主辭章,或宗義理,或尚考據,而其要歸於經世濟用。今以《春秋》經傳課諸生,乃條舉《春秋》學、《左傳》學之研究選題近 200 則,斟酌時間長短,進行選擇講授,期能引發興味,共同研究討論,以闡發《春秋》經傳之學術。

一、《春秋》之書法研究

(一) 重要講題

1. 「何以書」與《春秋》書法
2. 「如何書」與《春秋》書法
3. 《春秋》書法與修辭學
4. 屬辭比事與《春秋》之教
5. 《春秋》書法與言外之「義」
6. 杜甫詩史與《春秋》書法
7. 宋代詩話筆記與《春秋》書法
8. 內辭外辭與《春秋》書弒
　　a.內辭曲筆
　　（1）公薨（隱 11）
　　（2）公薨于齊（桓 18）
　　（3）公薨（閔 2）
　　b.外辭直書
　　（1）齊無知弒其君諸兒（莊 8）

（2）晉趙盾弒其君夷皋（宣2）

（3）鄭公子歸生弒其君夷（宣4）

（4）齊崔杼弒其君光（襄26）

（5）許世子止弒其君買（昭19）

9.《春秋》比事屬辭與曲筆書滅

（1）紀侯大去其國（莊4）

（2）虞師晉師滅下陽（僖2）

（3）晉人執虞公（僖5）

（4）梁亡（僖19）

（5）遂滅偪陽（襄10）

（6）胡子髡、沈子逞滅，獲陳夏齧（昭23）

10. 編年究終始、屬辭比事與《春秋》之義

（1）齊滅紀（桓5-莊4）

（2）夫人姜氏會齊侯（桓18-莊8）

（3）宋襄嗣伯無功（僖17-27）

（4）晉文稱伯，諸侯背楚（僖28-29）

（5）楚莊稱伯，晉霸中襄（文16-宣15）

（6）勤宋服鄭，晉悼再伯（襄元11）（參考清顧棟高《春秋大事表・
讀春秋偶筆》、元程端學《春秋本義・通論》）

11. 內中國、外夷狄與《春秋》大義

12. 王霸貴賤與《春秋》大義

（二）參考副題

1. 敘事與《春秋》書法

2. 義理與《春秋》書法

3. 倫理規範與《春秋》修辭學

4.《春秋》書法與詩學話語

5. 《春秋》書法與比興之旨

6. 《春秋》書法與語言詮釋學

7. 微言大義與《春秋》筆法

8. 《春秋》書法與文學評論

9. 凡例、義例、變例與《春秋》書法

10. 筆削、褒貶與《春秋》書法

11. 《春秋》名篇平議

　　（1）隱元《經》：鄭伯克段于鄢

　　（2）隱四《經》：衛人立晉

　　（3）隱五《經》：五年春，公矢魚於棠

　　（4）桓二《經》：宋督弒其君與夷及其大夫孔父

　　（5）莊四《經》：紀侯大去其國

　　（6）僖二十八《經》：　天王狩於河陽

　　（7）宣二《經》：晉趙盾弒其君夷皋

　　（8）宣四《經》：鄭公子歸生弒其君夷

　　（9）昭十九《經》：許世子止弒其君買

　　（10）昭卅一《經》：黑肱以濫來奔

　　（11）哀三《經》：桓宮僖宮災

12. 事文義之會通與《春秋》學研究

13. 不書、不稱、不言與筆削書法

14. 《春秋》諱書與褒貶

15. 《春秋》書法與敘事學

16. 《春秋》書法與語法學

17. 《春秋》三傳屬辭考異

　　（1）異同　　（2）遠近　　（3）內外　　（4）進退

　　（5）詳略　　（6）輕重　　（7）諱飾

18. 《春秋》災異與書法

19. 《春秋》三傳比事考異
20. 貴有辭與《春秋》大義
21. 誅亂臣、討賊子與《春秋》大義

二、學風世變與《春秋》研究

(一) 重要講題

1. 《春秋》之直書與曲筆
2. 尊王攘夷與南北宋《春秋》學
3. 印刷傳媒與《春秋》顯學
4. 胡安國《春秋傳》與六藝比興
5. 朱熹《春秋》學發微
6. 明道正誼與宋元《春秋》學之理學化
7. 元趙汸《春秋師說》研究
8. 元趙汸《春秋屬辭》研究
9. 《四庫》館臣之《春秋》學研究
10. 《文史通義》之敍事學研究

(二) 參考副題

1. 尊經意識與會通諸家
　　（1）宋蕭楚《春秋辨疑》4 卷
　　（2）宋張大亨《春秋通訓》6 卷
　　（3）宋陳傅良《春秋後傳》12 卷
　　（4）宋沈棐《春秋比事》20 卷
　　（5）宋張洽《春秋集註》11 卷

（6）宋趙鵬飛《春秋經筌》16 卷

（7）宋李明復《春秋集義》50 卷

（8）宋家鉉翁《春秋集傳詳說》30 卷

（9）宋陳深《讀春秋編》12 卷

2. 《三傳》解經與經典闡釋學

3. 秦檜和戎與《春秋》大義

4. 宋代《春秋》學之主軸與成就

5. 《春秋》學與宋代文學

6. 程頤《春秋傳》研究

7. 宋明理學與《春秋》學

8. 功利權變與南宋《春秋》學

9. 元趙汸《春秋集傳》研究

10. 元程端學《春秋本義》研究

11. 元李廉《春秋諸傳會通》研究

12. 明高攀龍《春秋孔義》研究

13. 清初《春秋》學及其轉折

14. 清初思潮與《春秋》學之消長

15. 《欽定春秋傳說匯纂》之研究

16. 屬辭比事與清代《春秋》學

（1）清毛奇齡《春秋毛氏傳》36 卷

（2）清方苞《春秋通論》4 卷

（3）清方苞《春秋直解》12 卷

17. 漢宋之爭與《春秋》學研究

18. 晚清思潮與《春秋》學之消長

19. 晚清思潮與夷夏觀

20. 劉逢祿之《春秋》學研究

21. 康有為之《春秋》學研究

22. 楊樹達《春秋大義述》研究

三、學科整合與《春秋》學研究

(一) 重要講題

1. 六義比興與《春秋》之教
2. 忌諱修辭與《春秋》書法
    （1）以實代虛   （2）以輕代重
    （3）以正代反   （4）諱惡不書
3.《春秋》經傳與傳統思維方式
4.《易》與《春秋》之融通
5.《春秋》微辭隱義與意在言外
6.《春秋》微言大義與「都不說破」

(二) 參考副題

1. 二重證據法與《春秋》經傳研究
2. 歷代《春秋》學疑難問題考辨
3.《三傳》之異同與會通
4. 微言大義與古代文學
5. 宋襄公評價與《三傳》異同

四、《左傳》與《春秋》經之關係

(一) 重要講題

1. 《春秋》五例與《左傳》敘事
2. 先經、後經、依經、錯經與《左傳》敘事藝術
3. 依經作傳與以史證經
4. 經闕傳存與發明聖經
5. 《左傳》經解語與以史證經
6. 據事直書與《左傳》以敘為議
7. 《左傳》編年、比事屬辭與《春秋》義法
8. 《左傳》屬辭比事研究

(二) 參考副題

1. 孔子形象與《左傳》敘事
2. 《左傳》五十凡研究
3. 《左傳》敘事與三傳會通
4. 《左傳》尚德思想之研究
5. 《左傳》之禮學思想
6. 《左傳》之華夷、內外觀念
7. 杜預《春秋經傳集解》研究
8. 孔穎達《春秋左傳正義》研究
9. 顧棟高《春秋大事表》
10. 劉師培《讀左劄記》、《春秋左氏傳古例詮微》、《左盦集》之綜合研究

11. 章太炎《春秋左傳讀敘錄》、《檢論‧春秋故言》、《春秋左氏疑義答問》
　　綜合研究
12. 張其淦《左傳禮說》研究

五、歷史敘事與《左傳》研究

(一) 重要講題

1. 《左傳》「以史傳經」研究
2. 《左傳》因果敘事與以史傳經
3. 《左傳》象徵敘事與以史傳經
4. 治亂興亡與《左傳》敘事
5. 見盛觀衰與《左傳》之歷史哲學
6. 《左傳》敘事與應變策略
7. 《左傳》敘戰與兵法謀略
8. 《左傳》兵謀與經營管理
9. 《左傳》褒貶與謀利計功
10. 慎始防微與《左傳》史義
11. 《左傳》敘事藝術與中國敘事學
12. 《左傳》與史傳文學
13. 《左傳》「君子曰」與歷史解釋
14. 《左傳》「寓論斷於敘事」研究
15. 言事相兼與《左傳》敘事

(二) 參考副題

1. 歷史敘事與《左傳》解經

2.《左傳》敘事與經典詮釋學

3.《左傳》敘事引《易》與經典詮釋學

4.《左傳》紀事本末體研究

5.《左傳》奸賊列傳之勸懲作用

6.《左傳》之史學思想

7.《左傳》與天人之際

8.《左傳》與古今之變

9.《左傳》敘事與歷史想像

10.《左傳》敘事與人物形象塑造

六、《左傳》之文學研究

(一) 重要講題

1.《左傳》義法與古文家法

2.《左傳》敘事與小說筆法

3.《左傳》「藉言紀事」研究

4.《左傳》敘事與史傳文學

5.《左傳》敘事藝術與詩化修辭
　　（1）尚簡　　　（2）用晦
　　（3）致曲　　　（4）崇虛

6.《左傳》敘戰藝術及其影響

7.《左傳》詞令與說服術

8.《左傳》以敘事為描寫研究

9.《左傳》文章義法與敘事藝術

10.《左傳》「君子曰」之流變研究

11. 《史記》、《左傳》義法之比較

12. 《左傳》義法與唐宋八大家古文

13. 明代《左傳》評點學研究

14. 《左傳》書法與桐城義法

15. 清代《左傳》評點學之斷代研究

(二) 參考副題

1. 《左傳》敘事與文體源流

2. 《左傳》敘事與語言文字研究

3. 《左傳》文章與奇偶相生

4. 《左傳》賦詩與外交語用

5. 《春秋》筆法與小說敘事

6. 《左傳》敘事與小說技巧

7. 《左傳》敘事與神話劫餘

8. 《左傳》預言與敘事藝術

9. 《左傳》記夢之文學意義

10. 《左傳》謠諺隱語與俗文學

11. 《左傳》敘事與言事相兼

12. 《左傳》敘事與傳統敘事學

13. 《左傳》春秋五霸之形象塑造

14. 襄公前後《左傳》文風之比較

15. 《左傳》論說與《國策》縱橫

16. 三不朽之取捨消長與時代風尚

17. 凌稚隆《春秋左傳注評測義》研究

18. 清代《左傳》評點學之分期研究

七、《左傳》評點學研究

(一) 重要講題

1. 《東萊左氏博議》　宋呂祖謙著　廣文書局

2. 《左傳經世鈔》23 卷　清魏禧　乾隆 13 年刻本　清聯墨堂刻本

3. 《春秋左傳注評測義》70 卷　明凌稚隆著 萬曆 16 年吳興凌氏刊本　中央圖書館藏　《四庫存目叢書》

4. 《才子古文讀本》、《唱經堂匯稿》　清金人瑞評選　老古出版社

5. 《左傳評》(左傳練要)10 卷　清王源著　新文豐出版公司影印鉛字本

6. 《左傳義法舉要》1 卷　清方苞口授、王兆符傳述　廣文書局影印榕園叢書冊九本

7. 《左繡》30 卷　清馮李驊、陸浩評輯　康熙 59 年大文堂刻本、光緒 14 年上海文瑞樓、又清刻本 2 種。又清李光明莊刻本、又 3 年上海曾文堂石印本、民 26 年上海中原書局石印本，又民 56 年，臺北文海出版社影印康熙 59 年書業堂鐫藏本

8. 《讀左補義》50 卷　清姜炳璋著　文海出版社影印乾隆 33 年同文堂藏板本

9. 《左傳日知錄》8 卷　清陳震著　清乾隆年間稿本　臺北圖家圖書館

10. 《左傳擷華》　林紓著　文光圖書公司

11. 《左傳微》　吳闓生著　中華書局

12. 《春秋左傳文法讀本》12 卷 清方宗誠評點，上海安慶方氏，上海東方書局，《晚清四庫全書》

(二) 參考副題

1. 《春秋左氏傳說》　宋呂祖謙著　通志堂經解卷二六四、二六五　臺北大通書局影印本　又學原書局
2. 《春秋左氏傳續說》　宋呂祖謙著　四庫珍本別輯
3. 《左氏始末》12 卷　明唐順之著、徐鑒評　明萬曆 42 年劍江徐氏刊本　臺北圖家圖書館
4. 《春秋詞命》3 卷　明王鏊，清王申伯家刻本，1 冊 1 函，北大館藏
5. 《春秋左傳》15 卷　明孫鑛(月峰)評點
6. 《左傳分國集注》　民國韓席籌編注　華世出版社

八、《左傳》之接受史研究

(一) 重要講題

1. 杜《注》孔《疏》之接受研究
2. 劉知幾《史通》之《左傳》學
3. 《資治通鑑》宗法《左傳》研究
4. 蘇轍《春秋集解》研究
5. 呂祖謙之《左傳》學
6. 陳傅良《春秋後傳》研究
7. 魏了翁《春秋左傳要義》研究
8. 清代杜預《集解》之接受研究
9. 章太炎之《春秋》《左傳》學
10. 劉師培之《春秋》《左傳》學
11. 錢鍾書《管錐編》與《左傳》學

(二) 參考副題

1. 章沖《春秋左傳事類始末》研究
2. 王震《春秋左翼》研究
3. 唐順之《左氏始末》研究
4. 魏禧《左傳經世鈔》研究
5. 王夫之《春秋稗疏》研究
6. 焦循《春秋左傳補疏》研究

九、學科整合與《左傳》研究

(一) 重要講題

1. 《左傳》引《易》與經典闡釋學
2. 《左傳》賦詩引詩與語用學
3. 《左傳》敘事與詩性文化
4. 《左傳》之史筆與詩筆
5. 《左傳》說話藝術之研究
6. 《左傳》說服術研究
7. 《左傳》之縱橫學研究
8. 《左傳》志怪之史學價值
9. 《左傳》義法與《西廂記》筆法
10. 《左傳》書法與桐城義法
11. 春秋霸主之策謀研究
12. 《左傳》之形法學研究
13. 詠史詩與《左傳》敘事文本

14. 史論文與《左傳》敘事文本

15. 魏禧《左傳》兵法研究

　　（1）《兵跡》12 卷　　　（2）《兵謀》1 卷

　　（3）《兵法》1 卷　　　　（4）《左氏韜鈐》2 卷

16. 《左傳》兵謀與策略規劃

17. 《左傳》兵謀與應變策略

18. 《左傳》筆法與金聖歎批《西廂記》

(二) 參考副題

1. 《左傳》敘事學與古典小說

2. 《左傳》敘戰與兵法謀略

3. 《左傳》兵謀與企業管理

4. 公孫僑之說話藝術研究

5. 《左傳》言辯與倫理學

6. 二重證據法與《左傳》研究

7. 《左淫類記》之文化史研究

8. 《三國演義》與敘事藝術

9. 《水滸傳》之直書與曲筆

10. 《聊齋志異》之敘事藝術

11. 《紅樓夢》之敘事與記言

12. 《東周列國誌》與《左傳》敘事

十、域外《左傳》學研究

1. 日本竹添光鴻《左傳會箋》

2. 日本東條一堂《左傳飆識》

3. 日本中井履軒《左傳雕題略》（大阪大學藏）

4. 日本安井息軒《左傳輯釋》

5. 日本龜井昭陽《左傳纘考》

6. 日本津田左右吉《左傳の思想史的研究》

7. 韓李震相《春秋集傳》

教材

1. 《春秋左傳正義》，晉杜預注，唐孔穎達疏，北京：北京大學出版社，2000.3

2. 《四庫全書總目》，清紀昀等奉敕纂，臺北：藝文印書館，1979

3. 《春秋左傳注》，楊伯峻，北京：中華書局，1981

4. 《左傳導讀》，張高評，臺北：文史哲出版社，1982.10

5. 《左傳之文學價值》，張高評，臺北：文史哲出版社，1982.10

6. 《左傳文章義法撢微》，張高評，臺北：文史哲出版社，1982.10

7. 《左傳之文韜》，張高評，高雄：麗文文化公司，1994.10

8. 《左傳之武略》，張高評，高雄：麗文文化公司，1994.10

9. 《《春秋》書法與《左傳》學史》，張高評，臺北：五南圖書公司，2002.01。

10. 《春秋書法與左傳史筆》，張高評，臺北：里仁書局，2011.03

11. 《比事屬辭與古文義法——方苞「經術兼文章」考論》，張高評，臺北：新文豐出版公司，2016.7

12. 〈書法、史學、敘事、古文與比事屬辭——中國傳統敘事學之理論基礎〉，張高評，香港中文大學《中國文化研究所學報》第 64 期（2017 年 1 月），PP.1–33。

13. 〈文章修辭與《春秋》書法——中唐以前《春秋》詮釋法之一〉，張高評，清華大學彭林主編《中國經學》第 19 輯（2016.10），PP.25-46。

14. 〈比屬觀義與宋元《春秋》詮釋學〉，張高評，上海交通大學《經學文獻研究集刊》第 15 輯（2016.6），PP.81-114。

15. 〈比事屬辭與明清《春秋》詮釋學〉，張高評，國立高雄師範大學經學所《經學研究集刊》第 20 期（2016.5），PP.17-52。

16. 〈屬辭比事與《春秋》之微辭隱義——以章學誠之《春秋》學為討論核心〉，張高評，《中國典籍與文化論叢》第 17 輯（2010.10）， PP.152-180。

17. 〈《春秋》書法與「義」在言外——比事見義與《春秋》學史研究〉，張高評，《文與哲》第 25 期（2014.12），PP. 77-130。

18. 〈比事屬辭與章學誠之《春秋》教：史學、敘事、古文辭與《春秋》書法〉，張高評，《中山人文學報》第 36 期（2014.1），PP.31-58。

19. 〈《春秋》書法之修辭觀〉，張高評，中央大學人文研究中心汪榮祖主編《錢鍾書詩文叢說——錢鍾書教授百歲紀念國際學術研討會論文集》（2011.7），PP.331-380。

參考書目

(一) 典籍文獻

1. 漢董仲舒著，清蘇輿義證《春秋繁露義證》，臺北：河洛圖書出版社，1975

2. 晉杜預《春秋釋例》，臺北：臺灣中華書局，1980.11

3. 唐劉知幾著，清浦起龍釋《史通通釋》，臺北：里仁書局，1980

4. 唐陸淳《春秋集傳纂例》，臺北：大通書局，1970，清錢儀吉編《經苑》本

5. 宋胡安國《春秋胡氏傳》，臺北：臺灣商務印書館，1966，《四部叢刊》續編本

6. 元汪克寬《春秋胡傳附錄纂疏》，臺北：臺灣商務印書館，1983，文淵閣《四庫全書》本

7. 元趙汸《春秋屬辭》，臺北：大通書局，1970，清納蘭成德編《通志堂經解》本

8. 元趙汸《春秋師說》，臺北：大通書局，1970，清納蘭成德編《通志堂經解》本

9. 明凌稚隆《春秋左傳注評測義》七十卷，萬曆十六年吳興凌氏刊本，國家圖書館藏，《四庫存目叢書》

10. 清章學誠《文史通義》，臺北：華世出版社，1980

11. 清徐乾學輯、納蘭成德校訂《通志堂經解》，臺北：漢京文化公司，1985

12. 清阮元總編纂《皇清經解春秋類彙編》，臺北：藝文印書館，1986

13. 清王先謙纂《續經解春秋類彙編》，臺北：藝文印書館，1986

14. 清王源《左傳評》（《左傳練要》），臺北：新文豐出版公司，1979

15. 清方苞《春秋通論》，臺北：臺灣商務印書館，1983，文淵閣《四庫全書》本

16. 清方苞《春秋直解》，上海：上海古籍出版社，2002，《續修四庫全書》本

17. 清方苞《左傳義法舉要》，臺北：廣文書局，1977

18. 清馮李驊、陸浩評輯《左繡》三十卷，文海出版社影印康熙五十九年書業堂鐫藏本

19. 清顧棟高《春秋大事表》，北京：中華書局，1993

20. 清高士奇《左傳紀事本末》，臺北：里仁書局，1981

21. 清孔廣森著，崔冠華校點《春秋公羊經傳通義》，北京：北京大學出版社，2012

22. 清鍾文烝《春秋穀梁經傳補注》，北京：中華書局，1996

23. 清張應昌《春秋屬辭辨例編》，上海：上海古籍出版社，2002，《續修四庫全書》本

24. 清林紓《左傳擷華》，高雄：復文圖書出版社，1981

25. 章炳麟《春秋左傳讀敘錄》，臺北：學海出版社，1975

26. 駱成駥《左傳五十凡例》，臺北：中央研究院傅斯年圖書館藏本，民國 16 年四川岳池縣刊本

27. 上野賢知《日本左傳研究著述年表》，東京：東洋文化研究所，1957

28. 韓席籌《左傳分國集註》，臺北：華世出版社，1975

29. 林慶彰、蔣秋華主編《清領時期臺灣儒學參考文獻》，臺北：華藝學術出版社，2013

30. 成均館大學大東文化研究院整理《韓國經學資料集成》（《春秋》編），首爾：成均館大學校出版部，1998

31. 日本安井衡《左傳輯釋》，明治四年刊本，臺北：廣文書局，1979

32. 日本竹添光鴻《左傳會箋》，明治四十四年《漢文大系》本，臺北：新文豐出版公司，1987

33. 日本平賀晉民《春秋稽古‧春秋折中》，早稻田大學圖書館古典籍部藏書，寫本

34. 日本龜井昭陽《左傳纘考》，《龜井南冥‧昭陽全集》，福岡：葦書房有限會社，昭和 53 年，1978

(二) 近人論著

《左傳》

1. 劉師培《劉申叔先生遺書》，臺北：華世出版社，1975

2. 陳槃《左氏春秋義例辨》，臺北：《中央研究院歷史語言研究所專刊》之十七，1947 初版，1993 二版

3. 劉正浩《太史公左氏春秋義述》，臺北：《師大國文研究所集刊》第六號，1962

4. 葉政欣《春秋左氏傳杜注釋例》，臺北：嘉新水泥公司文化基金會研究論文第六十一種，1966

5. 童書業《春秋左傳研究》，上海：上海人民出版社，1980

6. 徐仁甫《左傳疏證》，成都：四川人民出版社，1981

7. 張其淦《左傳禮說》,《叢書集成續編》影印《寓園叢書》本,臺北:新文豐出版公司,1988

8. 申小龍《中國句型文化》,長春:東北師範大學出版社,1988、1991

9. 葉政欣《杜預及其春秋左氏學》,臺北:文津出版社,1989

10. 王靖宇《《左傳》與傳統小說論集》,北京:北京大學出版社,1989

11. 程元敏《春秋左氏經傳集解序疏證》,臺北:臺灣學生書局,1991

12. 沈玉成、劉寧《春秋左傳學史稿》,南京:江蘇古籍出版社,1992

13. 劉正浩《左海鉤沈》,臺北:東大圖書公司,1997

14. 平勢隆郎《左傳の史料批判的研究》,東京:汲古書院,1998

15. 王靖宇《中國早期敘事文論集》,臺北:中央研究院中國文哲研究所籌備處,1999

16. 簡宗梧《鎔裁文史的經典——左傳》,臺北:黎明文化公司,1999

17. 單周堯《左傳學論集》,臺北:文史哲出版社,2002

18. 潘萬木《《左傳》敘事模式論》,武漢:華中師大出版社,2004

19. 何新文《左傳人物論稿》,北京:中國社會科學出版社,2004

20. 日本・鐮田正博士《左傳の成立と其の展開》,東京:大修館書店,1963

21. 高本漢(Berhard Karlgren)《左傳注釋》(*Glosses on Tsochuan*),陳舜政譯本,臺北:中華叢書編審委員會,1972

22. 津田左右吉《左傳の思想史的研究》,載《東洋文庫論叢》第二十二,昭和十年,1935

23. 陳彥輝《春秋辭令研究》,北京:中華書局,2006

24. 朱冠華《劉師培《春秋左氏傳答問》研究》,北京:光明日報出版社,1998

25. 黃麗麗《左傳新論》,合肥:黃山書社,2008

26. 李華:《《左傳》修辭研究》,上海:上海古籍出版社,2010

27. 陳溫菊《駱成駫《左傳五十凡例》研究》,臺北:經學文化公司,2014

《公》《穀》

1. 康有為《春秋董氏學》,北京:中華書局,1990

2. 王熙元《穀梁范注發微》，臺北：嘉新水泥公司文化基金會研究論文第二七〇種，1972

3. 陳其泰《清代公羊學》，北京：東方出版社，1997

4. 陳柱《公羊家哲學》，臺北：中華書局，1980

5. 蔣慶《公羊學引論》，臺北：洪葉文化公司，1995

6. 段熙仲《春秋公羊學講疏》，南京：南京師範大學出版社，2002

7. 阮芝生《從公羊傳論春秋的性質》，臺北：臺大文學院，1969

8. 王熙元《穀梁范注發微》，臺北：嘉新水泥公司文化基金會研究論文，1972

9. 林義正《春秋公羊傳倫理思維與特質》，臺北：臺灣大學出版中心，2003

10. 文廷海《清代春秋穀梁學研究》，成都：巴蜀書社，2006

11. 平飛《經典解釋與文化創新──《公羊傳》「以義解經」探微，北京：人民出版社，2009

12. 趙友林《春秋三傳書法義例研究》，北京：人民出版社，2010

13. 黃開國《公羊學發展史》，北京：人民出版社，2013

14. 郜同麟《宋前文獻引《春秋》研究》，北京：中國社會科學出版社，2015

史學

1. 柳詒徵《國史要義》，臺北：中華書局，1973

2. 何炳松《歷史研究法》、《何炳松文集》第四卷，北京：商務印書館，1997

3. 邢義田、黃寬重、康樂、彭明輝主編《史學方法與歷史解釋》，北京：中國大百科全書出版社，2005

4. 杜維運《史學方法論》，臺北：三民書局總經銷，1979、1997

5. 徐復觀《兩漢思想史》，臺北：臺灣學生書局，1979

6. 陳桐生《史記與今古文經學》，西安：陝西人民教育出版社，1995

7. 可永雪《《史記》文學成就論說》，呼和浩特：內蒙古教育出版社，2001

8. 劉家和《史學經學與思想：在世界史背景下對于中國古代歷史文化的思考》，北京：北京師範大學出版社，2005

9. 許凌雲《儒家倫理與中國史學》，濟南：齊魯書社，2004

10. 許倬雲《我者與他者——中國歷史上的內外分際》，香港：中文大學出版社，2009

11. 過常寶《原史文化及文獻研究》，北京：北京大學出版社，2008

12. 姜廣輝《義理與考據：思想史研究中的價值關懷與實證方法》，北京：中華書局，2010

13. 白雲《歷史編纂學思想卷》，福州：福建人民出版社，2011

14. 汪高鑫《經史關係論卷》，福州：福建人民出版社，2011

15. 吳懷祺《歷史思維論卷》，福州：福建人民出版社，2011

16. 龐天佑《歷史盛衰論卷》，福州：福建人民出版社，2011

17. 李澤厚《說巫史傳統》，上海：上海譯文出版社，2012

18. 許冠三《史學與史學方法》，臺北：自由出版社，1959；又增訂本上下冊，臺北：寰宇出版社，1971

《春秋》通論

1. 清皮錫瑞《經學通論》，北京：中華書局，1954

2. 清皮錫瑞《經學歷史》，北京：中華書局，2004

3. 傅隸樸《春秋三傳比義》，臺北：臺灣商務印書館，1983

4. 張高評〈《春秋》經傳研究之未來展望〉，《文與哲》第 3 期，高雄：中山大學中國文學系，2003.12，PP.65-88。

5. 張高評〈臺灣近五十年來《春秋》經傳研究綜述（上）（下）〉，《漢學研究通訊》23 卷 3 期、4 期（總 91 期、92 期），2004.08、11，PP.1-18、PP.1-10。

6. 錢穆《兩漢經學今古文平議》，香港：初次彙刊於 1958；北京：商務印書館，2003

7. 戴君仁《春秋辨例》，臺北：中華叢書編審委員會，1964

8. 熊十力《讀經示要》，臺北：廣文書局，1970

9. 葉國良《宋人疑經改經考》，國立臺灣大學《文史叢刊》之五十五，臺北：國立臺灣大學出版委員會，1980

10. 馬宗霍《中國經學史》，上海：上海書店，1984
11. 林慶彰主編《經學研究論著目錄》，臺北：漢學研究中心編印，1989、1999、2002
12. 林慶彰主編《日本研究經學論著目錄》（1900-1992），臺北：中央研究院中國文哲研究所，1993
13. 周何、簡宗梧編輯《左傳、春秋公羊、春秋穀梁、春秋總義論著目錄》，臺北：洪葉文化公司，2000
14. 張穩蘋編《啖助新春秋學派研究論集》，臺北：中央研究院中國文哲研究所，2002
15. 姜廣輝主編《中國經學思想史》，北京：中國社會科學出版社，2003
16. 趙伯雄《春秋學史》，濟南：山東教育出版社，2004
17. 戴維《春秋學史》，長沙：湖南教育出版社，2004
18. 楊樹達《春秋大義述》，上海：上海古籍出版社，2007
19. 周遠斌《儒家倫理與《春秋》敘事》，濟南：齊魯書社，2008
20. 林慶彰、蔣秋華主編《中國經學相關研究博碩士論文目錄》，臺北：萬卷樓圖書公司，2009.10
21. 嚴正《五經哲學及其文化學的闡釋》，濟南：齊魯書社，2001
22. 姚曼波《春秋考論》，南京：江蘇古籍出版社，2002
23. 孫良明《中國古代語法學研究》，北京：商務印書館，2002
24. 劉黎明《《春秋》經傳研究》，成都：巴蜀書社，2008
25. 周遠斌《儒家倫理與《春秋》敘事》，濟南：齊魯書社，2008
26. 譚佳《斷裂中的神聖重構：《春秋》的神話隱喻》，廣州：南方日報出版社，2010
27. 張寶三《五經正義研究》，上海：華東師範大學出版社，2010
28. 晁岳佩《春秋三傳要義解讀》，北京：國家圖書館出版社，2008
29. 池昌海《先秦儒家修辭要論》，北京：中華書局，2012

敘事學

1. 美·蒲安迪《中國敘事學》，北京：北京大學出版社，1996
2. 楊義《中國敘事學》，嘉義：南華管理學院，1998
3. 傅修延《先秦敘事研究：關於中國敘事傳統的形成》，北京：東方出版社，1999
4. 王靖宇《中國早期敘事文論集》，臺北：中央研究院中國文哲研究所籌備處，1999
5. 董小英《敘述學》，北京：社會科學文獻出版社，2001
6. 譚君強《敘事理論與審美文化》，北京：中國社會科學出版社，2002
7. 荷蘭·米克·巴爾著，譚君強譯《敘述學——敘事理論導論》，北京：中國社會科學出版社，2003
8. 高小康《中國古代敘事觀念與意識形態》，北京：北京大學出版社，2005
9. 李隆獻〈《左傳》「仲尼曰」敘事芻論〉，《臺大中文學報》33 期，2010 年 12 月，PP.91-138
10. 董乃斌主編《中國文學敘事傳統研究》，北京：中華書局，2012
11. 李隆獻《先秦兩漢歷史敘事隅論》，臺北：臺大出版中心，2016
12. 李貞慧主編《中國敘事學·歷史敘事詩文》，新竹：國立清華大學出版社，2016

博碩士論文

1. 孫綠怡《左傳與中國古典小說》，北京：北京大學出版社，1992
2. 張素卿《敘事與解釋——《左傳》經解研究》，臺北：書林出版公司，1998
3. 趙生群《春秋經傳研究》，上海：上海古籍出版社，2000
4. 蔡妙真《追尋與傳釋：《左繡》對《左傳》的接受》，臺北：萬卷樓圖書公司，2003
5. 陳致宏《左傳之敘事與歷史解釋》，國立成功大學中文系博士論文，2006
6. 楊新勛《宋代疑經研究》，北京：中華書局，2007

7. 康凱淋《胡安國《春秋傳》研究》，國立中央大學中文系博士論文，2012.6
8. 林穎政《明代春秋學研究》，國立中央大學中文系博士論文，2012.6
9. 林穎政《明代春秋著述考》(上)(下)，臺北：致知學術出版社，2014.10
10. 姜義泰《北宋《春秋》學的詮釋進路》，國立臺灣大學中文系博士論文，
    2013.7
11. 魏千鈞《夷夏觀的形成：從春秋歷史到《春秋》經傳的考察》，國立臺灣
    大學中文系博士論文，2013.7
12. 陳逢源《毛西河及其《春秋》學之研究》，國立政治大學中文系碩士論文，
    1990
13. 蔡瑩瑩《敘事、論說與徵引——論《左傳》《國語》的典故運用》，國立臺
    灣大學中文系碩士論文，2013.7
14. 劉宗棠《清代左傳文獻研就》，山東大學中國古典文獻學博士論文，2008
15. 金永健《清代左傳考證研就》，揚州大學中國古代文學博士論文，2009
16. 羅軍鳳《清代春秋左傳學研就》，北京人民出版社，2010
17. 李建軍《宋代《春秋》學與宋型文化》，北京中國社會科學出版社，2008
18. 李衛軍《左傳評點研究》，華東師範大學古籍研究所博士論文，2008
19. 劉成榮《《左傳》文學接受研究》，北京大學中國語言文學系博士論文，2008

《史記》專題研究選題舉例

一、《史記》之成書與體例

◎……又其是非頗謬於聖人：論大道，則先黃老而後六經；序〈遊俠〉，則
退處士而進奸雄；述〈貨殖〉，則崇勢利而羞賤貧，此其所蔽也。然自劉
向、揚雄博極羣書，皆稱遷有良史之材，……故謂之實錄。（漢班固《漢
書‧司馬遷傳》）

◎司馬氏世司典籍，工于制作，……勒成一書，分為五體：本紀紀年，世
家傳代，表以正歷，書以類事，傳以著人。使百代之下，史官不能易其
法，學者不能捨其書。六經之後，惟有此作。（宋鄭樵《通志‧總敘》）

◎《詩》、《書》、《春秋》之後，惟太史公號稱良史，作為紀、傳、書、表。
紀傳以述理亂興衰，八書以述典章經制。後之執筆操簡牘者，卒不易其
體。（元馬端臨《文獻通考‧自序》）

◎史之質有三：其事、其文、其義。而後之治史者止二法：曰考證、曰評
論。攷其事、攷其文者為校注；論其事、論其文者為評點，獨說其義者
闕焉，蓋史法之不明久矣。《太史公書》人所共讀，而前人用功最深者莫
如方苞、梁玉繩，方則藉以明其所謂古文義法，梁則借以攷秦漢前事迹。
二人之說義例較多於他人，然梁氏止知整齊，方則每失鑿幻，蓋攷據家
本不明史體，而古文家又多求之過深。二人之外，皆視此矣。（劉咸炘《推
十書‧太史公書知義》卷一）

◎《尚書》因事命篇,《春秋》編年,經提大綱,傳詳細目;經為經,傳為緯。太史公變《春秋》之貌,而用其綱目經緯之義,參《尚書》之法,改為列傳。名為列傳者,示其不同於《左氏》附經之傳。列,謂排列為數十篇,非謂列入也。(劉咸炘《推十書·太史公書知意》卷六〈列傳·伯夷列傳〉)

◎《史記》一書,後代史書之標準,而古來載籍之總匯也。由《史記》以上,為經、為傳、為諸子百家。流傳雖多,要皆于《史記》括之。由《史記》以下,無論官私記載,其體例之常變,文法之正奇,千變萬化,難以悉述,要皆于《史記》啟之。(李景星《史記評議》自序)

1. 《史記》釋名

2. 《史記》成書之因緣

3. 《史記》編纂學及其體例

4. 《史記》與「一家之言」

5. 司馬遷之人格與風格

6. 《史記》紀傳「變《春秋》之貌,參《尚書》之法」論

7. 〈伯夷列傳〉「為七十列傳作序例」說(章學誠《丙辰劄記》)

8. 《史記》「考信六藝,折衷夫子」辨(孫德謙《太史公書義法·衷聖》)

二、《史記》與今古文經學

◎……《禮》以節人,《樂》以發和,《書》以道事,《詩》以達意,《易》以道化,《春秋》以道義。撥亂世反之正,莫近于《春秋》。《春秋》文成數萬,其旨數千。萬物之散聚皆在《春秋》。(漢司馬遷《史記·太史公自序》)

1. 《史記》與《詩》學

2. 《史記》與《尚書》學

3. 《史記》與《易》學

4. 《史記》與《三禮》之學

5. 《史記》與《春秋》學

6. 《史記》與《公羊》學

7. 《史記》與《左傳》學

三、《史記》之傳承及其史學成就

(一)《春秋》書法與《史記》義法

A.《春秋》書法綱領

1. 恨為弄臣，寄心楮墨，感身世之戮辱，傳畸人于千秋。雖背《春秋》之義，固不失為史家之絕唱，無韻之《離騷》矣。(魯迅《漢文學史綱要‧司馬相如與司馬遷》)

2. (孔子)西觀周室，論史記舊聞，興於魯而次春秋，上記隱，下至哀之獲麟。約其辭文，去其煩重，以制義法。王道備，人事浹。(漢司馬遷〈十二諸侯年表‧序〉)

3. 以其所書，推見其所不書；以其所不書，推見其所書。(元趙汸《春秋屬辭‧假筆削以行權》，引南宋陳傅良《春秋後傳》)

4. 凡諸經之義，可依文以求；而《春秋》之義，則隱寓於文之所不載，或筆或削，或詳或略，或同或異，參互相抵，而義出於其間。(清方苞〈春秋通論序〉)

5. 《禮記‧經解》篇曰：「屬辭比事，《春秋》教也。」……《史》〈自序〉：「余所謂述故事，整齊其世傳。」此蓋言作此百三十篇，乃合世、傳、文辭，從而整比其事耳。……史書之屬辭比事，誠用《春秋》之法。

顧孟子之論《春秋》也，曰……知其事其文之外，要有大義在也。子長作史，亦自有其義法，豈僅以比事為能哉？（孫德謙《太史公書義法》卷下〈比事〉）

6. 《公》《穀》兩家，專究經文，不復博考史事，而持屬辭比事之法，亦有以得《春秋》所以書之故。《公羊》大例，於外大惡書，小惡不書；於內，大惡諱，小惡書。而於其事之所以書，又必先揭不書之例，而問其何以書？乃見其譏貶之例。《穀梁》亦嘗發何以書之例，而恆稱志、不志，或曰不道；其曰淺事不志，恒事不志，與《公羊》之常事不書，修舊不書一也。《春秋》。（柳詒徵《國史要義》，〈史識第六〉，頁 115-117）

7. 仲尼因魯史策書成文，考其真偽。……其教之所存，文之所害，則刊而正之，以示勸戒。（晉杜預《春秋經傳集解·序》）

8. （魯）史策所錄，不失常法，其文獻之實足徵，故孔子因而脩之。事仍本史，而辭有損益，所以成詳略之例，起褒貶之意。（晉徐邈《春秋穀梁傳注義》，頁 1408）

9. 然則《春秋》何以謂之作？曰：其義，則斷自聖心，或筆或削，明聖人之大用。其事則因舊史，有可損而不能益也。（宋胡安國《春秋傳》，卷 6〈夏五〉）

10. 以其所書，推見其所不書；以其所不書，推見其所書。（元趙汸《春秋屬辭》，引宋陳傅良《春秋後傳》）

11. 《春秋》非記事之史，不書多於書；以所不書知所書，以所書知所不書。（清莊存與《春秋正辭·春秋要指》）

12. 義以為經，而法緯之。（清方苞〈又書〈貨殖傳〉後〉）

13. ……蓋其詳略、虛實、措注，各有義法如此。（清方苞〈書《漢書·霍光傳》後〉）

14. 孔子作《春秋》，筆削魯史，既然「事仍本史，而辭有損益」，於是所謂筆削者，當在「義以為經」之前提下，進行辭文之損益、位次之措

注、用字之斟酌，以及史事之取捨，此自是屬辭比事之工夫。。（張高評〈比事屬辭與方苞論古文義法〉）

15. 屬辭，連屬字句以成文，謂善為辭命也。比事，比合事之初終彼此，以謀其得失也。（清王夫之《船山全書・禮記章句》，〈經解〉，頁 1172，長沙：岳麓書社，1996）

16. 夫辭何以屬？謂夫史文之散漶者宜合屬也。事何以比？謂夫史官所載之事畔亂參錯而當為之比以類也。（清毛奇齡《春秋屬辭比事記》，《皇清經解》，卷 1，頁 7957，臺北：復興書局，1961、1972）

17. 屬辭者，聚合其上文下文之辭；比事者，連比其相類相反之事。（清姜炳璋《讀左補義》，卷首〈綱領下〉，頁 106-107，影印同文堂藏版，臺北：文海出版社，1968）

18. 《記》曰：「比事屬辭，《春秋》教也。」夫比，則取其事之類也。屬，則取其言之接續也。紀述文字取法《春秋》，比屬之旨，自宜遵律。（清章學誠《章氏遺書》，卷 29〈論文示貽選〉，頁 752，臺北：漢聲出版社，1973）

19. 屬者，屬合之。比者，比次之。《春秋》之義，是是非非，皆於其屬合、比次、異同、詳略之閒見之，是其本教也。（清鍾文烝著，駢宇騫等點校《春秋穀梁經傳補注》，卷首，〈論經〉，頁 10，北京：中華書局，1996）

20. 《記》曰：「屬辭比事，《春秋》教也。」聖經書法，必聯屬其辭，排比其事，而乃明。是以先儒沈氏文伯有《春秋比事》、趙氏東山有《春秋屬辭》。國朝毛氏西河有《屬辭比事記》、方氏望溪有《比事目錄》。他如曰統紀、曰提綱、曰通論、曰大事表等編，皆以屬比顯筆削之旨也。言屬辭，則比事該之矣。（清張應昌《春秋屬辭辨例編》，卷首〈凡例〉，頁 1，總頁 6，上海：上海古籍出版社，2002，《續修四庫全書》影印同治十二年江蘇書局刻本）

21. 錯經合異者，……即《禮記》〈經解〉篇：「屬辭比事，《春秋》教也」之意。屬猶合也。謂此事與彼事相提而論，此辭與彼辭相合而觀，或事同而辭異，或辭同而事異，而等差出焉，褒貶見焉。（日本竹添光鴻《左傳會箋‧春秋左氏傳序》）

B. 研究選題

1. 私淑孔子與暗擬《春秋》

2. 《史記》敘事與《春秋》書法

3. 《史記》之詩性修辭與《春秋》書法

4. 《史記》屬辭比事與《春秋》書法

    （1）筆削（2）損益（3）異同　（4）先後　（5）主賓　（6）詳略

    （7）輕重（8）曲直（9）顯晦（10）虛實（11）內外（12）名實

5. 比事屬辭與《史記》敘事藝術

6. 筆削損益與《史記》史學

7. 《史記》屬辭比事與傳統敘事學

8. 比事屬辭與《史記》互見之書法

9. 《史記》「于敘事中寓論斷」與《春秋》書法

10. 曲筆諱書與《史記》敘事義法

11. 《春秋》書法與古文義法

C. 《史記》義法綱領

1. 「留侯所與上從容言天下事甚眾，非天下所以存亡，故不著」，此三語，著為留侯立傳之大指。紀事之文，義法盡於此矣。（清方苞《史記評語‧留侯世家》）

2. 《史記》於蕭何「非萬世功，不著」；於留侯「非天下所以存亡，不著」；於汲黯「非關社稷之計者，不著」，皆義也。（清何家琪《古文方》，《歷代文話》第六冊）

3. 〈項羽本紀〉：高祖、留侯、項伯相語，凡數百言，而此以三語（會項伯欲活張良、夜往見良、因以文諭項羽）括之。蓋其事與言不可沒，而於〈帝紀〉則不可詳也。高祖與項伯語，必載〈羽紀〉，以見事情，則與留侯語宜以類相從，故於〈留侯世家〉亦略焉。……〈晉語〉：齊姜語重耳，凡數百言，而《左傳》以八字括之。蓋紀事之文去取詳略措置，各有宜也。（清方苞《史記評語·高祖本紀》）

4. 遷……時得仲尼遺意焉。……是故本傳晦之，而他傳發之，則其與善也，不亦隱而彰乎？……故于傳詳之，于論于贊復明之，則其懲惡也，不亦直而寬乎？（宋蘇洵《嘉祐集》卷九〈史論中〉）

5. 史臣敘事有關于本傳而詳于他傳者，是曰互見。史公則以屬辭比事而互見焉。……不詳……，而述于……；不言……，而著于……，此皆引物連類而舉遺漏者也。〈封禪書〉盛推神鬼之異，而〈大宛傳〉云……又云……；〈高祖紀〉謂高祖豁達大度，而〈倖幸傳〉云……；此皆恐犯忌諱，以雜見錯出而明正論也。（李笠《史記訂補·敘例》）

6. 從兩篇內比義，於合縫中見旨。（錢基博〈史記之分析與綜合〉）

D. 研究選題

1. 《史記》據事直書與《春秋》書法
2. 《史記》「通古今之變」與比事屬辭
3. 推見至隱與《史記》之曲筆
   （1）微顯（2）志晦（3）婉盡 （4）曲直 （5）特筆
4. 互見筆法與《史記》歷史敘事

E. 論文選題

1. 〈項羽本紀〉對讀〈高祖本紀〉、〈留侯世家〉、〈淮陰侯列傳〉
2. 〈高祖本紀〉對讀〈留侯世家〉、〈蕭相國世家〉、〈淮陰侯列傳〉

3. 〈留侯世家〉對讀〈項羽本紀〉、〈高祖本紀〉、〈呂后本紀〉、〈淮陰侯列傳〉

4. 〈魏公子列傳〉對讀〈魏世家〉、〈平原君列傳〉、〈春申君列傳〉、〈孟嘗君列傳〉

5. 〈淮陰侯列傳〉對讀〈高祖本紀〉、〈項羽本紀〉、〈呂后本紀〉、〈曹相國世家〉、〈陳丞相世家〉、〈蕭相國世家〉、〈留侯世家〉、〈韓信盧綰列傳〉

6. 〈李將軍列傳〉對讀〈衛將軍驃騎列傳〉、〈匈奴列傳〉

7. 〈酷吏列傳〉對讀〈平準書〉、〈游俠列傳〉、〈匈奴列傳〉、〈平津侯主父列傳〉、〈循吏列傳〉

8. 〈平準書〉對讀〈匈奴列傳〉、〈貨殖列傳〉、〈酷吏列傳〉

9. 〈衛將軍驃騎列傳〉對讀〈佞幸列傳〉

(二)《史記》紀傳與太史公之史學

A. 太史公史學綱領

1. 自劉向、揚雄博極羣書，皆稱遷有良史之材，服其善序事理，辯而不華，質而不俚，其文質，其事核，不虛美，不隱惡，故謂之實錄。(漢班固《漢書·司馬遷傳》)

2. 參考梁啟超《中國歷史研究法》、何炳松《歷史研究法》、杜維運《史學方法論》

3. 如果我們想瞭解：意義是如何在一篇作品中被建構的，我們自當取一首長詩中的「關鍵字」。因為在長詩中，這個意義建構的過程似乎在運作。而關鍵字則是一首長詩的主題所在。(美康達維(David R. Knechtges)〈「關鍵字」，作者意圖和闡釋翻譯：司馬遷〈報任安書〉，引燕卜蓀(William Empson)《複雜詞的結構》(The Structure of Complex Words))

4. 昔武帝不殺司馬遷，使作謗書，流於後世。（劉宋范曄《後漢書》卷60下，〈蔡邕列傳〉引王允曰）

5. 太史傳莊子曰：「大抵率寓言也。」余讀《史記》，亦大抵率寓言也。列傳首伯夷，一以寓天道福善之不足據，一以寓不得依聖人為師，非自著書，將無所托，以垂不朽。次〈管晏傳〉，傷己不得鮑叔者為知己，又不得如晏子者為之荐其鬱耳，非以此為古來偉人計功簿也。（清曾國藩《讀書錄》）

B. 選題研究

1. 《史記》世家與改作《左傳》研究
2. 《史記》列傳改作《戰國策》研究
3. 《史記》體例與中國史學
4. 史官文化與《史記》敘事
5. 《史記》與歷史編纂學
6. 《史記》以文章為傳記
7. 《史記》敘事與上古史研究
8. 《史記》書法與史學批評
9. 「史家之絕唱」與書法義例
10. 《史記》紀傳與史家四長
11. 司馬遷之歷史哲學（史觀、史律）
    （1）原始察終　（2）見盛觀衰　（3）窮變通久　（4）承蔽通變
12. 「關鍵字」理論與《史記》作者意圖
13. 「時宜」思維與處世哲學
    (1)扶義俶儻，不令己失時，立功名于天下，作七十列傳。（太史公自序）
    (2)巖穴之士，趨舍有時，若此類名堙滅而不稱，悲夫！（伯夷列傳）
    (3)斯聞「得時無怠。」今萬乘方爭時，游者主事。今秦王欲吞天下，

稱帝而治，此布衣馳騖之時，而游說者之秋也。（李斯列傳）

(4) 語曰：「當斷不斷，反受其亂」，春申君失朱英之謂邪？（春申君列傳）

(5) 天與弗取，反受其咎；時至不行，反受其殃。……夫功者，難成而易敗；時者，難得而易失。時乎時，不再來！（淮陰侯列傳）

(6) 叔孫通希世度務，制禮進退，與時變化，卒為漢家儒宗。（劉敬叔孫通列傳）

(7) 太史公曰：「袁盎……亦善傅會。……資適逢世，時以變易。」（袁盎晁錯列傳）

(8) 文帝曰：「惜乎子不遇時！如令子當高帝時，萬戶侯豈足道哉？」（李將軍列傳）

(9) 太史公曰：「然魏其誠不知時變，灌乎無術而不遜。兩人相翼，乃成禍亂。」（魏其武安侯列傳）

(10) 太史公曰：公孫弘行義雖修，然亦遇時。（平津侯主父列傳）

(11) 諺曰：「力田不如逢年，善仕不如遇合。」（佞幸列傳）

(12) 於是莊王謝優孟，乃召孫叔敖子，……此知可以言時矣。（滑稽列傳）

(13) 善治生者，能擇人而任時。（貨殖列傳・范蠡）

(14) 無財，作力；少有，鬥智；既饒，爭時。（貨殖列傳・白圭）

(15) 樂觀時變，人棄我取，人取我與。（貨殖列傳・白圭）

(16) 布衣匹夫之人，不害於政，不妨百姓。取與以時，而息財富，智者有采焉，作〈貨殖列傳〉第六十九。（太史公自序）

14. 《史記》「究天人之際」與歷史哲學

15. 《史記》「通古今之變」與趨勢學、未來學

16. 「太史公曰」與歷史評論

17. 實錄、謗書、寓言

18. 《史記》與科技史、民族史、地方志

四、《史記》之應變與思想

(一) 鑑往知來與《史記》之應變策略

A. 綱領

1. 班固嘗譏遷:「論大道,則先黃老而後六經;序〈遊俠〉,則退處士而進奸雄;述〈貨殖〉,則崇勢利而羞賤貧」,後世愛遷者,以此論為不然。謂遷特感當世之所失,憤其身之所遭,寓之于書,有所激而為此言耳,非其心所謂誠然也。(宋晁公武《郡齋讀書志》卷 2,上)

2. 遷既造創,⋯⋯逞辭流離,亦足以明其大才。故述辯士則辭藻華靡,敍實錄則隱核名檢,此所以遷稱良史也。(《晉書‧張輔傳》)
   (1) 范雎、蔡澤 (2) 蘇秦 (3) 張儀 (4) 魯仲連、鄒陽
   (5) 酈食其、陸賈 (6) 蒯通 (淮陰侯列傳、田儋列傳)

B. 研究選題

1. 司馬遷《史記》及其創造思維
2. 《史記》敍事傳人與憂憤意識
   (1) 屈原賈生列傳 (2) 太史公自序 (3) 報任安書
3. 《史記》「過秦」與西漢史學
   (1) 秦始皇本紀 (2) 高祖本紀 (3) 項羽本紀 (4) 陳涉世家
   (5) 留侯世家 (6) 李斯列傳 (7) 蒙恬列傳
4. 黃老之術與權謀保身
   (1) 曹相國世家 (2) 留侯世家 (3) 陳丞相世家
   (4) 太史公自序 (論六家要旨) (5) 太史公曰

◎參考周呂尚撰，清汪宗沂輯《太公兵法逸文》一卷，唐王真撰《道德經論兵要義》四卷，南懷謹主編《正統謀略學彙編》，臺北：老古出版社，1978

5.《史記》敘戰與兵法謀略

6.《史記》紀傳與經營管理

7.《史記》將帥列傳與勝算策略

（1）司馬穰苴列傳（2）孫子吳起列傳（3）樗里子甘茂列傳（4）穰侯列傳（5）白起王翦列傳（6）樂毅列傳（7）廉頗藺相如列傳（趙奢、李牧）（8）田單列傳（9）蒙恬列傳（10）李將軍列傳

8. 歷史資鑑與創意發想

9.《史記‧貨殖列傳》與經商藝術

10. 觀時因勢與素封之經營策略

(1) 旱則資舟，水則資車（計然）

(2) 貴上極則反賤，賤下極則反貴（計然）

(3) 持滿者與天，定傾者與人，節事者以地（范蠡）

(4) 善治生者，能擇人而任時（范蠡）

(5) 智足與權變、勇足以決斷、仁能以取予、強能有所守（白圭）

(6) 無財，作力；少有，鬥智；既饒，爭時（白圭）

(7) 樂觀時變，人棄我取，人取我與（白圭）

(8) 富者必用奇勝

11.〈貨殖列傳〉與地域文化

（1）沃土之民不材（2）瘠土之民莫不向義（3）地理史觀

12.《史記》之縱橫學研究

13.《史記》之觀人術研究

(1) 高祖論王陵、陳平、周勃（高祖本紀）

(2) 王陵論劉邦、項羽（高祖本紀）

(3) 韓信論項羽（淮陰侯列傳）

(4) 蒯通相韓信（淮陰侯列傳）

(5) 許負相薄姬當生太子（外戚世家）

(6) 許負相絳侯周亞父餓死（絳侯周勃世家）

(7) 高祖相劉濞有反相（吳王濞列傳）

(8) 老父相高祖闔家貴不可言（高祖本紀）

(9) 相者相鄧通當貧餓死（佞幸列傳）

(10) 鉗徒相衛青官至封侯（衛將軍驃騎列傳）

14. 《史記》之說服術

（1）子貢（2）韓非（3）李斯（4）淳于髡、優孟、優旃〈滑稽列傳〉

15. 《史記》之捭闔術

(二) 史官文化與《史記》之思想集成

A. 綱領

1. 上大夫胡遂曰：「昔孔子何為而作《春秋》哉？」太史公曰：「……《春秋》，上明三王之道，下辯人事之紀，別嫌疑，明是非，定猶豫，善善惡惡，賢賢賤不肖，存亡國，繼絕世，補敝起廢，王道之大者也。……余所謂述故事，整齊其世傳，非所謂作也；而君比之於《春秋》，謬矣！」（《史記‧太史公自序》）

2. 百年之間，天下遺文古事，靡不畢集太史公。……罔羅天下放失舊聞，王迹所興。原始察終，見盛觀衰。論考之行事，略推三代。錄秦漢，上記軒轅，下至於茲。（《史記‧太史公自序》）

B. 研究選題

1. 《史記》與用人思想

(1) 劉邦用三人傑，項羽不用范增。（高祖本紀）

(2) 秦繆公用五子，遂霸西戎。（李斯列傳）

(3) 孝公用商鞅，惠王用張儀，昭王得范睢。（同上）

(4) 信陵君用與不用，身繫家國安危。（魏公子列傳）

(5) 趙惠文王拔擢藺相如、起用廉頗、信用趙奢，國以安定，然趙廢樂毅、信趙括、斬李牧，國因以危亡。（廉頗藺相如列傳）

(6) 漢王於韓信，言聽計用。（淮陰侯列傳）

(7) 士為知己者用，女為悅己者容。（報任少卿書）

(8) 士賢能而不用，有國者之恥。（太史公自序）

2. 《史記》與先秦諸子

3. 司馬遷之哲學思維

4. 《史記》與儒家思想

5. 《史記》「太史公曰」與道家思想

6. 《史記》之政治思想

7. 《史記》之經濟思想

8. 《史記》之美學思想

9. 《史記》之文學思想

10. 司馬遷之大一統思想

11. 《史記》之悲劇精神（意識）

12. 《史記》與楚《騷》精神

13. 《史記》預言與敘事藝術

14. 《史記》因果式敘事與天人之際

五、《史記》之文學價值及其影響

（一）《史記》紀傳與敘事文學

A. 綱領

1. 記事之文，惟《左傳》、《史記》各有義法。一篇之中，脈相灌輸，而不可增損。然其前後相應，或隱或顯，或偏或全，變化隨宜，不主一道。（清方苞〈書《五代史・安重晦傳》後〉）

2. 《春秋》之制義法，自太史公發之，而後之深於文者亦具焉。義，即《易》之所謂「言有物」也；法，即《易》之所謂「言有序」也。義以為經，而法緯之，然後為成體之文。（清方苞〈又書〈貨殖傳〉後〉）

3. 入崑崙之山，滿目莫非美玉。然有千金之珍，有連城之寶，不能無差等。一部《史記》，固為群玉圃，然本紀則〈高祖〉、〈項羽〉，世家則〈陳涉〉、〈蕭〉、〈曹〉、〈留侯〉，列傳則〈伯夷〉、〈屈原〉、〈范蔡〉、〈廉藺〉、〈張陳〉、〈淮陰〉、〈李廣〉、〈刺客〉、〈貨殖〉諸篇，殊為絕佳，是連城之寶也。（日本齋藤謙《拙堂文話》卷五）

4. 《史記》在文學上最偉大的成就，在于它成功地寫出了許多人物傳記。從文學史上來看，它在一些作品中，能夠寫出一些人物一生的主要經歷，刻劃了他們的性格，並且在組織和結構上都有很巧妙的安排，這在當時是很富有創造性的。（胡念貽〈論《史記》的文學價值〉，《中國古代文學論稿》）

5. 太史公之書法，豈拘儒曲士所能通其說乎？其義指之深遠，寄興之悠長，微而顯，絕而續，正而變，文見於此而義起於彼，有若魚龍之變化，不可得其踪迹者矣。讀是書者，可不參考互見，以究其大指之所歸乎？（宋呂祖謙《古文關鍵》）

6. 文貴大。道理博大，氣脈洪大，丘壑遠大。丘壑中，必峰巒高大，波瀾闊大，乃可謂之遠大。古文之大者莫如史遷。震川論《史記》，謂為「大手筆」，又曰：「起頭處來得勇猛」，又曰：「連山斷嶺，峰頭參差。」又曰：「如畫長江萬里圖。」又曰：「如大塘上打纜，千船萬船，不相妨礙」；此氣脈洪大，丘壑遠大之謂也。（清劉大櫆《論文偶記》）

7. 文貴遠。遠必含蓄，或句上有句，或句下有句・或句中有句，或句外有句。說出者少，不說出者多。昔人謂子長文字，微情妙旨，寄之筆

墨蹊徑之外；又（宋王楙《野客叢書》）謂如郭熙畫天外數峰，略有筆
墨，而無筆墨之迹，故子長文非孟堅所知。意盡而言止者‧天下之至
言也；然言止而意不盡者尤佳。（清劉大櫆《論文偶記》）

8. 傳一人必擇其人尤異之事而敘之，使曲折并到，上下四旁畢奏。如項
羽巨鹿之戰、垓下之戰，韓信井陘之戰，霍光廢昌邑，陳湯斬郅支，
李陵降匈奴，摹寫逼真，須毫欲動。惟其脫略多少細處，乃得全力注
此文。勢為萬仞峰巒，必數十里平衍以盡其勢。此法惟《三史》深得
奇妙。（清蔣彤《丹棱文鈔‧上黃南坡太守論志傳義例書》）

9. 太史公文章，其所以古今無二，獨步千秋者，原因是多方面的。無論
其立意、用字、造句、結構諸事，都超絕常倫。尤其是文章風格，是
雄奇沈鬱、磊落激昂、跌宕盤桓、雲蒸霧豹、離合斷續之神態，以及
其似淺而實深，似質而實雅，使人研之彌永，思之彌遠，循環諷誦，
味之益厚而不盡。（程金造《史記管窺》〈史記中把抽象情理作具象化
之妙用〉）

10. 雄深雅健（韓愈）

11. 春秋諸世家，其文暢而雜；戰國諸傳，其文雄而肆；劉、項、信、越
諸紀傳，其文宏而壯；河渠、平準，其文核而詳，婉而多風；刺客、
遊俠、貨殖諸傳，其文精嚴工篤，磊落而多感慨。（明王世貞《弇州
山人四部稿》卷 146）

12. 太史公之文，有數端焉：帝王《紀》，以己釋《尚書》者也，又多引
圖、讖、諸子家言，其文衍而虛。春秋諸《世家》，以己損益諸史者
也，其文暢而雜。儀、秦、軮、睢諸傳，以己損益《戰國》者也，其
文雄而肆。劉、項〈紀〉，信、越〈傳〉，志所聞也，其文宏而壯。河
渠、平準諸〈書〉，志所見也，其文核而詳，婉而多風。刺客、游俠、
貨殖諸〈傳〉，發所寄也，其文精嚴而工篤，磊落而多感慨。（清唐彪
《讀書作文譜》，卷 10，引「王世貞曰」）

13. 文貴品藻，無品藻便不成文字。……品藻之最貴者，曰雄，曰遠。歐陽子逸而未雄；昌黎雄處多，逸處少；太史公雄過昌黎，而逸處更多於雄處，所以為至。（清劉大櫆《論文偶記》）

14. 子長以鬱折而成《史記》，收合百家，洽古宜時。散近乎樸，變藏于平，善序事理，真不虛也。自莊生剿剝鉤懸，嘗借人物敘事，藏其議論。《史記》直為敘事，據款結案，何用犯手裝面，而強凌之，強括之乎？以此讀者更快其情，以為天然。（清方以智《文章薪火》）

15. （司馬子長）發為文章，立例廣、寄情深，或分或合，或略或詳，隨意所發，無不曲當。其大篇包羅眾有，則如千巖競秀，萬壑爭流。其微辭旁見側出，寓意于敘事之外，則如天馬行空，不可蹤跡，可謂化工之巧，非人力所能彷彿矣。雖其紀載往事，附會訛誤，亦時有之；然以文論，則無美不臻，大成之名，不得不歸之也。（清唐彪《讀書作文譜》，卷 10）

16. 文章惟敘事最難，非具史法者不能窮其奧笈也。有順敘、有倒敘、有分敘、有類敘、有追敘、有暗敘、有借敘、有補敘、有特敘。……大約敘事之文，《左》、《國》為之祖，《莊》、《列》分其流，子長會其宗，退之大其傳，至荊公而盡變。學者誠盡心於數字之書，庶乎其有所從入也夫。（清李紱《秋山論文》）

17. 夫敘事之難，蓋敘其人必如其人，敘其事必如其事，故非深於文者，亦不足與之言史。太史公固以善敘事理見重於當世者也。其敘事之法，前無所因，創為紀傳。……乃知列傳之為名，本取排列之義，故其敘事也，論列一生，自少至終，依次順序，此其大較也。（孫德謙《太史公書義法》卷上，〈善敘〉）

18. 太史公著《史記》，考其宗旨，如法《春秋》。……皆言罕褒諱，事無黜陟。故馬遷所謂「整齊故事」耳，安得比于《春秋》哉？（唐劉知幾《史通‧六家》）

19. 古人作史，有不待論斷，而於序事中即見其指者，惟太史公能之。(《日知錄》卷 16，〈史記於序事中寓論斷〉)

20. 司馬遷「序事中寓論斷」的最好的例子，不一定是放在篇末，而往往是在篇中；不只是借著一個人的話來評論；而有時是借著好幾個人來評論；不一定用正面的話，也用側面或反面的話；不是光用別人的話，更重要的是聯繫典型的事例。(侯外廬《中國思想通史》第二卷，曾稱道〈叔孫通列傳〉寓論斷于敘事的筆法。白壽彝《中國史學史論集》〈司馬遷寓論斷于序事〉)

21. 司馬遷「寓論斷于序事」的最基本形式，究竟還是歷史敘述的形式。有的時候，他在文章內借用了當時別人的評論或反映，以表達自己的論點；但更多的時候，是在歷史敘述的過程中，就已把論點表達出來了。(同上，白壽彝《中國史學史論集》〈司馬遷寓論斷于序事〉)

22. 《史記》以「寓論斷于序事」的手法，寫出了深刻動人的篇章。……通過歷史過程的敘述，引導讀者自然而然地得出結論。(白壽彝〈《史記》新論‧寓論斷于序事〉，《史學遺產六講》)

    (1) 〈平準書〉末載卜式語

    (2) 〈王翦列傳〉末載客語

    (3) 〈荊軻傳〉末魯句踐語

    (4) 〈晁錯傳〉末鄧公與景帝語

    (5) 〈魏其武安侯列傳〉末武帝語

B. 研究選題

恨為弄臣，寄心楮墨，感身世之戮辱，傳畸人于千秋。雖背《春秋》之義，固不失為史家之絕唱，無韻之《離騷》矣。(魯迅《漢文學史綱要‧司馬相如與司馬遷》)

　1. 《史記》與史傳文學

　2. 《史記》與傳記文學

3. 中國敘事傳統與《史記》—— 與《左傳》之比較研究

4. 《史記》敘事之風格與藝術

5. 《史記》與敘事筆法

6. 《史記》敘事與擬史小說

    （1）呂后本紀（2）留侯世家（3）田單列傳

    （4）刺客列傳（5）滑稽列傳（褚先生曰）

7. 《史記》敘事與文學語言

8. 《史記》「寓論斷於敘事」研究

9. 《史記》應對與演說修辭

10. 《史記》敘事、傳人與文藝修辭

11. 《史記》之軼事傳奇

12. 《史記》與戰爭文學

13. 《史記》序贊之義法研究

14. 《史記》與神話傳說

15. 《史記》之史筆與文筆

(二)《史記》紀傳與形象塑造

A.綱領

1. 今人讀〈遊俠傳〉，即欲輕生；讀〈屈原賈誼傳〉，即欲流涕；讀〈莊周〉、〈魯仲連傳〉，即欲遺世。讀〈李廣傳〉，即欲立鬥；讀〈石建傳〉，即欲俯躬；讀〈信陵〉、〈平原君傳〉，即欲養士。若此者何哉？蓋各得其物之情，而肆於心故也，而固非區區句子之激射者也。（明茅坤《茅鹿門集》卷三，〈與蔡白石太守論文書〉）

2. 列傳七十，凡太史公所本《戰國策》者，文特嫖姚跌蕩，如傳刺客，……如傳公子，……他如傳謀臣戰將，……雖不盡出《戰國策》，而秦漢相

間不遠，故文獻猶是，章章著明，太史摹畫絕佳。（明茅坤《史記鈔・讀史記法》）

3. 子長同敘智者，子房有子房風姿，陳平有陳平風姿。同敘勇者，廉頗有廉頗面目，樊噲有樊噲面目。同敘刺客，豫讓之與專諸，聶政之與荊軻，纔出一語，乃覺口氣不同。〈高祖本紀〉，見寬仁之氣動於紙上；〈項羽本紀〉，覺暗嗚叱咤來薄人。讀一部《史記》，如直接當時人，親睹其事，親聞其語，使人乍喜乍愕、乍懼乍泣，不能自止，是子長敘事入神處。（日本齋藤謙《拙堂文話》卷五）

4. 史公之書，……卷帙不及《漢書》，似乎簡矣。然簡人所不能簡，亦詳人所不能詳。事無論大小，但不鋪敘則不鋪敘，一鋪敘則必使其音容笑貌與夫性情心術，躍躍紙上。至其摹寫精神，如東坡所云「傳神」法，但觀其「意思所在」，或在目，或在頰而已。若此，則一二言不少，千萬言不為多也。（清陳元域〈史記選序〉）

5. 余每讀其列傳，觀其傳一人、寫一事，自公卿大夫以及儒、俠、醫、卜、佞幸之類，其美惡、譎正、喜怒、笑哭、愛惡之情，躍躍楮墨間，如化工因物附物，而無不曲肖。讀〈屈賈傳〉，則見其哀郢、懷沙、過湘投書之狀。讀〈莊周〉、〈魯仲連傳〉，則見其洸洋倜儻之狀。讀〈韓信〉、〈李廣傳〉，則見其拔幟射雕之狀。讀〈遊俠〉、〈刺客傳〉，則見其喜劍好博，倚柱箕踞之狀。讀〈酷吏〉、〈滑稽傳〉，則見其鷹擊毛鷙，搖頭大笑之狀。讀《原》、《陵》、《春》、《孟》四君傳，則見其彈鋏、負韝、執轡、躡珠之狀。餘不暇枚舉，然若此者何哉？蓋各因其人之行事而添頰上三毫也。（清熊士鵬《鵠山小隱文集・釋言》）

6. 抓特徵，是妙筆傳神的必由之路。他筆下的重要歷史人物都有鮮明的特徵：劉邦龍準，項羽重瞳，是外貌上的特徵。優游侏儒，嬴政鷙鳥膺，是生理上的特徵。李廣善射，扁鵲善醫，是技能上的特徵。鄧通愛錢，信陵君好客，是興趣上的特徵。張湯磔鼠、陳平分肉，是細節上的特徵。石奮恭謹，韓信能忍，是性格上的特徵。王溫舒殘酷、李

斯自私，是品行上的特徵。……司馬遷正是抓住了這些特徵，才能人物形象寫活的。（吳汝煜《史記論稿》，〈捕捉特徵，妙筆傳神〉）

7. 美德或者惡行，並不總是在最光榮的事業中明顯地表現出來。而通常倒是某些細微的舉動，隻言片語，或者一顰一笑，較之陣亡數萬人的會戰，千軍萬馬的調動和攻城掠地的壯舉，更能顯示出人物的性格。（李少雍《司馬遷傳記文學論稿》，〈司馬遷與普魯塔克〉引《亞歷山大傳》第一章）

8. 後世為史者，但云「還沛置酒，召故人樂飲極歡」足矣。看他發沛中兒，教歌，至酒酣擊筑，歌呼起舞，反轉泣下，縷縷不絕。古今文字淋漓盡致，言笑有情，安可及此。（明凌稚隆《史記評林》引宋「魏了翁曰」評〈高祖本紀〉）

9. 案此等乃後世史家所應略者，史公偏於此等處委細言之。正為鴻門之會險絕、奇絕，於此為之助勢，亦自喜其摹寫物情曲折之工也。（清郭嵩燾《史記札記》〈項羽本紀〉張良曰「請往謂項伯」，至漢王曰「君為我呼入，吾得兄事之」）

10. 古文無他奇，但於事情所必有者，一兩行內提掇得有聲有色耳。譬之名手破筆作折枝花，神韻天然，即不煩碎渲染。……每於閑處一點，抵他人百語鋪敘。讀古人書而得如此訣，為文思過半矣。（清張謙宜《絸齋論文》卷 5〈評品〉）

11. 從一個小的具體故事，把握人的個性；由其人的個性，以解釋其人的一生行為。（徐復觀《兩漢思想史》卷 3，〈論史記〉）

    (1) 彼可取而代也。（項羽本紀）

    (2) 大丈夫當如此也。（高祖本紀）

    (3) 人之賢不肖，譬如鼠矣，在所自處耳。（李斯列傳）

    (4) 叔孫通笑曰：「若（魯二生）真鄙儒也，不知時變！」（劉敬叔孫通列傳）

    (5) 夫運籌策帷帳之中，決勝於千里之外，吾不如子房。（高祖本紀）

(6) （張）負曰：「人固有美如陳平，而長貧賤者乎？」（陳丞相世家）

(7) 文帝曰：「惜乎！子不遇時！如令子當高帝時，萬戶侯豈足道哉？」
（李將軍列傳）

(8) 湯掘窟，得盜鼠及餘肉。……具獄磔堂下。其父見之，視其文辭 如
老獄吏，大驚。（酷吏列傳・張湯）

(9) 墮履圯下，長跪履之。（留侯世家）

(10) 其母死，貧無以葬，乃行營高敞地，令其旁可置萬家。余視其母
冢，良然。（淮陰侯列傳）

12. ……太史公著抽象之事理，與悲歡離合怨恨之情，也是仍然有其具象
聲色，引使讀者如入百戰之場，如觀萬劇之象，奇形異狀、應接不暇。
顧盼音容，恍如親見其言笑起居、歌呼狂怒、戰鬥悲憤、怨恨思慕，
以及激奮之情，而為之驚心動魄，惑迷惶愕。覺其事雖往而神留，卷
已掩而味在，久久不能去於心懷，為之愛戀喜悅，千誦百讀不厭。（程
金造〈史記中把抽象情理作具象化之妙用〉，《史記管窺》）

13. 李斯凡五歎，而盛衰貴賤俱于歎中關合照應，以為文情，令人為之低
迴。（清吳見思《史記論文》，〈李斯列傳〉總評）

14. 盛衰在秦，所以盛衰之故，則皆由于斯。行文以五歎為筋節，……「於
是李斯乃歎曰：人之賢不肖」云云，是其未遇時而歎，不得富貴也。
「李斯喟然而歎曰：嗟乎！物禁太盛」云云，是其志滿時而歎，物極
將衰也。「斯乃仰天而歎，垂涙太息曰」云云，是已墮趙高計中，不
能自主而歎也。「仰天而歎曰：嗟乎！悲乎！」云云，是已居囹圄之
中，不勝怨悔而歎也。「顧謂其中子曰」云云，是臨死時無可奈何，
以不歎為歎也。（李景星《史記評議》，〈李斯列傳第二十七〉）

15. 言之不足，故長言之；長言之不足，故咏歎之。咏歎之法本于風雅，
實文家勝場。龍門、盧陵所以獨擅千古也。若能搖宕一兩筆而烟波無
限，更為逸品，在神品之上，此法則又為子長一人能之。（清李紱《穆
堂別稿》卷44）

16. 理不可以直指也，故即物以明理；情不可以顯出也，故即事以寓情。即物以明理，《莊子》之文也；即事以寓情，《史記》之文也。（清劉大櫆《論文偶記》）

17. ⋯⋯太史公著抽象之事理，與悲歡離合怨恨之情，也是仍然有其具象聲色，引使讀者如入百戰之場，如觀萬劇之象，奇形異狀、應接不暇。顧盼音容，恍如親見其言笑起居、歌呼狂怒、戰鬥悲憤、怨恨思慕，以及激奮之情，而為之驚心動魄，惑迷惶愕。覺其事雖枉而神留，卷已掩而味在，久久不能去於心懷，為之愛戀喜悅，千誦百讀不厭。（程金造〈史記中把抽象情理作具象化之妙用〉，《史記管窺》）

18. 《史記》⋯⋯一般均有「太史公曰」。或篇首即著義論，或篇中雜以論斷，或通篇夾敘夾議。《史記》中的這些議論成分，大都以唱嘆出之，抒情味極濃，歷來被視為古文中的拱璧。（吳汝煜《史記論稿》）（1）秦楚之際月表序（2）漢興以來諸侯年表序（3）高祖功臣侯年表（4）漢興以來將相名臣年表序（5）伯夷列傳（6）管晏列傳（7）屈原賈生列傳（8）魏公子列傳（9）游俠列傳（10）報任安書（11）太史公自序（12）太史公曰

B. 研究選題

1. 《史記》之寫人藝術
2. 《史記》之細節描寫
3. 典型選擇與個性概括
4. 《史記》敘事與形象語言
5. 《史記》「太史公曰」與小品文
6. 《史記》十表序文與短篇章法
7. 《史記》人物之對話藝術
8. 《史記》與改作文學
9. 《史記》載語與敘事藝術

10. 《史記》人物傳記之開端與收束

   （1）含蓄蘊藉，句外有意　（2）開端煞尾，妙在議論

   （3）以小見大，見微知著　（4）前抓關紐，後激餘波（陳蘭村、張新科《中國古典傳記論稿》，〈百樣姿態，回味無窮〉，西安：陝西人民教育出版社，1991）

11. 《史記》之史筆與「無韻之離騷」

12. 賦法運用與《史記》辭章學

13. 中國抒情傳統與《史記》——與《戰國策》之比較研究

14. 《史記》與成語典故

六、《史記》敘事與史傳流韻

（一）《史記》與散文流變

A. 綱領

1. 記事之文，惟《左傳》、《史記》各有義法。一篇之中，脈相灌輸，而不可增損。然其前後相應，或隱或顯，或偏或全，變化隨宜，不主一道。（清方苞《方望溪先生全集》卷2，〈書《五代史‧安重誨傳》後〉）

2. 文章以敘事為最難，文章至敘事而能事始盡；而敘事之文莫備於《左》、《史》。（清章學誠《章氏遺書‧補遺》，〈論課蒙學文法〉）

3. 《史記》的語言文字，寫人是儼然象其人的意態，敘事宛然如其事的曲折。真可說是雄辭剛韻，指物呈形，使讀者覺識到有聲有色一種活的形象，現于心目之中。然而，《史記》中的意態和結構語言，如起語、結語、追前語、帶後語、旁支語、頓挫語、跌宕語、起下語、緩語、

急語等等巧絕古今的語言，給後世作者建立下萬世不磨的典範，為千萬個讀者所學習而樂道。（程金造〈史記的論斷語言〉，《史記管窺》）

4. 西京以來，獨稱太史公遷，以其馳驟跌宕，悲慨嗚咽，而風神所注，往往于點綴指次，獨得妙解。譬之覽仙姬于瀟湘、洞庭之上，可望而不可近也。（明茅坤〈宋大家歐陽文忠公文鈔引〉）

5. 敘事之文，義法備於《左》、《史》。退之變《左》、《史》之格調，而陰用其義法；永叔摹《史記》之格調，而曲得其風神。（清方苞《古文約選‧序例》）

6. 「六一風神」作為一種生動，遒勁的藝術風格，具有以下四種特徵：一、平易自然，婉曲有致；二、紆餘委備，頓挫抑揚；三、偏于陰柔，情韻綿邈；四、含蓄蘊藉，詩味醇濃。（劉德清〈歐陽脩的散文風格〉，《歐陽修論稿》）

B. 研究選題

1. 《史記》與文學理論
2. 《史記》散文與唐代古文運動
3. 《史記》散文與北宋古文運動
4. 史論文之流變與《史記》之傳播
5. 《史記》文學語言與唐宋八大家古文
6. 《史記》之語言藝術
7. 《史記》敘事與六一風神

(二) 班馬異同與《史》《漢》優劣

A. 綱領

1. 王充著書，既甲班而乙馬，張輔持論，又劣固而優遷。然此二書，雖互有修短，遞閘得失，而大抵同風，可為連類。（唐劉知幾《史通‧鑑識》）

2. 子長敘事喜馳騁，故其詞蕪蔓者多；謂繁于孟堅可也，然而勝孟堅者，以其馳騁也。孟堅敘事尚剪裁，故其詞蕪蔓者寡；謂簡于子長可也，然而遜于子長者，以其剪裁也。執前說可與概諸史之是非，通後說可與較二史之優劣。（明胡應麟《少室山房筆叢》卷 13）

3. 參考文獻：《晉書・張輔傳》、《後漢書・范蔚宗傳》、《史通》〈六家〉、〈二體〉、〈世家〉、〈表歷〉、〈書志〉、〈論贊〉、〈斷限〉、〈序傳〉、〈雜說下〉、〈漢書五行志〉；鄭樵《通志・總序》、徐復觀《兩漢思想史》卷三,〈朱買臣傳〉

B. 研究選題

1. 《史記》散體與《漢書》駢行

2. 《史記》雅潔、風神與《漢書》評贍、矩矱

3. 史識史才與《史》《漢》得失

4. 敘事藝術與《史》《漢》較論

   (1) 以敘為義與《史》《漢》敘事之義法（《漢書》〈車千秋傳〉、〈朱買臣傳〉、〈東方朔傳〉、〈外戚傳〉、〈楊胡朱梅雲傳〉）

   (2) 《漢書・霍光傳》之敘事義法

   (3) 《漢書・王莽傳》之敘事義法

   (4) 《漢書・外戚傳》與《史記・外戚世家》

   (5) 《漢書・蕭望之傳》與《史記・魏公子列傳》

   (6) 《漢書・公孫弘傳》與《史記・平津侯主父偃列傳》

   (7) 《漢書・賈誼傳》與《史記・屈原賈生列傳》

5. 過秦、宣漢與《史》《漢》論贊之異同

6. 參考文獻：晉張輔《班馬優劣論》、宋倪思（劉辰翁）《班馬異同評》、明許相卿《史漢方駕》、清楊于果《史記箋論》、楊琪光《史漢求是》、白壽彝〈司馬遷與班固〉、施丁〈馬班異同三論〉、徐朔方《史漢論稿》、吳福助《史漢關係》等等。

(三) 推本《史記》，文學史公

A.綱領

1. 歐陽公於敘事處，往往得太史遷髓。而其所為《新唐書》及《五代史》短論，亦並有太史公風度。（明茅坤《唐宋八大家文鈔》，《宋大家歐陽文忠公文鈔；史論》，王水照編《歷代文話》第二冊，頁 1863）

2. 宋代序事文，當以廬陵為最。以其調自史遷出，一切結構剪裁有法，而中多感慨俊逸處。（清田同之《西圃文說》卷 1）

3. 若以文章衡廿四史，可分兩派：如陳壽《三國志》……張廷玉《明史》，斯皆推本《史記》，文學史公者也。餘如范曄《後漢書》……，斯皆追蹤《漢書》、文隸班固者也。前者辭體解散，於疏縱中見雄快；後者體裁綺密，於偶整中見凝鍊。此固《史》、《漢》文章之別，亦廿四史文章之兩大派也。唯《漢書》紀傳體同《史記》；而班文整密，則異史公。（錢基博〈史記之分析與綜合〉）

B.研究選題

1. 陳壽《三國志》
2. 姚思廉《梁書》、《陳書》
3. 李延壽《南北史》
4. 歐陽脩、宋祁《新唐書》
5. 歐陽脩《新五代史》
    (1)《新五代史・馮道傳》之敘事義法
    (2)《新五代史・安重誨傳》之敘事義法
    (3)《新五代史・唐劉后傳》與《史記》〈呂后本紀〉〈外戚世家〉
    (4)《新五代史・四夷附錄》與《史記・匈奴列傳》
    (5)《新五代史・史建瑭傳》與《史記・李將軍列傳》

6. 托克托《宋史》、《遼史》、《金史》

7. 宋濂《元史》

8. 張廷玉《明史》

七、《史記》紀傳與詩文接受

A. 綱領

1. 遷雄于文，而亦愛賦，頗喜納之列傳中。于〈賈誼傳〉……〈司馬相如列傳〉上下篇，收賦尤多。……今僅傳〈士不遇賦〉一篇，明胡應麟以為偽作。（魯迅《漢文學史綱要‧司馬相如與司馬遷》）

B. 研究選題

1. 《史記》對辭賦之接受研究

2. 《史記》「以賦為文」研究

3. 《史記》〈滑稽列傳〉之賦法研究

4. 〈士不遇賦〉與《史記》「遇合」主題

5. 《史記》之史筆與詩筆——杜甫詩似司馬遷

6. 《史記》人物形象與歷代詠史詩

　　1.秦始皇（103 首）2.項羽（虞姬）（214 首）3.漢高祖（127 首）4.漢武帝（68 首）5.夫差（69 首）6.張良（136 首）7.商山四皓（104 首）8.魏公子（50 首）9.屈原（90 首）10.賈誼（65 首）11.荊軻（102 首）12.淮陰侯（155 首）13.伍子胥（60 首）14.廉頗藺相如（50 首）15.司馬相如（卓文君）（61 首）

7. 褚少孫補《史記》之學術得失

8. 《史記》敘事傳人與元明清詠史詩

9. 《史記》「太史公曰」與宋代史論文

10. 《史記》傳記與元明清史論

11. 《史記》與傳記文學

12. 《史記》之應對藝術

八、《史記》評點學與明代文學批評

A. 綱領

1. 〈李斯傳〉傳斯本末，特佐始皇定天下，變法諸事僅十之三；傳（趙）高所以亂天下而亡秦，特十之七八。太史公恁地看得亡秦者高，所以釀高之亂者并由斯為之。此是太史公極用意文，極得大體處。（茅坤《史記鈔》）

B. 研究選題

1. 凌稚隆《史記評林》

2. 凌稚隆《史記纂》

3. 茅坤《史記鈔》〈讀史記法〉

4. 唐順之《精選批點史記》

5. 歸有光《評點史記》

6. 郝敬《史漢愚按》

九、《史記》評點學與清代文學批評

A. 研究選題

1. 牛運震《史記評注》

2. 王治皞《史記榷參》

3. 湯諧《史記半解》

4. 儲欣《史記選》

5. 王又樸《史記七篇讀法》

6. 吳見思《史記論文》

7. 姚祖恩《史記菁華錄》

8. 陳衍《史漢文學研究法》

9. 郭嵩燾《史記札記》

10. 李景星《史記評議》

11. 日本有井範平《史記評林補標》

12. 程餘慶《歷代名家評注史記集說》

13. 楊燕起等《歷代名家評史記》

十、《史記》古文與桐城義法

A.綱領

1. 義,即《易》之所謂「言有物」也。法,即《易》之所謂「言有序」也。義以為經,而法緯之,然後為成體之文。(清方苞〈又書〈貨殖傳〉後〉)

2. 記事之文,惟《左傳》、《史記》各有義法。一篇之中,脈相灌輸,而不可增損。(清方苞〈書《五代史·安重誨傳》後〉)

3. 《史記》一書,後代史書之標準,而古來載籍之總匯也。由《史記》以上,為經、為傳、為諸子百家,流傳雖多,要皆於《史記》括之。由《史記》以下,無論官私記載,其體例之常變,文法之正奇,千變萬化,難以悉述,要皆于《史記》啟之。(李景星《史記評議·自序》)

4. （方苞《春秋》、《周官》）解經求義，既然標榜空曲交會，參互相抵，移以談說古文寫作之筆削、損益、存闕、繁殺、去取諸藝術技法與文章風格，自然追求削繁損枝，得其體要，歸於雅潔。（張高評〈比事屬辭與方苞論古文義法：以《文集》之讀史、序跋為核心〉）

5. 方苞「義法」較側重「法」之提示，尤致力辭文「前後措注」之方略，諸如主賓、詳略、重輕、異同、顯晦、曲直、先後、細大、虛實、損益、繁省等等之筆削安排，二柄多邊之屬辭規劃，形成古文之姿態橫生，美不勝收。（同上）

B. 研究選題

1. 方苞《史記評語》（王拯《歸方評點史記合筆》）
2. 劉大櫆《論文偶記》
3. 姚鼐《惜抱軒筆記》
4. 曾國藩《古文四象》
5. 姚範《援鶉堂筆記》
6. 林紓《春覺齋論文》（《畏廬論文》）
7. 吳汝綸《史記集評》
8. 吳敏樹《史記別鈔》

十一、清代古文選本論《史記》

A. 綱領

1. 選錄詩文的人，都各人顯出一種鑑別去取的眼光，這正是具體的批評之表現。……凡是選錄詩文的人，都算是批評家。（方孝岳《中國文學批評》）

2. 選本的批評機制，由選者、讀者、作者三個要素構成。……選本作為
連接選者、讀者和作者三個要素之間的唯一紐帶，它以自身所承載的
選者的批評信息為連接的基礎。（鄒雲湖《中國選本批評》）

B.研究選題

1. 金聖歎《才子古文》
◎《天下才子必讀書》卷 7，西漢文，《史記》「太史公曰」90 餘篇
2. 姚鼐《古文辭類纂》
3. 林紓選評《古文辭類纂》
4. 吳闓生《古文範》

十二、清代筆記論《史記》

A.綱領

1. 筆記者，紀事實、探物理、辨疑惑、示勸戒、采風俗，助談笑也。（唐
李肇《國史補・序》）
2. 首次以「筆記」命名的北宋宋祁《宋景文筆記》……全書大多為考訂
名物音訓、評論古人言行，雜采文章史事。這些，……是符合我們現
代意義的筆記內涵的。（傅璇琮《全宋筆記・序》）
3. （淮陰侯列傳）全載蒯通語（案：武涉蒯通兩段文字共 1300 餘言，佔
全篇三分之一），正以見淮陰之心在為漢。雖以通之說喻百端，然確然
不變。而他日之誣以反而族之者之冤，痛不可言也。
4. 信之死冤矣，前賢皆極辨其無反狀，大抵出于告變者之誣詞，及呂后
與相國文致之耳。史公依漢廷獄案敘入傳中，而其冤自見：一飯千金，
弗忘漂母；解衣推食，寧負高皇。不聽涉、通于擁兵王齊之日，必不

妄動于淮陰家居之時。不思結連布、越大國之王，必不輕約邊遠無能之將。賓客多，與稱病之人何涉？左右辟，則挈手之語誰聞？上謁入賀，謀逆者未必坦率如斯。家臣徒奴，善將者亦復部署有幾。是知高祖畏惡其能，非一朝夕。胎禍于躡足附耳，露疑于奪符襲軍，故禽縛不已，族誅始快。從豨軍來，見信死，且喜且憐，亦諒其無辜受戮為可憫也。（清梁玉繩《史記志疑》卷 32，〈淮陰侯列傳第三十二〉）

B. 研究選題

1. 趙翼《陔餘叢考》
2. 趙翼《二十二史劄記》
3. 王鳴盛《十七史商榷》
4. 梁玉繩《史記志疑》
5. 錢大昕《廿二史考異》
6. 何焯《義門讀書記》
7. 袁枚《隨園隨筆》
8. 曾國藩《求闕齋讀書錄》
9. 李晚芳《讀史管見》

十三、《史記》紀傳與明清戲劇小說評點

A. 綱領

1. 《史記》紀傳體以人為綱的特點，以及它所提供的大量人物形象的範本，對後世作家的啟示是深刻的、多方面的。（李少雍〈《史記》紀傳體對我國小說發展的影響〉）

2. 《史記》人物傳記的確有「志怪」和「傳奇」兩種傾向，而以後一傾向為主。大體說來，司馬遷鬼神之怪，影響及於志怪小說；傳人事之奇，影響及於志人小說。（同上）

3. 《史記》為後世戲曲提供了大量奇偉、悲壯、瑰麗的歷史題材。大膽揭露黑暗現實的精神，極大地鼓舞了後世戲劇家的勇氣。《史記》精彩的場面描寫和個性化的人物語言，也為戲曲提供了必要的借鑒。（吳汝煜《史記論稿》，〈試論《史記》對後世文學的影響〉）

4. 夫晁蓋欲打祝家莊，則宋江勸：「哥哥山寨之主，不可輕動也。」晁蓋欲打高唐州，則宋江又勸：「哥哥山寨之主，不可輕動也。」晁蓋欲打青州，則又勸：「哥哥山寨之主，不可輕動也。」欲打華州，則又勸：「哥哥山寨之主，不可輕動也。」何獨至于打曾頭市，而宋江默未嘗發一言？宋江默未嘗發一言，而晁蓋亦遂死于是役。我今即不能知其事之如何，然而君子觀其書法，推其情狀，引許世子不嘗藥之《經》，以斷斯獄，蓋宋江弒晁蓋之一筆，為決不可宥也。此非謂史文恭之箭，乃真出于宋江之手也，亦非謂宋江明知曾頭市之五虎能死晁蓋，而坐不救援也。（清金聖歎批《第五才子書施耐庵水滸傳》卷64，第五十九回〈公孫勝芒碭山降魔，晁天王曾頭市中箭〉）

5. 參考元趙汸《春秋屬辭・假筆削以行權》：「以其所書，推見其所不書；以其所不書，推見其所書。」清張自超《春秋宗朱辨義・總論》：「反覆前後所書，比事以求其可通。」清莊存與《春秋正辭・春秋要指》：「以所不書知所書，以所書知所不書。」

   (1)倒敘法 (2)夾敘法 (3)草蛇灰線法 (4)棉針泥刺法 (5)背面鋪粉法
   (6)弄引法 (7)獺尾法 (8)欲合故縱法 (9)橫雲斷山法

6. 文章最妙，是目注此處，卻不便寫，卻去遠遠處發來；迤邐寫到將至時，便且住，卻重去遠遠處更端再發來；再迤邐又寫到將至時，便又且住。如是更端數番，皆去遠遠處發來，迤邐寫到將至時，即便住，更不復寫出目所注處，使人自于文外瞥然親見。《西廂記》純是此一方

法,《左傳》、《史記》亦純是此一方法。。(清金聖歎《貫華堂第六才子書西廂記》卷 2〈讀第六才子書西廂記法〉十六)

7. 文章最妙,是先覷定阿堵一處,已卻于阿堵一處之四面,將筆來左盤右旋,右盤左旋,再不放脱,卻不擒住。分明如獅子滾毬相似,本只是一個毬,卻教獅子放出通身解數,人眼自射獅子,獅子眼自射毬。蓋滾者是獅子,而獅子之所以如此滾,如彼滾,實都爲毬也。《左傳》、《史記》便純是此一方法;《西廂記》亦純是此一方法。(同上,十七)

8. 亦嘗觀于「烘雲托月」之法乎?欲畫月也,月不可畫,因而畫雲。畫雲者,意不在于雲也。意不在于雲者,蓋固在于月也。(同上,卷 4〈驚豔〉)

9. 移堂就樹之法(同上,卷 5〈寺警〉)

10. 月度迴廊之法(同上)

11. 聖歎本有才子書六部……聖歎只是用一副手眼讀得。如讀《西廂記》,實是用讀《莊子》、《史記》手眼讀得;便讀《莊子》、《史記》,亦只用讀《西廂記》手眼讀得。如信僕此語時,便可將《西廂記》與子弟作《莊子》、《史記》讀。(清金聖歎《第六才子書西廂記》卷 2〈讀第六才子書西廂記法〉)

12. 《水滸傳》方法,都從《史記》出來,卻有許多勝似《史記》處。若《史記》妙處,《水滸》已是件件有。(清金聖歎〈讀第五才子書法〉)

13. 《金瓶梅》是一部《史記》。……固知作《金瓶梅》者,必能作《史記》也。(清張竹坡〈批評第一奇書《金瓶梅》讀法〉)

14. 明、清評點章回小說者,動以盲左、腐遷筆法相許,學士哂之。哂之誠是也,因其欲增稗史聲價而攀援正史也。然其頗悟正史、稗史之意匠經營,同貫共規,泯町畦而通騎驛,則亦何可厚非哉?(錢鍾書《管錐編》第一冊,〈左傳正義・杜預序〉,頁 166)

15. 《水滸傳》委屈詳盡,血脈貫通,《史記》而下,便是此書。(李開先《詞謔》)

16. 雅士之賞此書者，甚以為太史公演義。夫《史記》上國武庫，甲仗森然，……而其所最稱犀利者，則無如巨鹿破秦，鴻門張楚、高祖還沛、長卿如邛，……（《水滸》）《傳》中警策，往往似之。（天都外臣《水滸傳‧序》）

17. 太史公曰：「〈說難〉、〈孤憤〉，聖賢發憤之所作也。」……《水滸傳》者，發憤之所作也。（李贄《忠義水滸傳‧序》）

18. 某嘗道《水滸》勝似《史記》，人都不肯信，殊不知某卻不是亂說。其實《史記》是以文運事，《水滸》是因文生事。以文運事，是先有事生成如此如此，卻要算計出一篇文字來。雖是史公高才，也畢竟是吃苦事。因文生事卻不然，只是順著筆性去，削高補低都由我。（清金聖歎《第五才子書施耐庵水滸傳》卷 3〈讀第五才子書法〉）

B. 研究選題

1. 《史記》紀傳體與唐傳奇

2. 《史記》筆法與《水滸傳》敘事學

3. 《史記》筆法與《西廂記》敘事學

4. 《史記》本事與元明雜劇

   (1)戲文 18 種　(2)雜劇 100 種　(3)傳奇 33 種　(4)地方戲 115 種 (5)小說、變文共 33 種（參考楊燕起、俞樟華編《史記研究資料索引和論文專著提要》，〈和《史記》有關的戲劇小說〉，蘭州大學出版社，1989。輯入張高評主編《史記研究粹編》（二），頁 778-790）

5. 《史記》以文運事與《水滸》因文生事

6. 《史記》與諷刺文學

7. 「太史公曰」與小說敘事學

   (1) 蒲松齡《聊齋志異》「異氏史曰」

   (2) 王韜《遁窟讕言》「逸史氏曰」、「贊曰」

   (3) 曾衍東《小豆棚》「七如氏曰」

    (4) 閑齋氏《夜譚隨錄》「蘭巖曰」

    (5) 宣鼎《夜雨秋燈錄》「懊儂氏曰」

    (6) 王韜《淞濱瑣話》「天南遁叟曰」

8. 明清戲曲小說評點比附《史記》研究

9. 清脂硯齋評《紅樓夢》

10. 戚蓼生序《紅樓夢》

C. 參考書目

1. 張竹坡〈批評第一奇書金瓶梅讀法〉

2. 韓兆琦〈史記的小說因素〉，載《史記評議賞析》

3. 李少雍〈《史記》紀傳體對我國小說發展的影響〉載《司馬遷傳記文學論稿》

4. 陳平原〈「史傳」傳統與「詩騷」傳統〉，載《中國小說敘事模式的轉變》

5. 張新科〈《史記》與中國古典小說〉，載《《史記》與中國文學》

十四、《史記》學史之回顧與展望

A. 綱領

1. 余謂先輩治《史記》者，厥有二派：甲派如……梁玉繩之《志疑》，……均精核多所發明。……乙派則歸震川、方望溪及先生（吳汝綸）之讀本，專論文章氣脈，無尚考據。二者均有益于學子。然而發神樞鬼藏之秘，治叢冗禿屑之病，導後進以軌轍，則文章家較考據為益滋多。顧不有考據，則瞀於誤書；不講文章，則昧于古法。……（清林紓《吳汝綸點勘史記》卷首〈序〉）

B. 研究選題

1. 主考證
2. 尚評論
3. 二重證據
   (1) 陳直《史記新證》
   (2)（日）藤田勝久《《史記》戰國史料研究》

參考書目

(一) 古籍文獻

1. 漢・司馬遷著，宋・裴駰《集解》，唐・司馬貞《索隱》，唐・張守節《正義》，日本瀧川資言考證《史記會注考證》，臺北：萬卷樓圖書公司，1993
2. 晉・杜預注，唐孔穎達疏《春秋左傳注疏》，臺北：藝文印書館，1955
3. 晉・徐邈《春秋穀梁傳注義》，輯入清・馬國翰：《玉函山房輯佚書》，揚州：廣陵書社，2004
4. 唐・劉知幾著，清・浦起龍釋《史通通識》，臺北：里仁書局，1980
5. 明・凌稚隆《史記評林》，日本有井範平《補標》本，臺北：蘭臺書局，1968
6. 明・凌稚隆編纂，馬雅琴整理《史記纂》，北京：商務印書館，2013
7. 明・凌稚隆輯《漢書評林》，光緒甲申重刊本
8. 清・金聖歎著，陸林輯校整理《金聖歎全集》，第貳冊，《貫華堂第六才子書西廂記》；第參冊，《第五才子書施耐庵水滸傳》，南京：鳳凰出版社，2008.12
9. 清・方苞《方望溪先生全集》（《望溪先生文集》、《望溪先生集外文》、《史記評語》、《望溪先生年譜》），《四部叢刊》初編本，臺北：臺灣商務印書館，1979

10. 清・章學誠著，葉瑛校注《文史通義校注》，北京：中華書局，1985、2008

11. 清・吳見思《史記論文》，臺北：中華書局，1970

12. 清・吳見思《史記論文》、李景星《史記評議》合刊，陸永品點校整理，
　　長春：東北師範大學出版社，1985；上海：上海古籍出版社，2008

13. 清・姚祖恩節評《史記菁華錄》，臺北：聯經出版公司，1977

14. （日本）齋藤謙《拙堂文話》，臺北：文津出版社，1978

15. 清・梁玉繩《史記志疑》，臺北：新文豐出版公司，1984

16. 清・郭嵩燾《史記札記》，臺北：世界書局，1960

17. 清・劉熙載《藝概》，《劉熙載論藝六種》，成都：巴蜀書社，1990

18. 清・吳汝綸《桐城吳先生諸史點勘》北京：學苑出版社，2005

19. 清・程餘慶《歷代名家評注史記集說》，西安：三秦出版社，2011

20. 清・牛運震《史記評注》，西安：三秦出版社，2011

21. 清・周宇澄選注《廣注史記精華》，北京：商務印書館，2013

22. 馬蹄疾編《水滸資料彙編》，北京：中華書局，1980

23. 王利器主編《史記注譯》（1-4），西安：三秦出版社，1988

24. 韓兆琦編注《史記選注匯評》，鄭州：中州古籍出版社，1990

25. 韓兆琦編選《史記選注》，臺北：里仁書局，1994

26. 韓兆琦《史記箋證》，南昌：江西人民出版社，2004

27. 張大可編《百家匯評本史記》，長沙：長江文藝出版社，2007

28. 王水照編《歷代文話》（1-10），上海：復旦大學出版社，2007

29. 李偉泰《史記選讀》，臺北：臺灣大學出版中心，2008

30. 霍松林、趙望秦主編《宋本史記注譯》（1-10），西安：三秦出版社，2011

31. 楊燕起、陳可青《史記研究資料萃編》，西安：三秦出版社，2011

(二) 近人論著

通論

32. 劉咸炘《太史公書知意》(1929 年修訂本)，桂林：廣西師範大學出版社，2007

33. 陳柱〈史記伯夷列傳講話〉，《學術世界》1936 年第 2 卷第 2 期

34. 李長之《司馬遷之人格與風格》，臺北：開明書店，1968

35. 程金造《史記管窺》，西安：陝西人民出版社，1985

36. 張大可《史記研究》，蘭州：甘肅人民出版社，1985

37. 張維嶽編《司馬遷與史記新探》，臺北：崧高書社，1985

38. 李景星《史記評議》，長春：東北師範大學出版社，1985

39. 吳汝煜《史記論稿》，南京：江蘇教育出版社，1986

40. 聶石樵《司馬遷論稿》，北京：北京師範大學出版社，1987

41. 張以仁《春秋史論集》，臺北：聯經出版事業公司，1990

42. 韓兆琦、俞樟華等《史記通論》，北京：北京師範大學出版社，1990

43. 韓兆琦《史記選注》，臺北：里仁書局，1994

44. 趙生群《太史公書研究》，西安：陝西人民出版社，1994

45. 韓兆琦《史記博議》，臺北：文津出版社，1995

46. 張大可、俞樟華《司馬遷一家言》西安：陝西人民教育出版社，1995

47. 程世和《史記——偉大人格的凝聚》，西安：陝西人民教育出版社，1995

48. 蔡信發《話說史記》，臺北：文史哲出版社，1995

49. 楊燕起《史記的學術成就》，北京：北京師範大學出版社，1996

50. 黃鎮偉《歷史的黃鍾大呂：史記》，桂林：雲南人民出版社，1999

51. 陳桐生《史記與詩經》，北京：人民文學出版社，2000

52. 安平秋等主編《史記教程》，北京：華文出版社，2002

53. 張新科《史記學概論》，北京：商務印書館，2003

54. 張大可《司馬遷評傳》，史記研究集成，北京：華文出版社，2005

55. 安平秋等《史記通論》，史記研究集成，北京：華文出版社，2005

56. 韓兆琦《史記講座》，桂林：廣西師範大學出版社，2008

57. 李紀祥編《史記學與世界漢學論集》，臺北：唐山出版社，2011

58. 邱詩雯《清代桐城派《史記》學研究》，臺南：國立成功大學中文研究所
　　博士論文，2014.4

59. 徐爾繪《《史記‧貨殖列傳》與經營策略》，嘉義：國立中正大學中文研究
　　所碩士論文，2015.1

史學

60. 梁啟超《中國歷史研究法》，北京：商務印書館，1922

61. 何炳松《歷史研究法》，《何炳松文集》第四卷，北京：商務印書館，1927、
　　1997

62. 梁啟超《中國歷史研究法補編》，北京：商務印書館，1933

63. 柳詒徵《國史要義》，臺北：臺灣中華書局，1948、1973

64. 孫德謙《太史公書義法》，臺北：中華書局，1969

65. 靳德峻《史記釋例》，原載《師大國學叢刊》1 卷 2 期，1970

66. 許冠三《史學與史學方法》，臺北：環宇出版社，1971。又，臺北：萬年
　　青書店

67. 吳福助《史漢關係》，臺北：文史哲出版社，1975

68. 王爾敏《史學方法》，臺北：東華書局，1977

69. 杜維運《史學方法論》，臺北：三民書局，1979

70. 顧立三《司馬遷撰寫《史記》採用《左傳》的研究》，臺北：正中書局，
　　1980

71. 杜維運《與西方史家論中國史學》，臺北：東大圖書公司，1981

72. 張新科、俞樟華《史記研究史略》，西安：三秦出版社，1985、1990

73. 郭雙成《史記人物傳記論稿》，鄭州：中州古籍出版社，1985

74. 陳清泉等編《中國史學家評傳》，鄭州：中州古籍出版社，1985

75. 張大可《史記論贊輯釋》，西安：陝西人民出版社，1986

76. 劉節《中國文學史稿》，臺北：弘文館出版社，1986

77. 趙光賢《古史考辨》，北京：北京師範大學出版社，1987

78. 杜維運《中西古代史學比較》，臺北：東大圖書公司，1988

79. 汪榮祖《史傳通說》，臺北：聯經出版公司，1988

80. 周一平《司馬遷史學批評及其理論》，上海：華東師範大學出版社，1989

81. 瞿林東《唐代史學論稿》，北京：北京師範大學出版社，1989

82. 杜維運《中國史學史》第一冊，臺北：三民書局，1993、1998

83. 陳桐生《中國史官文化與史記》，汕頭：汕頭大學出版社，1993

84. 彭雅玲《史通的歷史敘述理論》，臺北：文史哲出版社，1993

85. 朴宰雨《《史記》《漢書》比較研究》，臺灣大學中文系博士論文，北京：中國文學出版社，1994

86. 霍有光《司馬遷與地學文化》，西安：陝西人民教育出版社，1995

87. 張大可《司馬遷評傳》，南京：南京大學出版社，1994

88. 鄧鴻光《史家之絕唱：《史記》與中國文化》，開封：河南大學出版社，1998

89. 惠富平《史記與中國農業》，西安：陝西人民教育出版社，2000

90. 張高評《春秋書法與左傳學史》，臺北：五南圖書公司，2002

91. 林珊湘《史記「太史公曰」之義法研究》，國立成功大學中國文學系碩士論文，2002

92. 布洛克（Marc Bloch）《史家的技藝》（*The Historian's Craft*），臺北：遠流出版公司，2002

93. 閻崇東《司馬遷之史學貢獻》，呼和浩特：內蒙古人民出版社，2002

94. 姜義華、瞿林東、趙吉惠等撰《史學導論》，上海：復旦大學出版社，2003

95. 楊海崢《漢唐史記研究論稿》，濟南：齊魯書社，2003

96. 林聰舜《史記的人物世界》，臺北：三民書局，2003

97. 白壽彝《史學遺產六講》，北京：北京出版社，2004

98. 俞樟華、虞黎明、應朝華《唐宋史記接受史》，長春：吉林人民出版社，2004

99. 瞿林東《中國史學的理論遺產》，北京：北京師範大學出版社，2005

100. 胡豔惠《史記之春秋書法研究》，國立成功大學中國文學系碩士論文，2005

101. 張大可、梁建邦《史記論讚語世情研究》，史記研究集成，北京：華文出版社，2005

102. 閻崇東《史記史學研究》，史記研究集成，北京：華文出版社，2005

103. 張桂萍《史記與中國史學傳統》，重慶：重慶出版社，2005

104. 李紀祥《史記五論》，臺北：文津出版社，2007

105. 逯耀東《抑鬱與超越——司馬遷與漢武帝時代》，臺北：東大圖書公司，2007

106. 藤田勝久《〈史記〉戰國史料研究》，上海：上海古籍出版社，2008

107. 大木康《『史記』と『漢書』：中國文化のバロメーター》，東京：岩波書店，2008

108. 盧奕璇《司馬光《資治通鑑》之「春秋」書法研究——以中晚唐為例》，國立成功大學中國文學系碩士論文，2009

109. 林聰舜《〈史記〉的世界——人性與理念的競逐》，臺北：鼎文書局，2009

110. 呂世浩《從《史記》到《漢書》：轉折過程與歷史意義》，臺北：臺灣大學出版中心，2009

111. 任剛《史記戰國人物取材研究》，西安：陝西人民出版社，2009

112. 張高評《春秋書法與左傳史筆》，臺北：里仁書局，2011

113. 藤田勝久《史記戰國列伝の研究》，東京：汲古書院，2011

114. 邱詩雯《〈史記〉之「改」、「作」與歷史撰述》，臺北：花木蘭文化出版社，2012

115. 張高評〈《左傳》之象徵式敘事與以史傳經——兼談《左傳》重人輕天之二元史觀〉，高雄師大《經學研究集刊》第 14 期（2013.5），PP.1-24。

116. 張高評〈《左傳》因果式敘事與以史傳經——以戰爭之敘事為例〉，《東海中文學報》第 25 期（2013.6），PP.79-112。

117. 倪豪士，Nienhauser, William H., 'Li Mu 李牧 in the *Shiji*: Some Comments on the Sima's Use of Sources and Their "Arrangements of Traditions" (Liezhuan)'（《史記》中的李牧：司馬兩公取材與列傳的概念），北京大學國際漢學家研修基地，劉玉才主編《國際漢學研究通訊》第 7 期（2013.6），PP.1-16

118. 魯惟一（Michael Loewe）撰，周雯譯，陸揚審訂〈班固──沿襲者、創新者、批判者〉，北京大學國際漢學家研修基地，劉玉才主編《國際漢學研究通訊》第 7 期（2013.6），PP.17-39

119. 來新夏〈〈太史公自序〉講義〉，《中國典籍與文化論叢》第 15 輯（《中國典籍與文化》增刊，2013.12），南京：鳳凰出版社，PP.135-189

文學

120. 白壽彝〈司馬遷寓論斷于序事〉，《北京師範大學學報》1961 年 4 期

121. 錢鍾書《管錐編》第一冊，「史記會注考證」五八則，北京：中華書局，1972；臺北：書林出版公司，1990

122. 朱任生《古文法纂要》，臺北：臺灣商務印書館，1984

123. 宋嗣廉《史記藝術美研究》，長春：東北師範大學出版社，1986

124. 胡念貽《中國古代文學論稿》，上海：上海古籍出版社，1987

125. 李少雍《司馬遷傳記文學論稿》，重慶：重慶出版社，1987

126. 陳蘭村、張新科《中國古典傳記論稿》，西安：陝西人民教育出版社，1991

127. 韓兆琦主編《中國傳記文學史》，石家莊：河北教育出版社，1992

128. 周先民《司馬遷的史傳文學世界》，臺北：文津出版社，1995

129. 陳蘭村《中國傳記文學發展史》，北京：語文出版社，1999

130. 郭丹《史傳文學》，桂林：廣西師範大學出版社，1999

131. 呂培成《司馬遷與屈原和楚辭學》，西安：陝西人民教育出版社，2000

132. 張新科《唐前史傳文學研究》，西安：西北大學出版社，2000

133. 俞樟華《史記藝術論》，北京：華文出版社，2002

134. 可永雪《《史記》文學成就論說》，呼和浩特：內蒙古教育出版社，2003

135. 楊樹增《史記藝術研究》，北京：學苑出版社，2004

136. 韓兆琦、張大可、宋嗣廉《史記題評與詠史記人物詩》，史記研究集成，北京：華文出版社，2005

137. 楊燕起、陳可青、賴長揚匯輯《史記集評》，史記研究集成，北京：華文出版社，2005

138. 可永雪《史記文學研究》，史記研究集成，北京：華文出版社，2005

139. 張新科《文化視野中的漢代文學》，北京：中國社會科學出版社，2006

140. 陳民裕《凌稚隆《史記評林》研究》，高雄師範大學博士論文，2007

141. 張富春《吳見思史記論文研究》，成都：巴蜀書社，2008

142. 潘定武《漢書文學論稿》，合肥：安徽大學出版社，2008

143. 楊丁友《《史記》寫作文化研究》，成都：四川大學出版社，2009

144. 張新科《《史記》與中國文學》（增訂本），北京：商務印書館，2010

145. 周振甫編《史記集評》，重慶：重慶大學出版社，2010

146. 張高評〈《春秋》書法之修辭觀〉，《錢鍾書詩文論叢》，中央大學人文研究中心，2011

147. 陳國球〈「抒情」的傳統——《抒情之現代性》導論〉，《國際漢學研究通訊》第 4 期（2011.12）， PP.3-22。

148. 張新科《中國古典傳記文學的生命價值》，北京：人民出版社，2012

149. 趙望秦、蔡丹等編《史記與詠史詩》（上下），西安：三秦出版社，2012

150. 馬振方〈《尚書》之擬史小說考辨〉，《中國典籍與文化論叢》第 15 輯（《中國典籍與文化》增刊，2013.12），南京：鳳凰出版社，PP.1-16。

151. 張高評〈比事屬辭與方苞論古文義法：以《文集》之讀史、序跋為核心〉，香港中文大學《中國文化研究所學報》第 50 期（2015.1），PP.225-260。

敍事學

152. 董乃斌《中國古典小說的文體獨立》，北京：中國社會科學出版社，1994

153. 蒲安迪《中國敍事學》，北京：北京大學出版社，1996

154. 楊義《中國敍事學》，嘉義：南華管理學院，1998

155. 王靖宇《中國早期敘事文論集》，臺北：中央研究院中國文哲研究所，1999

156. 傅修延《先秦敘事研究：關於中國敘事傳統的形成》，北京：東方出版社，1999

157. 陳平原《中國小說敘事模式的轉變》，北京：北京大學出版社，2003

158. 高友工《中國美典與文學研究論集》，臺北：臺灣大學出版社，2004

159. 高小康《中國古代敘事觀念與意識型態》，北京：北京大學出版社，2005

160. 張高評〈《史記》之敘事藝術與詩歌語言〉，第五屆《漢代文學與思想學術研討會論文集》，臺北：政治大學中文系，2005.11

161. 高小康《中國古代敘事觀念與意識型態》，北京：北京大學出版社，2005

162. 李秋蘭《史記敘事之書法研究》，國立成功大學中文系博士論文，2008

163. 劉寧《史記敘事學研究》，北京：中國社會科學出版社，2008

164. 董乃斌主編《中國文學敘事傳統研究》，北京：中華書局，2012

165. 陳致宏《左傳之敘事與歷史解釋》，臺北：花木蘭文化出版社，2012

思想

166. 徐復觀《兩漢思想史》，臺北：臺灣學生書局，1979

167. 賴明德《司馬遷之學術思想》，臺北：洪氏出版社，1983 增訂再版

168. 王雙、王文治《貨殖列傳與經商藝術》，桂林：廣西人民出版社，1991

169. 陳桐生《《史記》與諸子百家之學》，合肥：安徽教育出版社，1995

170. 徐興海《司馬遷的創造思維》，西安：陝西人民教育出版社，1995

171. 楊生枝《司馬遷教育思想述略》，西安：陝西人民教育出版社，1995

172. 池萬興《司馬遷民族思想闡釋》，西安：陝西人民教育出版社，1995

173. 王明信、俞樟華《司馬遷思想研究》，史記研究集成，北京：華文出版社，2005

174. 吳懷祺《中國史學思想通論·歷史思維論卷》，福州：福建人民出版社，2011

175. 白雲《中國史學思想通論·歷史編纂學思想卷》，福州：福建人民出版社，2011

176. 龐天祐《中國史學思想通論・歷史盛衰論卷》，福州：福建人民出版社，2011
177. 汪高鑫《中國史學思想通論・經史關係論卷》，福州：福建人民出版社，2011
178. 林聰舜《漢代儒學別裁——帝國意識形態的形成與發展》，臺北：臺大出版中心，2013
179. 張高評〈從屬辭比事論《公羊傳》弒君之書法——《春秋》書法之修辭觀〉，《東華漢學》第 18 期（2013.12），PP.135-188。
180. 張高評〈比事屬辭與章學誠之《春秋》教：史學、敘事、古文辭與《春秋》書法〉，《中山大學人文學報》第 36 期（2014.1），PP.31-58。
181. 張高評〈《春秋》書法與「義」在言外——比事見義與捨傳求經〉，《文與哲》第 25 期（2014.12），PP.77-130。
182. 張高評〈比事屬辭與方苞之《春秋》學——「無傳而著」法門之三〉，國立中興大學中文系《興大中文學報》，第 37 期（2015.6），PP.1-42。

文獻

183. 黃沛榮編《史記論文選集》，臺北：長安出版社，1982
184. 楊燕起、陳可青、賴長揚等編《歷代名家評史記》，北京：北京師範大學出版社，1986
185. 楊燕起、俞樟華《史記研究資料索引和論文專著提要》，蘭州：蘭州大學出版社，1989
186. 張高評編《史記研究粹編》，高雄：復文書局，1992
187. 秦始皇兵馬俑博物館、陝西省司馬遷研究會《司馬遷與史記論文集》，第一輯，西安：陝西人民出版社，1994
188. 徐興海《司馬遷與史記研究論著專題索引》，西安：陝西人民教育出版社，1995
189. 中國陝西省司馬遷研究會、日本名古屋大學中國語學文學會編《司馬遷與史記論集》，第二輯，西安：陝西人民出版社，1995

190. 秦始皇兵馬俑博物館、陝西省司馬遷研究會編《司馬遷與史記論集》第三輯，西安：陝西人民出版社，1996

191. 王錦貴《中國紀傳體文獻研究》，北京：北京大學出版社，1996

192. 鄭之洪《史記文獻研究》，成都：巴蜀書社，1997

193. 程金造《史記索隱引書考索》（上下），北京：中華書局，1998

194. 張大可《史記文獻研究》，北京：民族出版社，1999

195. 趙生群《史記文獻學叢稿》，南京：江蘇古籍出版社，2000

196. 王初慶等著《紀實與浪漫—史記國際研討會論文》，臺北：洪葉文化事業有限公司，2002

197. 張大可、趙生群《史記文獻與編纂學研究》，史記研究集成，北京：華文出版社，2005

198. 張玉春、應三玉《史記版本及三家注研究》，史記研究集成，北京：華文出版社，2005

199. 張新科、俞樟華《史記研究史及史記研究家》，史記研究集成，北京：華文出版社，2005

200. 俞樟華、鄧瑞全主編《史記論著提要與論文索引》，史記研究集成，北京：華文出版社，2005

201. 袁傳璋《太史公生平著作考論》，合肥：安徽人民出版社，2005

202. 張興吉《元刻史記彭寅翁本研究》，南京：鳳凰出版社，2006

203. 岳南《考古中國——《史記》遺落的 1200 年歷史》，臺北：商周出版，2007

204. 應三玉《史記三家注研究》，南京：鳳凰出版社，2008

205. 張新科、高益榮、高一農主編《史記研究資料萃編》，西安：三秦出版社，2011

其他

206. 古國順《史記述尚書研究》，臺北：文史哲出版社，1985

207. 陳桐生《史記與今古文經學》，西安：陝西人民教育出版社，1995

208. 繆雨《史記與新聞學》，北京：新華出版社，2000

209. 徐日輝《史記八書與中國文化研究》，西安：陝西人民教育出版社，2000

210. 張大可輯釋《史記精言妙語》，史記研究集成，北京：華文出版社，2005

211. 王明信、可永雪《史記人物與事件》，史記研究集成，北京：華文出版社，2005

212. 吳慶峰主編《史記虛詞通釋》，濟南：齊魯書社，2006

213. 李波《史記字頻研究》，北京：商務印書館，2006

214. 陳曦《史記與周漢文化探索》，北京：中華書局，2007

215. 韓兆琦《新譯史記》(1-8 冊)，臺北：三民書局，2008

216. (美)康達維（David R Knechtges）撰，施懿超譯〈「關鍵字」、作者意圖和闡釋翻譯：司馬遷〈報任安書〉〉，北京大學《國際漢學研究通訊》第 9 期（2014.6），北京：北京大學出版社，2014.9，頁 1-12。

宋代文學專題研究選題舉例

　　本專題以宋代文學作品之探討為主，文學評論為輔，而歸本於宋型文化之體現。文學作品中，側重宋詩、宋文；文學評論中，強調宋代詩話、文話、筆記。選題設計，詳人之所略，異人之所同，企圖會通創作探討與理論考察為一爐而冶之。作品與理論並重，文化與文學、文論交融，以確實照映宋型文化之精神與特質。

　　本專題提供十二個單元主題，大抵分為四大類：其一，為有關宋型文化體現之單元，如型塑宋代文學之內因外緣、宋型文化與宋代文學、宋型文化與宋代文藝學，凡 44 個尚待研發之子題。其二，為有關宋詩特色研究之單元，如創意造語與宋詩特色、遺妍開發與宋詩特色、印刷傳媒與宋詩特色；分別從創意造語、遺妍開發、印刷傳媒以討論宋詩如何學古通變，如何自成一家，共提出 30 個子題，絕大部分為筆者最近研究成果《自成一家與宋詩宗風》、《印刷傳媒與宋詩特色》、《創意造語與宋詩特色》三書之心得。其三，為詩歌詩學合論，乃宋型文化「會通化成」之佐證，如學古通變與宋代之詩歌和詩學、跨際會通與宋代之文學和文藝學、宋代文學與學術公案，分別從學古通變、跨際會通、文學史文論史之流變考察，凡 33 個子題。筆者已研發七成以上，為《宋詩之傳承與開拓》、《宋詩之新變與代雄》、《會通化成與宋代詩學》等論著心得之呈現。其四，文學美學與文學文論，側重藝術技巧之強調，如文學美學與宋代文學評論、修辭技法與宋代之文學與評論、文學理論術語研討，主要在檢驗郭紹虞《宋詩話考》所謂：「宋人談詩，要之均強調藝術技巧，罕有重在思想內容者」，是否亦旁及古文、辭賦，及宋詞？

　　二十年前，宋代文學之研究，相較於唐代文學、六朝文學，可謂孤寂冷

清，唯宋詞研究一枝獨秀。然自 1991 年北京大學主編《全宋詩》72 冊，2006 年四川大學主編《全宋文》360 冊，2003 年上海師大主編《全宋筆記》100 冊；1998 年、2006 年吳文治主編《宋詩話全編》10 鉅冊，《遼金元詩話全編》4 冊；外加程毅中主編《宋人詩話外編》、王水照主編《歷代文話》10 鉅冊，吳熊和主編《唐宋詞匯評》（兩宋卷），金濤聲《李白資料彙編》（唐宋之部），李賀、李商隱、張孝祥等研究資料彙編之出版，以及宋代大家名家詩集文集之點校出版，有關兩宋遼金之文學與文論，薈萃成編，於斯為盛。另外，四川大學古籍所又編纂許多宋代研究之工具書，如《宋文紀事》、《中華大典・文學典・宋遼金元文學分典》、《宋集珍本叢刊》、《宋會要輯稿》點校檢索、《宋人年譜叢刊》、《中國地方志宋代人物資料索引》、《宋僧錄》等等，更造成宋代學術研究諸多便利。可以預期：未來不出十年，宋代文學研究，勢將熱絡可期。

值此宋代文學研究熱絡可期之際，開授本專題課程，提出 130 餘個或大或小之研究選題。其中近三分之一，為本人研發之成果；另外三分之二研究選題，為值得開發，而學界尚未觸及之領域。公開提供，期待能夠激盪研發，產生一定之效應。

一、型塑宋代文學之內因外緣

（一）唐宋變革　　（二）印本文化　　（三）商品經濟　　（四）雅俗流變
（五）文學因革　　（六）三教合一　　（七）理學獨尊　　（八）書院講學
（九）科舉制度　　（十）黨爭激烈　　（十一）文禍頻仍

二、宋型文化之特質

1. 會通化成
2. 創意造語
3. 新變代雄
4. 自成一家
5. 宋學精神（議論、懷疑、創造、開拓、實用、內求、兼容）

三、宋代文化表現之層面

1. 探求規律（異中求同）
2. 追尋典範（審美理想）
3. 超常越規（超勝意識）
4. 總結經驗（以史為鑑）
5. 由外返內（內斂趨向）
6. 自我本位（自性自度）

四、宋型文化與宋代文藝學

1. 宋型文化與唐型文化
2. 圖書傳播與宋型文化
3. 印刷傳媒與詩分唐宋
4. 會通化成與宋型文化

5. 崇理尚意與宋代文藝理論

6. 美學思潮與宋代文藝理論

7. 高風絕塵與唐音宋調

8. 法度與宋代文藝理論

9. 自得與宋代文藝理論

10. 賦比興與宋代詩學

11. 詩家語與宋代詩學

12. 文字獄與宋代詩學

13. 博觀厚積與宋代詩學

14. 競爭超勝與宋代詩學

15. 宋人選唐詩與宋代詩學

16. 宋人選宋詩與宋代詩學

17. 唐宋詩異同與南宋詩學

18. 唐音宋調與宋代詩學

五、創意造語與宋詩特色

1. 意新語工與宋詩特色

2. 詩歌語言與宋詩特色

3. 創造思維與宋詩特色

4. 書法史筆與北宋史家詠史詩

5. 白戰體與宋詩之創意造語

6. 禽言詩之創作與宋詩化俗為雅

7. 詩畫相資與宋詩之創造思維

8. 蘇軾黃庭堅題畫詩與詩中有畫

9. 創意造語與宋代詠花詠雪詩

10. 自成一家與宋詩特色

六、遺妍開發與宋詩特色

1. 唱和詩與宋詩之超勝意識——〈明妃曲〉之唱和與宋詩之遺妍開發
2. 同題詩與宋詩之新變逞能——〈陽關圖〉、〈續麗人行〉之同題共作與宋詩之遺妍開發
3. 讀書詩與宋詩之自得發明——北宋讀詩詩與文學批評
4. 南宋讀書詩之傳承與開拓
5. 理趣詩與宋詩之刻抉入裡——蘇軾黃庭堅〈薄薄酒〉之創意與南宋詩人之繼作
6. 詠史詩與宋詩之別具隻眼
7. 兩宋邊塞詩之開拓與轉折
8. 詠物詩與宋詩之精巧奇邃
9. 山水詩與宋詩之兼容會通
10. 翻案詩與宋詩之意外反常
11. 戲作詩與宋詩之諧趣韻味
12. 宋代六言詩與遺妍開發——以題畫、詠物為例
13. 宋代六言詩與宋詩宋調之形成——以論詩詩、理趣詩、詠史詩為例
14. 〈演雅〉詩之競作與遺妍開發——宋代典範之建構與轉換
15. 宋代雜體詩之新變與自得——以藥名詩、集句詩、累字詩為例

七、印刷傳媒與宋詩特色

1. 印刷傳媒之政教指向

2. 雕版印刷之傳媒效應

3. 印刷傳媒與宋詩之學唐變唐——以宋刊唐詩別集選集為例

4. 宋人詩集選集之刊行與詩分唐宋

5. 兩宋讀詩詩之開拓與轉折

6. 古籍整理與北宋詠史詩之書寫

7. 史書之傳播與兩宋詠史詩之新變

8. 佛藏之雕版與宋代之禪悅詩風

9. 杜甫詩集刊行與宋詩宗風

10. 印刷傳媒之崛起與宋詩特色之形成

11. 北宋詩話之編寫雕印與宋詩特色推助

12. 南宋詩話之傳寫刊行與詩分唐宋

13. 宋代《詩經》版本流傳與宋代詩學

14. 圖書傳播、海上書籍之路與日本江戶時代之詩話與詩歌

15. 海上書籍之路與朝鮮高麗時代之詩話

八、學古通變與宋代之詩歌和詩學

1. 學古論與宋代文藝理論

2. 通變論與宋詩之師古與創新

3. 學陶宗杜與宋詩典範

4. 李杜優劣論與宋代唐詩學

5. 江西詩論與宋代詩話筆記

6. 自成一家（超勝意識）與宋代文藝理論

7. 唐宋詩之爭與宋代詩學

8. 雅俗相濟與宋代文藝理論

9. 技道兩進與宋代文藝理論

10. 情理抉擇與宋代文藝理論

11. 新變自得與宋代之詩歌、詩學

12. 活法妙悟與宋代之詩歌、詩學

九、跨際會通與宋代之文學和文藝學

1. 《春秋》書法與宋代文學

2. 杜甫詩史與《春秋》書法

3. 史家筆法與宋代文學

4. 表演藝術與「以雜劇喻詩」

5. 「詩中有畫」與題畫文學、山水文學

6. 「以書道喻詩」及其理論

7. 宋代理學與儒學之安身立命

8. 北宋遷謫詩與道家生命之安頓

9. 北宋遷謫詩與禪宗之意義治療

10. 園林藝術及其理論

11. 禪境與園林意境

12. 天人之際與園林境界

13. 孔顏樂處與園林美學

14. 中和美學與園林藝術

15. 「壺中天地」與園林藝術

16. 三教會通與文人園林

十、宋代文學與學術公案

1. 唐詩宋詩之爭（詩）
2. 唐宋詩之異同
3. 唐宋詩之特色
4. 婉約豪放之爭（詞）
5. 宗秦漢與尊唐宋之爭（文）

十一、文學美學與宋代文學評論

1. 美學思潮

1.平淡　　2.韻味　　3.傳神　　4.寫意　　5.化工
6.含蓄　　7.生新　　8.致用　　9.不俗

2. 文學語言

1.語簡意深　2.文外曲致　3.具體生動　4.工巧自然
5.縮筆　　6.警策　　7.活字　　8.鍛煉　　9.中的　　10.推敲

3. 文學形象

1. 比興　2. 言意　3. 形神　4. 情景
5. 虛實　6. 興象　7. 別材　8. 別趣

4. 文學風格

1.作家作品風格論　　2.時代地域風格論　　3.文體風格論
4.風格類型論　　　　5.語言風格論

5. 作家修養論

　　1.轉益多師　　2.讀破萬卷　　3.出入轉化　　4.熟參飽參

6. 文學創作論

　　1.窮而後工　　　2.江山之助　　3.隨物賦形　　4.詩家三昧

　　5.詩外工夫　　　6.自得（成就）　7.以議論為詩　　8.以才學為詩

　　9.以文字為詩　　10.以文為詩　　11.不犯正位　　12.藉物寓理

7. 審美範疇論

　　1.中和　　　2.雕飾　　　3.樸拙　　　4.自然　　　5.含蓄

　　6.憂怨　　　7.理趣　　　8.傳神　　　9.清空　　　10.質實

　　11.平淡　　12.奇險　　13.神韻　　14.趣味　　15.意境

8. 審美原則論

　　1.情景　　　2.言意　　　3.形神　　　4.虛實　　　5.情理

　　6.隱顯　　　7.通變　　　8.雅俗

十二、修辭技法與宋代之文學與評論

1. 文章修辭論

　　1.事信言文　2.技道兩進　3.文理自然　4.辭達　　5.捷法　　6.活法

　　7.詩眼　8.文以載道　9.作文害道　10.繁簡各宜　11.安頓說　12.論博喻

　　13.論主意　14.論警策　15.論用事　16.論譬喻　17.論章法

　　18.論篇章結構

　　19.張鎡《仕學規範》論作文

　　20.孫奕《履齋示兒編》論字法句法

　　21.樓昉《崇古文訣》評宋代古文

22.吳子良《荊溪林下偶談》評唐宋古文

23.黃震《日抄・讀文集》論唐宋古文

24.王應麟《玉海・辭學指南》與文體分類學

2. 詩歌修辭論

1.論修辭原則

2.論詩歌語言

3.論立意、謀篇、安章、布局

4.論修辭手法

5.論修辭與鑑賞

6.論修辭與風格

7.東坡詩派論修辭

8.黃庭堅論修辭

9.《詩話總龜》論警句、琢句與苦吟

10.江西詩派（陳師道、王直方、韓駒）論修辭

11.范溫《潛溪詩眼》論修辭

12.釋惠洪《冷齋夜話》、《天廚禁臠》論修辭

13.南宋江西詩派（呂本中、陸游、楊萬里）論修辭

14.胡仔《苕溪漁隱叢話》論修辭

15.《詩人玉屑》論創意造語

16.陳應行《吟窗雜錄》與唐宋詩格

17.語境與唐宋詩學

18.文學修辭與宋代詩學

19.張鎡《仕學規範》論作詩

3. 賦話與修辭

4. 詞論與修辭

5. 評點與修辭

十三、文學理論術語研討

1. 詩歌語言

　　1. 意在言外　　2. 寧拙毋巧　　3. 本色當行　　4. 自家面目
　　5. 化景物為情思　　6. 觀韻　　7. 意味

2. 會通化成

　　1. 詩畫相資　　2. 有聲畫　　3. 無聲詩　　4. 集大成
　　5. 詩史　　6. 詩外工夫　　7. 境與意會

3. 宋詩宋調

　　1. 圓美流轉　　2. 有為而作　　3. 一祖三宗　　4. 中的　　5. 奇趣　　6. 去俗

　　中文系學生在完成課程後，預期可獲得以下學習果效：

　　1. 了解文學的基本知識及源流發展，能夠描述不同文學作品的特點，並運用文學術語、概念或理分析作品；(K/S)

　　2. 對中國語言文字、古代文獻有基本的了解；(K)

　　3. 對多於一個專業範疇（古典文學）感到興趣；(K/V)

　　4. 尤其是宋詩之研習閱讀，在學習、導修與功課上表現一定的創意；(K/S)

教材

1. 宋詩之傳承與開拓，張高評，臺北：文史哲出版社，1990
2. 宋詩之新變與代雄，張高評，臺北：洪葉文化公司，1995
3. 會通化成與宋代詩學，張高評，臺南：成功大學出版組，2000
4. 宋詩特色研究，張高評，長春：長春出版社，2002
5. 自成一家與宋詩宗風，張高評，臺北：萬卷樓圖書公司，2004
6. 印刷傳媒與宋詩特色，張高評，臺北：里仁書局，2008
7. 創意造語與宋詩特色，張高評，臺北：新文豐出版公司，2008
8. 詩人玉屑與宋代詩學，張高評，臺北：新文豐出版公司，2011
9. 苕溪漁隱叢話與宋代詩學典範──兼論詩話刊行及其傳媒效應，張高評，臺北：新文豐出版公司，2011
10. 王昭君形象之轉化與創新：史傳、小說、詩歌、雜劇之流變，張高評，臺北：里仁書局，2011
11. 宋代詩學通論，周裕鍇，上海：上海古籍出版社，2007

參考書目

(一) 詩話詩學類

1. 詩話總龜，阮閱，北京：人民文學出版社，1998
2. 苕溪漁隱叢話，胡仔，臺北：長安出版社，1978
3. 詩人玉屑，魏慶之，臺北：世界書局，1971
4. 滄浪詩話校釋，嚴羽著 郭紹虞校釋，臺北：東昇出版公司，1980

5. 歷代詩話，何文煥，臺北：木鐸出版社，1982

6. 歷代詩話續編，丁福保，臺北：木鐸出版社，1983

7. 宋詩話輯佚，郭紹虞，臺北：文史哲出版社

8. 宋詩話考，郭紹虞，北京：中華書局，1985

9. 中國詩話珍本叢書（1-22），蔡鎮楚編，北京：北京圖書館出版社，2004

10. 日本詩話叢書（十卷），池田彥編纂，大正九年（1920），日本文會堂書店

11. 日本詩話叢編，趙鍾業，首爾：太學社，1992

12. 韓國詩話叢編（全十七卷）趙鍾業　首爾：太學社，1996

13. 風月堂詩話，朱弁，《四庫全書》本

14. 詩家禁臠，佚名，《四庫全書》本

15. 韻語陽秋，葛立方，《四庫全書》本

16. 唐詩紀事，計有功　《四庫全書》本；又《唐詩紀事校箋》，王仲鏞，成都：
    巴蜀書社，1989

17. 荊溪林下偶談，吳子良，《四庫全書》本

18. 竹莊詩話，何汶，北京：中華書局，1984

19. 後村詩話，劉克莊，北京：中華書局，1983

20. 碧溪詩話，黃徹，北京：人民文學出版社，1986

21. 詩林廣記，蔡正孫，北京：中華書局，1982

22. 吟窗雜錄 50 卷，陳應行編，《四庫全書存目叢書》本，濟南：齊魯書社；
    又，北京：中華書局影印本

23. 宋詩話全編（1-10）　吳文治主編，南京：江蘇古籍出版社，1998

24. 宋人詩話外編，程毅中主編，北京：國際文化出版公司，1996

25. 詩源辨體，許學夷，北京：人民文學出版社，1998

26. 薑齋詩話箋注，王夫之著，戴鴻森注，臺北：木鐸出版社，1982

27. 昭昧詹言，方東樹，北京：人民文學出版社，1984

28. 中國詩話史，蔡鎮楚，長沙：湖南文藝出版社，1988

29. 詩話學，蔡鎮楚，長沙：湖南教育出版社，1992

30. 詩話概說，劉德重　張寅彭，北京：中華書局，1990

31. 中國詩話辭典，蔣祖怡主編，北京：北京出版社，1996

32. 詩話和詞話，張葆全，臺北：國文天地，1991

33. 中國古代詩話詞話辭典　張葆全主編　桂林：廣西師範大學出版社 1992

34. 唐詩論評類編，陳伯海主編，濟南：山東教育出版社，1993

35. 元好問論詩三十首小箋，郭紹虞，臺北：木鐸出版社

36. 宋代詩學，張思齊，長沙：湖南人民出版社，2000

37. 宋代詩學通論，周裕鍇，成都：巴蜀書社，1997

38. 宋代論詩詩研究，周益忠，臺灣師範大學國文研究所博士論文，1989

39. 宋詩綜論叢編，張高評，高雄：麗文文化公司，1993

40. 宋代詩文縱談，黃啟方，臺北：臺灣商務印書館，1997

41. 中國詩學（設計篇、鑑賞篇、思想篇、考據篇），黃永武，臺北：巨流文化公司，高雄：麗文文化公司，2008、2009

42. 中國詩學體系論，陳良運，北京：中國社會科學出版社，1992

43. 中國詩學思想史，蕭華榮，上海：華東師範大學出版社，1996

44. 中國詩學批評史，陳良運，南昌：江西人民出版社，1995

45. 中國古典詩歌接受史研究，陳文忠，合肥：安徽大學出版社，1998

46. 中國詩學史（宋金元卷），黃寶華・文師華，廈門：鷺江出版社，2002

47. 宋詩體派論，呂肖奐，成都：四川民族出版社，2002

48. 理學文化與南宋詩學，石明慶，北京：中國社會科學出版社，2006

49. 唐詩學論稿，陳伯海主編，石家莊：河北人民出版社，2004

50. 清代詩話東傳略論稿，張伯偉，北京：中華書局，2007

51. 東亞漢籍研究論集，張伯偉，臺北：臺大出版中心，2007

52. 日本詩話的中國情結，譚雯，北京：中國社會科學出版社，2007

53.「文字禪」詩學的發展軌跡，蕭麗華，臺北：新文豐出版公司，2012

(二) 詩歌研究類

54. 宋詩派別論，梁昆，臺北：東昇出版社，1980

55. 宋詩概說，吉川幸次郎著 鄭清茂譯，臺北：聯經出版公司，1983

56. 詩淵（1-6），北京：書目文獻出版社，1984

57. 唐宋文學論集，王水照，濟南：齊魯書社，1984

58. 江西詩派研究，莫礪鋒，濟南：齊魯書社，1986

59. 宋詩論文選集（上中下），張高評主編，高雄：復文書局，1988

60. 宋詩選注，錢鍾書，臺北：書林出版公司，1988

61. 詩歌意象論，陳植鍔，北京：中國社會科學出版社，1990

62. 南宋詩人論，胡明，臺北：學生書局，1990

63. 被開拓的詩世界，程千帆‧莫礪鋒‧張宏生，上海：上海古籍出版社，1990

64. 萬首唐人絕句校註集評（上中下），洪邁原編‧霍松林重編，山西人民出版社，1991

65. 全宋詩（1-72），孫欽善等編，北京：北京大學出版社，1991

66. 宋詩精選，程千帆 ，江蘇古籍出版社，1992

67. 宋詩史，許總著，四川重慶出版社，1992

68. 宋詩臆說，趙齊平，北京大學出版社，1993

69. 宋詩綜論叢編，張高評主編，高雄：麗文文化公司，1993

70. 宋詩研究，胡雲翼，成都：巴蜀書社，1993

71. 兩宋雅韻，張海鷗，北京：北京師範大學出版社，1993

72. 宋代的七言古詩（北宋卷），王錫九，天津：天津人民出版社，1993

73. 中國詩歌美學史，張松如主編，吉林大學，1994

74. 宋詩縱橫，趙仁珪，北京：中華書局，1994

75. 神女之探尋——英美學者論中國古典詩歌，莫礪鋒譯，上海古籍出版社，1994

76. 宋詩三百首，霍松林，岳麓書社，1994

77. 全金詩（1-4），薛瑞兆等，南開大學出版社，1995

78. 宋代詩歌史論，韓經太，吉林教育出版社，1995

79. 江湖詩派研究，張宏生，北京中華書局，1995

80. 推陳出新的宋詩，莫礪鋒，遼寧古籍出版社，1995

81. 宋代文學思想史，張毅，北京：中華書局，1995

82. 宋詩精華，陶文鵬主編，廣西師範大學出版社，1996

83. 北宋詩文革新研究，程杰，臺北：文津出版社，1996

84. 宋詩絕句精華，岳希仁，廣西師範大學出版社，1996

85. 宋詩評譯，木齋，廣西師範大學出版社，1996

86. 宋詩論集，張福勛等，內蒙古人民出版社，1997

87. 兩宋文學史，程千帆、吳新雷，高雄：麗文文化公司，1993

88. 超越江湖的詩人：後村研究，向以鮮，成都：巴蜀書社，1995

89. 宋代文學通論，王水照主編，開封：河南大學出版社，1997

90. 宋遼金詩鑒賞，王水照等著，上海：上海古籍出版社，1998

91. 宋詩，許總，桂林：廣西師範大學出版社，1999

92. 宋詩流變，木齋（王洪），京華出版社，1999

93. 宋詩學導論，程杰，天津：天津人民出版社，1999

94. 宋人別集敘錄，祝尚書，北京：中華書局，1999

95. 唐詩學論稿，朱易安，桂林：廣西師範大學出版社，2000

96. 宋詩融通與開拓，張宏生，上海：上海古籍出版社，2001

97. 宋代文學研究（上下），張毅主編，北京：北京出版社，2001

98. 宋代文化與文學研究，張海鷗，北京：中國社會科學出版社，2002

99. 唐宋之際詩歌演變研究，劉寧，北京：北京師範大學出版社，2002

100. 宋詩三百首評注，劉乃昌，濟南：齊魯書社，2004

101. 唐宋詩詞文化解讀，蔡鎮楚，北京：北京圖書館出版社，2004

102. 宋人總集敘錄，祝尚書，北京：中華書局，2004

103. 中國古代文學通論（宋代卷），劉揚忠主編，瀋陽：遼寧人民出版社，2005

104. 日本宋學研究六人集，王水照主編，上海：上海古籍出版社，2005
105. 宋代科舉與文學考論，祝尚書，鄭州：大象出版社，2006
106. 宋代文學與宋代文化，曾棗莊，上海：上海人民出版社，2006
107. 唐宋詩歌論集，莫礪鋒，南京：鳳凰出版社，2007
108. 鱗爪文輯，王水照，西安：陝西人民出版社，2008.3

(三) 古文辭賦類

109. 文則，陳騤，香港：中華書局，1977
110. 文章精義，李塗，香港：中華書局，1977
111. 中國文論大辭典，彭會資主編，百花文藝出版社，1990
112. 古文辭通義，王葆心，臺北：中華書局
113. 古文法纂要，朱任生，臺北：臺灣商務印書館
114. 宋文紀事，曾棗莊主編，成都：四川大學出版社，1995
115. 蘇文彙評，曾棗莊主編，臺北：文史哲出版社，1998
116. 中國散文學通論，朱世英、方遒、劉國華著，合肥：安徽教育出版社，1995
117. 中國小說學通論，寧宗一主編，合肥：安徽教育出版社，1995
118. 中國小說美學論稿，吳士余，上海：復旦大學出版社，2006
119. 歷代辭賦研究史料概述，馬積高，北京：中華書局，2001
120. 宋人賦論及作品散論，何玉蘭，成都：巴蜀書社，2002
121. 中國評點文學史，孫琴安，上海：上海社會科學院出版社，1999
122. 中國文學評點研究論集，張培恆、王靖宇主編，上海：上海古籍出版社，2002
123. 北宋的古文運動，何寄澎，臺北：幼獅文化公司，1982
124. 賦史，馬積高，上海：上海古籍出版社，1987
125. 唐宋古文研究，李道英，北京：北京師範大學，1992
126. 中國散文史（上中下），郭預衡，上海：上海古籍出版社，1993

127. 中國散文通史（上下），漆緒邦，吉林教育出版社，1994
128. 中國散文學通論，朱世英等，安徽教育出版社，1995
129. 宋文紀事，曾棗莊等編，成都：四川大學出版社，1995
130. 中國辭賦發展史，郭維森、許結，江蘇教育出版社，1996
131. 歷代辭賦研究史料概述，馬積高，北京：中華書局，2001
132. 中國賦學歷史與批評，許結，南京：南京教育出版社，2001
133. 律賦論稿，尹占華，成都：巴蜀書社，2001
134. 宋代散文研究，楊慶存，北京：人民文學出版社，2002
135. 宋人賦論及其作品散論，何玉蘭，成都：巴蜀書社，2002
136. 唐宋賦學新探，詹杭倫、李立信、廖國棟，臺北：萬卷樓圖書公司，2005
137. 賦體文學的文化闡釋，許結，北京：中華書局，2005
138. 全宋文（1-360），曾棗莊等編，上海辭書出版社，2006
139. 宋代文學與宋代文化，曾棗莊，上海人民出版社，2006
140. 古文真寶，黃堅編選、熊禮匯點校，長沙：湖南人民出版社，2007
141. 歷代文話（1-10），王水照主編，上海：復旦大學出版社，2007
142. 辭賦通論，葉幼明，湖南教育出版社
143. 宋文通論，曾棗莊，上海：上海人民出版社，2008
144. 宋代辭賦全編（1-6），曾棗莊、吳洪澤主編，四川大學出版社，2008
145. 中國古代文章學的成立與展開——中國古代文章學論集，王水照、朱剛，
     上海復旦大學出版社，2011
146. 文化、文學、文體，曾棗莊，上海：上海人民出版社，2011
147. 宋元文章學，祝尚書，北京：中華書局，2013

(四) 詞話詞學類

148. 詞話十論，劉慶雲，長沙：岳麓書社，1990
149. 中國詞學批評史，方智范、鄧喬彬等，北京；中國社會科學出版社，1994
150. 詞學理論綜考，梁榮基，北京大學出版社，1991

151. 宋代詞學資料彙編，張惠民，汕頭：汕頭大學出版社，1993

152. 詞籍序跋萃編，施蟄存主編，北京：中國社會科學出版社，1994

153. 詞話學，朱崇才，臺北：文津出版社，1995

154. 唐宋詞美學，楊海明，江蘇教育出版社，1998

155. 吳熊和詞學論集，吳熊和，杭州大學出版社，1999

156. 宋詞研究述略，崔海正，臺北：洪葉文化公司，1999

157. 宋元詞話，施蟄存、陳如江輯錄，上海書店出版社，1999

158. 唐宋人詞話，孫克強，河南文藝出版社，1999

159. 唐五代詞紀事會評，史雙元編著，合肥：黃山書社，1995

160. 唐宋詞彙評（唐五代卷），王兆鵬主編，杭州：浙江教育出版社，2004

161. 唐宋詞彙評（兩宋卷），吳熊和主編，杭州：浙江教育出版社，2005

(五) 文家文集類

162. 唐宋八大家，吳小林，黃山書社，1984

163. 宋文六大家活動編年，洪本健，華東師大出版社，1993

164. 唐宋八大家文說，陳祥耀，福建教育出版社，1995

165. 唐宋八大家彙評，吳小琳，齊魯書社

166. 寇準年譜，王小波，巴蜀書社

167. 歐陽修選集，陳新、杜維沫選注，上海古籍出版社，1982

168. 歐陽脩年譜，嚴杰，南京出版社

169. 歐陽修研究資料彙編（1-3），北京中華書局

170. 歐陽修傳，劉德清，哈爾濱出版社

171. 歐梅詩傳，李德身，吉林人民出版社，2000

172. 歐陽修紀年錄，劉德清，上海：上海古籍出版社，2006

173. 蘇舜欽集編年校注，傅平驤・胡問陶校注，巴蜀書社，1991

174. 曾鞏集（上下），曾鞏撰，北京中華書局，1984

175. 王荊文公詩李壁注（上下），李壁注，上海古籍出版社，1993

176. 王安石年譜三種，裴汝誠點校，北京中華書局，1994

177. 王安石哲學思想初論，李之鑒，中國文聯出版社，1999

178. 蘇軾文集，孔凡禮點校本，北京中華書局，1986

179. 蘇軾詩集，孔凡禮點校本，北京中華書局，1992

180. 蘇軾研究資料彙編（1-5），四川大學中文系，北京中華書局，1994

181. 蘇軾論，朱靖華，京華出版社，1997

182. 蘇東坡研究，木齋，廣西師範大學出版社，1998

183. 蘇軾年譜（上中下），孔凡禮，北京中華書局，1998

184. 三蘇研究，曾棗莊，巴蜀書社，1999

185. 蘇軾傳，王水照、崔銘，天津人民出版社，2000

186. 蘇詩研究史稿，王友勝，岳麓書社，2000

187. 蘇軾研究史，曾棗莊等，南京：江蘇教育出版社，2001

188. 朱靖華古典文學論集，朱靖華，長春：吉林文史出版社，2003

189. 蘇軾的哲學觀與文藝觀，冷成金，北京：學苑出版社，2003

190. 中國蘇軾研究（第一輯、第二輯），北京：學苑出版社，2004

191. 蘇詩彙評（1-4），曾棗莊，四川文藝出版社

192. 蘇詞彙評，曾棗莊，四川文藝出版社

193. 蘇文彙評，曾棗莊，四川文藝出版社

194. 張耒集（上下），北京中華書局，1990

195. 黃庭堅研究論文集，江西省文學藝術研究所，南昌：江西人民出版社，
    1989

196. 黃庭堅選集，黃寶華選注，上海古籍出版社，1991

197. 黃庭堅與江西詩派卷，傅璇琮，高雄：麗文文化公司，1993

198. 黃庭堅年譜新編，鄭永曉，社會科學文獻出版社，1997

199. 黃庭堅評傳，黃寶華，南京大學出版社，1998

200. 黃庭堅詩歌創作論，吳晟，江西人民出版社，1998

201. 黃庭堅詩歌研究，白政民，銀川：寧夏人民出版社，2001

202. 黃庭堅全集，劉琳等校點，成都：四川大學出版社，2001

203. 黃庭堅與宋代文化，楊慶存，開封：河南大學出版社，2002

204. 黃庭堅詩學體系研究，錢志熙，北京：北京大學出版社，2003

205. 山谷詩集注，任淵、史容、史季溫，上海：上海古籍出版社，2003

206. 黃庭堅詩詞賞析集，朱安群主編，巴蜀書社，1990

207. 稼軒詞縱橫談，鄭臨川，巴蜀書社，1987

208. 后山詩注補箋（上下），冒廣生補箋，北京中華書局，2009

209. 後山居士文集（上下），陳師道，上海古籍出版社，1984

210. 周邦彥選集，蔣哲倫選注，河南大學出版社，1999

211. 陳與義集校箋，白敦仁校箋，上海古籍出版社，1990

212. 陸游卷，孔凡禮、齊治平，北京中華書局，1962

213. 劍南詩稿校注（1-8），錢仲聯校注，上海古籍出版社，1985

214. 楊萬里與范成大卷，湛之，北京中華書局，1964

215. 楊萬里詩文集，王琦珍整理，南昌：江西人民出版社，2006

216. 楊萬里年譜，蕭東海，上海：三聯書店，2007

217. 戴復古詩集，金芝山，浙江古籍出版社，1992

218. 永嘉四靈詩集，陳增杰，浙江古籍出版社，1985

219. 元好問研究論略，李正民，社會科學文獻出版社，1999

(六) 文學批評類

220. 宋金四家文學批評研究，張健，臺北：聯經出版公司，1983

221. 中國文學批評，張健，臺北：五南圖書公司，1984

222. 文學批評論集，張健，臺北：學生書局，1985

223. 中國文學理論批評史（上下），敏澤著，吉林教育出版社，1993

224. 中國文學理論批評發展史，張少康等，北京大學出版社，1995

225. 宋金元文學批評史，顧易生等，上海古籍出版社，1996

226. 中國評點文學史，孫琴安，上海社會科學出版社，1999

227. 中國文學思想史，敏澤主編，長沙：湖南教育出版社，2004
228. 中國文學批評資料彙編（北宋、南宋、金、元），黃啟方、張健、林明德、曾永義，臺北：成文出版社，1978、1979、1981
229. 宋代文學思想史，張毅，北京：中華書局，1995
230. 宋代美學思潮，霍然，長春：長春出版社，1997
231. 詩史本色與妙悟，龔鵬程，臺北：學生書局，1986
232. 中國文學思想史（上下），敏澤主編，長沙：湖南教育出版社，2004
233. 中國文學批評文獻學，孫立，廣東人民出版社，2000
234. 中國文學批評史，蔡鎮楚，北京：中華書局，2005
235. 論詩史的定位及其他，許德楠，北京：文苑出版社，2004
236. 中國選本批評，鄒雲湖，上海：三聯書店，2002
237. 蘇軾的哲學觀與文藝觀，冷成金，北京：學苑出版社，2003
238. 黃庭堅詩學體系研究，錢志熙，北京：北京大學出版社，2003
239. 中國詩學史（宋金元卷），黃寶華、文師華，廈門：鷺江出版社，2002

(七) 文學理論類

240. 宋金元文論選，陶秋英，人民文學出版社，1984
241. 宋金元文學批評史，顧易生、蔣凡、劉明今，上海古籍出版社，1996
242. 古代文學理論研究概述，羅宗強等，天津：天津教育出版社，1991
243. 中國古代文學原理，祁志祥，上海：學林出版社，1993
244. 中國古代文學理論辭典，趙則誠、張連第等，吉林文史出版社，1930
245. 宋代文藝理論集成，蔣述卓等編著，北京：中國社會科學出版社，2000
246. 文論通說，張方，北京：學苑出版社，2003
247. 文藝學導論，吳中杰，上海：復旦大學出版社，2002
248. 文藝學論綱，胡有清，南京：南京大學出版社，2001
249. 文藝學美學方法論，胡經之、王岳川，北京：北京大學出版社， 2001
250. 二十世紀中國古典文藝理論研究論文索引，葉農編，廣州：花城出版社，2005

(八) 儒釋道美學類

251. 中國禪宗與詩歌，周裕鍇，高雄：麗文文化公司，1994

252. 中國佛學與文學，胡遂，長沙：岳麓書社，1998

253. 宋儒與佛教，蔣義斌，東大圖書公司，1997

254. 宋學與宋代文學觀念，李春青，北京：北京師大出版社，2001

255. 理學文藝史綱，許總，南京：江蘇教育出版社，2001

256. 宗法倫理精神與中國詩學，蘇桂寧，上海：三聯書店，2002

257. 儒家元典與中國詩學，李凱，北京：中國社會科學出版社，2002

258. 宋學的發展和演變，漆俠，石家莊：河北人民出版社，2002

259. 宋明理學與中國文學，許總，百花洲文藝出版社，1999

260. 朱熹的史學思想，湯勤福，齊魯書社，2000

261. 宋學與宋代文學觀念，李春青，北京：北京師範大學出版社，2001

262. 斯文：唐宋思想的轉型，（美）包弼德著、 劉寧譯，南京：江蘇人民出版社，2001

263. 儒家中和哲學通論，董根洪，濟南：齊魯書社，2001

264. 宋代韓學研究，楊國安，北京：中國社會科學出版社，2006

265. 禪史與禪思，楊惠南，東大圖書公司，1995

266. 禪思與詩情，孫昌武，北京：中華書局，1997

267. 游學集錄——孫昌武自選集，孫昌武，天津：南開大學出版社，2004

268. 文字禪與宋代詩學，周裕鍇，北京：高等教育出版社，1998

269. 禪宗語言，周裕鍇，杭州：浙江人民出版社，1999

270. 中國佛教與美學，曾祖蔭，武漢：華中師範大學出版社，1991

271. 佛教與中國文藝美學，蔣述卓，佛岡：廣東高等教育出版社，1992

272. 禪宗美學史稿，皮朝綱，成都：電子科技大學出版社，1994

273. 佛教美學，祁志祥，上海人民出版社，1997

274. 佛經的文學性解讀，侯傳文，北京：中華書局，2004

275. 宋代佛教史籍研究，曹剛華，上海：華東師範大學出版社，2006

276. 禪與唐宋詩學，張晶，北京：人民文學出版社，2003

277. 禪魄詩魂——佛禪與唐宋詩風的變遷，王樹海，北京：知識出版社，2000

278. 禪宗思想淵源，吳言生，北京：中華書局，2001

279. 禪宗哲學象徵，吳言生，北京：中華書局，2001

280. 禪宗詩歌境界，吳言生，北京：中華書局，2001

281. 宋代臨濟禪發展演變，闞孟祥，北京：宗教文化出版社，2006

282. 宋元禪宗史，楊曾文，北京：中國社會科學出版社，2006

283. 佛教五經與唐宋詩學，張海沙，北京：中華書局，2012

284. 中國禪宗書畫美學思想史綱，皮朝綱，成都：四川美術出版社，2012

285. 中國詩學之精神，胡曉明，南昌：江西人民出版社，1991

286. 道家思想與中國古代文學理論，漆緒邦，北京：北京師範學院出版社，1988

287. 道家及其對文學的影響，李生龍，長沙：岳麓書社，1998

288. 道家文化與太極詩學——《老子》《莊子》藝術精神，劉介民，佛山：廣東人民出版社，2005

289. 中國審美文化史（唐宋卷），陳炎，濟南：山東畫報出版社，2001

290. 中國美學思想史，敏澤，濟南：齊魯書社，1989

291. 中國美學主潮，周來祥，濟南：山東大學出版社，1992

292. 中國美學論稿，王興華，天津：南開大學出版社，1993

293. 華夏審美風尚史·徜徉兩端，韓經太，鄭州：河南人民出版社，2000

294. 中國古代藝術論著研究，張燕，天津：天津人民出版社，2003

295. 中國古典美學二十一講，陳望衡，長沙：湖南教育出版社，2007

296. 儒家文藝美學，張毅，天津：南開大學出版社，2004

297. 園林與中國文化，王毅，上海：上海人民出版社，1995

298. 姑蘇園林與中國文化，曹林娣，臺北：萬卷樓圖書公司，1993

299. 禪與中國園林，任曉紅，北京：商務印書館，1995

(九) 畫論、畫學

300. 中國藝術精神，徐復觀，臺北：學生書局，1984

301. 中國畫論類編，俞劍華，臺北：人民美術出版社，1986

302. 中國畫論研究，伍蠡甫，北京大學出版社，1987

303. 中國古代繪畫理論發展史，葛路，臺北：丹青圖書公司，1987

304. 兩宋題畫詩論，李栖甫，臺北：學生書局，1991

305. 有聲畫與無聲詩，鄧喬彬，上海：上海社會科學出版社，1993

306. 中國詩畫與中國文化，張晨，瀋陽：遼寧教育出版社，1993

307. 中國畫心性論，江宏、邵琦，上海：上海書畫出版社，1993

308. 畫史叢刊（1-4），于安瀾，臺北：文史哲出版社，1994

309. 中國畫論研究，何楚熊，北京：中國社會科學出版社，1996

310. 蘇軾題畫文學研究，衣若芬，臺北：文津出版社，1999

311. 七綴集，錢鍾書，北京：三聯書店，2001

312. 中國繪畫思想史，鄧喬彬，貴陽：貴州人民出版社，2001

313. 觀看敘述審美──唐宋題畫文學論集，臺北：中央研究院中國文哲所 2004

314. 中國山水畫與歐洲風景畫比較研究，李倍雷，北京：榮寶齋出版社，2006

(十) 歷史史評類

315. 續資治通鑑長編，宋‧李燾，北京：中華書局，2004

316. 宋史，元‧脫脫，北京：中華書局

317. 宋會要輯稿，清‧徐松輯，北京：中華書局，1957

318. 史通通釋，劉知幾著、蒲起龍釋，上海：上海古籍出版社，1978

319. 文史通義校注，章學誠著，葉瑛校注，北京：中華書局，2015

320. 斯文：唐宋思想的轉型，（美）包弼德著、劉寧譯，南京：江蘇人民出版社，2001

321. 北宋文化史述論，陳植鍔，北京：中國社會科學出版社，1992

322. 宋代文化史，姚瀛艇主編，開封：河南大學出版社，1992
323. 兩宋代文化史，楊渭生等，杭州浙江大學出版社，2008

(十一) 修辭學類

324. 漢語修辭學史，宗廷虎、袁暉主編，合肥：安徽教育出版社，1990
325. 漢語修辭格大辭典，唐松坡、黃建霖，北京：中國國際廣播出版社，1989
326. 修辭通鑑，成偉均等，北京：中國青年出版社，1991
327. 漢語修辭美學，譚永祥，北京：北京語言學院出版社，1992
328. 中國修辭學史，周振甫，臺北：洪葉文化公司
329. 中國修辭學通史（隋唐五代宋金元卷），鄭子瑜、宗廷虎主編，長春：吉林教育出版社，1998
330. 中國修辭史（上中下），陳光磊、趙毅等，長春：吉林教育出版社，2007
331. 字句鍛鍊法，黃永武，臺北：洪範書店，2002
332. 唐詩技巧分類辭典，宋緒連等，北京：中國人民大學出版社，1996
333. 宋詞藝術技巧辭典，宋緒連等，長春：吉林文史出版社，1998

(十二) 印刷傳媒類

334. 先秦唐宋明清傳播事業論集，朱傳譽，臺北：臺灣商務印書館，1988
335. 中國圖書論集，程煥文編，北京：商務印書館，1994
336. 傳播學導論，董天策，成都：四川大學出版社，1995
337. 中國古代書籍紙墨及印刷術，錢存訓，北京：北京圖書館出版社，2002
338. 漢文佛教大藏經研究，李富華、何梅，北京：宗教文化出版社，2003
339. 傳播學引論，李彬，北京：新華出版社，2003
340. 傳播學概論，周慶山，北京：北京大學出版社，2004
341. 中國古代圖書流通史，李瑞良，上海：上海人民出版社，2004
342. 中國紙和印刷文化史，錢存訓，桂林：廣西師範大學出版社，2004
343. 中國出版編年史，李瑞良，福州：福建人民出版社，2004

344. 中國出版史料，宋原放主編，武漢：湖北教育出版社，2004
345. 印刷書的誕生，（法）費夫賀、馬爾坦著，李鴻志譯，桂林：廣西師範大
　　學出版社，2006
346. 古代版印通論，李致忠，北京：紫禁城出版社，2000
347. 中國印刷史（上下），張秀民著、韓琦增訂，杭州：浙江古籍出版社，2006
348. 唐宋時期的雕版印刷，宿白，北京：文物出版社，1999
349. 宋代版本學研究，李明杰，濟南：齊魯書社，2006
350. 傳播學是什麼，陳力丹，北京：北京大學出版社，2007
351. 印刷傳媒與宋詩特色，張高評，臺北：里仁書局，2008
352. 唐宋詞傳播方式研究，錢錫生，上海：上海復旦大學出版社，2009
353. 唐代的文學傳播研究，柯卓英，北京：中國社會科學出版社，2009
354. 宋代文學傳播探源，王兆鵬，武漢：武漢大學出版社，2013

(十三) 唐宋變革類

355. 唐宋之際詩歌演變研究，劉寧，北京：北京師範大學出版社，2002
356. 內藤湖南的唐宋變革說及其影響，張廣達，《唐研究》第 11 卷，2005
357. 何謂「唐宋變革」？，柳立言，《中華文史論叢》第 81 輯，2006
358. 重提「內藤命題」，王水照，《鱗爪文輯》卷 3，〈文史斷想〉，西安：陝
　　西人民出版社，2008
359. 中唐至北宋文學轉型研究，田耕宇，北京：中國社會科學出版社，2009
360. 唐宋變革與宋代審美文化轉型，劉方，上海：學林出版社，2009
361. 從唐音到宋調──以北宋前期詩歌為中心，曾祥波，北京：昆侖出版社，
　　2006
362. 李杜之變與唐代文化轉型　，葛景春，鄭州：大象出版社，2009
363. 唐宋變革視域下的中唐文學家傳記研究，田恩銘，北京：中國社會科學
　　出版社，2012

宋金詩話專題研究選題舉例

一、詩學流變之研究

1. 專題探討

　　1. 詩話、筆記，與詩學、文論

　　2. 《四庫全書總目‧詩文評類》與詩學研究

　　3. 詩話之流變與中國詩學譜系

　　4. 詩話研究的現代轉化

　　5. 情理之消長與詩話研究

　　6. 宗唐詩話與唐宋詩之爭

　　7. 宗宋詩話與唐宋詩之爭

　　8. 詩話論詩歌語言

　　9. 詩話理論體系與中國文學批評

　　　（1）本質論（2）文源論（3）創作論（4）風格論（5）鑑賞論

　　　（6）批評論（7）作家論（8）因革論（9）體派論

　　10. 歷代詩話論比興（本體論、創作論、批評論、接受論）

　　11. 唐宋（明清）詩話論通變

2. 學科整合

　　1. 閱讀藝術與詩話研究

2. 詩話書寫與文學創作

3. 李杜優劣論與文學接受

4. 杜甫「詩史說」與文學接受

5. 書法、史筆與詩學創作論

6. 儒、道、禪思想與詩話理論

7. 唐宋詩話與接受詩學（意境、涵泳、妙悟、活參）

8. 歷代詩話與「三不朽」之消長

二、詩學範疇之探討

1. 歷代詩話與文學美學

（1）中和美（2）典雅美（3）自然美（4）含蓄美（5）憂怨美

（6）理趣美（7）傳神美（8）清空美（9）淡泊美（10）陽剛美

（11）陰柔美

2. 歷代詩話論才性

（1）性情說（2）別才說（3）學識說（4）品格說

3. 歷代詩話論文氣

4. 歷代詩話論風骨

5. 歷代詩話論意境

6. 歷代詩話論典型

7. 歷代詩話與意象批評

8. 歷代詩話與辯證思維

（1）一多　（2）正反　（3）有無　（4）虛實　（5）形神（6）曲直

（7）隱顯　（8）奇正　（9）詳略（10）疏密（11）淺深

（12）巧拙（13）生熟（14）雅俗（15）動靜（16）言意

9. 歷代詩話論詩教

（1）溫柔敦厚（2）興觀群怨（3）思無邪（4）言志（5）載道

10. 歷代詩話論神思

11. 歷代詩話論文質（情采）

12. 玩味說與文學接受

13. 感官術語與詩話研究

14. 兵法術語與詩話研究

15. 詩學詮釋與接受美學

（1）以意逆志（2）詩無達詁（3）比興寄託知音（4）滋味

（5）品評 （6）意境 （7）涵泳 （8）活參 （9）玩味

三、儒學與詩學理論

1. 本原論

（1）中和 （2）溫柔敦厚 （3）思無邪

2. 接受論

（1）涵泳 （2）博約 （3）妙悟

3. 創作論

（1）自得 （2）活法 （3）自成一家

4. 作家論

（1）文章心術 （2）人格詩品 （3）器識文藝

5. 批評論

（1）《春秋》書法

（2）比興

甲、創作論之比興（比喻法） 乙、創作論之比興（寄託法）

丙、本原論之比興 丁、批評論之比興

（3）載道

6. 風格論

（1）養氣　　（2）不俗　　（3）氣格

四、佛學禪學與詩學理論

1.意境　　　2.自性自度　　3.虛靜　　　4.圓融　　　5.中道

6.句法　　　7.句眼　　　8.妙悟　　　9.言意　　　10.形象

11.冲淡　　12.神韻　　13.活參　　14.不犯正位　　15.遶路說禪

16.理事圓融　　17.不即不離　　18.遮表

五、老莊道教與詩學理論

1.混成　　　2.神思　　　3.氣韻　　　4.虛靜　　　5.澹泊

6.真樸　　　7.自然　　　8.言意　　　9.象外　　　10.平淡

11.虛白　　12.即器求道　　13.奪胎換骨　　14.點鐵成金　　15.形神

16.簡約　　17.超逸　　18.高妙

六、宋型文化之體現

1. 破體為文與宋代詩話

2. 出位之思與宋代詩話

3. 崇理尚意與宋代詩話

4. 法度與宋代詩話

5. 自得與宋代詩話

6. 詩家語與宋代詩學

7. 博觀厚積與宋代詩學

8. 競爭超勝與宋代詩學

9. 唐宋詩異同與南宋詩學

10. 唐音宋調與宋代詩學

七、學唐變唐與宋代詩話

1. 復雅崇格與宋代詩話

2. 學古意識與與宋代詩話

3. 學陶宗杜與宋詩典範

4. 追新求變與宋代詩話

5. 自成一家與宋代詩話

6. 雅俗相濟與宋代詩話

八、北宋詩話論韓愈詩

1. 歐陽脩《六一詩話》

2. 《中山詩話》

3. 魏泰《臨漢隱居詩話》

4. 釋惠洪《冷齋夜話》

5. 陳師道《後山詩話》

6. 葉夢得《石林詩話》

7. 許顗《許彥周詩話》

8. 《唐子西文錄》

9. 朱弁《風月堂詩話》

10. 吳可《藏海詩話》

11. 張戒《歲寒堂詩話》

12. 張表臣《珊瑚鉤詩話》

13. 蔡啟《蔡寬夫詩話》

14. 王立之《王直方詩話》

15. 范溫《潛溪詩眼》

16. 邵博《邵氏聞見後錄》

17. 蔡絛《西清詩話》

18. 李頎《古今詩話》

九、南宋詩話論韓愈詩

1.吳幵《優古堂詩話》

2.黃徹《䂬溪詩話》

3.周紫芝《竹坡詩話》

4.葛立方《韻語陽秋》

5.吳沆《環溪詩話》

6.楊萬里《誠齋詩話》

7.曾季貍《艇齋夜話》

8.何汶《竹莊詩話》

9.嚴羽《滄浪詩話》

10.范晞文《對牀夜語》

11.胡仔《苕溪漁隱叢話》

12.《漫叟詩話》

13.陳善《捫蝨新話》

14.陳輔之《陳輔之詩話》

15.《高齋詩話》

16.呂本中《童蒙詩訓》

17.嚴有翼《藝苑雌黃》

18.張鎡《仕學規範》

19.吳曾《能改齋漫錄》

20.朱翌《猗覺寮雜記》

21.洪邁《容齋隨筆》

22.劉克莊《後村詩話》

23.羅大經《鶴林玉露》

24.吳子良《林下偶談》

25.王若虛《滹南詩話》

十、北宋詩話筆記論白居易詩

1.歐陽脩《六一詩話》

2.《中山詩話》

3.阮閱《詩話總龜》

4.魏泰《臨漢隱居詩話》

5.釋惠洪《冷齋夜話》

6.許顗《許彥周詩話》

7.張戒《歲寒堂詩話》

8.張表臣《珊瑚鉤詩話》

9.吳曾《能改齋漫錄》

十一、宋金詩話筆記論白居易詩

1.吳幵《優古堂詩話》

2.黃徹《碧溪詩話》

3.計有功《唐詩紀事》

4.胡仔《苕溪漁隱叢話》

5.葛立方《韻語陽秋》

6.楊萬里《誠齋詩話》

7.洪邁《容齋隨筆》

8.陳巖肖《庚溪詩話》

9.周必大《二老堂詩話》

10.何汶《竹莊詩話》

11.劉克莊《後村詩話》

12.嚴羽《滄浪詩話》

13.范晞文《對牀夜語》

14.王立之《王直方詩話》

15.范溫《潛溪詩眼》

16.蔡啟《蔡寬夫詩話》

17.李頎《古今詩話》

18.嚴有翼《藝苑雌黃》

19.魏慶之《詩人玉屑》

20.王若虛《滹南詩話》

十二、北宋詩話筆記論李商隱詩

1.釋惠洪《冷齋夜話》
2.李頎《古今詩話》
3.范溫《潛溪詩眼》
4.蔡啟《蔡寬夫詩話》
5.吳坰《五總志》
6.許顗《許彥周詩話》
7.呂本中《紫薇詩話》、《童蒙詩訓》
8.計有功《唐詩紀事》
9.張戒《歲寒堂詩話》
10.黃徹《碧溪詩話》
11.姚寬《西溪叢語》
12.阮閱《詩話總龜》

十三、宋金詩話筆記論李商隱詩

1.葛立方《韻語陽秋》
2.朱翌《猗覺寮雜記》
3.吳曾《能改齋漫錄》
4.胡仔《苕溪漁隱叢話》
5.洪邁《容齋隨筆》
6.楊萬里《誠齋詩話》
7.王楙《野客叢書》

8.嚴羽《滄浪詩話》

9.陳模《懷古錄》

10.魏慶之《詩人玉屑》

11.范晞文《對牀夜語》

12.王若虛《滹南詩話》

13.方回《瀛奎律髓》

十四、典範追尋與宋代詩話

1.西崑體

2.樂天體

3.昌黎體

4.晚唐體

5.靖節體

6.少陵體

7.太白體

8.荊公體

9.東坡體

10.山谷體

十五、創意造語與宋代詩話

1. 藉模倣求創新

1.預設法式

2.法度規矩

3.點鐵成金

4.奪胎換骨

5.以故為新

6.化俗為雅

7.意新語工

8.妙觀逸想

2. 重詩思以創新

1.死蛇活弄

2.不犯正位

3.反常合道

4.以物為人

5.活法

6.旁入他意

7.言用不言名

8.禁體白戰

3. 究技法以追新

1.翻案

2.入出

3.奇正

4.虛實

5.辭達

6.含蓄

7.句中眼

8.煅煉點化

9.章法

10.句法

11.字法

12.響字

十六、宗唐詩話與標榜唐音

1. 魏泰《臨漢隱居詩話》

2. 蔡居厚《蔡寬夫詩話》

3. 葉夢得《石林詩話》

4. 張戒《歲寒堂詩話》

5. 黃徹《䂬溪詩話》

6. 嚴羽《滄浪詩話》

十七、北宋詩話與詩學

1. 意新語工與宋代詩學

2. 從以資閑談到文學批評──蘇黃詩法與詩話轉型

3. 北宋詩話與江西詩法

   (1) 《東坡詩話》

   (2) 《黃山谷詩話》

   (3) 《後山詩話》

   (4) 《潛溪詩眼》

   (5) 《潘子真詩話》

   (6) 《洪駒父詩話》

   (7) 《優古堂詩話》

   (8) 《王直方詩話》

(9) 《西清詩話》

(10) 《冷齋夜話》

(11) 《天厨禁臠》

(12) 《彥周詩話》

(13) 《竹坡詩話》

(14) 《紫微詩話》

(15) 《童蒙詩訓》

(16) 《唐子西文錄》

(17) 《珊瑚鉤詩話》

(18) 《藏海詩話》

(19) 《陵陽室中語》

(20) 《五總志》

4. 北宋詩話與李太白詩學

(1) 蔡啟《蔡寬夫詩話》

(2) 范溫《潛溪詩眼》

(3) 李頎《古今詩話》

(4) 洪芻《洪駒父詩話》

(5) 許顗《許彥周詩話》

(6) 吳幵《優古堂詩話》

(7) 蔡絛《西清詩話》

(8) 張表臣《珊瑚鉤詩話》

(9) 曾季貍《艇齋夜話》

(10) 葉夢得《石林詩話》

(11) 陳巖肖《庚溪詩話》

(12) 周紫芝《竹坡詩話》

5. 北宋筆記與李太白詩學

(1) 嚴有翼《藝苑雌黃》

(2) 釋惠洪《冷齋夜話》

(3) 葛立方《韻語陽秋》

(4) 莊綽《雞肋編》

(5) 吳坰《五總志》

(6) 呂本中《童蒙詩訓》

(7) 吳曾《能改齋漫錄》

(8) 邵博《邵氏聞見後錄》

十八、南宋詩話與詩學

1. 元祐學術與詩學分派
2. 南宋詩話與蘇、黃分派
   (1) 吳坰《五總志》
   (2) 周紫芝《竹坡詩話》
   (3) 呂本中《江西詩社宗派圖》
   (4) 呂本中《童蒙詩訓》
3. 南宋詩話與江西詩法
   (1) 《風月堂詩話》
   (2) 《捫蝨新話》
   (3) 《觀林詩話》
   (4) 《苕溪漁隱叢話》
   (5) 《艇齋詩話》
   (6) 《庚溪詩話》
   (7) 《老學庵筆記》
   (8) 《誠齋詩話》
   (9) 《敖器之詩話》

(10) 《白石道人詩說》

(11) 《吳氏詩話》

(12) 《後村詩話》

(13) 《江西詩派小序》

(14) 《能改齋漫錄》

(15) 《娛書堂詩話》

(16) 《對牀夜語》

4. 南宋詩話與李太白詩學

(1) 張戒《歲寒堂詩話》

(2) 黃徹《䂬溪詩話》

(3) 朱弁《風月堂詩話》

(4) 胡仔《苕溪漁隱叢話》

(5) 吳沆《環溪詩話》

(6) 計有功《唐詩紀事》

(7) 呂祖謙《詩律武庫》

(8) 劉克莊《後村詩話》

(9) 嚴羽《滄浪詩話》

(10) 蔡夢弼《杜工部草堂詩話》

(11) 魏慶之《詩人玉屑》

(12) 范晞文《對牀夜語》

(13) 蔡正孫《詩林廣記》

5. 南宋筆記與李太白詩學

(1) 朱翌《猗覺寮雜記》

(2) 姚寬《西溪叢語》

(3) 陳善《捫蝨新話》

(4) 洪邁《容齋隨筆》

(5) 陸游《老學庵筆記》

(6) 孫奕《示兒編》

(7) 王楙《野客叢書》

(8) 張鎡《仕學規範》

(9) 羅大經《鶴林玉露》

(10) 陳郁《藏一話腴》

(11) 俞文豹《吹劍錄》

(12) 王應麟《困學紀聞》

(13) 周密《齊東野語》

十九、兩宋詩話與折衷唐宋

1. 釋惠洪《冷齋夜話》

2. 楊萬里《誠齋詩話》

3. 陸游《老學庵筆記》

4. 吳子良《林下偶談》

5. 姜夔《白石道人詩說》

6. 范晞文《對牀夜語》

7. 敖陶孫《敖器之詩話》

二十、宋元詩格與宋代詩學

1. 李淑《詩苑類格》

2. 梅堯臣《梅氏詩評》

3. 梅堯臣《續金針詩格》

4. 釋惠洪《天廚禁臠》

5. 陳應行《吟窗雜錄》
6. 周弼《唐三體詩》
7. 蔡正孫《聯珠詩格》
8. 方回《瀛奎律髓》

二十一、北宋筆記論唐宋詩學

1.王得臣《麈史》
2.蘇軾《仇池筆記》
3.蘇軾《東坡志林》
4.沈括《夢溪筆談》
5.王闢之《澠水燕談錄》
6.魏泰《東軒筆錄》
7.趙令畤《侯鯖錄》
8.何薳《春渚紀聞》
9.陳正敏《遁齋閑覽》
10.莊綽《雞肋編》
11.馬永卿《嬾真子》
12.陳善《捫蝨新話》
13.姚寬《西溪叢語》
14.張邦基《墨莊漫錄》

二十二、南宋筆記與唐宋詩學

1.吳曾《能改齋漫錄》

2.洪邁《容齋隨筆》

3.陸游《老學庵筆記》

4.周煇《清波雜志》

5.王明清《揮麈錄》

6.俞成《螢雪叢說》

7.王楙《野客叢書》

8.趙彥衛《雲麓漫鈔》

9.費袞《梁谿漫志》

10.俞文豹《吹劍錄》

11.趙與時《賓退錄》

12.張端義《貴耳集》

13.羅大經《鶴林玉露》

14.方岳《深雪偶談》

15.史繩祖《學齋佔畢》

16.陳郁《藏一話腴》

17.周密《齊東野語》

18.王應麟《困學紀聞》

二十三、北宋詩話與江西詩法

1.《黃山谷詩話》

2.《後山詩話》

3.《潛溪詩眼》

4.《潘子真詩話》

5.《洪駒父詩話》

6.《優古堂詩話》

7.《王直方詩話》

8.《西清詩話》

9.《冷齋夜話》

10.《天厨禁臠》

11.《彥周詩話》

12.《竹坡詩話》

13.《紫微詩話》

14.《童蒙詩訓》

15.《唐子西文錄》

16.《珊瑚鉤詩話》

17.《藏海詩話》

18.《陵陽室中語》

19.《五總志》

二十四、南宋詩話筆記論江西詩法

1.《風月堂詩話》

2.《捫蝨新話》

3.《觀林詩話》

4.《苕溪漁隱叢話》

5.《艇齋詩話》

6.《庚溪詩話》

7.《老學庵筆記》

8.《誠齋詩話》

9.《敖器之詩話》

10.《白石道人詩說》

11.《吳氏詩話》

12.《後村詩話》

13.《江西詩派小序》

14.《能改齋漫錄》

15.《娛書堂詩話》

16.《對牀夜語》

二十五、宋代詩話之理論體系

1. 本質論

2. 創作論

3. 風格論

4. 鑑賞論

5. 批評論

6. 作家論

7. 體類論

二十六、宋詩話總集之傳播與詩分唐宋

1.《唐宋分門名賢詩話》

2.《詩話總龜》

3.《苕溪漁隱叢話》

4.《詩人玉屑》

5.《唐詩紀事》

二十七、阮閱《詩話總龜》研究

1. 北宋詩學批評論初探——以《詩話總龜》「評論門」為例
2. 阮閱《詩話總龜》與元祐詩風
3. 從論詩及事到論詩及辭

二十八、胡仔《苕溪漁隱叢話》研究

1. 從胡仔之典範觀論詩分唐宋
2. 《苕溪漁隱叢話》論新變自得
3. 胡仔《苕溪漁隱叢話》之宋詩觀
4. 胡仔《苕溪漁隱叢話》論杜詩
5. 胡仔《苕溪漁隱叢話》論蘇軾
6. 胡仔《苕溪漁隱叢話》論元祐詩風

二十九、南宋詩話論詩格與詩法

1. 洪邁《容齋詩話》
2. 張鎡《仕學規範》（卷 36-40）
3. 劉克莊《後村詩話》
4. 蔡正孫《詩林廣記》

三十、魏慶之《詩人玉屑》研究

1. 《詩人玉屑》之刊行與南宋詩風──以「創意造語」為討論核心
2. 《詩人玉屑》版本之傳播與宋詩宋調之形成
3. 《詩人玉屑》之域外傳播──以詩格詩法為討論核心

三十一、盛世宗唐與衰世宗宋

明清詩話專題研究選題舉例

一、明代詩話之尊唐與宗宋研究

1. 宗唐抑宋與唐宋兼採
2. 明詩話與宗唐禰宋之爭
3. 明詩話與宗唐詩學
   (1) 高啟《鳧藻集》
   (2) 劉崧《槎翁文集》
   (3) 劉績《霏雪錄》
   (4) 高棅《唐詩品彙》
   (5) 李東陽《麓堂詩話》
   (6) 李東陽《懷麓堂集》
   (7) 李夢陽《空同子集》
   (8) 謝榛《四溟詩話》
   (9) 李攀龍《古今詩刪》
   (10) 王世貞《藝苑巵言》、《弇州山人四部稿》
   (11) 王世懋《藝圃擷餘》
   (12) 胡應麟《詩藪》
   (13) 屠龍《鴻苞》、《由拳集》
   (14) 許學夷《詩源辯體》

　　(15) 胡震亨《唐音癸籤》

4. 明詩話與宗宋詩學

　　(1) 宋濂《宋學士文集》

　　(2) 方孝孺《遜志齋集》

　　(3) 瞿佑《歸田詩話》

　　(4) 都穆《南濠詩話》

　　(5) 袁宏道《袁中郎全集》

　　(6) 袁中道《珂雪齋文集》

　　(7) 鍾惺《詩歸》

　　(8) 毛先舒《詩辨坻》

　　(9) 楊慎《升庵詩話》

5. 明詩話與杜甫詩學

6. 明代擬古派詩話與李太白詩學

　　(1) 謝榛《四溟詩話》

　　(2) 李東陽《懷麓堂詩話》

　　(3) 王世貞《藝苑卮言》

　　(4) 陳懋仁《藕居士詩話》

　　(5) 胡應麟《詩藪》

7. 明代宗唐詩話與李太白詩學

　　(1) 瞿佑《歸田詩話》

　　(2) 俞弁《逸老堂詩話》

　　(3) 葉盛《水東日記》

　　(4) 都穆《南濠詩話》

　　(5) 何孟春《餘冬詩話》

　　(6) 朱承爵《存餘堂詩話》

　　(7) 安磐《頤山詩話》

　　(8) 游潛《夢蕉詩話》

(9) 郎瑛《七修類稿》

(10) 姜南《蓉塘詩話》

(11) 楊慎《升庵詩話》

(12) 顧元慶《夷白齋詩話》

(13) 田藝衡《留青日札》

(14) 郭子章《豫章詩話》

(15) 胡震亨《唐音癸籤》

(16) 許學夷《詩源辯體》

(17) 江盈科《雲濤詩評》

(18) 陸時雍《詩鏡總論》

(19) 鍾惺《唐詩歸》

(20) 曹學佺《蜀中詩話》

(21) 王昌會《詩話類編》

8. 李杜異同與李杜優劣論

(1) 謝榛《四溟詩話》

(2) 李東陽《麓堂詩話》

(3) 王世貞《藝苑巵言》

(4) 胡應麟《詩藪》

(5) 許學夷《詩源辯體》

(6) 楊慎《升庵詩話》

9. 胡震亨《唐音癸籤》與唐詩文化學

10. 楊慎《升庵詩話》與宗唐別調

二、明代詩話之紹述與開拓

1. 學古論與模擬說

2. 別材與讀書
3. 固法守規與捨筏登岸
   (1) 李夢陽《空同子集》
   (2) 何景明《何夫復先生集》
   (3) 何良俊《四友齋叢說》
   (4) 王稚登《晉陵集》
   (5) 胡應麟《詩藪》
   (6) 王世貞《藝苑卮言》
4. 因情立格與吳中詩學
   (1) 王鏊《震澤長語》
   (2) 徐禎卿《談藝錄》
   (3) 都穆《南濠詩話》
   (4) 文徵明《文徵明集》
   (5) 祝枝山《枝山文集》
   (6) 黃省曾《名家詩法》
5. 聲律法式與藝術技巧
6. 體格聲調與興象風神
7. 明詩話與詩歌本質論
8. 明詩話論詩歌審美特徵
9. 明詩話論詩歌藝術美
10. 明詩話與詩學流變論
11. 詩作、詩派與明代詩話
12. 正變觀與明代詩學
13. 胡應麟《詩藪》與格調派詩學
14. 許學夷《詩源辨體》與大變詩學
15. 情韻論與陸時雍《詩鏡》
16. 明代詩話與文體批評

三、明清詩話之整合研究

1. 格以代降論
2. 體以代變與文隨世變
3. 明清詩話之異同比較
   (1) 本質論
   (2) 風格論
   (3) 創作論
   (4) 作家論
   (5) 鑑賞論
   (6) 批評論
4. 明清詩話與唐宋詩之異同
5. 明清詩話與詩分唐宋
6. 明清詩話與唐宋詩之融通
7. 明詩話與宋詩話學古論之異同
8. 明詩話與情理之分合
9. 明清詩話與鑑賞理論

四、清代詩話之尊唐與宗宋

1. 清代詩話與蘇黃詩接受學
2. 清代詩話之宋詩觀
   (1) 辨樂府
   (2) 辨齊梁體

(3) 辨西崑體

(4) 辨體制

(5) 《甌北詩話》、《昭昧詹言》、《石遺室詩話》

3. 清初宗唐詩話研究

(1) 吳偉業《梅村詩話》

(2) 吳喬《圍爐詩話》、《答萬季野詩問》

(3) 賀裳《載酒園詩話》

(4) 馮班《鈍翁雜錄》

(5) 施閏章《蠖齋詩話》

(6) 王夫之《薑齋詩話》

(7) 毛先舒《詩辨坻》

(8) 毛奇齡《西河詩話》

(9) 朱彝尊《靜志居詩話》

(10) 王士禎《帶經堂詩話》

(11) 何世璂《然鐙詩話》

(12) 田同之《西圃詩話》

(13) 趙執信《談龍錄》

4. 順康雍時期杜甫詩學

(1) 顧炎武《日知錄》

(2) 王夫之《唐詩評選》

(3) 李因篤《杜律評語》

(4) 王士禎《漁洋詩話》

(5) 錢謙益《錢注杜詩》

(6) 朱鶴齡《杜工部詩集輯注》

(7) 吳見思《杜詩論文》

(8) 朱彝尊《杜詩評本》

(9) 仇兆鰲《杜詩詳注》

(10) 浦起龍《讀杜心解》

(11) 金聖歎《杜詩解》

(12) 黃生《杜詩說》

5. 乾嘉時期杜甫詩學

(1) 乾隆御選《唐宋詩醇》

(2) 《四庫全書總目》

(3) 楊倫《杜詩鏡銓》

(4) 喬億《杜詩義法》

(5) 沈德潛《杜詩偶評》

(6) 翁方綱《石洲詩話》

(7) 袁枚《隨園詩話》

6. 順康雍時期詩話與李太白詩學

(1) 王士禎《帶經堂詩話》

(2) 應時《李杜詩緯》

(3) 佚名《李詩直解》

(4) 宋長白《柳亭詩話》

(5) 賀貽孫《詩筏》

(6) 王夫之《薑齋詩話》

(7) 毛先舒《詩辨坻》

(8) 毛奇齡《西河詩話》

(9) 葉燮《原詩》

(10) 賀裳《載酒園詩話》

(11) 田同之《西圃詩話》

7. 乾嘉道時期詩話與李太白詩學

(1) 沈德潛《說詩晬語》

(2) 喬億《劍溪說詩》

(3) 乾隆御選《唐宋詩醇》

    (4) 趙翼《甌北詩話》

    (5) 翁方綱《石洲詩話》

    (6) 洪亮吉《北江詩話》

    (7) 方東樹《昭昧詹言》

    (8) 潘德輿《養一齋詩話》

    (9) 吳喬《圍爐詩話》

    (10) 袁枚《隨園詩話》

    (11) 紀昀《瀛奎律髓刊誤》

    (12) 延君壽《老生常談》

    (13) 喻文鏊《考田詩話》

    (14) 陳沆《詩比興箋》

8. 清初宗宋詩學研究

    (1) 葉燮《原詩》

    (2) 查慎行《初白庵詩評》

    (3) 宋犖《漫堂說詩》

    (4) 田雯《山薑詩話》

    (5) 杭世駿《榕城詩話》、《桂堂詩話》

    (6) 錢謙益《牧齋有學集》

    (7) 黃宗羲《南雷文定》

    (8) 呂留良、吳之振《宋詩鈔》

    (9) 汪師韓等全編《御選唐宋詩醇》

9. 清初詩話與詩史說

10. 清初宗唐詩話與唐宋詩之爭

11. 清初宗宋詩話與唐音宋調之消長

12. 乾嘉宗唐詩話與詩學

    (1) 薛雪《一瓢詩話》

    (2) 沈德潛《說詩晬語》

(3) 袁枚《隨園詩話》

(4) 潘德輿《養一齋詩話》

(5) 賀裳《載酒園詩話》

(6) 周容《春酒堂詩話》

(7) 李調元《雨村詩話》

(8) 紀昀《河間詩話》

13. 乾嘉宗宋詩話與詩學

(1) 朱彝尊《曝書亭集》

(2) 徐乾學《憺園文集》

(3) 張英《文端集》

(4) 邵長衡《青門簏稿集》

(5) 翁方綱《復初齋集》

(6) 全祖望《鮚埼亭集》

(7) 田雯《古歡堂集》

(8) 葉燮《己畦文集》、《原詩》

(9) 查慎行《敬業堂集》

(10) 汪師韓《蘇詩選評箋》

(11) 蔣士銓《忠雅堂詩集》

(12) 厲鶚《樊榭山房文集》

(13) 吳騫《拜經樓詩話》

(14) 方薰《山靜居詩話》

(15) 趙翼《甌北詩話》

(16) 方東樹《昭昧詹言》

14. 乾嘉詩話與宋詩學之系統化

15. 乾嘉詩話論宋詩特色

(1) 田同之《西圃詩說》

(2) 沈德潛《說詩晬語》

(3) 馬位《秋窗隨筆》

(4) 陳梓《定泉詩話》

(5) 李重華《貞一齋詩說》

(6) 葉燮《原詩》

(7) 查慎行《初白庵詩評》

(8) 翁方綱《石洲詩話》

(9) 賀貽孫《詩筏》

(10) 王士禎《帶經堂詩話》、《師友詩傳續錄》

(11) 汪師韓《詩學纂聞》

(12) 周容《春酒堂詩話》

(13) 趙翼《甌北詩話》

16. 道咸詩話與宋詩運動

17. 桐城派詩話與宋詩學

18. 同光詩話論宋詩特色

五、清代詩話與跨際會通

1. 清代詩話與漢宋之爭

2. 杜詩與《史記》──杜工部似司馬遷

3. 清代詩話與南宗禪

4. 儒家詩教與清代詩話（洪亮吉《北江詩話》）

5. 詩品人品與清代詩話（潘德輿《養一齋詩話》）

6. 乾嘉詩話與儒家詩教

7. 樸學興盛與清代詩話

   (1) 紀昀《河間詩話》、《李義山詩話》

   (2) 趙翼《甌北詩話》

(3) 杭世駿《榕城詩話》

(4) 翁方綱《石洲詩話》、《神韻論》、《詩法論》

(5) 李調元《雨村詩話》

(6) 洪亮吉《北江詩話》

(7) 阮元《廣陵詩事》、《小滄浪筆談》、《石渠隨筆》

(8) 焦循《雕菰詩話》

(9) 梁章鉅《東南嶠外詩話》、《閩川詩話》、《雁蕩詩話》、《三管詩話》

8. 乾嘉詩話與樸學方法論

9. 晚清詩話與樸學文風

六、清代詩話之傳承與新變

1. 清代詩話論詩法

2. 清代詩話之流變與轉折——從論詩及事到論詩及辭

3. 情景說與清代詩話

4. 詩史說與清代詩話

5. 經世致用與清代詩話

6. 清代詩話論源流正變（葉燮《原詩》）

7. 清代詩話與地域文化（地理史觀）

(1) 鄭方坤《全閩詩話》

(2) 裘君弘《西江詩話》

(3) 陶元藻《全浙詩話》

(4) 梁章鉅《雁蕩詩話》、《南浦詩話》、《東南嶠外詩話》

(5) 阮元《廣陵詩事》

(6) 王士禎、鄭方坤《全閩詩話》

(7) 杭世駿《榕城詩話》

(8) 戴潞《吳興詩話》

(9) 王松《臺陽詩話》

(10) 王守訓《登州詩話》

8. 雅正說與格調詩派（沈德潛《說詩晬語》）

9. 性情、學問、神韻與性靈詩派

   (1) 王士禛《帶經堂詩話》

   (2) 袁枚《隨園詩話》

10. 義理、考據、辭章與肌理詩派（翁方綱《石洲詩話》）

11. 乾嘉詩話與學人詩派（以翁方綱《石洲詩話》為首）

12. 晚清詩話與近代詩壇

13. 晚清詩話之學古復古傾向

14. 名媛閨秀詩話

   (1) 袁枚《隨園閨秀詩話》

   (2) 楊芸《古今閨閣詩話》

   (3) 梁章鉅《閩川閨秀詩話》

   (4) 沈善寶《名媛詩話》

   (5) 石林風《閨閣詩話》

   (6) 蕭道管《燃脂新話》

   (7) 金燕《香奩詩話》

   (8) 棣華園主人《閨秀詩評》

   (9) 苕溪生《閨秀詩話》

   (10) 王蘊章《燃脂餘韻》

   (11) 雷瑨、雷瑊《閨秀詩話》

   (12) 雷瑨《青樓詩話》

   (13) 施淑儀《清代閨閣詩人徵略》

七、民國詩話研究舉例

1. 西學東漸與詩學理論
2. 達爾文進化論與詩文升降說
3. 民國詩話與詩界革命
4. 民國詩話與唐宋詩之爭
5. 臺灣詩話研究
    (1) 王松《臺陽詩話》
    (2) 吳德功《瑞桃齋詩話》
    (3) 洪繻《寄鶴齋詩話》
    (4) 連橫《臺灣詩乘》
    (5) 江介石《趣味集古今滑稽詩話》
    (6) 許天奎《鐵峰詩話》
    (7) 謝汝銓《詩海慈航》

日韓詩話專題研究選題舉例

一、日本詩話接受研究

1.日本平安朝（794-1192）與樂天詩學

2.日本五山朝（1192-1602）詩學與臨濟禪宗

3.日本五山朝文學與宋詩學（蘇黃詩學）

4.日本江戶朝（1603-1867）詩風與唐宋詩之爭

二、日本詩話與詩格詩法

(一) 淵源

1.空海《文鏡秘府論》

2.周弼《三體詩選》

3.魏慶之《詩人玉屑》

4.蔡正孫《詩林廣記》

5.方回《瀛奎律髓》

6.黃堅《古文真寶》

7.徐增《而庵說唐詩》

8.金聖歎《選批唐詩》

(二) 流派

1.阮瑜《詩學逢原》

2.源孝衡《詩學還丹》

3.善本信有《作詩志殼》

4.廣瀨建《淡窗詩話》

5.津阪孝綽《夜航詩話》

6.津阪孝綽《葛原詩話糾謬》

7.釋慈周《葛原詩話》

8.林瑜《梧窗詩話》

9.田能村孝憲《竹田莊詩話》

10.菊池桐孫《五山堂詩話》

11.日尾約《詩格刊誤》

12.陳元輔《枕山樓課兒詩話》

13.李沂《秋星閣詩話》

14.長山貫《詩格集成》

15.劉煜季曄《侗庵非詩話》

16.石川文山《詩法正義》1 卷　　《域外詩話珍本叢書》第 1 冊

17.祇園南海《詩訣》1 卷　　《詩學逢原》2 卷

18.三浦梅園《詩轍》6 卷　　　　第 7 冊

19.梅室洞雲《詩律初學鈔》　　第 1 冊

20.芥煥丹丘《丹丘詩話》3 卷　　第 1 冊

21.太宰純《斥非》1 卷　　第 1 冊

22.林義卿《詩則》

23.瀧川南谷《滄溟近體聲律考》　　第 4 冊

24.小野達《社友詩律論》

25.東條耕《幼學詩話》　　第 5 冊

26.奧采崖《采崖詩則》

27.盧玄淳《唐詩平仄考》3 卷

28.中井竹山《詩律兆》

29.新井白石《白石先生詩範》1 卷

30.服部南郭《南郭先生燈下書》1 卷

31.貝原篤信《初學詩法》1 卷　　第 1 冊

32.赤澤一《詩律》1 卷　　第 1 冊

33.菅茶山《詩論入門》

34.菅茶山《詩律入門》

35.中根香亭《詩窗閒話》1 卷

36.榊原篁洲《詩法授幼抄》3 卷

三、日本詩話與本質論

1. 太宰純《詩論》

2. 皆川愿《淇園詩話》

3. 源孝衡《詩學還丹》

4. 冢田虎《作詩質的》

5. 原田《詩學新論》

6. 赤澤一《詩律》

7. 大窪行《詩聖堂詩話》

8. 田能村孝憲《竹田莊詩話》

9. 林瑜《梧窗詩話》

10. 菊池桐孫《五山堂詩話》

11. 阮瑜《詩學逢原》

12. 津阪孝綽《夜航詩話》

13. 長野碻《松陰快談》

14. 石川凹《詩法正義》

15. 貝原益軒《初學詩法》

16. 東聚《鉏雨亭隨筆》

四、日本詩話與詩史論

1. 友野煥《錦天山房詩話》

2. 林毅《史館茗話》

3. 市野光彥《詩史顰》

4. 太宰純《詩論》

5. 久保善教《木石園詩話》

6. 原田《詩學新論》

7. 赤澤一《詩律・詩作》

8. 江村綬《日本詩史》

9. 三浦晉《詩轍》

10. 塚田虎《作詩質的》

11. 源孝衡《詩學還丹》

12. 善本信有《作詩志彀》

13. 林義卿《諸體詩則》

14. 長野碻《松陰快談》

15. 津阪孝綽《夜航詩話》

16. 皆川愿《淇園詩話》

17. 西島長孫《敝帚詩話》

18. 廣瀨建《淡窗詩話》

五、日本詩話與作家作品論

1. 江村綬《日本詩史》
2. 菊池桐孫《五山堂詩話》
3. 林蓤《史館茗話》
4. 西島長孫《敝帚詩話》
5. 友野煥《錦天山房詩話》
6. 皆川愿《淇園詩話》
7. 廣瀬建《淡窗詩話》
8. 赤澤一《詩律》
9. 長野确《松陰快談》
10. 加藤良白《柳橋詩話》
11. 冢田虎《作詩質的》
12. 津阪孝綽《夜航詩話》
13. 芥煥彥章《丹丘詩話》
14. 久保善教《木石園詩話》
15. 林瑜《梧窗詩話》

六、日本詩話與批評論

1. 師煉《濟北詩話》
2. 阮瑜《詩學逢原》
3. 芥煥彥章《丹丘詩話》
4. 津阪孝綽《夜航詩話》

5. 廣瀨建《淡窗詩話》

6. 皆川愿《淇園詩話》

7. 大窪行《詩聖堂詩話》

8. 長野确《松陰快談》

9. 東聚《鉏雨亭隨筆》

10. 菊池桐孫《五山堂詩話》

11. 田能村孝憲《竹田莊詩話》

12. 芥煥彥章《丹丘詩話》

13. 長山貫《詩格集成》

14. 小畑行簡《詩山堂詩話》

15. 冢田虎《作詩質的》

16. 山本信有《孝經樓詩話》

17. 善本信有《作詩志彀》

18. 古賀煜《侗庵非詩話》

七、詩話東傳日本之途徑與數量

八、清詩話東傳與江戶詩風轉移

1. 錢謙益《列朝詩集》

2. 馮班《鈍吟雜錄》

3. 原田東岳《詩學新論》

4. 廣瀨淡窗《論詩》

5. 善本信有《作詩志彀》

6. 菊池桐孫《五山堂詩話》
7. 雄杜多《滄浪詩話糾繆》
8. 山本信有《孝經樓詩話》

九、清詩話東傳與江戶時代之杜詩學

1. 陳廷敬《杜律詩話》
2. 松岡玄達《刻杜律詩話》
3. 盧元昌《杜詩闡》
4. 仇兆鰲《杜詩詳注》
5. 吳見思《杜詩論文》
6. 錢謙益《杜詩注》
7. 顧宸《辟疆園杜詩注解》
8. 沈德潛《杜詩偶評》
9. 朱鶴齡《杜工部詩集輯注》
10. 浦起龍《讀杜心解》
11. 楊倫《杜詩鏡銓》
12. 津阪孝綽《杜律詳解》

十、日本江戶詩話與王士禎詩學

1. 阮瑜《詩學逢原》
2. 三浦晉《詩轍》
3. 山本信有《孝經樓詩話》
4. 釋慈周《葛原詩話》

5. 長野确《松陰快談》

6. 津阪孝綽《夜航詩話》

7. 林瑜《梧窗詩話》

8. 東聚《鉏雨亭隨筆》

9. 皆川愿《淇園詩話》

10. 松村良猷《詞壇骨鯁》

11. 小野達《社友詩律論》

12. 山本信有《孝經樓詩話》

13. 賴山陽《題宋詩合璧》

14. 賴山陽《詩話五則》

15. 日尾約《詩格刊誤》

十一、日本江戶詩話與沈德潛詩論

1. 廣瀨建《淡窗詩話》

2. 原田《詩學新論》

3. 三浦晉《詩轍》

4. 釋慈周《葛原詩話》

5. 東聚《鉏雨亭隨筆》

6. 山田信義《翠雨軒詩話》

十二、日本江戶詩話與袁枚詩學

1. 《隨園詩話》文化元年（**1804**）刻本，山本北山、太田原貞、佐藤坦、
大窪詩佛序

2. 廣瀨建《淡窗小品》

3. 菊池桐孫《五山堂詩話》

4. 國分青厓《三家詩品》

5. 山本信有《孝經樓詩話》

6. 釋慈周《葛原詩話》

7. 長野确《松陰快談》

8. 津阪孝綽《夜航詩話》

9. 大窪行《詩聖堂詩話》

10. 百濟兼康《浪華詩話》

11. 石川英《詩法詳論》

12. 東聚《鉏雨亭隨筆》

13. 日尾約《詩格刊誤》

14. 山田信義《翠雨軒詩話》

15. 長山貫《詩格集成》

十三、日本詩話對清詩話之批評

1. 虎關師煉《濟北詩話》

2. 劉煜季曄《恫庵非詩話》

3. 廣瀨建《淡窗詩話》

4. 中井積善《詩律兆》

十四、儒家文化與日本詩話

1. 溫柔敦厚：長野确《松陰快談》

2. 君子不器：太宰純《詩論》

十五、禪宗文化與日本詩話

十六、朝鮮詩話與崇唐詩風

1. 李仁老《破閑集》
2. 許筠《惺叟詩話》、《鶴山樵談》
3. 尹根壽《月汀漫筆》
4. 李晬光《芝峰類說》
5. 梁慶遇《霽湖詩話》
6. 柳夢寅《於於野談》
7. 李植《學詩準的》
8. 金得臣《終南叢志》
9. 任璟《玄湖瑣談》
10. 丁若鏞《籜翁漫錄》

十七、朝鮮詩話與宗宋詩學

1. 崔滋《補閑集》
2. 徐居正《東人詩話》
3. 南龍翼《壺谷詩話》
4. 金萬重《西浦漫談》

5. 權應仁《松溪漫錄》

6. 李曁《艮翁疣墨》

十八、朝鮮詩話與唐宋兼采

申欽《晴窻軟談》

十九、朝鮮近世詩話研究

1. 南羲采《龜磵詩話》27 卷，韓國詩話之最

2. 《霽湖詩話》

3. 《小華詩評》

4. 《壺谷詩話》

5. 《東國詩話》

6. 《綠帆詩話》

7. 《天喜堂詩話》

8. 《海東詩話》

二十、朝鮮詩話與「以詩論詩」

1. 李奎報〈論詩〉

2. 金時習〈學詩〉、〈感興詩〉

3. 洪良浩〈詩解〉

4. 申緯〈東人論詩絕句〉

5. 金正喜〈論詩〉

二十一、高麗詩話與「以資閒談」

1. 李仁老《破閑集》3 卷
2. 李奎報《白雲小說》1 卷
3. 崔滋《補閑集》3 卷
4. 李齊賢《櫟翁稗說》1 卷

二十二、朝鮮詩話與「論詩及事」

1. 徐居正《東人詩話》2 卷
2. 成俔《慵齋叢話》10 卷
3. 南孝溫《秋江冷話》1 卷
4. 曹伸《搜聞瑣談》3 卷
5. 金安老《龍泉談寂記》2 卷
6. 金正國《思齊摭言》2 卷
7. 李濟臣《清江詩話》1 卷
8. 魚叔權《稗官雜記》6 卷
9. 權應仁《松溪漫錄》2 卷
10. 沈守慶《遣閒雜錄》1 卷
11. 尹根壽《月汀隨筆》2 卷
12. 尹國馨《聞韶漫錄》2 卷
13. 金時讓《譜溪紀聞》2 卷
14. 車天輅《五山說林》3 卷

15. 鄭鬥卿《東溟說詩》1 卷

參考書目

(一) 詩話文獻

1. 鍾嶸《詩品》箋證稿，王叔珉，臺北：中央研究院中國文哲研究所，1992

2. 文鏡秘府論校注，日本遍照金剛，王利器校注，北京：人民出版社，1975

3. 詩品集解，司空圖，郭紹虞，北京：人民文學出版社，1963

4. 全唐五代詩格校考，張伯偉，西安：陝西人民教育出版社，1996.7

5. 歷代詩話，何文煥，臺北：木鐸出版社，1981.2，北京：中華書局，1981

6. 歷代詩話續編，丁福保，臺北：木鐸出版社，1983.9，北京：中華書局，
   1983

7. 宋詩話全編（1-10），吳文治，南京：江蘇古籍出版社，1998.12

8. 遼金元詩話全編（1-4），吳文治，南京：鳳凰出版社，2005

9. 詩話總龜（前後集），阮閱，北京：人民文學出版社，1987.8

10. 冷齋夜話，釋惠洪、張伯偉編校《稀見本宋人詩話四種》，南京：江蘇古
    籍出版社，2002

11. 石門洪覺範天廚禁臠，釋惠洪，上海：中華書局，1968

12. 吟窗雜錄，陳應行，北京：中華書局，1997

13. 苕溪漁隱叢話（前後集），胡仔，臺北：長安出版社，1978.12，北京：人
    民文學出版社，1981

14. 後村詩話，劉克莊，北京：中華書局，1983.12

15. 竹莊詩話，何汶，北京：中華書局，1984.5

16. 滄浪詩話校釋，嚴羽著、郭紹虞校釋，北京：人民文學出版社，1961、2005

17. 滄浪詩話校箋（上下），嚴羽著、張健校箋，上海：上海古籍出版社，2012

18. 詩人玉屑，魏慶之，臺北：世界書局，1971.7

19. 碧溪詩話，黃徹，北京：人民文學出版社，1986

20. 詩林廣記，蔡正孫，臺北：仁愛書局，1985.5，北京：中華書局，1982

21. 唐詩紀事校箋（上下），宋計有功撰著、王仲鏞校箋，成都：巴蜀書社，
    1989.8

22. 宋詩話輯佚，郭紹虞，北京：哈佛燕京學社，1937.8，臺北：文泉閣出版
    社，1972.4，北京：中華書局，1980

23. 稀見本宋人詩話四種，張伯偉編校，南京：江蘇古籍出版社，2002.4

24. 全遼詩話，蔣祖怡、張滌雲，長沙：岳麓書社，1992

25. 宋代文藝理論集成，蔣述卓等編著，北京：中國社會科學出版社，2000.1

26. 詩藪，胡應麟，上海：中華書局上海編輯所，1958

27. 詩源辨體，許學夷，北京：人民文學出版社，1987.10

28. 唐音癸籤，胡震亨，臺北：木鐸出版社，1982.7

29. 升庵詩話箋證，楊慎，王仲鏞，上海：上海古籍出版社，1987.12

30. 藝苑卮言校注，王世貞，羅仲鼎，濟南：齊魯書社，1992

31. 明詩話全編，吳文治，南京：江蘇古籍出版社，1997.12

32. 全明詩話（1-6），周維德集校，濟南：齊魯書社，2005

33. 珍本明詩話五種，張健輯校，北京：北京大學出版社，2008

34. 歷代詩話，清吳景旭著，陳衛平點校，北京：京華出版社，1998.6

35. 清詩話，丁福保，臺北：明倫出版社，1971.12，上海：上海古籍出版社，
    1978

36. 清詩話續編，郭紹虞，臺北：木鐸出版社，1983.12，上海：上海古籍出
    版社，1983

37. 清詩話訪佚初編，杜松伯，臺北：新文豐出版公司，1987

38. 帶經堂詩話，王士禎，北京：人民文學出版社，1982

39. 隨園詩話，袁枚，臺北：漢京文化公司，1984.2，北京：人民文學出版社，
    1960

40. 梧門詩話合校，清‧法式善著，張寅彭，強迪藝編校，南京：鳳凰出版社，
   2005
41. 說詩樂趣校注，清‧吳涵芬編，楊軍校注，濟南：齊魯書社，1992
42. 昭昧詹言，方東樹，北京：人民文學出版社，1984
43. 陳衍詩論合集（上下），錢仲聯編校，福州：福建人民出版社，1999.9
44. 民國詩話（1-5），張寅彭，上海：上海書店，2003
45. 日本詩話叢書（1-10），池田四郎編纂，東京：龍吟社，大正九年一月初
   版
46. 修正增補韓國詩話叢編，趙鍾業，漢城：太學社，1996.5
47. 韓國詩話中論中國詩資料選粹，鄺健行等，北京：中華書局，2002.7
48. 中國詩話珍本叢書（1-22），蔡鎮楚編，北京：北京圖書館出版社，2004
49. 域外詩話珍本叢書，蔡鎮楚，北京：北京圖書館出版社，2006
50. 中國古代文論類編（上下），賈文昭主編，福州：海峽文藝出版社 1990.12
51. 中國近代文論類編，賈文昭主編，合肥：黃山書社，1991.8
52. 中國歷代詩話選（1-2），王大鵬等，長沙：岳麓書社，1985
53. 古代詩話精要，趙永紀，天津：天津古籍出版社，1989.9
54. 藝術辯證法編，徐中玉主編，北京：中國社會科學出版社，1991
55. 通變編，徐中玉主編，北京：中國社會科學出版社，1992.9
56. 意境‧典型‧比興編，徐中玉主編，北京：中國社會科學出版社，1994.5
57. 神思‧文質編，徐中玉主編，北京：中國社會科學出版社，1995.12
58. 本原‧教化編，徐中玉主編，北京：中國社會科學出版社，1997.2
59. 文氣‧風骨編，徐中玉主編，北京：中國社會科學出版社，1997.12
60. 才性編，徐中玉主編，北京：中國社會科學出版社，1999.7
61. 歷代詩話論詩經楚辭，蔡守湘主編，武漢：武漢出版社，1991.6
62. 歷代詩話論兩漢詩賦，蔡守湘主編，武漢：武漢出版社，1993.2
63. 文學美學卷，吳調公主編，南京：江蘇美術出版社，1990.6
64. 中國古典文藝學叢編（1-3），胡經之主編，北京：北京大學出版社，2001.7

65. 中國古代文學理論名著題解，吳文治主編，合肥：黃山書社，1987
66. 中國古代詩話詞話辭典，張葆全主編，桂林：廣西師範大學，1992.3
67. 中國詩話辭典，蔣祖怡等，北京：北京出版社，1996.1
68. 中國文論大辭典，彭會資主編，桂林：百花文藝出版社，1990.7
69. 中國歷代詩詞曲論專著提要，張連第等，北京：北京師範學院出版社，
    1991.10
70. 中國歷代詩學論著選，陳良運主編，南昌：百花洲文藝出版社，1995.9
71. 清代詩話知見錄，吳宏一主編，臺北：中央研究院中國文哲研究所，2002.2

(二) 筆記文獻

1. 儒學警悟，宋俞鼎孫，俞經編，香港：龍門書店，1967

石林燕語辨	汪應辰
演繁露	程大昌
嬾真子	馬永卿
攷古編	程大昌
捫蝨新話	陳善
螢雪叢書	俞成

2. 考古編（外六種）《四庫全書》本第 852 冊，臺北：臺灣商務印書館，上海
   古籍出版社，（文淵閣）

甕牖閒評八卷	袁文
野客叢書三十卷	王楙

3. 坦齋通編（外五種）《四庫全書》本第 853 冊，臺北：臺灣商務印書館，上
   海古籍出版社（文淵閣）

賓退錄十卷	趙與時

4. 學齋佔畢（外六種）《四庫全書》本第 854 冊，臺北：臺灣商務印書館，上
   海古籍出版社（文淵閣）

學齋佔畢四卷	史繩祖

識遺十卷　　　　羅璧

愛日齋叢抄五卷　　葉寘

5. 仇池筆記（外十八種）《四庫全書》本第 863 冊，臺北：臺灣商務印書館，
上海古籍出版社（文淵閣）

仇池筆記二卷　　舊題蘇軾

東坡志林十二卷　蘇軾

冷齋夜話十卷　　釋惠洪

曲洧舊聞十卷　　朱弁

嬾真子五卷　　　馬永卿

春渚紀聞十卷　　何薳

石林燕語十卷　　葉夢得

避暑錄話二卷　　葉夢得

卻掃編三卷　　　徐度

五總志一卷　　　吳坰

6. 墨莊漫錄（外十種）《四庫全書》本第 864 冊，臺北：臺灣商務印書館，上
海古籍出版社（文淵閣）

墨莊漫錄十卷　　張邦基

寓簡十卷　　　　沈作喆

欒城遺言一卷　　蘇籀

雲麓漫抄十五卷　趙彥衛

示兒編二十三卷　孫奕

梁谿漫志十卷　　費袞

7. 能改齋漫錄十八卷（即《復齋漫錄》）宋・吳曾，清武英殿聚珍版，臺北：
木鐸出版社

8. 老學庵筆記（外十一種）《四庫全書》本第 865 冊，臺北：臺灣商務印書館，
上海古籍出版社（文淵閣）

老學庵筆記十卷　陸游

鶴林玉露十六卷	羅大經
貴耳集三卷	張端義
腳氣集二卷	車若水
藏一話腴四卷	陳郁
齊東野語二十卷	周密

9. 仕學規範四十卷，張鎡，《四庫全書》本第 875 冊，臺北：臺灣商務印書館，
上海古籍出版社（文淵閣）

10. 龍川略志（外十七種）《四庫全書》本第 1037 冊，臺北：臺灣商務印書館，
上海古籍出版社（文淵閣）

侯鯖錄八卷	趙令畤
東軒筆錄十五卷	魏泰
泊宅編三卷	方勺
鐵圍山叢談六卷	蔡絛
墨客揮犀十卷	彭乘

11. 唐語林（外十一種）《四庫全書》本第 1038 冊，臺北：臺灣商務印書館，
上海古籍出版社（文淵閣）

唐語林八卷	王讜
默記三卷	王銍
揮麈錄十八卷	王明清

12. 清波雜志（外八卷）《四庫全書》第 1039 冊，臺北：臺灣商務印書館，上
海古籍出版社（文淵閣）

清波雜志十二卷	周煇
步里客談二卷	陳長方
程史十五卷	岳珂
獨醒雜志十卷	曾敏行

13. 容齋隨筆，洪邁，上海：上海古籍出版社，1995.3

14. 類說六十卷，曾慥，文淵閣《四庫全書》第 873 冊，商務印書館影印，卷四十五~卷五十七（共十三卷，歷史、詩、文）

15. 宋人詩話外編，程毅中，北京：國際文化出版公司，1996.3

16. 全宋筆記（1-100），朱易安主編，鄭州：大象出版社，2003

17. 水東日記，明‧葉盛，北京：中華書局，1997 二刷

18. 茶香室叢鈔，清‧俞樾，北京：中華書局，2006 二刷

19. 清代筆記小說，周光培編，石家莊；河北教育出版社，1998

20. 清代學術筆記叢刊，徐德明，吳平主編，北京：學苑出版社，2005

21. 花隨人聖盦摭憶，民國‧黃濬，上海：上海書店，1998

(三) 詩學及其相關論著

詩話通論

1. 滄浪詩話研究，張健，臺北：五南圖書公司，1966

2. 宋詩話考，郭紹虞，北京：中華書局，1979

3. 宋代詩話論詩研究，崔成宗，東吳大學中文研究所博士論文，1984

4. 歷代詩話論作家，常振國、降云編，湖南：湖南人民出版社，1984

5. 嚴羽及其詩論之研究，黃景進，臺北：文史哲出版社，1986

6. 中國詩話史，蔡鎮楚，長沙：湖南文藝出版社，1988

7. 詩話概說，劉德重，張寅彭，北京：中華書局，1990

8. 詩話和詞話，張葆全，臺北：萬卷樓圖書公司，1991

9. 詩話學，蔡鎮楚，長沙：湖南文藝出版社，1992

10. 清代詩話研究，張健，臺北：五南圖書出版公司，1994

11. 明代詩話考述，連文萍，東吳大學中文研究所博士論文，1998

12. 歲寒堂詩話校箋，宋張戒著，陳應鸞校箋，成都：巴蜀書社，2000

13. 五代作家的人格與詩格，張興武，北京：人民文學出版社，2000

14. 臨漢隱居詩話校注，宋魏泰著，陳應鸞校注，成都：巴蜀書社，2001

15. 詩話學（第三、四合輯），東方詩話學會編輯，韓國大田廣域市：梨花出版社，2001

16. 五朝詩話概說，吳文治，合肥：黃山書社，2002

17. 詩話學（第五、六合輯），東方詩話學會編輯，首爾：韓國中國圖書文化公司，2004

18. 清詩話考，蔣寅，北京：中華書局，2005

19. 比較詩話學，蔡鎮楚、龍宿莽，北京：北京圖書館出版社，2006

20. 《滄浪詩話》的詩學研究，程小平，北京：學苑出版社，2006

21. 異域之眼——興膳宏中國古典論集，日本興膳宏著，戴燕選譯，上海：復旦大學出版社，2006

22. 清代詩話東傳略論稿，張伯偉，北京：中華書局，2007

23. 東亞漢籍研究論集，張伯偉，臺北：臺大出版中心，2007

24. 日本詩話的中國情結，譚雯，北京：中國社會科學出版社，2007

25. 《苕溪漁隱叢話》與宋代詩學典範——兼論詩話刊行及其傳媒效應，張高評，臺北：新文豐出版公司，2012

26. 《詩人玉屑》與宋代詩學，臺北：新文豐出版公司，張高評，2012

27. 日本詩話中的中國古代詩學研究，孫立，北京：北京大學出版社 2012

文學評論

1. 中國文學批評史，郭紹虞，臺北：明倫出版社，1971

2. 宋金四家文學批評研究，張健，臺北：聯經出版公司，1975

3. 唐宋詩之爭概述，齊治平，長沙：岳麓書社，1984

4. 文學批評論集，張健，臺北：學生書局，1985

5. 中國文學理論史（1-5），蔡鍾翔等，北京：北京出版社，1987

6. 魏晉南北朝文學批評史，王運熙、楊明，上海：上海古籍出版社，1989

7. 先秦兩漢文學批評史，顧易生、蔣凡，上海：上海古籍出版社，1990

8. 中國詩學之精神，胡曉明，南昌：江西人民出版社，19915

9. 古代文學理論研究概述，羅宗強等，天津：天津教育出版社，1991

10. 中國詩學通論，袁行霈等，合肥：安徽教育出版社，1994

11. 隋唐五代文學批評史，王運熙、楊明，上海：上海古籍出版社，1994

12. 清代文學批評史，鄔國平、王鎮遠，上海：上海古籍出版社，1995

13. 中國詩學批評史，陳良運，南昌：江西人民出版社，1995

14. 中國古代文論教程，彭會資，桂林：廣西師範大學出版社，1996

15. 宋金元文學批評史，顧易生、蔣凡、劉明今，上海：上海古籍出版社，1996

16. 近代文學批評史，黃霖，上海：上海古籍出版社，1996

17. 宋金元文學批評史，顧易生、蔣凡、劉明今，上海：上海古籍出版社，1996

18. 明代文學批評史，袁震宗、劉明今，上海：上海古籍出版社，1996

19. 中國詩學思想史，蕭華榮，上海：華東師範大學出版社，1996

20. 清代文學批評論集，吳宏一，臺北：聯經出版公司，1998

21. 詩論，趙永紀，桂林：廣西師範大學出版社，1999

22. 範疇論，汪涌豪，上海：復旦大學出版社，1999

23. 中國古代文學批評史，蔡鎮楚，長沙：岳麓書社，1999

24. 方法論，劉明今，上海：復旦大學出版社，2000

25. 中國文化與中國文論，曹順慶，內蒙古教育出版社，2000

26. 中國古代接受詩學，鄧新華，武漢：武漢出版社，2000

27. 中國文學批評文獻學，孫立，佛山：廣東人民出版社，2000

28. 清代樸學與中國文學，陳居淵，南昌：百花洲文藝出版社，2000

29. 中國古代文學批評思維方式研究，孫蓉蓉，臺南：暨南出版社，2001

30. 中國傳統文論的知識語系，吳興明，成都：巴蜀書社，2001

31. 中國古代文論話語，曹順慶等，成都：巴蜀書社，2001

32. 中國選本批評，鄒雲湖，上海：三聯書店，2002

33. 中國古代文學批評方法研究，張伯偉，北京：中華書局，2002

34. 西方漢學界的中國文論研究，王曉路，成都：巴蜀書社，2003

35. 二十世紀中國古典文藝理論研究論文索引，葉農編，廣州：花城出版社，
2005

36. 中國文學批評史，蔡鎮楚，北京：中華書局，2005

37. 中國文學批評範疇及體系，汪涌豪，上海：復旦大學出版社，2007

38. 中國古代文論與文獻探微，陳應鸞，成都：巴蜀書社，2008

39. 印刷傳媒與宋詩特色——兼論圖書傳播與詩分唐宋，張高評，臺北：里仁書局，2008

40. 創意造語與宋詩特色，張高評，臺北：新文豐出版公司，2008

41. 中國文學批評範疇十五講，汪涌豪，上海：華東師範大學出版社 2010

詩學與文論

1. 清代詩學初探，吳宏一，臺北：學生書局，1986

2. 宋代唐詩學，蔡瑜，臺灣大學中文研究所博士論文，1990

3. 宋詩之傳承與開拓，張高評，臺北：文史哲出版社

4. 唐詩論評類編，陳伯海主編，濟南：山東教育出版社，1993

5. 詩情與詩論，杜國清，廣州：花城出版社，1993

6. 宋詩之新變與代雄，張高評，臺北：洪葉文化公司，1995

7. 清詩流派史，劉世南，臺北：文津出版社，1995

8. 宋代詩學通論，周裕鍇，成都：巴蜀書社，1997

9. 清代詩學研究，張健，北京：北京大學出版社，1999

10. 會通化成與宋代詩學，張高評，臺南：成功大學出版組，2000

11. 唐詩學史論稿，朱易安，桂林：廣西師範大學出版社，2000

12. 中國詩學研究，張伯偉，瀋陽：遼海出版社，2000

13. 宋代詩學，張思齊，長沙：湖南人民出版社，2000

14. 中西詩學對話——英語世界的中國古代文論研究，王曉路等，成都：巴蜀書社，2000

15. 李白接受史研究，楊文雄，臺北：五南圖書公司，2000

16. 李杜詩學，楊義，北京：北京出版社，2001

17. 杜詩唐宋接受史，蔡振念，臺北：五南圖書公司，2002

18. 中國詩性文化與詩觀念，王南，成都：四川民族出版社，2002

19. 宗法倫理精神與中國詩學，蘇桂寧，上海：三聯書店，2002
20. 儒家元典與中國詩學，李凱，北京：中國社會科學出版社，2002
21. 中國詩學史（宋金元卷），黃寶華、文師華，廈門：鷺江出版社，2002
22. 中國詩學史（明代卷），朱易安，廈門：鷺江出版社，2002
23. 中國詩學史（清代卷），劉誠，廈門：鷺江出版社，2002
24. 杜詩唐宋接受史，蔡振念，臺北：五南圖書公司，2002
25. 古典詩學的現代詮釋，蔣寅，北京：中華書局，2003
26. 杜甫與唐宋詩學（杜甫誕生一千二百九十年國際學術研討會論文集），淡
    江大學中文系，臺北：里仁書局，2003
27. 唐詩學史稿，陳伯海主編，石家莊：河北人民出版社，2004
28. 清代杜詩學史，孫微，濟南：齊魯書社，2004
29. 自成一家與宋詩宗風，張高評，臺北：萬卷樓圖書公司，2004
30. 司空圖及其詩論研究，張少康，北京：學苑出版社，2005
31. 理學文化與南宋詩學，石明慶，北京：中國社會科學出版社，2006
32. 明代唐詩學，孫春清，上海：上海古籍出版社，2006
33. 明代復古派唐詩論研究，陳國球，北京：北京大學出版社，2007
34. 清代杜詩學文獻考，孫微，南京：鳳凰出版社，2007
35. 杜詩版本及作品研究，蔡錦芳，上海：上海大學出版社，2007
36. 劉克莊詩學研究，王錫九，合肥：黃山書社，2007
37. 唐詩學史述論，黃炳輝，上海：上海古籍出版社，2008

儒學與文論

1. 北宋文化史述論，陳植鍔，北京：中國社會科學出版社，1992
2. 宋明理學與中國文學，許總，南昌：百花洲文藝出版社，1999
3. 宋學與宋代文學觀念，李春清，北京：北京師範大學出版社，2001
4. 元代詩法校考，張健，北京：北京大學出版社，2001
5. 理學文藝史綱，許總主編，南京：江蘇教育出版社，2001
6. 儒家中和哲學通論，董根洪，濟南：齊魯書社，2001

7. 宋學的發展和演變，漆俠，石家莊：河北人民出版社，2002

8. 春秋書法與左傳學史，張高評，臺北：五南圖書公司，2002

9. 賦比興的現代闡釋，陳麗虹，杭州：中國美術學院出版社，2002

10. 比興思維研究——對中國古代一種藝術思維方式的美學考察，李健，安徽：安徽教育出版社，2003

11. 詩可以興——古代宗教、倫理、哲學與藝術的美學闡釋，彭鋒，安徽：安徽教育出版社，2003

12. 宋代思想史論，田浩編，楊立華等譯，北京：社會科學文獻出版社，2003

13. 宋明理學與政治文化，余英時，臺北：允晨文化公司，2004

14. 文化建構文學史綱：魏晉－北宋，林繼中，北京：北京大學出版社，2005

15. 賦比興與中國詩學研究，劉懷榮，北京：人民出版社，2007

16. 《春秋》筆法與中國文論，張金梅，北京：中國社會科學出版社 2012

道學與文論

1. 道教與中國文化，葛兆光，上海人民出版社，1987

2. 道家思想與中國古代文學理論，漆緒邦，北京：北京師範學院，1988

3. 道教與美學，高楠，瀋陽：遼寧人民出版社，1989

4. 道家與道家文學，李炳海，長春：東北師範大學，1992；高雄：麗文文化公司，1994

5. 道家文化與太極詩學——《老子》、《莊子》藝術精神，劉介民，廣州：廣東人民出版社，2005

佛禪與文論

1. 禪宗與中國文化，葛兆光，上海：上海人民出版社，1986

2. 中國佛教與美學，曾祖蔭，武昌：華中師範大學，1991

3. 禪與詩學，張伯偉，杭州：浙江人民出版社，1992

4. 宋代禪宗文化，魏道儒，鄭州：中州古籍出版社，1993

5. 中國禪宗與詩歌，周裕鍇，高雄：麗文文化公司，1994

6. 禪宗美學史稿，皮朝綱，成都：電子科技大學，1994

7. 禪宗美學，皮朝綱，高雄：麗文文化公司，1995

8. 佛教美學，祁志祥，上海：上海人民出版社，1997

9. 禪思與詩情，孫昌武，北京：中華書局，1997

10. 中國佛學與文學，胡遂，長沙：岳麓書社，1998

11. 禪宗語言，周裕鍇，杭州：浙江人民出版社，1999

12. 禪宗思想淵源，吳言生，北京：中華書局，2001

13. 禪宗哲學象徵，吳言生，北京：中華書局，2001

14. 禪宗詩歌境界，吳言生，北京：中華書局，2001

15. 禪與唐宋詩學，張晶，北京：人民文學出版社，2003

16. 禪與唐宋詩學，張晶，北京：人民文學出版社，2003

17. 理禪融會與宋詩研究，張文利，北京：中國社會科學出版社，2004

18. 游學集錄──孫昌武自選集，天津：南開大學出版社，2004

19. 佛經的文學性解讀，侯傳文，北京：中華書局，2004

20. 佛法與詩境，蕭馳，北京：中華書局，2005

21. 宋元禪宗史，楊曾文，北京：中國社會科學出版社，2006

22. 百僧一案，周裕鍇，上海：上海古籍出版社，2007

23.「文字禪」詩學的發展軌跡，蕭麗華，臺北：新文豐出版公司，2012

24. 中國禪宗書畫美學思想史綱，皮朝綱，成都：四川美術出版社，2012

25. 佛教五經與唐宋詩學，張海沙，北京：中華書局，2012

唐宋變革與文論

1. 文化轉型與中國古代文論的嬗變，楊玉華，成都：巴蜀書社，2000

2. 斯文：唐宋思想的轉型，包弼德著，劉寧譯，南京：江蘇人民出版社，2001

3. 唐宋之際詩歌演變研究，劉寧，北京：北京師範大學出版社，2002

4. 內藤湖南的唐宋變革說及其影響，張廣達，《唐研究》第 11 卷，2005

5. 何謂「唐宋變革」？，柳立言，《中華文史論叢》第 81 輯，2006

6. 重提「內藤命題」，王水照，《鱗爪文輯》卷 3〈文史斷想〉，西安：陝西人民出版社，2008

7. 從唐音到宋調——以北宋前期詩歌為中心，曾祥波，北京：昆侖出版社，2006

8. 唐宋變革與宋代審美文化轉型，劉方，上海：學林出版社，2009

9. 李杜之變與唐代文化轉型，葛景春，鄭州：大象出版社，2009

10. 中唐至北宋文學轉型研究，田耕宇，北京：中國社會科學出版社，2009

11. 經術與性理——北宋儒學轉型考論，吳國武，北京：學苑出版社，2009

12. 唐宋變革視域下的中唐文學家傳記研究，田恩銘，北京：中國社會科學出版社，2012

書學與畫論

1. 中國畫論類編，俞劍華編著，北京：人民美術出版社，1957

2. 中國畫論研究，伍蠡甫，北京：北京大學出版社，1983

3. 中國繪畫理論，傅抱石，臺北：里仁書局，1985

4. 中國古代繪畫理論發展史，葛路，臺北：丹青圖書公司，1987

5. 七綴集，錢鍾書，臺北：書林出版公司，1990

6. 中國畫論研究，何楚熊，北京：中國社會科學出版社，1996

7. 中國書法批評史，陳振濂主編，北京：中國美術出版社，1997

8. 中國繪畫思想史，鄧喬彬，貴陽：貴州人民出版社，2001

9. 宋代詩畫中的政治隱情，（美）姜斐德，北京：中華書局，2009

10. 宋元畫學研究，韋賓，蘭州：甘肅人民出版社，2009

11. 中國書法理論史，王鎮遠，上海：上海古籍出版社，2009

(四) 文藝學、文學批評、文學理論

1. 文藝學概論，劉叔成，北京：中央廣播電視大學出版社，1985

2. 中國文學理論史（1-5），蔡鍾翔、黃保真、成復旺，北京：北京出版社，1991

3. 文藝學論綱，胡有清，南京：南京大學出版社，1992

4. 中國古代文學原理，祁志祥，上海：學海出版社，1993

5. 中國文學理論批評史（上下），敏澤，長春：吉林教育出版社，1993

6. 文藝學美學方法論，胡經之，王岳川主編，北京：北京大學出版社，1994

7. 學問的生命與生命的學問，傅偉勳，臺北：正中書局，1994

8. 文學理論要略，童慶炳主編，北京：人民文學出版社，1995

9. 文學理論，劉安海，孫文憲主編，武漢：華中師範大學出版社，1999

10. 文藝學導論，吳中杰，上海：復旦大學出版社，2002

11. 比較文學概論，楊乃喬，北京：北京大學出版社，2002

12. 文學批評原理，王先霈主編，武漢：華中師範大學出版社，2003

13. 文學文體解讀，王耀輝，武漢：華中師範大學出版社，2003

14. 美的焦慮：北宋士大夫的審美思想與追求，（美）艾朗諾著，劉鵬、潘玉濤譯，上海：上海古籍出版社，2013

(五) 期刊

1. 文藝理論月刊，北京：中國人民大學書報資料中心

2. 古代文學理論研究（1-23），徐中玉主編，上海：華東師範大學出版社，1980～2005

3. 中國詩學（1-11），施議對、蔣寅、張伯偉主編，南京：南京大學出版社（1-6）北京：北京人民文學出版社（7-11），1991～2006

4. 域外漢籍研究集刊（1-4）張伯偉主編，北京：中華書局，2005～2008

5. 中國文論的兩輪，《古代文學理論研究》第29輯，汪涌豪，上海：華東師範大學出版社，2009

6. 中國文論的直與曲，《古代文學理論研究》第30輯，汪涌豪，上海：華東師範大學出版社，2010

7. 中國文論的古與今，《古代文學理論研究》第32輯，汪涌豪，上海：華東師範大學出版社，2011

(六) 單篇論文

1. 張高評，2002.6，〈清初宗唐詩話與唐宋詩之爭──以「宋詩得失論」為考察重點〉，香港大學中文系《中國文學與文化研究學刊》第 1 期，臺北：臺灣學生書局，PP.83-158。

2. 張高評，2004.7，〈清初宋詩學與唐宋詩之異同〉，《第三屆國際暨第八屆清代學術研討會論文集》（上），高雄：國立中山大學清代學術研究中心，PP.87-122。

3. 張高評，2006.12，〈北宋讀詩詩與宋代詩學──從傳播與接受之視角切入〉，《漢學研究》第廿四卷第二期（總第 49 號），PP.191-223。

4. 張高評，2007.10，〈印刷傳媒之崛起與宋詩特色之形成〉，成功大學中文系《成大中文學報》第 18 期，PP.39-78。

5. 張高評，2008.4，〈宋代雕版印刷之政教指向──印刷傳媒之控制研究〉，成功大學中文系《成大中文學報》第 20 期，PP.171-210。

6. 張高評，2009.6，〈宋刊詩話總集與宋詩特色──兼論圖書傳播與詩分唐宋〉，臺灣師範大學國文系《國文學報》第 45 期，PP.201-234。

7. 張高評，2009.6，〈方東樹《昭昧詹言》論創意與造語──兼論宋詩之獨創性與陌生化〉，高雄中山大學《文與哲》第 14 期，PP.121-158。

8. 張高評，2009.10，〈《詩人玉屑》論言用不言名──不犯正位與創意詩思〉，大同：《山西大同大學學報》2009 年第 23 卷第 5 期，PP. 47-52。

9. 張高評，2010.4，〈評《詩人玉屑》述沿襲與點化──傳播與接受之詮釋〉，國立成功大學《成大中文學報》第 28 期，PP.157-194。

10. 張高評，2010.5，〈《詩人玉屑》「選字下字」說述評──以意新語工為討論核心〉，臺北：里仁書局，《宋代文哲研究集刊》第 1 期(2011 年 6 月)，PP.259-306。

11. 張高評，2010.7，〈張鎡《仕學規範‧作文》述評：兼論詩法與文法之會通〉，香港中文大學《中國文化研究所學報》第 51 期，PP.255-284。

12. 張高評，2010.9，〈杜甫詩史與《春秋》書法——以宋代詩話筆記之詮釋為核心〉，香港浸會大學《人文中國學報》第 16 期，PP.55-96。

13. 張高評，2010.11，〈《詩人玉屑》「創意造語」說述評——以不犯正位之詩思為例〉，中華大學《萬竅——中華通識教育學刊》第 12 期，PP.1-37。

14. 張高評，2010.12，〈評《詩人玉屑》述詩家造語——以創意之詩思為核心〉，高雄中山大學《文與哲》第 17 期，PP.169-214。

15. 張高評，2010.12，〈《詩人玉屑》之編印與宋代詩學之傳播——詩話筆記之徵引與寫本印本之反應〉，中正大學中文系《中正大學中文學術年刊》2010 年第 2 期（總第 16 期）， PP.81-115。

16. 張高評，2010.12，〈《詩人玉屑》「意在言外」說述評——以含蓄、寄託、諷興為核心〉，四川大學《新國學》第 8 卷，PP. 199-232。

17. 張高評，2011.3，〈苕溪漁隱論宋詩宋調之形成——以歐、王、蘇、黃詩風為例〉，臺灣師範大學國文系《中國學術年刊》第 33 期（春季號），PP.29-58。

18. 張高評，2011.4，〈宋代印刷傳媒與詩分唐宋〉，《江西師範大學學報》(哲學社會科學版)第 44 卷第 2 期（2011 年）， PP.39 -48。

19. 張高評，2011.6，〈評《詩人玉屑》述推陳出新與自得自到：兼論印本寫本之傳播與接受〉，高雄中山大學《文與哲》第 18 期，PP. 295-332。

20. 張高評，2011.7，〈《春秋》書法之修辭觀〉，汪榮祖主編《錢鍾書詩文叢說——錢鍾書教授百歲紀念國際學術研討會論文集》（中壢：中央大學出版中心，2011.7），PP.331-380。

21. 張高評，2011.7，〈宋代雕版印刷與傳媒效應〉，《陝西師範大學學報》（哲學社會科學版）2011 年第 40 卷第 4 期（總第 181 期），PP.45-57。

22. 張高評，2011.10，〈海上書籍之路與日本之圖書傳播——兼論五山、江戶時代之日本詩學〉，臺南大學《人文與社會研究學報》第 45 卷第 2 期，PP.97-118。

23. 張高評，2011.12，〈杜甫題畫詩與詩學典範——從《苕溪漁隱叢話》論杜甫畫山水詩切入〉，《淡江中文學報》第 25 期，PP.1-34。

24. 張高評，2011.12，〈胡仔詩學與宋詩宋調——《苕溪漁隱叢話》杜甫詩述評〉，高雄中山大學《文與哲》第 19 期，PP.179-228。

25. 張高評，2012.3，〈趙翼《甌北詩話》說宋詩——以蘇軾、黃庭堅詩為討論核心〉，《成大中文學報》第 36 期，PP.37-73。

26. 張高評，2013.6，〈翁方綱《石洲詩話》論宋詩宋調——以蘇軾、黃庭堅詩為核心〉，中山大學中文系《文與哲》第 22 期（2013.6），PP.403-440。

27. 張高評，2014.1，〈比事屬辭與章學誠之《春秋》教：史學、敘事、古文辭與《春秋》書法〉，中山大學文學院《中山人文學報》第 36 期，PP.31-58。

28. 張高評，2015.1，〈比事屬辭與方苞論古文義法——以《文集》之讀史、序跋為核心〉，香港中文大學《中國文化研究所學報》第 50 期。

大學《左傳》課程選文舉例

　　《左傳》一書，凡十八萬餘字，古文經學推為解釋《春秋》經之書，史學界引為上古史之信史，歷代文家則尊崇其史才文筆，以為百世文章之宗祖。劉知幾尤其標榜《左傳》敘事之藝術，以為「工侔造化，思涉鬼神，著述罕聞，古今卓絕」。本課程開授於大學部中文系本科，自然宜以文學美感之鑑賞為主，而以解釋《春秋》經典、徵實春秋史事為輔。

　　本課程教材，以楊伯峻《春秋左傳注》為主，參考《左傳》相關論著，分四大單元講授：敘事類 8 篇，詞令類 9 篇，論說類 9 篇，描寫類 8 篇；而以敘事文類為核心。此種分法，只是就文本之側重處，大概言之，取其方便稱說，姑以後世文體分類規範之。其實，《左傳》或言事相兼，或藉言紀事，或以敘事為議論，或以敘事為描寫。課中，將隨文提示《春秋》書法之大凡、述說《春秋》人物傳記之本末，概括成敗得失、治亂興亡之道，考察外交詞令、談說藝術說服之方，揣摩行軍爭戰之兵法謀略，霸業經營之策略規劃，其他如三傳會通、《左》《國》關係、賦詩斷章、聘享會盟、取威定霸、宗法禮俗、職官地理、天文曆算、人情世態、文章義法等等，多將隨文解說，作或詳或略、或輕或重之講述。如此，將經學、史學、義理、文學之體現，藉《左傳》選文指實道出，較有具體而微之功效。

　　《左傳》四大主題與選文搭配如下，視實際授課時間機動取捨：

一、敘事主題與選文

　　就經傳關係而言,《左傳》以史傳經,側重以歷史敘事方式解釋孔子《春秋》經,遂與《公羊》《穀梁》之以義傳經不同。就史學而言,劉知幾《史通》以為:「史之美者,以敘事為工」,而盛推《左傳》之敘事。清章學誠《文史通義》提明:「文辭以敘事為難」,而左氏長於敘事藝術,尤其工於敘寫爭戰謀略,不僅為文章鼻祖、史傳開山、敘事文學之先河,更為清代桐城義法之典範,其文學價值極高,歷代師法不絕。

　　本課程於《左傳》之敘事文,首選春秋爭戰之大塊文章,分謀略、仁義,與藉口三層面講述。其次,弒君篡立,凡兩篇。其他,寫晉文出亡,以紀事本末之體;志夢厲神怪,則出於浮誇之文,不一而足。《左傳》之敘事藝術,如逆敘、追敘、對敘、類敘、側敘、帶敘、虛敘、暗敘、婉敘、言敘、瑣敘、補敘、陪敘、突敘、預敘、提敘、拖敘、錯敘、搭敘、結敘等,堪稱敘事文學之大觀,多精采可以取法。敘事典範之文選如下:

1. 謀略與爭戰

　　　　晉楚城濮之戰(僖 27、28)　　　吳敗三國之師於雞父(昭 23)

2. 仁義與戰爭

　　　　宋楚泓之戰(僖 22)

3. 侵伐與藉口

　　　　齊桓公伐楚侵蔡(僖 4)

4. 弒君與書法

　　　　齊無知弒其君諸兒(莊 8)　　　晉趙盾弒其君夷皋(宣 2)

5. 流亡與稱霸

> 晉公子重耳出亡（僖 23、24）

6. 浮誇與勸懲

> 晉景公夢大厲（成 10）

二、詞令主題與選文

　　《左傳》為三大說話寶鑑之首。《史通・言語》稱《左傳》之詞命：「語微婉而多切，言流靡而不淫」；「其文典而美，其語博而奧；述遠古則委曲如存，徵近代則循環可覆」。范甯所謂「豔而富」，韓愈所謂「浮誇」，蓋指此。其中，外交詞令與談說藝術有足資借鏡參考之談判術與說服術，最可觀玩。綜觀《左傳》之詞令，大抵運用四大法式：

1. 辨明得失利弊

> 宮之奇諫假道（僖 5）　　　燭之武退秦師（僖 30）

2. 分析是非曲直

> 王孫滿對楚子問鼎（宣 3）　　鄭子產壞晉館垣（襄 31）

3. 動之以感情

> 齊賓媚人責晉人（成 2）　　　楚薳啟疆論辱晉（昭 5）

4. 說之以奇正

> 陰飴甥說秦伯（僖 15）　　　晉侯使呂相絕秦（成 13）
>
> 蔡聲子說楚復伍舉（襄 26）

三、論說主題與選文

　　《文史通義‧詩教上》言：古詩一變為春秋之辭命，再變而為戰國縱橫家之言，三變而為漢人之辭賦。《左傳》一書，辭命之變為縱橫家言，有具體而微之表現。尤其《左傳》自襄公之後，王源《左傳評》以為「文字簡鍊奇奧不及前，而浩瀚流轉，波瀾橫溢過之，已開戰國西漢門戶。」《朱子語類》亦云：「《左傳》之文，自有縱橫意思」；清朱軾《左繡‧序》稱美《左傳》文章：「近《莊》《列》詭譎之風，啟戰國縱橫之習」。據此，可窺古典散文之文體流變。宋真德秀《文章正宗》，平列敘事、詞命、論說三項，多舉《左傳》文章，取以為正宗之典範。大抵分為四大類：

1. 諸臣論諫君王

　　　　臧僖伯諫觀魚（隱 5）

2. 諸臣論諫執政

　　　　楚申叔時諫縣陳（宣 11）　　　　子產論尹何為邑（襄 31）

3. 諸賢論人評事

　　　　仲尼論政寬猛（昭 20）　　　晏嬰論和同（昭 20）

4. 君子時人論斷褒貶

　　　　君子論周鄭交質（隱 3）　　　君子論秦以三良為殉（文 8）
　　　　仲尼論名與器不可以假人（成 2）　君子論邾黑肱以濫來奔（昭 31）

四、描寫主題與選文

《文心雕龍·物色》評論春秋以來，描景寫物之流變，至漢賦之模山範水，南北朝之窺情風景，鑽貌草木，所謂巧構形似之文極矣。在漢賦之前，《左傳》往往以敘事為描寫，或描繪人情，或表現事情，或摹擬物情，信能「隨物宛轉，與心徘徊」。其中尤以描寫火災，最稱精采絕倫，所謂「畫咸陽一炬圖者，應得此筆法」。其他，畫鬼神，狀牲畜，寫服飾，雖吉光片羽，亦有可取，如：

1. 描繪人情

　　　　楚莊王劍及屨及（宣 12）

2. 表現事情

　　　　楚伯州犁巢車望晉軍（成 16）

3. 摹擬物情

　　　　子產禳鄭火（昭 18）　　　魯桓宮僖宮災（哀 3）
　　　　彭生化豕（莊 8）　　　　　鄭人相驚以伯有（昭 8）
　　　　鄭子臧好聚鷸冠（僖 24）　蔡墨說龍性（昭 29）

中文系學生在完成《左傳》課程後，預期可獲得以下學習果效：

1. 了解文學的基本知識及源流發展，能夠描述不同文學作品的特點，並運用文學術語、概念或理分析作品；(K/S)

2. 對中國語言文字、古代文獻有基本的了解；(K)

3. 對多於一個專業範疇（古代文獻）感到興趣；(K/V)

4. 在學習、導修與功課上表現一定的創意；(K/S)

　　同學提交每份作業須一併提交已簽署的聲明如下。如作業以電腦製作、內容以文字為主，並經由大學的抄襲偵測系統劏檢通（CUPIDE）提交者，學生將作業的電子檔案上載到系統後，便會獲得收據，收據上已列明有關聲明。未有夾附該收據的作業，老師將不予批閱。

　　本人聲明，除明確註明來源的資料外，現提交的作業是本人的原創，而本人並沒有將此作業或內容相同的資料套用於其他科目的作業內。本人並確認本人知道在網址 **http://www.cuhk.edu.hk/policy/academichonesty/** 所載的大學有關學術著作誠信的政策及規則，及適用於犯規事例的紀律指引及程序。

簽名　　　　　　　　　　　　　　　日期

姓名　　　　　　　　　　　　　　　學生證號碼

科目編號　　　　　　　　　　　　　科目名稱

教材

1. 春秋左傳注，左丘明著、楊伯峻注，北京：中華書局，1990
2. 左傳導讀，張高評，臺北：文史哲出版社，1990

案：本課程為 2009 年 2-7 月，擔任香港中文大學中文系訪問教授，於大學部
　　開授《左傳》之大綱。

參考書目

1. 左傳記事本末，清‧高士奇，臺北：里仁書局，1980
2. 左傳之文學價值，張高評，臺北：文史哲出版社，1990
3. 左傳文章義法撢微，張高評，臺北：文史哲出版社，1988
4. 春秋左傳學史稿，沈玉成，南京：江蘇古籍出版社，1992
5. 左傳之文韜，張高評，高雄：麗文文化公司，1994
6. 左傳之武略，張高評，高雄：麗文文化公司，1994
7. 春秋書法與左傳學史，張高評，臺北：五南圖書出版公司，2002，又，上
　　海：上海古籍出版社，2005
8. 左傳譯文，沈玉成，北京：中華書局，1982

清代學術研究論題舉例

　　研究題目的選擇是一項重要工作，選對題目好像開鑿礦產選對礦坑一般，如果選對，則可開發一百年、五百年還開不完；相反，則可能三四月就開盡。所以，若擇題時能選擇範圍大一點的、有前瞻性的、有永續性的，盡力去鑽研，則成就指日可待。中山大學成立清代學術中心，頗有特色，而且師資人才甚多，日後必大有可為。此次講題是針對清代學術題共一些可供研究的選題，而這一方面實際上也較少人研究。希望界者這些題目的提出，給大家一些啟示，以此拋磚引玉。以下則依綱要來談：

　　文學包括詩歌、古文、辭賦、駢體文等，此次所談則側重於詩歌方面，其他則順帶略提。

　　詩歌研究分二方面，一為「理論部分」；一為「作品部分」，兩者有時各有側重，有時也須雙管齊下，以下就選題舉例說明之。

一、清代唐詩學

　　關於唐詩、宋詩此二種詩體的風格特色，在宋代元祐之後便逐漸形成一種分道揚鑣的情形。此一方面，錢鍾書先生以及最近中國大陸、臺灣學者的研究已確定了「詩分唐宋」的論題。詩分唐宋乃是以詩的風格特色來分，而不單只以朝代來區隔；換言之，唐朝人也可能作出近宋詩風格的詩；而宋代人亦可能做出近唐詩風格的作品。推而廣之，六朝、漢代的人所作之詩有近唐，亦有近宋的，元明清以後的詩歌也是如此。故今日所言中國古典詩分也，

乃是以風格特色分而不以朝代分。因而，清代詩歌亦依此而分為唐詩、宋詩這兩大趨向。

(一) 唐詩（唐音）特色研究

　　唐宋詩的不同，在於宋人有自覺的認識，經元明以後才有更清楚的發展（因為有爭議、有論辯的關係）。所謂唐詩的特色，必須和宋詩作對照、比較來說。所謂「比較研究」，應要牽涉到許多層面（一般人都只注重在異同方面，且著重於異方面的研究），除異同研究外，應包括精粗、因果、本末、源流優劣的研究。談唐詩特色時，應與宋詩比較對照來說，在兩相對照、比較下，乃可顯出其特色。

　　南宋以後，因宋代人追求自成一家，宋人希望在唐詩輝煌的成就下走出一條大道，創造出自己的風格。所以宋人學唐，是先弄清楚唐詩的特色為何，一方面吸收唐詩優點，然後再創自我風格。因為在互相比較下較容易顯出其特色。

　　我們要研究清代的唐詩學，要先了解清初唐宋詩之爭，在就清代詩話、筆記、文集中區分宗唐、宗宋二派。若要就唐詩特色作研究，可就其詩話、筆記作探討，看看宗唐派對唐詩有何自覺；另外亦可看宗宋派在凸顯宋詩特色時如何評論唐詩，兩相比較、對照、綜合，以求得更完善、更客觀的見解。

　　順帶一提：研究唐詩的特色，可就唐詩作品本身或唐代詩論、晚唐詩格等方面去研究。而現在所言清代唐詩學中唐詩特色研究，乃是指清人的觀點、清人立場，因而會發現，唐人心目中的唐詩特色必定與清人心目中的唐詩不同，這是很自然的。

(二) 杜甫詩學

　　杜甫詩受到重視自宋代開始，從王禹偁、王安石、蘇軾、到黃庭堅、到江西詩派、到南宋，特別受推崇（稱杜甫為「詩聖」，杜詩為「詩史」，詩歌成就為「集大成」，一切桂冠皆是宋人給予的），到宋代學杜誠為時代風氣。

至明代，雖前後七子推崇唐詩，然也有一部份（如公安派）推崇宋詩、杜甫之詩。

清朝分宗唐、宗宋二派，宗宋派因為推崇蘇軾、黃庭堅（江西詩派），所以，江西詩派所提一祖三宗的一祖—杜甫，便深受重視。清代學杜的風氣不亞於宋代江西詩派，宋代杜詩學已有學者展開探究（如蔡瑜《宋代唐詩學》、蔡振念《杜詩唐宋接受史》），而清代杜詩學更值得開發研究。研究清代杜詩學可從詩話著手，（a、詩話對杜甫的評價問題 b、清人詩歌創作對杜甫詩歌的學習、接受問題），資料甚多，可從接受理論、讀者反應理論角度去看，綜合詩派主張、清代文化特質、清代學術走向來看這些問題。

(三) 李白詩學

杜甫於唐代杜甫於唐代較不受注意，反而是李白詩較受重視，此可從唐人選唐詩、敦煌寫本所選錄者得知。可見李白詩之審美意識與唐代輝煌、燦爛的文化及大唐氣勢是較契合的。李白詩在唐代較受重視，而在宋代也不少詩人學李白之詩，只是這一方面被江西詩派宗杜的風氣給掩蓋，因而大家較不注意。此方面可參考張高評教授《宋詩體派敘錄》，在掌握了宋代李白詩學資料後再來研究清代較為全面。

向來李杜詩學的研究，學術界學者一如宋詩風一般，較熱衷於杜詩的研究，因此李白詩學研究仍有相當大的探索空間（成功大學楊文雄教授《李白接受史》已開其端）。這一方面（李白與杜甫的研究狀況）可參考張高評教授《漢學研究通訊》七十七期中有一報導〈五十年來唐宋文學研究的回顧與前瞻〉。具備上列認知後再參考裴斐、劉善良編《李白資料彙編》（北京：中華書局）清代部分，就所列 426 家資料觸類旁通，由此展開清代李白詩學研究。

(四) 李杜優劣論

李杜之間孰優孰劣的問題，在宋代學度風氣盛行時常被提出來探討（此部分大陸刊行之《中國李白研究》及蔡瑜《宋代唐詩學》已有專章討論）。然

而一問題牽連甚廣，不是一篇博士論文之一章即可探討完畢。尤其是李杜優劣論自宋代至清代，各朝看法不同，各派觀點有別，清代李杜優劣問題不只是其作品本身，詩歌語言、詩歌風格、本身人格的問題，恐與清代的學術宗派的治學風氣考據學、義理學的昌盛有關。因此研究時，學術的風氣、一代的學風亦要考慮進去。在宋代，李杜的優劣乃是就人格來說，從道德、理學的角度來評論（認為杜優於李），至清代，亦有人拿教化說、載道說來探討問題，此種背景研究者要了解，才能有較客觀的評論。

清人對李杜評價的看法何者可取、何者不足取，研究者亦應該作個評論。此一方面的研究可從唐、清之唐詩學對李杜作品、人格的評、清代詩壇學李或學杜的分佈狀況、人數多寡來探討之。

(五) 李杜異同論

異同的研究是價值判斷的探索，此部分可由李杜詩歌作品本身的主題、體裁、詞彙、意象、格律、技法、天份、才學各方面去探討，亦可由清人詩話、筆記在討論李杜風格、人格的特質時去作對照。此題目較小，或可與李杜優劣論合併談之。

(六) 清人選唐詩

新加坡大學楊松年教授著《中國古典文學批評論集》（香港：三聯），其中有〈詩選之詩論價值〉一文，談及由文選、詩選等來探討文學批評，可參考楊教授研究之模式由選文來探討文學批評，從清人所選唐詩來看選哪幾個詩人、哪幾個主題、數量多寡、選擇取向，便可看出編選者的文學觀、文學主張。因為，選擇即是一種價值判斷。

(七) 從「唐人七律第一」之爭看文學觀念之演變

此一選題，乃是南京大學周勛初教授一篇文章的標題，此一標題甚有啟發性、參考價值。從明清的詩論、詩話中看出後人對於唐人七律冠軍之作有

不同看法，來探討為何有種種不同。例如：有人認為沈佺期〈獨不見〉是唐人七律第一，而嚴羽《滄浪詩話》確認為是崔顥〈黃鶴樓〉，亦有人認為是杜甫之〈登高〉。不同詩話、不同詩評家各自有自己心目中的第一，此牽涉到每人的文學觀不同，詩派之主張有異，審美的趣味有別。此一選題甚有啟發性，可依此套用，去研究清代詩話筆記中唐人五古、七古第一、五絕、七絕第一，來看文學觀念的演變。「第一」不同，乃是人人心中各有一把尺，這跟詩派的主張、文學風尚的走向、個人喜惡、師承、與朋友間交談皆有關。此題目甚有研究價值，然而小了點。

二、清代宋詩學

(一) 唐宋詩之爭

中國古典詩歌約分兩大風格特色，一為唐音，一為宋調，此二種誰優誰劣的問題，南宋張戒《歲寒堂詩話》、劉克莊之文集較早論及，至嚴羽《滄浪詩話》則更明顯提出。

唐宋詩之爭起源於南宋，宋人面對唐詩的輝煌燦爛，莫不希望宋詩也能有自己一片天地，因而宋人幾乎沒有不學習古人的，只是對象不同而已。宋人學習古人的優點，發展自己的風格，勢將學習古人當作手段，以自成一家為目的，因而宋人的學習古人不像明人僅是模仿，所以能走出一片天，有自己的風格特色。不過，個人才性不同，有人從學習入手，而開創自我風格；有些卻僅以學習為目的，極力追求模仿相似，以致於當代（南宋）有人會認為當代的詩歌成就不如唐代。另外，審美觀念常會有一種貴古賤今的情形，唐對於宋而言是「古」，因而當代人認為宋詩造詣不如唐詩。除此之外，個人好惡、詩派主張也會影響對唐宋詩優劣看法的不同，如張戒《歲寒堂詩話》是較偏尚唐詩風格的，因而，對宋詩的批判就較不留餘地。大體而言，南宋

自張戒以來，便對宋詩有較負面的評價，此種情形至明代「文必秦漢、詩必盛唐」的風氣下，更是貶低宋詩，甚至有前後七子批評宋朝詩只有一首可讀，其中只有一句像話，這樣的評論其實是不符文學事實的。

清代唐宋詩之爭資料頗多，可就清代諸家詩話來探討清人對唐詩、宋詩的看法，去了解其中所爭論的焦點為何。大陸學者齊治平《唐宋詩之爭概述》（長沙：岳麓書社），是入門著作。依張高評教授的了解，清人唐宋詩之爭的焦點似乎偏向於 a、唐詩為源，宋詩為流，把源流、本末與優劣劃上等號。（認為源、本較優，流、末較劣），b、以唐詩當作古典詩歌發展登峰造極的唯一典範，以唐詩作典範，認為與唐詩風格特色、語言、主題相近者為優，反之，則劣，勢將同異當作優劣。事實上看法是有帶斟酌錯誤的，因為不能把學習本身當作目的，要以學習為首斷，創發自家風格，才有文學價值。要澄清這一方面的疑問，可參考張高評教授新著《會通化成與宋代詩學・從「會通化成」論宋詩之新變與價值》（成功大學出版組）。

(二) 唐宋詩之異同

在談唐宋詩之爭時，會提及唐宋詩的異同、優劣，亦會涉及唐宋詩特色的問題。特色可經由許多研究方法獲得，如數量的多寡、品質的優劣、流變的考察等等，而異同之比較只是其中之一，此方面可參考張高評教授《宋詩之傳承與開拓》（文史哲）、《宋詩之新變與代雄》（洪葉）、《會通化成與宋代詩學（成功大學），異同的研究可由詩歌語言、主題、題材、體裁的選擇偏向看其有何不同。例如，唐詩喜歡向外馳騁（建功立業、遠走塞外、故邊塞詩多）；宋詩則由外向內，較細微、精緻。同是登樓詩，則唐詩、宋詩寫法不同：唐詩可能首句是詩人站在閣樓上，然後敘寫所見、所聞、所感；而宋詩則可能寫未登樓之前及已登樓之後的情懷，也就是說，宋詩較朝唐人未開發或少開發的方向去描寫。清章學誠《文史通義・答客問上》所謂「詳人之所略，異人之所同，重人之所輕，而忽人之所謹」之創意追求，差可彷彿。

總而言之，唐宋詩異同可由語言、題材、體裁的選擇偏向、字法、句法、

章法、格律、風格特質等來比較，這些基本認知，清代詩話筆記等詩學論著，已多所提示。進一步綜合考察，發明幽微，正待學界的有心人。

(三) 宋詩特色研究

從清代詩話所記錄，可看出清人心目中的宋詩特色。清人認為的宋詩特色是否就是宋詩的本來面目？當然應該深入探究。詩話主張如此，真相還要對照宋人的詩歌。基於這一點，我們常可發現理論的主張與創作的實際間是有差距的，有些理論講得頭頭是道，但實際創作時往往眼高手低。最明顯的例子是嚴羽《滄浪詩話》，對於詩學說得頭頭是道，但其詩集《滄浪吟》寫得並不是很好。

清人在詩話、筆記中所提宋詩特色，如以議論為詩、以才學為詩、以文為詩等等，大約來自三個來源：

a、清人閱讀宋人作品所得的整體概念

b、清人閱讀宋代詩話所得的整體概念

c、清人自己的一套主觀論析

宋詩特色的研究不僅是要與唐詩作比較，還要與文（古文）、辭賦作比較，因為宋詩特色到後代常是與古文辭賦混在一起（如以詞為詩、以文為詩、以賦為詩），這方面須有一些區隔。而清人對於這種文體的交融、相通的看法（文體分類學），也是可資探討的問題。

(四) 東坡詩學

蘇東坡與黃庭堅（山谷）乃宋詩的兩大代表，此二大代表對後代各有影響。東坡之影響在南宋時對北方的金人、元朝有相當的影響，至清朝其影響力也不容小看。黃庭堅的影響，亦與東坡旗鼓相當，合稱為「蘇、黃」。清桐城詩派，如方東樹《昭昧詹言》，即將東坡、山谷兩者並列。

研究時可選擇清代諸家詩話，針對東坡詩學或山谷詩學去探討。若要實際研究，前提是須對東坡或山谷的詩歌本身特質有相當程度的了解，以及必

須先去了解宋人對東坡、山谷詩歌有何評價。這是正本清源的基礎工夫，忽略這一環節，將會影響成果的說服力。

學界有些研究清代詩學者有某些偏失，研究的雖是清代的宋詩學，但對宋詩的特色、唐宋詩的異同、宋詩的地位卻存而不論。換言之，不去了解本源、文本、本來面目，這是有偏失的。

由此可知，愈是研究後代的學術，困難度將愈高，因為錯綜複雜的源流追溯與掌握，勢必要而不能免除的學術工程，這方面可參考四川大學中文系主編《蘇軾資料彙編》（北京：中華書局），以及曾棗莊主編《蘇軾彙評》（臺北：文史哲出版社，成都：四川文藝出版社）。另外，研究東坡詩學，不能僅看清代詩話，必須對當前東坡的學術研究成果有充分掌握；相同的，研究黃庭堅之山谷詩學，或江西詩學都是相同的。

下一個項目要談的東坡詩學、山谷詩學、江西詩學，目前學術界（兩岸三地、日本漢學界、歐美漢學界）對此三主題，皆有相當可觀的研究成果可資借鏡。

順帶一提：以東坡詩學來說，可以研究東坡詩的研究史，可參考復旦大學王友勝博士論文《蘇軾研究史稿》，從宋、金、元，至明、清，各家各派對於蘇東坡詩歌的研究作一鳥瞰式的、簡要式的述詳，以方便後人深入，尤其對於清人蘇詩的評點和選錄、清人論蘇詩的著作皆作提綱挈領地提出，因而若要研究清代東坡詩學，必須要參考此本論文。

另一本更值得參考，《蘇軾研究史》（江蘇教育出版社），由四川大學曾棗莊教授等所寫，首先針對蘇軾學術之影響與接受作歷史性的論述，分北宋、南宋、金元、明代、清代、現、當代各章作提示，再就韓國、日本、西方漢學界的蘇軾研究成果作一鳥瞰式的說明，可見蘇軾之學已成國際顯學。

由上二本參考書可見，東坡詩學的接受史、研究史很值得研究，可擇一斷代或某一時期來作碩士或博士論文。

(五) 山谷詩學

　　山谷的詩歌在清代（如浙東、浙西學派、桐城詩派、虞山派、經世派、同光派、晚清「詩界革命」派）是相當推崇的，吾人可從清代詩話宗宋派（所謂「宋詩派」、「禰宋派」），甚至對立面的宗唐派的觀點來研究。值得一提的事：通常，正反二派不約而同所關注的議題，大多是值得去探討的。有時，反對陣營所提出的論點，反而更具啟發性。

　　東坡與山谷號稱宋詩的二大代表，東坡的研究非常熱門，但黃庭堅的研究相形之下卻較沈寂。當然，東坡甚有才華，相較之下山谷比不上，然黃庭堅所創江西詩派，從北宋元祐至南宋，可謂風靡天下，造成深遠影響。不僅對詩壇有觸發、對詞壇（如周邦彥之詞）亦有影響。另外，詞論、辭賦、古文等創作或理論江西詩派的主張皆給予相當激盪，這可從宋人的筆記詩話中看出。因此，論影響接受，黃庭堅的研究影響不同小看。張教授認為山谷的詩奇絕瘦硬，較東坡之詩更具宋詩特色，更凸顯宋代文學的特徵。山谷的詩喜用典故，造成後人在解讀時困難度增加，此點也可能是山谷的詩不易被廣泛流傳、喜愛的原因。傅璇琮編著《黃庭堅與江西詩派卷》（高雄：麗文文化公司），是目前研究資料較集中的工具書。另外，《黃庭堅全集》已由四川大學出版社發行（北京中華書局亦有另版《黃庭堅全集》，近期將出版），有利文本之掌握與解讀。

(六) 江西詩學

　　此是屬於地理影響文學的一種探討，可參考曾大興《中國歷代文學家之地理分佈》（漢口：湖北教育出版社）、程民生《宋代地域文化》（開封：河南大學出版社）如清代所謂桐城文派、揚州學派、吳派、徽派皆是以文化所形成的一種地域學術宗派。這種地理影響文風、學風的情形是值得注意的。在研究清代學術時，可以注意到此類地域文化影響學術的議題。此種情形其實在宋代即有，如：閩南朱熹、關中洛學、四川蜀學、江西詩派、浙東詩學等

等。

　　研究此論題可從江西詩派在清代詩話中是如何定位的、評價如何？等方面著手。此題目雖大些，然海峽兩岸對江西詩派研究成果頗多（如龔鵬程《江西詩社宗派研究》（臺北：文史哲），莫勵鋒《江西詩派研究》（濟南：齊魯書社）），有關江西詩派的特色、主張、語言風格皆有現成材料可資參考觸發。

　　另外，研究此主題時要注意，不要混雜各個時代的論點，因為如此會使所得結論失去客觀。既然是研究清代的江西詩學，當應以清代的詩話、筆記為首要資料，其他朝代資料只可作為輔助佐證。其中牽涉到學術接受及文學流變問題，不便細表。

(七) 新變與禰宋

　　從清代的宋詩學中可發現：推崇宋詩的詩論家、詩評家有一共通的看法，認為宋詩與唐詩一樣有價值，通常是站在新與變的觀點來看問題。此種觀點是較客觀、可取的，一如《楚辭》與《詩經》兩相比較下，《楚辭》為新、變；而漢樂府與《楚辭》、《詩經》比較下，則漢樂府為新、變。同理，六朝詩為新變、唐詩為新變，每一代文學所以能生存發展，與前代相較下皆為新與變。由此角度來看，宋詩與唐詩不同，主要亦是一種追新求變、、自成一家特色的現象與結果。從南宋的張戒、嚴羽，到清代的王夫之、朱彝尊、沈德潛、紀昀、雲門派、西冷派等宗唐派的貶斥宋詩，都認為「宋詩背離了唐詩的審美傳統」，這就根本忽略了「新變」的文學語言本質。學術界允許唐詩新變六朝之詩，卻不允許宋詩新變唐詩，這種評價宋詩論點是說不通的。張教授《宋詩的新變與代雄》主要亦是取此觀點（新變），可參考之。

　　其實，文學的生存發展最主要就是追求新變，所謂的文學語言、詩歌語言，主要的也是以追新求變為主要訴求，新變雖未必就是美好，但若要美好，就有必要推陳出新、不落俗套，中外古今所有文學理論、文學作品皆呈現如此的事實。因此，清代宗宋派從追求新變的觀點看宋詩是非常可取的。

　　清代無論宗唐或禰宋，皆以「新變」觀點肯定宋詩地位，較有代表性者，

如朱彝尊、毛奇齡、徐乾學、錢謙益、呂留良、黃宗羲、葉燮、方東樹、宋
犖、翁方綱、龔自珍、何紹基、曾國藩、梁啟超、黃遵憲、鄭孝胥、陳衍、
陳三立、沈曾植等人。其中更有許多折衷唐宋者，這些詩論都值得探究。

(八) 詩界革命與宗宋

　　在晚清同治光緒年間流行宋詩，號稱「同光體」。梁啟超以及民國初年的
胡適之、陳獨秀他們都主張詩界要革命、要維新，這些都是針對古典詩來說
的。他們革命有一個宗旨：學習的典範不是唐詩而是宋詩，我們看胡適所選
的絕句，絕大部分是宋詩，陳獨秀他們也都與之類似。這種情況讓人很訝異，
詩歌發展到了清代，宗唐派、宗宋派兩派成拉鋸戰。但是到了同治光緒年間
以後，宗宋派獨占鰲頭管領風騷，文壇的一些領袖大多提倡讀宋詩、學宋詩、
作宋詩，這個現象很值得研究，但是目前還沒有人去作探討。

　　另一方面，像胡適之古典詩選中所選的一些詩，選文的標準和趨向各如
何？也是值得作探討的。陳獨秀、梁啟超亦是如此。甚至於他們作的詩，不
管是古典詩或是現代詩，亦都是較接近於宋詩的風格。美國加州大學教授杜
國清先生寫過一篇文章〈宋詩與臺灣現代詩〉，載於所著《詩情與詩論》（廣
州：花城出版社，1993），可以獲得印證。因此，不僅同治光緒年間的詩壇被
宋詩籠罩，民國初年的詩壇也都是宗宋派，甚至於現在的臺灣現代詩也不謀
而合的接近宋詩的特色，而遠離唐詩的風格。在這一點上，臺灣現代詩的作
者、學者並不見得同意，但經過風格分析、語言探討，它的確是較接近宋詩
的風格。為什麼會有這樣的現象？是值得探討的。尤其是對臺灣現代詩有相
當素養的人，如果能對宋詩的特色再稍微作個研究，以此來研究臺灣的現代
詩，看看是否真如杜國清先生所說的，臺灣現代詩是接近宋詩風格而遠離唐
詩風格？這個問題非常實用而且非常現實，值得探討。

三、清代詩學

(一) 浙東詩學（黃宗羲、呂留良、吳之振、查慎行、萬斯銅、厲鶚、全祖望、汪師韓）

　　浙東學派，是以黃宗羲為主的浙東史學家，還有一些他的朋友、學生，一起提倡宋詩的文學群體。首先對宋詩加以編選，如呂留良、吳之振的《宋詩鈔》，（《宋詩鈔》目前沒有人作研究，其中可以探討他選詩的標準如何？所選主題類別何種最多？是古詩多還是律詩多？七言多還是五言多？為什麼？甚至宋代還有所謂的六言詩等等，此外還可以探討他所選的題材是如何的？）

　　就此附帶題一下：最近中國大陸出了好幾本關於宋詩三百首的書，但是他們所謂的宋詩三百首，實際上不具有宋詩特色的宋詩。換句話說，這些學者對於唐詩比較熟悉，對宋詩的特色比較陌生，所以他們是拿唐詩的特色作為尺度標準，去選所謂宋人作的詩，因此被選出來的作品是宋人所做較具唐詩特色（唐音）的詩。如北京中華書局金性堯選編的《宋詩三百首新注》等即有這樣的情況。所以，我們需要編一個真正具有宋詩特色的詩選。

　　現在回頭談呂留良、吳之振的《宋詩鈔》在《四庫全書》中有，他們的選擇標準值得我們作研究。黃宗羲基本上是史學家，由他所領導的浙東學派在清代是非常有聲勢的。我們可以由南宋的浙東學派看他們的詩風走向，然後再看明代像王陽明的浙東詩學，再看到清初的浙東詩學，比如說查慎行、萬斯同、全祖望、汪師韓等人，這每一家都可以作研究。

　　浙東詩學的詩風比較接近於宋詩，如查慎行、汪師韓就曾經對蘇東坡的詩做過評選，可以就其對一家的評選即可了解他的詩學傾向。

　　萬斯同是史學家，而厲鶚曾編過《宋詩紀事》。《宋詩紀事》對研究宋詩來說是一件很大的工程，把與詩歌有關的詩話，或是詩歌的本事、寫作背景

都將之編纂在一起。厲鶚基本上也是宋詩派，厲鶚的詩集、文集、全集在上海古籍出版社已經出版，而其詞也有香港和臺灣的學者作了研究，但是他的詩以及《宋詩紀事》則無人作探討。所以，這方面值得去作。另外，同光年間，留心文獻的浙江吳興人陸心源繼厲鶚後，亦編有《宋詩紀事補遺》一百卷，亦可作宗宋詩風之見證。

全祖望也是浙東學派的史學家，曾和黃宗羲編纂過《明儒學案》，新竹交通大學的詹海雲教授研究其學術思想作為博士論文。全氏之文學數量十分可觀，在這方面也值得作探討。

浙東詩學是一很大的範圍，並不是只有上述所談到的幾個人，在這幾個人當中選擇一家作探討都是可以的。如在中國文學批評史中黃宗羲便常被提到，我們注意到黃宗羲的詩學理論可以發現他與劉克莊有不謀而合之處。不過，黃宗羲所謂的文人之詩，要有學問當作根柢；要有才華、發揮議論，因其為史學家對史料掌握多，而浙東學派也因掌握史料、文獻，所以他們的詩歌主張便是以才學為詩。（在此順便提到宋代以文為詩、以議論為詩的形成，張高評教授於國家書館第三屆兩岸整理古籍研討會發表一篇論文〈古籍整理與文學風尚〉，提及宋人的古籍整理從蒐集亡佚，到作品編年，到分類到箋注到評點，交給出版商出版，都與學術（文學）風尚息息相關，互動密切。因當時雕版印刷非常發達，書籍流通迅速，再加上書價便宜，知識份子的薪資差可，這樣的情況下促成書籍流通迅速，詩人讀了很多書，因此作詩時將讀到的知識學問表現於詩作中，因此宋詩中所以運用諸多典故，這與文化背景有著很大的關聯性。）

(二) 文獻學與浙派詩

浙東史學接觸諸多的史料文獻，自然於作詩時會受到影響，所以這個學派的詩學主張與其本身的專業是有關係的。只要看到南宋時呂祖謙、清初黃宗羲、呂留良、全祖望的詩作與詩論，即可得到印證。剛才談到浙東學派是以史料文獻起家，因為他們是史學家，職在編纂歷史；隨時掌握相當多的史

料，所以這方面他自然與宗宋派是比較直接相關。所以「資書以為詩」、「以學問為詩」、「以才學為詩」，是以學為本的「學人之詩」，浙派的「以詩為學」，以學問為詩材，是有豐富的文獻作後盾的。

(三) 浙西學派（顧炎武、朱彝尊……）

顧炎武、朱彝尊他們雖然也是讀了很多古書，甚至於對經學有所研究，但是他們的詩學傾向則是偏於宗唐派。像清初王夫之，他也是傾於宗唐派。為什麼同樣都是經學家或文獻家而會有如此的不同？對於這樣的問題，我們並不清楚，所以值得研究。

(四) 桐城詩學

從方苞、姚鼐、劉大櫆、姚瑩，方東樹《昭昧詹言》為其中代表。甚至於曾國藩、林紓等人，桐城派枝葉繁盛，他們的詩歌主張大多傾向於宋詩派。他們的古文主張，是否影響詩作與詩論？詩文相濟的情況如何？也值得探討。

(五) 同光詩學

桐城詩學宗宋，而同光詩學亦是宗宋派。關於同光詩學（同治光緒年間的詩學）研究的人不多，但是材料很多。不管是詩歌的創作或是詩話、筆記、詩選，這方面的材料很豐富，同光詩學這方面值得作研究。同治光緒年間已經很接近近代了，所以要了解當代必須要懂得現代；要了解現代必須要懂得近代，在這方面的研究可以作一個連接。

(六) 晚清詩學與現代詩

這部分在前面已經約略提到，我們若要了解現代詩的脈動，那麼它可能與抗戰時期的詩有關。抗戰時期的詩風、主題、風格，可能與民國初年的詩壇有關，這可能又與同治光緒年間、晚清年間的詩壇有關，晚清的詩壇可能又與宗宋派有關。光是詩學這個部分清代的資料非常豐富，而且文獻資料散

佚的並不嚴重。中山大學成立清代學術中心應該有計畫的去收購一些清代的文獻資料,清代文獻資料在臺灣較少,在大陸較多。清代學術研究的侷限便在於材料不容易掌握,所以可以與中國大陸一些大學合作,如北京人民大學有清史研究所、南京大學中文系有明清文學研究所、上海華東師範大學關於清詞的研究很有成績、蘇州大學錢仲聯教授指導一批博士生,專研清代詩歌與詩學等等。

　　以上是對於清代學術研究第一大類詩歌所作的說明。

參考書目

1. 清代文學批評資料彙編,吳宏一、葉慶炳,臺北:成文出版社,1981.3

2. 清代詩學初探,吳宏一,臺北:學生書局,1986.1

3. 中國古典文學批評論集,楊松年,香港:三聯書店,1987.7

4. 宋詩論文選輯,張高評,高雄:復文書局,1988.5

5. 中國近代文論類編,賈文昭編,合肥:黃山書社,1991.8

6. 中國文學理論史(四、五),黃保真等,北京:北京出版社,1991.9

7. 中國近代詩歌史,馬亞中,臺北:學生書局,1992.6

8. 清代詩話研究,張健,臺北:五南圖書公司,1993.1

9. 黃庭堅和江西詩派卷,傅璇琮,高雄:麗文文化公司,1993.10

10. 宋詩綜論叢編,張高評,高雄:麗文文化公司,1993.10

11. 蘇軾資料彙編,四川大學中文系·唐宋文學研究室,北京:中華書局,1994.4

12. 宋詩之新變與代雄,張高評,臺北:洪葉文化公司,1995.9

13. 清代文學批評史,鄔國平、王鎮遠,上海:上海古籍出版社 1995.11

14. 中國詩學思想史,蕭華榮,上海:華東師範大學出版社,1996.4

15. 清代文化與浙派詩,張仲謀,北京:東方出版社,1997.8

16. 清代詩學研究,張健,北京:北京大學出版社,1999.11

17. 唐宋詩之爭概述，齊治平，長沙：岳麓書社，1983

18. 清代宋詩學研究，吳彩娥，政治大學博士論文，1993

國家圖書館出版品預行編目(CIP) 資料

研究綜述與論文選題：以春秋、左傳、史記、宋
詩、詩話為例 / 張高評著. -- 初版. -- 臺北
市：元華文創, 2017.12
面；　公分

ISBN 978-986-393-935-1(平裝)

1.古籍　2.研究考訂

030　　　　　　　　　　　　　　　106018478

研究綜述與論文選題
——以春秋、左傳、史記、宋詩、詩話為例

張高評　著

發 行 人：陳文鋒
出 版 者：元華文創股份有限公司
聯絡地址：100 臺北市中正區重慶南路二段 51 號 5 樓
電　　話：(02) 2351-1607
傳　　真：(02) 2351-1549
網　　址：www.eculture.com.tw
E - m a i l：service@eculture.com.tw
出版年月：2017（民 106）年 12 月 初版
定　　價：新臺幣 560 元

ISBN：978-986-393-935-1(平裝)

總 經 銷：易可數位行銷股份有限公司
地　　址：231 新北市新店區寶橋路 235 巷 6 弄 3 號 5 樓
電　　話：(02) 8911-0825　　傳　　真：(02) 8911-0801